Mary Wigman 31.8 1991.

Herzlichen Glückwunsch zum
80 Geburtstag von Inge

Herausgegeben von der Akademie der Künste, Berlin

Hedwig Müller

MARY WIGMAN

Leben und Werk der großen Tänzerin

Anneliese Bernardi geb. Heinemann
1923-1927
bei Laban (Lehrer Jenni Gertz)
in Hamburg - Tchannyk

BELTZ
Quadriga

Die Deutsche Bibliothek – CIP-Einheitsaufnahme

Müller, Hedwig:
Mary Wigman : Leben und Werk der grossen Tänzerin / Hedwig Müller. [Hrsg. von der Akademie der Künste, Berlin]. – 3., unveränd. Aufl. – Weinheim ; Berlin : Quadriga, 1992
ISBN 3-88679-148-3

3., unveränderte Auflage 1992

Lektorat und Redaktion: Harro Schweizer
Umschlaggestaltung: Dieter Vollendorf
Innenlayout: Manfred Manke
Gesamtherstellung: Druckhaus Beltz · 6944 Hemsbach

Printed in Germany
ISBN 3-88679-148-3

Geleitwort

Mary Wigman hat 1955 zu den ersten Mitgliedern der nach Krieg und Nazizeit im Westteil Berlins neu gegründeten Akademie der Künste gehört. 1956 gab die Akademie zu ihrem 70. Geburtstag Georg Ziviers »Harmonie und Ekstase« heraus. 1962 war sie, die Personifikation des Ausdruckstanzes, die begeistert-verständnisvolle Schutzpatronin der epochemachenden Akademie-Veranstaltungsreihe »Internationale Pantomime«. Weisheit und Temperament vereinten sich im Pathos ihres Sprech- und Schreibstils und trugen zum Gesamtausdruck der Akademie bei, solange Mary Wigman an deren Aktivitäten mitzuwirken vermochte. Wie in ihren Solo- und Gruppentänzen und in ihrer pädagogischen Arbeit hat sie gültige Aussagen gemacht, denen nichts Beiläufig-Flüchtiges anhaftet. In ihrem Testament bestimmte die 1973 Verstorbene, ihren künstlerischen Nachlaß dem Archiv der Akademie zu Forschungszwekken zu übergeben.

1984 leitete die Akademie der Künste mit der Seminarwoche »Ausdruckstanz – Erinnerung mit Zukunft« eine Rückbesinnung auf die weitgehend deutsche Tradition des freien Tanzes ein. Die Entwicklung seitdem zeigt, daß das wiedererwachte Ansehen des Ausdruckstanzes die Gefahr der Mißdeutung als permanenter, ekstatisch-regelloser Auflehnung mit sich bringt, die zu falsch verstandenen Nachahmungen führen kann. Mary Wigmans Werk war im Gegenteil durch strenge Form gekennzeichnet, die nicht auf einem starren System basierte, sondern sich am Ende eines sehr bewußten Arbeitsprozesses einstellte, in dem der ganze Mensch gefordert wurde.

Am 13. November 1986 jährt sich zum hundertsten Mal der Geburtstag von Mary Wigman. Aus diesem Anlaß erinnert die Akademie der Künste mit einer dokumentarischen Ausstellung, einer Konferenz über ihr pädagogisches Wirken, durch Tanzgastspiele und durch die Herausgabe der ersten Mary Wigman-Biographie an die stilbildende Tänzerin und bedeutende Pädagogin.

Hans Lietzau
Direktor der Abteilung Darstellende Kunst
der Akademie der Künste

Barbara Malásek
und Cornelie Wollenhaupt
für Zeit, Kraft und Raum zu diesem Buch

Inhalt

Vorwort

Gefragt, warum sie Tänzerin geworden sei, antwortete Mary Wigman einmal: »Weil der Tanz in seinem Ursprung lebendiges Leben ist und in seinen gleichnishaften Spiegelungen von diesem Leben kündet. Dazu wollte ich mich bekennen, mit allen Fasern meines Wesens.« Persönliches und Künstlerisches sind in ihrem Leben untrennbar miteinander verbunden. Die Kapitel dieses Buches entsprechen daher den einzelnen Abschnitten aus einem der herausragenden Gruppentänze von Mary Wigman, den 1923 choreographierten »Szenen aus einem Tanzdrama«. Die Fülle des fast 87jährigen Lebens von Mary Wigman und die Intensität und Besonderheit ihres Tanzes kann ein Buch nur in begrenzter Auswahl wiedergeben.

Im Mittelpunkt stehen die Jahre, in denen Mary Wigman als Tänzerin den Kampf um die Freiheit des bewegten Körpers führte und in denen sie mit ihrer Suche nach einem tänzerischen Ausdruck für ihr Lebensgefühl dem modernen Tanz in Deutschland Gestalt gab.

So wie der Ausdruckstanz aus einem persönlichen Bedürfnis nach Mitteilung entstand, so formierte sich in den siebziger Jahren das heutige Tanztheater aus dem gleichen Ansatz heraus. Die choreographischen Errungenschaften des Ausdruckstanzes wurden dabei Grundlage für die Entwicklung einer neuen ästhetischen Richtung des Tanzes. Der Name Mary Wigman, der weitgehend nur noch als Legende in Erinnerung geblieben war, erlangt mit dem Tanztheater der Gegenwart eine neue, große Bedeutung. Über die Arbeit, die Kunst und das Leben der Mary Wigman, die die Geschichte des freien Tanzes in Deutschland geprägt hat wie kein anderer Tänzer und keine andere Tänzerin – darüber berichtet dieses Buch.

Aufruf
1886–1910
Hannover

Eine junge Frau beschließt zu gehen. Der Mutter teilt sie die Entscheidung mit: Sie will das Elternhaus verlassen, um einen Beruf zu ergreifen. Mit dem ausgezahlten Erbteil des verstorbenen Vaters kehrt sie Hannover den Rücken. Die junge Frau ist Mary Wigman; sie ist 23 Jahre alt.

Marie Wiegmann im Juli 1895. Englisch »Mary« wird sie gerufen, weil man in Hannover noch stolz ist, einst den englischen Thron besessen zu haben.

Der Zug fährt über die Eisenbahnbrücke am Bahnhof, unter der sie als junges Mädchen so oft gestanden und sich nach der Ferne gesehnt hat. Die große, weite Welt war dem Kind Ziel aller Träume, der jungen Frau ist sie greifbare Zukunft geworden. Aus Hannover auszubrechen, scheint ihr die einzige Möglichkeit für ein sinnvolles Leben. Was bliebe im Jahre 1910 einer Tochter aus wohlhabendem Bürgerhaus? Mary ist unverheiratet und gilt schon fast als »alte Jungfer«. Ihre Zukunft könnte sein, einmal als liebe alte Tante im Haus von Bruder Heinrich oder Schwester Elisabeth zu wohnen, deren Kinder zu hüten und Wohltätigkeitsbasare für den Flottenverein zu organisieren. Aber sie träumt von Selbständigkeit, einem Beruf, mit dem sie ihren Lebensunterhalt verdienen könnte und der ihr die Unabhängigkeit geben würde. Vor allem will sie ihre Sehnsucht nach Freiheit stillen, will einen Weg finden, ihren künstlerischen Neigungen nachzugehen, Neues zu erfahren, anderes, Aufregendes und vielleicht Richtungweisendes. Mit Hannover verläßt sie Kindheit und Jugend in der biederen Beschütztheit einer wilhelminischen Großbürgerfamilie. Die Reise nach Dresden-Hellerau, die sie angetreten hat, ist ein Ende, aus dem der Anfang ihrer künstlerischen Laufbahn erwächst.

Das Mädchen Karoline Sofie Marie Wiegmann, das am 13. November 1886 in Hannover zur Welt kommt, wird Mary gerufen, weil doch die Hannoveraner einmal Könige von England waren und der Welfenstolz den Niedergang des Königreiches Hannover zur preußischen Provinz nie ganz verwunden hat. Im Deutschen Reich hält Bismarck, zwei Jahre vor der Thronbesteigung Kaiser Wilhelms II., die Zügel noch fest in der Hand. Zollgesetze sichern die deutsche Wirtschaft, zwar ist der Elan der »Gründerjahre« verflogen, aber das Bürgertum blickt mit Stolz auf den erreichten Wohlstand. Nietzsche veröffentlicht »Jenseits von Gut und

Mit Mutter Amalie, Vater Heinrich und Bruder Heinrich, ca. 1895.

Böse«, der Komponist Franz Liszt stirbt, und im Starnberger See findet der entmündigte Bayernkönig Ludwig II. den Tod. Im Hafen von New York wird die Freiheitsstatue errichtet, und in Deutschland gibt es die erste Sozialversicherung für Arbeiter.

In der Schmiedestraße 33, mitten im alten Zentrum von Hannover, im Schatten der alles überragenden Marktkirche und gegenüber dem ehemaligen Wohnhaus des Philosophen Leibniz, führen die Brüder August, Heinrich und Dietrich Wiegmann ihr Geschäft. Sie haben sich auf den Verkauf von Nähmaschinen und Fahrrädern spezialisiert und es mit viel Handwerkerfleiß zu angesehenen und wohlhabenden Kaufleuten gebracht. 1869, drei Jahre nach dem deutsch-österreichischen Krieg, der den Hannoverschen König seinen Thron kostete, hatten sie ihren Laden eröffnet und ihn gemeinsam aufgebaut. Sie wohnen auch im selben Haus, über dessen Fassade gleich dreimal das stolze »Gebr. Wiegmann« prangt. Als Heinrich 1884 heiratet, erweitert sich die Familie. Amalie Wiegmann arbeitet im Geschäft mit, beaufsichtigt neben dem Haushalt Laden und Kontor und hat bald alle Hände voll zu tun, die drei Kinder zu versorgen – Mary, die Älteste, ihren vier Jahre jüngeren Bruder Heinrich und die 1894 geborene kleine Elisabeth.

Dem Mädchen Mary ist das elterliche Haus ein Paradies der Spiele. Das Fahrradlager im Hof wird zum Maschinenraum eines Mississippi-Dampfers oder zu einem Segelschiff im Sturm, wenn sie die Räder der hochgestellten Fahrräder so lange drehen läßt, bis die Speichen in der Luft zu singen anfangen. Auf dem Kutschbock im Wagenschuppen spielt sie »Indianerüberfall«, und im zweiten Hinterhof mit der Tischlerwerkstatt des Nachbarn müssen die Sägespäne als Schneegestöber herhalten. Auch im Treppenhaus darf sie mit den Kindern der Nachbarschaft ungehindert toben, gelegentlich nur zur Ruhe ermahnt, wenn die Patienten von Zahnarzt Bode aus dem zweiten Stock sich beklagen. Auf dem Treppenabsatz vor der Wohnung haben die Eltern Turngeräte angebracht, damit die Kinder auch bei schlechtem Wetter beschäftigt sind. Von der Decke baumelt eine Schaukel, mit der man, wenn man ganz fest Schwung nimmt, sogar über das Treppengeländer hinausgelangen kann. Und das findet Mary besonders aufregend, eine Sekunde über dem Abgrund des Treppenhauses zu fliegen, zwischen Himmel und Erde zu stehen, bevor die Schaukel nach hinten schwingt und sie die sichere Erde wieder unter sich spürt.

Die Wohnung im ersten Stock über dem Laden ist geräumig und bietet jedem Kind ein eigenes Zimmer. Marys geht nach hinten zum Hof, und einmal steht sie nachts voll Faszination am Fenster, als in der Tischlerwerkstatt ein Brand ausbricht und die lodernden Flammen über dem Anbau zusammenschlagen. Das Kindermädchen Anna reißt sie von dem Schauspiel fort und hastet mit ihr nach unten auf die Straße, wo unzählige Menschen mit Wassereimern herumrennen und Feuerwehrleute in Helmen und schwarzen Jacken an der Spritze pumpen. »Feuersnot« wird ein neues, vielgeliebtes Spiel.

Die Überbleibsel der Kolonialwarenhandlung lassen Sagen und Märchen, Reiseberichte und Geschichten lebendig werden – ein Wunderland der Träume.

In der elterlichen Wohnung steht eine ganze Reihe chinesischer Kunstgegenstände, hohe Vasen mit den wunderbarsten Blumenornamenten und Porzellane, so fein und zart, daß im Licht ein Muster in ihnen widerscheint. Auch eine Truhe mit kostbaren Schnitzereien gehört dazu und ein Teeservice, das nur an Feiertagen benutzt wird. Die Kunstsachen sind Überbleibsel einer Kolonialwarenhandlung, die Heinrich Wiegmann eine Weile in einer Ecke des Ladens betrieben hatte, als imperialer Erobererdrang den Fernen Osten bei der vornehmen Bürgerschaft in Mode brachte. In einem Raum am hinteren Ende des Geschäftes lagern die übrigen Reste davon. Manchmal, wenn die Erwachsenen gerade nicht hinsehen, schlüpft Mary in dieses fensterlose Zimmer, wo aus den Bleikästen mit Tee und den schweren Vanillegläsern geheimnisvolle Düfte strömen. Dieses »Theezimmer«, wie es genannt wird, ist Mary ein Wunderland der Träume. Hier geht sie oft auf Reisen, über Ozeane, durch Wüsten und fremde Länder bis nach China, von dem man ihr so viel erzählt hat. In Seide gekleidete Prinzessinnen mit schwarzglänzenden Haaren und dunkelbraunen Mandelaugen trifft sie dabei, steht in Gärten mit merkwürdigen Pflanzen, wo auf den Zweigen chinesische Nachtigal-

Mit Bruder Heinrich, 1896, dem Todesjahr des Vaters.

len singen, genauso wie im Märchen. Der Kaiser von China sitzt auf seinem Thron aus Gold und Edelsteinen, wie auf den Zeichnungen im Buch von Marco Polos Fahrten, und hinter den schneebedeckten Bergen lauern die schauerlichen Drachen – grün, rot, orange, gelb und schwarz ihre schuppigen Körper, die mächtigen Tatzen mit riesigen Krallen bewehrt, ihr Maul mit den gewaltigen Zähnen weit aufgerissen und Feuer sprühend. Ihre glühenden Augen machen Angst, aber die Schönheit ihrer Farben fesselt.

Sagen und Märchen, Reiseberichte, Gedichte und »erbauliche« Geschichten werden im Wiegmannschen Familienkreis gern vorgelesen, die Sonntagsbeilagen der Tageszeitung ausgiebig studiert. Auch Theater wird gespielt. Wenn sich bei Familienfesten der große Kreis der weitverzweigten Verwandtschaft trifft, wird gesungen und musiziert, werden Scharaden gespielt und lebende Bilder gestellt. Was sie hört, spielt Mary anschließend ihrer Lieblingspuppe vor, die brav im blauweiß getupften Kleid mit dem Spitzenhäubchen auf dem Porzellankopf im Kissen sitzt und ungerührt zuschaut, wie sie zwischen den Beinen des hohen Eßtischs Tiger und Löwen jagt oder neben dem Farnkraut vor der Chaiselongue als Königin von Saba residiert.

Ab 1892 besucht Mary die Höhere Töchterschule in Hannover. Jetzt werden die Abenteuer nicht mehr der Puppe vorgespielt, nun wird das Leben von Königinnen und Zauberinnen in dicken Heften zu Papier gebracht.

Als sie neun ist, stirbt Heinrich Wiegmann. Der Tod des Vaters ist ein tiefer Einschnitt in der unbekümmerten Kindheit. Mary weint viel um den stillen, freundlichen Mann, der zum verklärten Idol ihres Jungmädchenherzens wird. Vor seinem Tod hatte Heinrich Wiegmann, der lange an einer schweren Krankheit litt, seinen Zwillingsbruder Dietrich gebeten, sich seiner Frau und der Kinder anzunehmen und für sie zu sorgen. 1898 heiraten Amalie und Dietrich Wiegmann, die Kinder haben wieder einen Vater, und das Familienleben findet in seinen fröhlich-gelassenen Gang zurück.

Marys liebste Beschäftigung ist nach wie vor das Lesen und Dichten kleiner Geschichten. Mit dem ersten Band von Theodor Storms Gesammelten Werken legt sie den Grundstock für ihre eigene Bibliothek. Auch ihr Klavierspiel ist inzwischen recht beachtlich geworden, und ihr Gesanglehrer meint sogar, sie habe eine Stimme, mit der sie eine bedeutende Sängerin werden könnte. Diese Vorstellung gefällt Mary ganz gut, aber eigentlich möchte sie lieber schauspielern. Im Verwandtenkreis ist sie nämlich als Verfasserin unterhaltsamer Theaterstückchen bekannt, die mit Cousinen und Vettern bei Familienfesten vorgeführt werden und immer lauten Beifall ernten.

Familienferien auf Borkum, ca. 1899. Ganz rechts sitzt Mary, links daneben Martha Wohlenberg, später verheiratete Reuther, die zur wichtigsten Briefempfängerin Mary Wigmans wird; im Strandkorb Mutter und Schwester.
links: Ferien bei Verwandten im Harz, ca. 1897; 2. v. r. Mary, links Mutter und Bruder.

Ferien im Harz, ca. 1906; v. r.: Mary, Mutter Amalie, Bruder Heinrich, Stiefvater Dietrich, Schwester Elisabeth.

In den Ferien geht die Familie Wiegmann auf Reisen. In den Harz, an die Nordsee oder auch schon mal in die Schweiz zum Bergwandern. Es ist zwar nicht so ganz die ferne Welt, von der Mary träumt, aber es ist trotzdem aufregend, all die fremden Menschen zu sehen, die unbekannten Landschaften, das Meer, die Berge und die Städte mit ihren alten Kirchen und Häusern. Eisenbahnfahren ist ein tolles Vergnügen, und zu Ostern darf sie allein verreisen, nach Amsterdam zu Tante Pauline, die einen holländischen Zigarrenfabrikanten geheiratet hat. Mit Onkel und Tante wandert sie durch die Gassen der Stadt, vorbei an den schmalen Speicherhäusern und Kontoren, entlang der Grachten. Einmal nimmt der Onkel sie mit ins jüdische Ghetto der Stadt: ein Spaziergang durch die Welt dunkler Märchen; enge gepflasterte Sträßchen, dunkle, schmale Gassen zwischen hochgetürmten, schiefen Fachwerkhäusern und ein Gewirr merkwürdig gekleideter Menschen, Frauen und Mädchen in bunten Röcken und dicken Kopftüchern, die Männer und Jungen mit breitrandigen Hüten und schwarzen Mänteln, langen Locken an den Schläfen, und unter der Kleidung lugen ein paar Fransen hervor. Mary ist froh, daß der Onkel sie fest an der Hand gepackt hat.

Mit vierzehn geht die Schule zu Ende, aber weil Mary eine ausgezeichnete Schülerin ist und in Hannover gerade das erste Mädchengymnasium gegründet wurde, schlägt der Direktor den Eltern vor, sie dort hinzuschicken. Sie könne doch Abitur machen, jetzt, wo Frauen die Universitäten besuchen dürfen. Mary ist begeistert. Studieren will sie sofort, Medizin am besten, denn »Fräulein Doktor«, das klingt ungewöhnlich und gelehrt. Die Eltern halten nichts davon, »ein Blaustrumpf kommt mir nicht in die Familie«, stellt Stiefvater Dietrich kategorisch fest, und erst auf Marys Bitten und Drängen hin findet Mutter Amalie einen Kompromiß. Mary darf zwar nicht aufs Gymnasium, aber sie soll Sprachen lernen, Englisch und Französisch, und zwar gleich für ein paar Monate im jeweiligen Land. Ein Mädchenpensionat in Peterborough wird gefunden, wo sie die ersten Wochen verbringt, dann, nachdem Mutter Amalie nachgereist ist und drei Wochen mit ihr das von den Vorbereitungen der Krönung Edward VII. erfüllte London erkundet, kommt sie in ein Pensionat in Folkestone. Als das erste Heimweh verflogen ist, wird die Umgebung ausgiebig erkundet, die Schule eingehend auf Geheimgänge, vergessene Verliese oder spukende Gespenster hin untersucht, und mit einem Eisenhämmerchen klopft sie heimlich die Wände der Dorfkirche nach versteckten Türen ab. Mit den Mitschülerinnen, ebenfalls Töchter aus besseren Familien, die sich hier »bilden« sollen, kommt sie gut zurecht. Die meisten sind älter als sie, und so erfährt sie aus deren Erzählungen einiges über heimliche Rendezvous und eifersüchtige Intrigen. Etwas, das ihr noch fremd ist, und das sie auch weniger interessiert als Wordsworth, John Locke und Lord Byron.

Molière, Racine und Voltaire kommen im nächsten Sommer als Lektürestoff hinzu, als sie einige Monate in einer Sprachenschule in Lausanne verbringt.

Erst England, dann Schweiz, dann erscheint Hannover langweilig. Und in der Tanzstunde wird man auf das Debüt in der Gesellschaft vorbereitet.

Das Leben in Hannover erscheint ihr nach den Auslandsaufenthalten ziemlich langweilig. Sie ist jetzt sechzehn, fühlt sich erwachsen und möchte reisen. Manchmal hält sie es in ihrem Abenteuerdrang nicht mehr aus und läuft zum Hauptbahnhof, wo sie unter der Eisenbahnbrücke den Geruch von Kohle, Holz und Teer in die Nase zieht und sich weit weg träumt – Schanghai, Tokio, New York, Rom, Paris, Madrid, Pompeji, Troja, Jerusalem. Sie stellt sich vor, eine berühmte Forscherin zu sein, überall hinfahren zu können und große Schätze zu entdecken. Oder eine Künstlerin, die auf den Bühnen der Welt zu Hause ist.

Sie hat einen Herzensfreund, der ihre Schwärmereien teilt, einen Cousin, etwas älter als sie und voll glühender Zuneigung zu ihr. In den Ferien sehen sie sich oft und tauschen ihre Bücher aus – Mörike, Hebbel, Schiller. Er hat ihr einmal Grillparzers »Die Ahnfrau« geliehen und die Leidenschaft fürs tragische Theater in ihr geweckt. Gemeinsam malen sie sich ihre Zukunft aus, er wird Theaterregisseur werden und sie die Hauptrollen für ihn spielen. Emilia Galotti, Iphigenie, die Jungfrau von Orleans, das Käthchen von Heilbronn. Verträumte Liebesbriefe gehen hin und her, heimliche Treffen werden verschwörerisch geplant, bis die Mütter dahinterkommen und die Romanze abrupt beenden. Mary schreibt unglücklich Gedichte und liest »Gösta Berling«.

Dann darf sie zur Tanzstunde gehen, wo sie auf ihr »Debüt« in der Gesellschaft vorbereitet wird. Sie ist jetzt eine »junge Dame« und lernt, sich angemessen zu bewegen. Das Tanzen macht ihr große Freude, bei den Festen, den »Réunions« und auch für sich allein. Walzer findet sie am schönsten, und zu einem Familienabend im Dezember 1904 entwirft sie einen »Valse lente«, der ihr von der versammelten Verwandtschaft den ersten Applaus für einen Tanzauftritt einbringt.

Die Zukunft wird von anderen vorbereitet, doch die Sehnsucht nach dem wirklichen Leben wird übermächtig.

Mutter Amalie hat inzwischen die Aussteuer zusammengestellt, Damasttücher und Leinenwäsche sorglich gefaltet in eine Truhe gelegt, die sie ihrer Tochter am Hochzeitstag übergeben will. Es scheint nicht mehr so lange hin zu sein, denn ein junger Mann hat sich eingestellt, der

Mary den Hof macht. Sie fühlt sich nicht sehr wohl dabei, denn von der weiten Welt hält der junge Mann wenig und von einer Bühnenkarriere seiner Frau schon gar nichts. Es waren schon mehrere Verehrer im Wiegmannschen Haus gewesen, aber sie war immer zurückhaltend geblieben. Jetzt, meint Mutter Amalie, sei es an der Zeit, sich zu entscheiden, und Mary sagt ja.

Heimlich schwört sie sich, daß sie von den Büchern und dem Dichten nicht lassen will, auch wenn die Kinder ihr wenig Zeit lassen werden. Daß sie Kinder haben wird, steht außer Frage, es ist der normale Lauf der Welt. Sie kann sich aber doch nicht so recht vorstellen, wie das werden soll mit dieser vor ihr liegenden Zukunft als Ehefrau und Mutter. Sie wollte reisen, unabhängig sein, fremde Menschen und Länder kennenlernen, Abenteuer erleben, eine berühmte Persönlichkeit werden. Damit scheint es vorbei, und sie denkt, daß alles nur Kinderträume waren, daß sie jetzt erwachsen ist, und da hat das Wort »Zukunft« eben einen anderen Klang. Mutter Amalie ist mit den Hochzeitsvorbereitungen beschäftigt, Elisabeth malt sich ihr Brautjungfernkleid aus, und alle Freundinnen finden, daß sie eine gute Wahl getroffen hat. Aber sie ist sich nicht sicher, ob sie diesen Mann überhaupt liebt. Liebe, das weiß sie doch aus den Büchern, ist etwas Erhabenes, Gewaltiges, Tiefes. Mit ihrem Verlobten bringt sie dies nicht in Verbindung. Sie liest, noch mehr und gieriger als vorher, aber nirgends in den großen Werken der Literatur findet sie etwas von Kaufmannsgattinnen mit Kindern geschrieben, die in einer Provinzstadt leben, Familienfeste organisieren und dabei glücklich sind. In den Büchern endet so etwas immer tragisch.

Mary möchte die große Leidenschaft leben, Sieg und Untergang, Maria Stuart und Anna Karenina, aber nicht das Leben ihrer Mutter mit Mann, Geschäft und Kindern. Manchmal, wenn sie ganz verzweifelt ist und die Tränen nicht aufhören wollen, schließt sie sich in ihr Zimmer ein und läßt ihre Trauer Kreise drehen, ihren Körper mit den Tränen in einem »Valse triste« durch den Raum fließen. Dann wird die Sehnsucht nach einem anderen Leben übermächtig, sie dreht sich schneller und schneller im Kreis, bis der Raum sie in die Arme zu nehmen scheint und sie, schwindelig geworden, zu Boden sinkt.

Es dauert ein paar Monate, dann begreift Mutter Amalie die Qual ihrer Tochter und stimmt der Auflösung der Verbindung zu. Mary fühlt sich erleichtert, aber nicht frei. Sie macht einen Besuch bei der Tante in Amsterdam und sieht dort die Ankündigung zu einem Demonstrationsabend der »Methode Emile Jaques-Dalcroze«. Ein Schweizer Musikprofessor stellt sich vor, der eine neuartige Methode erfunden hat, wie man durch gymnastische Übungen musikalische Rhythmik lernen kann. Mary geht hin und sieht eine Gruppe junger Frauen in leicht wehenden Kleidern von Webers »Aufforderung zum Tanz« darstellen. Eine Aufführung, die sie auf eigentümliche Weise berührt – wie frei sich die Tänzerinnen bewegen, wie sicher sie mit jedem Arm einen anderen Takt vollführen, wie klar die Formationen, wie sie durch den Raum schreiten, wie harmonisch, gelöst, im eigenen Zentrum ruhend sie wirken. So etwas würde sie auch gerne tun, aber in Hannover gibt es keine Möglichkeit, es zu lernen, und die Eltern würden es auch nicht zulassen. Also verbringt sie ihre Zeit weiterhin mit Bücherlesen, Schreiben und Besuchen bei Freundinnen, die fast alle schon verlobt oder verheiratet sind. Sie beneidet den Bruder, der jetzt Primaner ist und bald zum Studium aus Hannover weggehen wird. Wieder kommt ein Verehrer ins Haus und hält um ihre Hand an. Ein liebenswürdiger junger Mann, der rührend an ihr hängt und eine gesicherte Zukunft bieten will – in Hildesheim, nicht weit von Hannover. Die weite Welt ist das nicht, doch Mary denkt mittlerweile, daß es die gar nicht mehr für sie gibt, und willigt in die Verlobung ein. Mutter Amalie atmet auf, ihre Älteste ist schließlich schon über zwanzig und Elisabeth bald im heiratsfähigen Alter. Mary bemüht sich um ein liebevolles Verhältnis zu ihrem Verlobten und fühlt zugleich wiederum den Drang nach etwas anderem, Künstlerischem vielleicht, durch das sie ihre Emotionen vermitteln könnte, Musik, Literatur, bildende Kunst. Wieder ist die Verlobungszeit für sie eine Qual, und als sich herausstellt, daß der junge Mann an Epilepsie leidet, nimmt sie es zum Anlaß, die Verlobung zu lösen.

Erste Berührungspunkte mit einem anderen Leben: lachende Hände, Bewegungen des Glücks, der Sanftheit, der Traurigkeit – Körper bringen Freiheit zum Ausdruck.

Dann geben die Geschwister Wiesenthal im Opernhaus ein Gastspiel. Sie hat in der Zeitung von ihnen gelesen und möchte sich die Walzer, die sie tanzen, ansehen. Als sie sieht, wie Grete Wiesenthal »An der schönen blauen Donau« interpretiert, öffnet sich eine neue Welt. Da sind Hände, die fröhlich lachen, die sich ausgelassen im Walzertakt wiegen, die in der Luft wirbeln, müde niedersinken, den ganzen Körper der Tänzerin in ihre Bewegungen mit hineinziehen. Glück und Traurigkeit, Sanftheit und stürmisches Toben gleichermaßen. Mary ist mitgerissen in den Rausch der Bewegung. Sie hat die Sprache dieser Hände verstanden, hat jedes Gefühl, das sich in diesen Bewegungen spiegelte, bei sich selbst wiedergefunden. Wenn Hände das können, wenn Körper so Freiheit zum Ausdruck bringen können, wie in diesem Walzer, dann möchte sie das auch lernen. Aufgeregt geht sie zu den Wiesenthals und erklärt ihr Anliegen. Amüsiert, aber höflich wird ihr gesagt, daß sie zum Tanzen zu alt sei, damit müsse man schon als Kind beginnen. Die neue Welt, kaum ist sie sichtbar geworden, bricht wieder zusammen.

1910, sie ist gerade dreiundzwanzig, erfährt sie, daß Jaques-Dalcroze aus der Schweiz nach Deutschland übersiedelt und bei Dresden eine künstlerische Bildungsanstalt eröffnen will. Anmeldungen werden ab sofort entgegengenommen, das Alter spielt keine Rolle, bei besonderer Begabung kann eine Ausbildung in Rhythmiklehre absolviert und ein

Familienball, ca. 1908/09.

Lehrdiplom erworben werden. Sie sieht die unerwartete Chance, doch noch eine Berufsausbildung machen zu können, unabhängig zu werden und dabei ihrem unbestimmten Gefühl nach künstlerischer Arbeit zu folgen. Mutter Amalie will nichts davon wissen, die Tochter solle vernünftig sein und endlich heiraten. Mary berät sich mit einer Freundin und faßt den endgültigen Entschluß, Hannover zu verlassen.

Es dauert eine Weile, bis Mutter Amalie sich mit der Eigenwilligkeit ihrer Tochter abfindet. Dann gelangt ein Brief nach Dresden-Hellerau, Mary solle wenigstens regelmäßig ihre Wäsche zum Waschen nach Hause schicken und an Weihnachten kommen.

Mary Wigman, 1907.

Mary Wigman, ca. 1913.

Wanderung
1910–1920
Hellerau. Monte Verità. Zürich

Aus der bürgerlichen Enge in die Weite der künstlerischen Freiheit – das Schöne gegen das Zweckmäßige.

Gleich zum ersten Schuljahr 1910/11 schreibt sich Mary Wigman in der Bildungsanstalt von Emile Jaques-Dalcroze ein. Das Lehrinstitut des Schweizer Pädagogen ist gerade erst eröffnet worden, so wie der ganze Ort Hellerau noch im Entstehen begriffen ist – eine auf dem Reißbrett entworfene Gartenstadt nach englischem Vorbild. Es ist eine Initiative der Dresdner »Werkstätten für Handwerkskunst«, die mit ihren kunstgewerblichen Arbeiten von besonderer Bedeutung für den deutschen Jugendstil waren. In den »Werkstätten« werden ästhetisch ansprechende Einrichtungsgegenstände, Haushaltswaren und kunsthandwerkliche Sachen durch maschinelle Produktion preiswert und daher für den Durchschnittsbürger erschwinglich hergestellt. Ziel ist es, Kunst aus der Exklusivität in den Alltag zu überführen, das tägliche Leben jedes Menschen durch den Umgang mit Kunst zu verschönen. Das fängt bei der einfachen Tischdekoration an und geht bis zur architektonischen Gestaltung von Wohn- und Arbeitsstätten nach lebensreformerischen Gesichtspunkten. Als der Erfolg der »Werkstätten« eine Erweiterung der Fabrikanlage notwendig macht, entsteht der Plan, in einer neuen Siedlung, wenige Kilometer von Dresden, neue »Werkstätten« zu errichten, umgeben von einer Wohnkolonie, die jedem Arbeiter sein eigenes Häuschen mit Garten ermöglicht. Richard Riemerschmid entwirft den Ort Hellerau, in dem Arbeit und Freizeit eng verbunden werden, wo die Kunst das Leben seiner Bewohner bestimmt. Hellerau soll »eine Heimstätte« sein »für eine erlesene Gemeinschaft von Menschen, die alle einem gleichen hohen Zweck in Schönheit leben«. So schreibt Karl Storck, der Biograph von Jaques-Dalcroze. Im Juni 1909 beginnen die Bauarbeiten an den ersten Wohnhäusern und den weitläufigen Werksanlagen. Nach zwei Jahren wohnen schon eintausend Menschen in Hellerau, 1914 gar doppelt soviele.

Die »Werkstätten« bilden den ökonomischen Mittelpunkt des Ortes, die »Bildungsanstalt für Rhythmische Gymnastik« den künstlerischen. Die beiden Leiter der Gartenstadt, Wolf und Harald Dohrn, hatten 1909 den Musikpädagogen Emile Jaques-Dalcroze kennengelernt und waren

»Rhythmische Gymnastik« heißt Ordnung schaffen, heißt ein Gleichgewicht herstellen zwischen Innen und Außen, Fühlen und Handeln.

von seiner Methode einer allgemeinbildenden Rhythmuserziehung so begeistert, daß sie ihm spontan anboten, seine Wirkungsstätte von Genf, wo er am städtischen Konservatorium unterrichtete, nach Hellerau zu verlegen. Angetan von der genossenschaftlichen Struktur der Initiative und deren Zielsetzung einer menschengerechten Lebensweise durch Berücksichtigung naturharmonischer Grundsätze im Arbeits- und Lebensalltag, nahm Dalcroze das Angebot gern an. Mit sechsundvierzig Schülerinnen und Schülern siedelte er nach Hellerau über und begann im Herbst 1910 mit dem Unterricht seiner Rhythmischen Gymnastik.

Siebenundsechzig Namen stehen auf der Schülerliste für das erste Jahr, darunter der von »Marie Wiegmann – Hannover«. Der Umzug nach Hellerau ist für sie der Eintritt in eine ganz neue, während der letzten Jahre in Hannover so innig ersehnte Welt. Aus der bürgerlichen Enge tritt sie in die Weite der Kunst. Dem Schönen gilt das Leben in Hellerau, nicht dem Zweckmäßigen wie in Hannover. Dennoch bedeutet die »Rhythmische Bildungsanstalt« für Mary Wigman etwas sehr Praktisches: Gymnastik kann man hier lernen, ein Lehrdiplom erwerben, sich als Klavier- oder Gesangslehrerin ausbilden lassen. Das wäre eine Möglichkeit, sich als Frau selbständig und unabhängig den Lebensunterhalt zu verdienen, es wäre der Beruf, den sie sich in Hannover so sehr gewünscht hat. In Hellerau beginnt Mary Wigman, sich aus der lähmenden Unentschiedenheit ihrer Vergangenheit zu lösen und sich langsam den eigenen künstlerischen Ambitionen anzunähern; in Hellerau beginnt ihr Weg zum Tanz, der nicht geradlinig zum Ziel führt. Aus Hannover weggezogen, will Mary Wigman die Unordnung in ihrem Leben auflösen. Das Mittel dazu scheint ihr die Rhythmische Gymnastik, von der Storck schreibt: »Und wenn es das Höchste und Letzte der rhythmischen Erziehung ist, Ordnung zu schaffen im inneren und äußeren Menschen, das Gleichgewicht herzustellen zwischen Kräften des Innenlebens und ihren Betätigungen nach außen hin, so ist hier restlos ein Gleichgewicht zwischen Innenraum und äußerer Form.«

Dieses Gleichgewicht sucht Mary Wigman, ein Ausdrucksmittel möchte sie finden für ihr Erleben. Und daß dieses Mittel etwas mit körperlicher Bewegung zu tun hat, ist ihr seit der Begegnung mit den Geschwistern Wiesenthal bewußt. An Tanz denkt sie allerdings nicht. Tanz ist in Hellerau noch weit entfernt, und dennoch darf sie hier zum erstenmal der Bewegung in sich nachspüren. Nicht mehr versteckt hinter der verschlossenen Tür ihres Mädchen-Zimmers, sondern öffentlich, in der Gemeinschaft anderer junger Menschen, die hier zu erfahren suchen, was der Schweizer Pädagoge meint, wenn er davon spricht, »den Rhythmus zur Höhe einer sozialen Institution erheben zu wollen«.

Der Unterricht findet zunächst noch etwas improvisiert in den fertiggestellten Gemeinschaftsbauten der Wohnsiedlung und in Ausweichquartie-

Hellerau. In der Mitte der charakteristische Festhallenbau, rechts und links im Vordergrund die Schulgebäude. Architekt Heinrich Tessenow hat sich bereits seit 1906 um eine Reform der Mittelstands- und Arbeiterwohnungen bemüht.

ren in Dresden statt. Erst im April 1911 wird der Grundstein gelegt für den von Architekt Heinrich Tessenow entworfenen Schul- und Festhallenbau, ein neoklassizistisches, streng symmetrisches Gebäude mit hohen, lichten Räumen und einem weiten Arenatheater. Bei schönem Wetter gibt es Übungen unter freiem Himmel, oder man sitzt auf dem Rasen und studiert »Theorie«. Ein erster Einklang zwischen innen und außen stellt sich ein: Mary Wigman trägt keine Korsetts mehr, die engen, geschnürten Kleider werden in den Schrank verbannt. Die Frauen von Hellerau gehen in Reformkleidern spazieren, tragen bei den Übungen kurze, weite Turnhosen mit lockeren, ärmelfreien Oberteilen. Sie haben keine Scheu mehr vor der Sichtbarkeit körperlicher Formen. Und niemand ist da, der in dieser Umgebung etwas Anstößiges daran fände.

Zusammen mit drei Kommilitoninnen mietet Mary Wigman eines der kleinen Einfamilienhäuschen von Hellerau, in der Straße »Am grünen Zipfel«. Es ist eines der ersten Häuser, die in der Gartenstadt gebaut wurden, ganz in der Nähe der »Werkstätten«, am Marktplatz gelegen. Gut anderthalb Kilometer Fußmarsch sind es bis zur »Rhythmischen Bildungsanstalt« am anderen Ende des Ortes.

Ada Bruhn aus Holland, Erna Hoffmann aus der Schweiz und Elsy Knüpffer aus Livland sind ihre Mitbewohnerinnen und engsten Freundinnen. Zu den beiden ersten bleibt der Kontakt auch in späteren Jahren rege. Ada heiratet später den Architekten Ludwig Mies van der Rohe, und Mary Wigman ist häufig Gast in ihrem Haus in Werder. Erna ist schon in Hellerau mit dem Nervenarzt und Psychiater Hans Prinzhorn verlobt,

Ada Bruhn und Ludwig Mies van der Rohe ca. 1911/12.

der sich besonders mit dem therapeutischen Effekt von künstlerischer Betätigung bei Geisteskranken beschäftigt. Er veröffentlicht 1922 das aufsehenerregende Buch »Bildnerei der Geisteskranken« und ist überhaupt ein ungewöhnlicher, kunstverständiger Mensch. Mary Wigman spricht gern mit ihm, er kann so viel von menschlichen Erlebniswelten erzählen, die ihr unheimlich und gleichzeitig doch reizvoll vorkommen. Von »Ausdruck« spricht er, von Impulsivität und Spontaneität. Hans Prinzhorn fühlt sich Mary Wigman verwandt.

Kunstfragen werden überhaupt oft diskutiert im kleinen Häuschen »Am grünen Zipfel«, denn Erna kennt auch den Maler Emil Nolde, der in ihrem Heimatort St. Gallen Zeichenlehrer war, bevor er nach Dresden kam. Er ist nicht oft zu Gast, aber die wenigen Male sind eifrigen Auseinandersetzungen über Bewegung und Ausdruck gewidmet. Tanz ist ein Thema, das Nolde in seinen Bildern viel beschäftigt, und der Kontakt mit den Rhythmikerinnen gibt ihm Anregungen.

So ist Mary Wigman 1910 mit einem Schlag mittendrin im ersehnten künstlerischen Leben, das sich nicht nur auf Hellerau begrenzt. Dresden liegt so nah – eine Stadt im ganzen Stolz ihrer barocken Geschichte, von Herder einst zum »Elbflorenz« ernannt. Da ist die majestätische Schönheit des Zwingers, die würdevolle Ruhe der Kirchen, die Großzügigkeit der Parkanlagen und Gärten, das Selbstbewußtsein der prachtvollen Bürgerhäuser, die Geschäftigkeit der Hauptstraßen, die verwinkelten Gassen um Alter Markt und Rathaus. Mary Wigman liebt das Gesicht dieser Stadt vom ersten Augenblick an. An Sonn- und Feiertagen ist Dresden beliebtes Ausflugsziel. Da kann man auf der Brühlschen Terrasse am Elbufer sitzen und die Welt vor sich einherspazieren lassen: Die vornehmen Offiziere der königlichen Regimenter in ihren blitzenden Uniformen, die Damen in enggeschnürten Garderoben, mit breitrandigen Hüten auf dem Kopf und eleganten Herren am Arm. Daneben die herausgeputzten Bürgersfamilien mit Kind und Kegel, die sich Kuchen mit Sahne leisten und für den Flottenverein spenden. Dann die jungen Dienstmädchen, Typistinnen und Verkäuferinnen, die ihren freien Tag genießen und mit den flanierenden Kontorgehilfen und Buchhaltergesellen anbändeln. Dazwischen die Blumen- und Bonbonverkäufer und auf der Uferpromenade der alte Mann mit der Harmonika, ein Invalide der Zeit von 1870/71.

In den Biergärten und Cafés trifft man die Kunststudenten, die Vorlesungen bei Oskar Kokoschka hören, Maler, die sich im Umfeld der »Brücke« hier niedergelassen haben oder schon zur »Neuen Sezession« zählen. Konzerte werden geboten – Klassisches und auch Neues der »Modernen«, die gerade von sich reden machen; Igor Strawinsky, Alban Berg, Anton Webern und vor allem Arnold Schönberg. Dieser hat eben

Erna Hoffmann-Prinzhorn bei Tanzübungen nach Dalcroze in Hellerau; eine Fotomontage von Mary Wigman.

sein Manifest der neuen Musik, die »Harmonielehre«, veröffentlicht und der jungen Generation das Motto gegeben: »Sie wissen, worauf es ankommt – aufs Suchen.«

Mary Wigman kommt es darauf an. Sie wandert durch die Museen, wo die Meisterwerke der Klassik hängen und geht zu den Ausstellungen der Expressionisten. Die wilden Formen, die grellen Farben, der zügellose Drang nach Mitteilung in den Bildern der »Modernen« spricht sie an. Wenn sie doch auch nur eine Möglichkeit hätte, sich so in die Welt zu schleudern! Sie wünscht sich, in der Rhythmischen Gymnastik dieses Mittel zu finden. Mit Eifer widmet sie sich ihrem Studium.

Die von Dalcroze entwickelte Rhythmische Gymnastik war eine Methode der Musikerziehung. Durch körperliche Übungen sollte musikalisches Empfinden gelernt, die rhythmischen Fähigkeiten von Musik- und Gesangsschülern kultiviert werden.

Als Lehrer am Genfer Konservatorium war Dalcroze – ein ehemaliger Schüler von Delibes und Bruckner – darauf gestoßen, daß Musikerziehung vorwiegend darauf ausgerichtet war, den Schülern nur die handwerklichen Fertigkeiten zum Gebrauch ihres Instruments beizubringen, nicht aber in ihnen ein musikalisch-rhythmisches Verständnis zu erwekken, das sie zu einer individuellen und emotional bestimmten Interpretation des Musikwerkes befähigt hätte. Dieses Defizit wollte Dalcroze

»Die beherrschte, bewußt in den Dienst der Freude und Beglückung gestellte Körperbewegung ist der Anfang der Kunst.« (Emile Jaques-Dalcroze)

mittels körperlicher Bewegung beheben. Für ihn war Rhythmus – und damit verbunden Musikalität – ein körperliches Phänomen, das durch körperliche Ausbildung erlernbar war. »Der Körper mußte erst im gleichen Geiste, aus der gleichen Urwelt heraus geschult werden, die in der musikalischen Bewegung tätig war. Diese Urkraft war der Rhythmus. Es galt also die rhythmische Schulung des Körpers.«

Dalcroze entwarf ein gymnastisches Übungssystem, durch das die Schüler rhythmisch-musikalisches Empfinden lernen sollten. Dabei ging er von den metronomischen Werten von Musiknoten aus und ordnete jedem Notenwert eine bestimmte Bewegung – Arm-, Bein-, Rumpf- oder Schrittbewegung – zu, so daß spezielle Notengruppen ganz bestimmte Bewegungsabläufe ergaben. Ziel war es, daß die von den Schülern so eintrainierten Zeitwerte ihnen als rhythmische Abläufe in Fleisch und Blut übergingen und beim Spielen eines Instrumentes sich im Unterbewußtsein auswirkten. Je weiter Dalcroze seine Methode im Laufe der Jahre verfeinerte, desto mehr bekamen die rhythmischen Übungen einen eigenständigen Charakter, wurden unabhängig von der Instrumentenbeherrschung und dienten einer allgemeinen körperlichen Harmonieschulung. Dalcroze schuf sogar »Musikvisualisierungen«. Dabei wurden den Instrumentengruppen eines Orchesters entsprechende Bewegungsgruppen zugeordnet, erste und zweite Stimme zum Beispiel auf verschiedene Gruppen verteilt, oder einzelne Schüler hatten die Aufgabe, die Melodie eines Musikwerkes darzustellen. Die Bewegungen der Gruppen im Raum ergaben so in Verbindung mit ihren die Notenwerte wiedergebenden Bewegungen ein komplexes szenisch-rhythmisches Bild.

Obwohl die Methode von Dalcroze auf einem gymnastischen System beruhte, war sie durch ihre Auseinandersetzung mit der künstlerischen Qualität einer Bewegung doch mehr als nur bloße Turnübung. »Die beherrschte, bewußt in den Dienst der Freude und Beglückung gestellte Körperbewegung ist der Anfang der Kunst«, betonte Dalcroze.

Hellerau wurde denn auch gern als »Vorschule der Künste und der Lebensfreude« bezeichnet. Eine »Vorschule«, die ganz im Zeichen neoklassischen Eurhythmie-Denkens stand. Einen in sich harmonischen Menschen formen zu helfen, diesem Ziel hatte sich Dalcroze verschrieben. Seine Theorien waren getragen von den Ästhetikvorstellungen der griechischen Antike, die einige Jahre zuvor schon Isadora Duncan zur Revolutionärin des Tanzes hatten werden lassen. Ihr ähnelte Dalcroze in seiner Auffassung, daß in einer eurhythmischen Menschenbildung durch Bewegungserfahrung die Voraussetzung einer zukünftigen freiheitlichen Gesellschaft läge. Wie vielen der idealistisch gestimmten Jugendbewegten schwebte auch ihm eine neue soziale Ordnung vor mit Menschen, deren Persönlichkeit harmonische Ausgeglichenheit erreicht, die im rhythmischen Erleben ihres Körpers die Verbindung von Körper, Seele und Geist, die Identität mit der Natur und darin mit kosmischer Harmonie wiederfinden. Eine Gesellschaftsutopie, genährt aus Versatzstücken der Antike, der deutschen Klassik und Romantik und der Lebensphilosophie des 19. Jahrhunderts. Der Körper als engstes Bindeglied des Menschen zur per se harmonischen Natur sollte der Schlüssel sein zur harmonischen Persönlichkeitsbildung. Karl Storck: »Durch den Körper dringt die Eurhythmie, d. i. der Ausdruck der Ordnung im Gesamtmenschen, in die Seele ein, und die Harmonie wird durch den gymnastischen Tanz gelehrt.«

Dalcroze erreichte mit seiner Lehrmethode eine enorme Popularität. Zweiganstalten der Hellerauer Schule wurden in den Jahren bis zum Ersten Weltkrieg in Berlin, St. Petersburg, Moskau, Wien, Prag, Frankfurt a. M., Breslau, Nürnberg, London, Warschau und Kiew eröffnet. Auch in New York gab es später eine Niederlassung.

Die Integration der »Rhythmischen Bildungsanstalt« in den kunstgewerblichen Rahmen der Gartenstadt und ihre Zielsetzung, verschiedene Kunstformen zu einem einheitlichen Kunstwerk zu verbinden, lockte nicht nur Musikinteressierte nach Hellerau, sondern Künstler aller Disziplinen, speziell aus der bildenden und darstellenden Fachrichtung. Auf über 500 stieg bis 1914 allein im Zentralinstitut Hellerau die Zahl der Schüler. Mary Wigman zählt schon bald nach ihrem Studienbeginn zu den Fortgeschrittenen. Ihr Alltag besteht u. a. aus Unterrichtsstunden in Gehörbildung, Improvisation, Musiktheorie und eben Rhythmischer Gymnastik; Feuilletonist Camill Hoffmann über einen Besuch in Hellerau:

Der harmonische Mensch als Voraussetzung einer zukünftigen freiheitlichen Gesellschaft – das ist das Ziel.

»In einem der großen, lichten Probesäle von Hellerau: vier, fünf Dutzend wunderschöner Mädchen. Deutsche, Amerikanerinnen, Französinnen, Russinnen. Blonde, schwarze, brünette Mädchen. Stattlich gebaute, Gretchengestalten, katzengeschmeidige, Mimi-Pinson-Figürchen, gertenschlanke, Gibsongirls, breithüftige, lässig-elegante, blauäugig-verträumte ... Eine fröhliche Schar der Jugend. Sie sind nur mit einem schwarzen Rumpftrikot bekleidet, nackt ihre Beine, Arme, ihr Nacken. Man erinnert sich dieser Nacktheit gar nicht, so selbstverständlich ist sie hier, so dezent gibt sie sich. Am Flügel in der Ecke sitzt ein Lehrer, ein behaglicher Herr, der spielt und mit unverkennbar französischem Akzent kommandiert. Die Mädchen schreiten zu der Melodie um den Saal. Je beschwingter die Rhythmen, desto beschwingter ihre Schritte. Sie wechseln, wenn der Takt wechselt, wenn aus Duolen Triolen werden, dann Viertelnoten, Achtel, Sechzehntel... Ein Feenreigen hat begonnen, begeisternd durch seine feurige Grazie, durch seine musikalische Reinheit. In einer leichtesten Mühelosigkeit dreht er sich. Die physikalischen Gesetze scheinen aufgehoben, es gibt keine Schwerkraft mehr, sondern nur ein Spiel der Glieder, ein schwebendes Spiel. Bis zur furiosen Entfesselung. Und die Mädchen singen dann auch, heben und schwingen die Hände, daß man an Kulttänze denken muß, an Mysterien, von auserlesenen Jungfrauen um einen Altar dargebracht. – Oder der Reigen ist weniger feierlich. Es schlingt sich der Kranz in einem hinreißenden Walzer, während in der Mitte des Saales so ein reizendes Girl zierlich den Taktstock führt und mit seiner Fußspitze mittaktiert.«

Das »Girl« in der Mitte ist eine der Assistentinnen von Dalcroze, Suzanne Perrottet möglicherweise, die mit ihm aus Genf gekommen war, oder Marie Rambert – die allerdings noch Myriam Ramberg heißt und mit dem klassischen Ballett nichts im Sinn hat. Der »behagliche Herr« am Flügel jedenfalls ist der Meister persönlich und eines der Mädchen, die wie »auserlesene Jungfrauen um einen Altar« schweben, Mary Wigman.

»Was mich interessierte, war nur die Tatsache, daß einem gesagt wurde: Nun sagen Sie das einmal mit ihrem Körper.«

Mit gewohnter Disziplin hat sie sich daran gemacht, das komplizierte Bewegungssystem zu lernen, aber vieles macht sie einfach aus der eigenen Intuition heraus, ohne daß Viertel- oder Achtelnoten als »Rhythmushelfer« ihre Bewegungen bestimmen. In einem Gespräch erinnert sie sich:

»Rhythmik brauchte ich bei Dalcroze nicht zu lernen, weil ich ein ungeheuer starkes persönliches Empfinden hatte, das auch ins Musikalische mündete. Also, das wäre gar nicht nötig gewesen.«

Im Grunde interessiert sie der musikalische Bezug der Rhythmischen Gymnastik überhaupt nicht. Zwar denkt sie daran, ihr Können in Gesang und Klavierspiel zu vervollkommnen, aber an Rhythmik fehlt es ihr nicht, eher an der notwendigen Übung. Dazu hat sie keine Lust – für sie ist es viel schöner, sich den Bewegungen des Körpers zu überlassen, statt praktizierend am Klavier zu sitzen:

»Alles was mit der Musikalität und mit der musikalisch-rhythmischen Erziehung bei Jaques Dalcroze in seiner Methode zu tun hatte, interessierte mich auch einen Dreck! Was mich interessierte, war nur die Tatsache, daß einem gesagt wurde: Nun sagen Sie das einmal mit Ihrem Körper.«

Dalcroze versteht unter dieser Aufforderung, mit dem Körper musikalische Motionen wiederzugeben, Mary Wigman will ihr Empfinden zu einem bestimmten Musikwerk wiedergeben. Sie begreift zwar das System von Dalcroze, nicht aber den Sinn dieses Systems. Je mehr sie darüber nachdenkt, desto mehr kommt sie zu der Ansicht, daß Rhythmus unabhängig von der Musik existiert, daß ihr Körper sich in seinem eigenen Rhythmus auslebt. Zu Hause, in ihrem Zimmer, beginnt sie, ihre Bewegungsimprovisationen zu erweitern, tänzerische Studien zu betreiben. Es sind die ersten Schritte des musiklosen Tanzes, die hier – aus der Not heraus – entstehen:

»Nämlich, weil ich nie Geld hatte, um Musiker zu bezahlen, habe ich's ohne gemacht und fand das selbstverständlich.«

Kommt der Rhythmus aus der Musik, oder ist er im Körper begründet?

Was zuerst ein zaghafter Versuch ist, entwickelt sich im Lauf der Zeit zu immer ungehemmteren Bewegungserfahrungen. Mary Wigman sucht die Urwüchsigkeit, die die Expressionisten in ihren Bildern zeigen, tanzt sich in die Ekstasen ihrer »Wilden«. »Es gaben die Tänzerinnen Anregungen zu meinen Bildern, und diese wohl auch einiges den Tänzerinnen wieder«, schreibt Emil Nolde später. Er schenkt Mary Wigman einen Druck seiner »Tänzerin« von 1911, einer Frau mit wehendem langem Haar, ekstatisch in der Bewegungswucht ihres Körpers verloren. Das Bild begleitet Mary Wigman ihr ganzes Leben lang.

Die Freiheit des Körpers spüren, ungezügelt seinem Bewegungswillen folgen zu wollen, bringt Mary Wigman in wachsende Konflikte mit der metrischen Methode von Dalcroze. Sie sieht »Rhythmus« immer mehr als ein allein im Körper begründetes Phänomen. Zum Teufel mit der Abhängigkeit von der Musik! Für Hellerau eine unpassende Denkweise:

»Ich stand also mit meinen Studien und meinen Privatinteressen in Hellerau damals ganz allein, denn die anderen machten stur rhythmische Gymnastik.«

Trotzdem bleibt sie eine gelehrige Schülerin. Sie will das Diplom, will die Berufsausbildung, also erfüllt sie gehorsam die Anforderungen. Im Juni 1912 nimmt sie vermutlich auch am ersten Schulfest der Bildungsanstalt teil, das unter großer Anteilnahme von Presse und Publikum veranstaltet wird und für das Dalcroze rhythmisch-gymnastische Darbietungen einstudiert. Eine Fuge von J. S. Bach steht auf dem Programm, zwei von Dalcroze komponierte Lieder, die Pantomime »Narziß und Echo« und Glucks »Orpheus und Eurydike«. In diesem Jahr wählt Dalcroze aus dieser Oper nur den »Furientanz«, beim Schulfest 1913 inszeniert er die ganze Oper als rhythmisch-gymnastisches Spiel.

Das Herausragende an diesen Schulfesten ist neben den neuartigen Darstellungen auch die Art ihrer Inszenierung im Festspielhaus. Dalcroze huldigt der Idee des »Gesamtkunstwerks«, der Vorstellung von der Harmonie aller Einzelteile als Voraussetzung eines allumfassenden einheitlichen Ganzen. In Zusammenarbeit mit dem Bühnenbildner Adolphe Appia entsteht ein Theaterraum, der in sich rhythmisch gegliedert ist, mit Treppen und Podesten eine Raumstruktur schafft, die eine organische Ergänzung der Gruppenbewegungen bietet. Von einer akzentuierten Lichtregie unterstützt, sind die Aufführungen in der hohen, hellen Arenabühne des Festspielhauses typische Beispiele der für den späten Jugendstil charakteristischen »Stimmungskunst«.

Mary Wigman liegt dieses Wehende, dieses leichtfließende Sanfte, das jugendstilhafte »Antikisieren«, wie es in Hellerau üblich ist, nicht sehr nah. Sie fühlt sich mehr dem Direkten, Harten und Grellen verwandt, wie sie es in den Bildern der »Brücke«-Maler sieht. Aber davon hält man in Hellerau wiederum wenig. Zwar werden die Schüler angehalten, Museen zu besuchen, sich mit bildender Kunst zu beschäftigen und kleine Erlebnisaufsätze über solche Besichtigungen zu schreiben, aber die Lehrer empfehlen dafür nicht die Galerien der »Modernen«, sondern die ehrwürdigen Palais mit den alten Meistern.

Das Harte, Grelle, Direkte wird vermißt, doch um zu gewinnen, kämpft sie gegen die eigene Auffassung.

Im zweiten Jahr ihres Studiums meldet sich Mary Wigman zum Examen an. Mit viel Mühe hat sie sich die Übungen des Prüfungsprogramms erarbeitet und die meiste Energie darauf verwendet, sich strikt an das vorgeschriebene System zu halten, nicht in den Improvisationen und darstellerischen Prüfungsteilen ihre eigenen künstlerischen Ambitionen zu verraten. Um zu gewinnen, muß sie gegen die persönliche Überzeugung ankämpfen. Das fällt ihr am schwersten, wird in den Wochen vor der Prüfung zu einer wachsenden emotionalen Belastung. Hinzu kommen die quälenden Gedanken an das, was nach dem Examen folgen soll. Sich in das System von Dalcroze fügen, obwohl sie sich davon entfremdet weiß? Was bleibt sonst? Was verbirgt sich hinter dem Wort »Zukunft«? Bedeutet es wieder einmal, das eigene Bedürfnis zurückzudrängen und der Disziplin zu gehorchen? Ist »Rhythmiklehrerin« wirklich das Ziel ihrer Träume? Die innere Unruhe schlägt so fest gegen die äußere Form, daß Mary Wigman nur mit Mühe die Prüfungen absolvieren kann. »Nervöse Überanstrengung« sagen Arzt und Freunde und raten, erst einmal zur Sommerfrische zu fahren, sich zu erholen.

Im Herbst 1912, nach Prüfungen und Schulfest, reist Mary Wigman nach Rom. Nicht allein, sondern mit einem älteren Verehrer, in den sie auch ein bißchen verliebt ist. Er ist Maler und will in Rom Studien betreiben. Ein halbes Jahr lang, bis zum April 1913, bleibt Mary Wigman in Rom und wird sich während der Abwesenheit von Hellerau darüber klar, wie weit sie inzwischen von Dalcroze abgerückt ist. Die Rhythmische Gymnastik ist längst nur noch Mittel zum Zweck. Der Zweck allerdings ist ihr noch nicht ganz bewußt.

Rom hinterläßt einen tiefen Eindruck. Die Stadt fasziniert durch ihre jahrtausendealte Geschichte, die an jede Ecke, an jedes Haus geschrieben scheint. Die Straßen und Gassen, die Kirchen und Paläste, die unzähligen in die Hügel hineingepreßten kleinen Häuser und Hütten – der Klang römischer Legionärsstiefel hallt an ihren Wänden nach und im dunklen Grün der Olivengärten, im Duft der blühenden Bäume liegt der Hauch jener Schönheit, die das Bild der Stadt prägt: die Schönheit des 15., 16. und 17. Jahrhunderts, die die Meisterwerke der Palazzi, der Kirchen und Museen hervorgebracht haben. Stundenlang wandert Mary Wigman durch die Straßen der Stadt, steht andachtsvoll vor den Kunstschätzen abendländischer Kulturgeschichte in den Museen.

Ihre Empfindungen vermerkt sie in kurzen Aufsätzen, als Gedichte und Essays, aus denen bereits die Grundgedanken ihrer späteren künstlerischen Vorstellungen und ihrer persönlichen Lebensphilosophie hervortreten. Besonders beeindruckt ist sie bei einem Besuch der vatikanischen Museen von Malereien und Reliefs aus der griechischen Antike, die tänzerische Motive darstellen. Überlegungen, die sie bei der Betrachtung dieser Bilder anstellt, schreibt sie im Juli 1913 – inzwischen wieder nach Hellerau zurückgekehrt – in ihrem Tagebuch als Aufsatz »Vom griechischen Tanz« nieder. Diese Gedankensplitter zählen zu Mary Wigmans frühesten theoretischen Äußerungen über Tanz. Sie zeigen, wie anders als Dalcroze sie inzwischen das Verhältnis von Tanz und Musik sieht:

»Wohl sehen wir die Tänzer- und Tänzerinnen mit der Zither oder der Doppelflöte in den Händen, wohl wissen wir, daß sie Musik machten beim Tanz. Aber war Musik für sie Notwendigkeit, war sie der Ausgangspunkt für allen Tanz?

Sie war wohl oft das Mittel, durch welches man das Lebensgefühl steigerte, sie war Anregung und Aufregung zur selben Zeit, sie machte Seele und Körper bereit zum Tanz. Sie bedeutete für den Tanz, was auch der Wein und die Liebe für ihn waren: Stimmungsmittel. Und sobald sie diesen Zweck erfüllt hatte, sobald Körper und Geist ergriffen waren von ihrer Grundstimmung, so sank sie nur mehr zur Begleitung herab. Denn der Körper in der Bewegung folgt seinen eigenen Gesetzen, wie die Musik ihre eigenen Gesetze hat. Und eine Geste entwickelt aus sich mit unerbittlicher Logik eine andere, ganz gleich, welchen Weg die Musik daneben geht.

Etwas anderes war es, sobald die Musik von vorneherein nichts sein wollte als Rhythmus. Da war sie beherrschend und ordnete sich Bewegung unter. Und die rhythmischen Schläge auf dem Tamburin, das gleichmäßige Erklingen der Schellen, das Klappern der Castagnetten genügte, um eine ganze Anzahl Tanzender zu einer gewissen Gleichmäßigkeit zu zwingen.

In solchem Falle wurde die Musik, der musikalische Rhythmus, das ordnende Element, instinktiv fügte sich ihr der Tanzende, ließ das Tempo, den Schnelligkeitsgrad bestimmen und ordnete auch den Körperausdruck, die Geste, dem Zwang unter, der von dieser rein rhythmischen Musik ausging.«

»Es ist Leben, lebendigstes Lebensgefühl, aus dem heraus alles Tanz wird.«

Die Monate nach der Rückkehr aus Rom sind für Mary Wigman von großer Spannung erfüllt. Trotz ihrer Berufsperspektive fühlt sie sich innerlich gedrängt von etwas, das sie nicht benennen kann. Fest steht, daß die Rhythmische Gymnastik nicht ihre Vorstellungen von Zukunft erfüllt. Sie ist zwar Turnlehrerin geworden, wie es ihr vorgeschwebt hat, und vor ihr liegt ein Beruf, der Unabhängigkeit bietet. Aber – das wirkliche Leben, ist es nicht ganz woanders? Da, wo sie es auf den griechischen Vasenbildern in Rom gesehen hat – im Tanz?

»Es ist Leben, lebendigstes Lebensgefühl, aus dem heraus alles Tanz wird. (...) Leben überall, durchdrungen von zwingend lebendigem Empfinden, so daß beim Anschauen gleichsam die Jahrtausende schwinden und es nicht Griechen sind, die wir sehen, sondern Menschen mit warmem Blut, Menschen, deren Empfindungswelt der unseren nahesteht, wenn wir sie auch nicht teilen, aber unser Sehnen gilt dieser Welt, die stets und in allem eine großartige Verherrlichung des Natürlichen ist.«

Vorerst sieht es so aus, als würde es für immer beim Sehnen bleiben, denn die Weichen für eine Berufskarriere sind gestellt. Vor ihrer Rom-Reise war ihr von Dalcroze zugesichert worden, eine Arbeitsstelle in Köln im Rahmen der für 1913 geplanten Werkbund-Ausstellung zu bekommen. An den Kölner »Werkstätten für Handwerkskunst« arbeitet inzwischen der ehemalige Gründer von Hellerau, der Architekt Richard Riemerschmid, und es war geplant, durch eine Demonstration der Dalcroze-Methode die Verbindung zwischen Werkbund und Hellerau zu betonen.

Der Plan hat sich zwar zerschlagen als Mary Wigman aus Rom wiederkehrt, aber statt dessen kommt Berlin ins Gespräch. Der Regisseur und Theaterreformer Max Reinhardt zeigt großes Interesse an den Dalcrozeschen bewegungschorischen Inszenierungen, die bei den jährlichen Schulfestspielen in Hellerau aufgeführt werden. Reinhardt reist nach Hellerau, und eine Zusammenarbeit zwischen der neu zu gründenden Berliner Filiale der Bildungsanstalt und dem Deutschen Theater wird besprochen. Mary Wigman soll diese Aufgabe übernehmen. Mit großem Interesse verfolgt sie daher die Proben zur Aufführung von Paul Claudels Mysterium »Verkündigung«, das im Sommer 1913 in Hellerau bei den Festspielen aufgeführt werden soll und in dem es zum erstenmal um den plastischen Zusammenhang von Wort und Bewegung geht. Aber die Proben verlaufen so katastrophal, daß die Premiere schließlich abgesagt werden muß. Für Mary Wigman liegen die Gründe dieses Scheiterns ganz klar auf der Hand: Die Schauspieler beherrschen zwar ihren Text, aber sie wissen nichts vom Rhythmus der Bewegung. Im Tagebuch vermerkt sie:

Tanz – Ton – Wort, wechselseitige Dominanz und Unterordnung.

»Sie schienen gar nicht zu ahnen, daß es auch eine Sprache des bewegten Körpers gibt, die, zusammen mit der großen Linie im Sprechen, ein Einheitliches zu bilden vermag. Sie wußten nichts von dem langsamen Entwickeln einer stillen, ausdrucksvollen Geste, die aus sich wieder einer

»Lento«. Bewegungsstudie ohne Musik, 1914.

zweiten das Leben gibt, die sich, wenn es notwendig ist, bewußt der Sprache unterordnet, gleichwertig neben ihr schreitet, oder im Augenblick höchster Steigerung das Wort erstickt und nicht mehr neben sich duldet.«

Tanz – Ton – Wort ist Mary Wigman also schon ein Begriff, bevor sie ihm bei Laban neu begegnet.

Während Mary Wigman mit Dalcroze und Reinhardt in Berufsverhandlungen steht und sich die Claudel-Proben anschaut, setzt sie ihre eigenen Bewegungsstudien fort, aber die innere Spannung wächst. Sie komponiert Tänze ohne Musik und präsentiert sogar Jaques-Dalcroze eine dieser Studien mit dem Titel »Lento«.

Auch Emil und Ada Nolde tanzt sie ihre Choreographien vor, und diese beiden geben schließlich den entscheidenden Anstoß: Sie machen sie darauf aufmerksam, daß es in München einen Mann namens Laban gibt, der dort in seiner Schule für Bewegungskunst ähnliche Ideen vertritt wie sie. Zur gleichen Zeit erzählt ihr Suzanne Perrottet, die Assistentin von Dalcroze ist und in der Hellerauer Bildungsanstalt wie ein »*Abgott der Rhythmischen Gymnastik*« verehrt wird, daß sie sich entschlossen habe, Hellerau endgültig den Rücken zu kehren. »*Und die sagte, sie verläßt Dalcroze und geht zu einem Mann, der tolle Sachen macht, der ganz ohne Musik, seine Schüler ganz ohne Musik tanzen läßt. Das tat ich selber.*« Da liegt der Reiz: Körperrhythmus – Freiheit von der Musik. Wenn schon eine Autorität wie Suzanne Perrottet Hellerau verläßt, dann will Mary Wigman es auch wagen. Vorübergehend allerdings, denn der Vertrag für Berlin soll ihr nachgeschickt werden. Postlagernd Ascona, Schweiz, dort hat Herr von Laban die Sommerresidenz seiner Schule aufgeschlagen. Einen Kurs will Mary Wigman bei ihm machen. Vielleicht läßt sich ja so die Unruhe besänftigen.

Monte Verità, der Berghügel über dem kleinen Fischerdorf Ascona am Lago Maggiore, sei ein Ort, »wo ziemlich viele Deutsche in Form von Naturmenschen sich aufhalten«, bemerkte der Dada-Dichter Hugo Ball nach seinem ersten Besuch der Kolonie. Damals hatte so etwas wie ein »Lebensreform-Tourismus« die ursprünglichen Ziele der Gründer weitgehend verwischt. Der Garten Eden, den sie sich vorgestellt hatten, in dem Menschen in naturhafter Harmonie miteinander leben sollten, war in einen Kurpark für Zivilisationsmüde verwandelt. Seit ungefähr 1909 gehörte es zum guten Ton, sich im Sommer auf dem Berg blicken zu lassen und sich eine Weile als Naturmensch zu geben. Aber neben den modischen Sommerfrischlern fanden sich wie zur Anfangszeit der Kolonie um 1900 noch immer Künstler und Intellektuelle aller Richtungen – vom Anarchismus bis zum Okkultismus – hier ein und diskutierten neue Weltordnungen auf der Grundlage freier Persönlichkeitsentfaltung.

Blick auf den Monte Verità – »keine Ahnung, was mir da bevorstand«.

Zur »individualistischen Kooperative von Monte Verità«, die die beiden Initiatoren, Ida Hofmann und Henri Oedenkoven, ins Leben gerufen hatten, zählte auch eine »Schule für Kunst«, die der Münchner Tanzlehrer Rudolf von Laban leitete. Sie verfolgte laut Schulordnung das Ziel, die Schüler »in alle Äußerungsformen des menschlichen Genius« einzuweihen; »auf allen Gebieten der Tätigkeit und des Ausdrucks« sollte der Reformhungrige »in Mitarbeiterschaft mit seinen Meistern und Kollegen die neuen Formen eines einfachen und harmonischen Lebens« kennenlernen.

Für fünfzig Schweizer Franken Schulgeld im Monat wurden Kurse in vier Disziplinen angeboten: »Bewegungskunst«, »Tonkunst«, »Wortkunst« und »Formkunst«. Die Abteilung »Tanz« im Fach »Bewegungskunst« unterrichtete Laban persönlich, zuweilen auch Suzanne Perrottet, die nach der Abkehr von Dalcroze schon bald zur Assistentin ihres neuen Meisters avancierte.

Neben dem Fachbereich »Bewegungskunst« bot Laban noch Kurse in »Wort« und »Tonkunst« an, und zwar: »Rede und Vortrag einzeln und im Chor« sowie »Musikalische Übungen« und »Begleitinstrumente«. Nur in der »Formkunst« mit ihren kunstgewerblichen Fächern wie »Baukunst«, »Weberei«, »Schusterei«, »Schneiderei«, »Malen« und »Bilden« bestimmten Henri Oedenkoven und Ida Hofmann das Programm.

Während in Europa der Erste Weltkrieg tobt, macht Mary Wigman Bewegungsübungen am Ufer des Lago Maggiore.

Die Schüler kamen aus allen Teilen Europas, vorwiegend aber aus Deutschland, eine eigenwillige Schar künstlerischer Naturen, die in der Kolonie dem »wahren« Wesen des Lebens nachspürten. Von acht bis zehn Uhr morgens und von vier bis halb sechs Uhr nachmittags fand der tägliche Unterricht statt, dazwischen waren individualistischen Erkundungen keine Grenzen gesetzt. Labans Schüler wohnten, wie die anderen Gäste oder Bewohner der Kolonie, in den verstreut zwischen Bäumen und Hecken gelegenen kleinen Holzhäuschen, die es zu mieten gab. Ansprüche an Komfort wurden nicht gestellt, denn die Hütten waren meist nur im Sommer bewohnt, wenn das Wetter warm und sonnig war und das Dach über dem Kopf höchstens vor einem Regenschauer Schutz bieten mußte.

In diese Welt macht sich Mary Wigman im Sommer 1913 auf. Der zweite Teil der Wanderung beginnt; im Gespräch erinnert sie sich:

»Ja. Und ich fuhr also unten runter, in den Süden, dritter Klasse, Köfferchen als Koppkissen, schmerzende Glieder nach der langen Fahrt, stieg in Locarno aus bei glühender Sommerhitze, mittags. Köfferchen in die rechte Hand und zu Fuß den staubigen Weg von Locarno nach Ascona. Mindestens 'ne Stunde zu Fuß. Dort angekommen: ›Wo ist der Monte Verità?‹ ›Da oben!‹ Allmächtiger! dacht' ich, jetzt sollst du da noch rauf! (...)

Landete also schließlich da oben. Irgendwo eine verzauberte Gegend, bildschön! Verwahrlost, verwilderte Parks, kleine Häuschen da drin verstreut, wo scheinbar Sommergäste wohnten. Es war mir ja alles noch gar kein Begriff, hatte keine Ahnung, was mir da bevorstand.«

Sie sucht den Weg zur Schule des Herrn von Laban. Der Meister unterrichte gerade im Damenluftbad, wird ihr gesagt, und jemand zeigt auf die dem See abgekehrte Seite des waldigen Berghügels.

»Also ging ich den Weg da runter, kam also noch nicht mal ans Damenluftbad, da hörte ich von weitem schon eine Trommel. Dacht': ›Aha, eine Trommel. Das könnte Laban sein.‹ Folgte dem Ton der Trommel, kam auf eine Wiese, und am anderen Ende der Wiese stand also ein Mann mit kurzen Hosen und einem weißen Hemd, eine Trommel in der Hand, und ein paar Mädchen und ein kleiner Zwerg, die sich da bewegten. Ich war fasziniert, stand und starrte, und Laban guckte mal um die Ecke und sagte: ›Was woll'n Sie denn da?‹ ›Ich möchte mitmachen.‹ ›Na ja, da zieh'n Sie sich da hinterm Busch aus und kommen Sie her!‹ Tat ich. Und es war, als käme ich nach Hause! Ist mir unvergeßlich geblieben, dies wunderbare Gefühl, mit dem ich da stand und plötzlich unter der Diktatur eines Trommelrhythmus glücklich und selig war.«

Gerade dem musikbestimmten Hellerau entflohen, begegnet Mary Wigman dem freien Tanz im Zeichen der Musik. Aber die Musik Labans war eine andere als die in Hellerau. Laban machte die Musik der Bewegung dienstbar, nicht den Körper der Musik. Von herkömmlicher melodischer Musik als Tanzbegleitung hielt er gar nichts; so schreibt er später in »Die Welt des Tänzers«:

»Die Musik, wie sie heute gebräuchlich ist, hat als konstruktives Ganzes hauptsächlich verstandesmäßigen Reiz.« Und mit »verstandesmäßigen Reizen« hatte Laban nichts im Sinn. Ihm ging es gerade darum, die versteckten emotionalen und irrationalen Fähigkeiten im Menschen wiederzuerwecken, um aus dem Bewegungserlebnis eine existentielle, kosmische Erfahrung werden zu lassen. Für ihn war der *Tanz* die »Urkunst«, folglich hatten sich alle anderen Künste nach ihm zu richten, und da allein der Körperrhythmus für Laban zählte, kam nur eine Musik in Frage, die diesen tänzerischen Rhythmus durch akzentuierte Schlagrhythmen unterstützte. Zu diesem Zweck hielt er ein ganzes Arsenal entsprechender Instrumente bereit: Tamburins, Kastagnetten, Schellen, Klappern, Gongs, Trommeln und zur Not taten es auch zwei einfache Holzstöcke. Eine Blockflöte war als melodisches Instrument gerade noch geduldet, hier und da auch eine Pfeife.

Die metrische Monotonie solcher Instrumentenklänge sollte in erster Linie dazu beitragen, rationale Hemmungen vor der Bewegung abzubauen, Spannungen im Körper zu lösen, um sich ganz dem Bewegungsrhythmus hingeben zu können. Es war ein beinahe meditativer Umgang mit Musik, einer Musik, die – wie Mary Wigman formulierte – dem Tanzenden *»nichts auf(drängt) von all den tausend Stimmungsabstufungen und Empfindungen, die von der Musik sonst ausgehen, die ihn, wenn er musikalisch empfindsam ist, einnebeln in ihrer sanften Melodik, oder aufreizen durch dissonierende Akkordfolgen.«*

Nach der strengen Dominanz der Musik bei Dalcroze erreicht Mary Wigman bei Laban das andere Ende der Skala – die Autonomie des körperlichen Kunstwerks. Ihre bei Dalcroze ohne Musik entworfenen Tänze sind jetzt revolutionäre Neuerung, nicht Zeichen von Mangel, weil sie keine Musiker bezahlen kann. Freiheit der Bewegung von Musik ist für Laban Programm: »Die verschiedenen Formen des Tanzes aber, Musik oder Worte mit begleitenden Körperbewegungen, Tanz mit begleitenden Musikrhythmen oder Begriffsvorstellungen (Pantomime) usw., zeigen sich als eine Möglichkeitskette, deren letztes Glied, der freie Tanz, der Tanz ohne Begleitung, das innerste Wesen des Tanzkunstwerkes am deutlichsten zum Ausdruck bringt.«

Schon kurze Zeit nach ihrer Ankunft auf dem Monte Verità schreibt Mary Wigman ihren ersten Aufsatz zum »freien Tanz« ins Tagebuch. Wie im Rückblick auf ihre Zeit in Hellerau resümiert sie darin:

»Untrennbar voneinander schienen bisher Musik und Tanz. Und alle Versuche, die in Konventionen erstarrte Bewegung zu verlebendigen, gingen darauf aus, zwischen diesen beiden Künsten eine Einheit herzustellen. Eine Einheit, die es allem musikalischen Sehnen zum Trotz wohl nie gegeben hat und auch nicht geben wird. Tanz und Musik – sie sind sich viel zu ähnlich, zu gleichwertig, um eines im andren aufgehen zu können ohne sich gegenseitig vom Eigensten, Besten zu nehmen. Sie gehorchen ja fast den gleichen Gesetzen, daran mag es liegen, daß den Menschen immer wieder das Verschmelzen der beiden Gebiete als ein Vervollkommnen des Tanzes vorschwebt. (...) Im Bann der reinen Musik kann der Tanzende nicht mehr unabhängig bleiben. Er übernimmt zuviel von der ihm entgegenströmenden klanglichen Stimmung und wird im eigenen Bewegungsausdruck dadurch geschwächt, befangen. Und er, der Schöpfer sein wollte, ist im Grunde dann nichts anderes als Ausdeuter eines anderen. (...) Fast alle unsere modernen Tänzer und Tänzerinnen verkörpern Musik, tanzen Fremdes und könnten vielleicht Eigenes schaffen. Frei werden von der Musik! Das müßten sie alle! Erst dann kann sich die Bewegung zu dem entwickeln, was alle von ihr erhoffen: zum freien Tanz, zu reiner Kunst.«

Frei werden von der Musik – das ist auch Mary Wigmans Wunsch. Sich als Tänzerin, als Künstlerin verstehen, kann sie noch nicht. Es geht Laban auch gar nicht um den Kunsttanz allein, sondern um ein tänzerisches Erleben der Welt:

»Tänzer ist mir jener neue Mensch, der seine Bewußtheit nicht einseitig aus den Brutalitäten des Denkens, des Gefühls oder des Wollens schöpft. Es ist jener Mensch, der klaren Verstand, tiefes Empfinden und starkes Wollen zu einem harmonisch ausgeglichenen und in den Wechselbeziehungen seiner Teile dennoch beweglichen Ganzen bewußt zu verweben trachtet. Findet ein andrer für diesen Menschen eine bessere Bezeichnung als das Wort ›Tänzer‹, so steht dieser Benennung nichts im Wege. Ich aber fand, daß das, was man geistige Einheitlichkeit, Menschlichkeit, wirklich allseitige Lebensbejahung oder ähnlich nennt, niemals durch den Denker oder den Träumer oder aber den Gewaltmenschen erreicht und dargestellt wurde, sondern einzig durch jene, die ihr Erleben und Handeln aus dem die ganze Welt erfüllenden Tanz der leiblich-seelisch-geistigen Erscheinungen schöpften. Ich sah auch, daß die Kunst des Tanzes der einzige reine Vollausdruck dieses Erlebens sein kann. (...) Tanz ist alle Kultur, alle Gesellschaftlichkeit. Tanz ist die Schwungkraft, die untastbare Vorstellungen zur Religion reiht. Tanz ist alles Wissen, Schauen und Bauen, das den Forscher und Tatmenschen erfüllt. Doch das reinste Abbild des Tanzes der Tänze, des Weltgeschehens, ist der Reigen, den der Menschenkörper schwingt.«

Tanz ist Welterleben, Tanzkunst Ausdruck des Erlebten. Labans Ziel

*»Zum freien Tanz, zu reiner Kunst« –
Gruppenübungen in Ascona
nach Rudolf von Laban.*

ist nicht die künstlerische Bewegung, sondern ist die Bewegung überhaupt. Er möchte seinen Schülern Zugang zu ihren bewegten Körpern verschaffen, damit sie im »Reigen, den der Menschenkörper schwingt« die eigene Persönlichkeit erfahren lernen. Ansprüche werden daher im Fach »Bewegungskunst« nicht gestellt, es gibt auch keinen Lehrplan. Hauptsache, man bewegt sich. Nicht nach irgendwelchen Normen, sondern allein so, wie es einem beim Bewegen gerade einfällt. Man springt, hüpft, rennt, trollt und quirlt über den Rasen und macht tief- und hochdramatische Gesten, als habe man den Weltgeist persönlich gesehen.

Über den Körper die eigene Persönlichkeit erfahren. Bewegungsübung in Ascona.

Spiel, Gymnastik, Tanz – Begriffe haben keine Bedeutung auf dem Monte Verità. In Mary Wigmans Kopf schleicht sich langsam der Gedanke ein, ob das, was sie in ihren Improvisationen zustande bringt, vielleicht etwas mit Tanzkunst zu tun haben könnte. Die Vorstellung ist anmaßend – sie ist doch Rhythmikerin. Das steht schließlich als Diplom besiegelt fest!

Drei Wochen, nachdem sie in Ascona angekommen ist, muß sie eine Entscheidung fällen. Mit der Morgenpost trifft aus Hellerau der Vertrag ein, der ihr zum 1. Oktober die Leitung der neu eingerichteten Filialschule für Rhythmische Gymnastik im vornehmen Berliner Westend überträgt. Der Beruf, nach dem sie sich in Hannover so gesehnt hatte, die gesicherte unabhängige Stellung – das Ziel ist erreicht. Sie muß nur unterschreiben und rechtzeitig mit ihrem Köfferchen wieder zum Bahnhof nach Locarno wandern. Aber – hat sich nicht inzwischen das Ziel verändert? Sie weiß, daß sie die Rhythmische Gymnastik nicht mehr aus ganzer Überzeugung vertreten kann. Noch schlimmer, sie hält sie für völlig unsinnig! Bei Laban hat sie gelernt, was Rhythmus bedeutet – alles! Und auf keinen Fall die Abfolge von Notenzeitwerten. Nur: Gibt es denn eine andere Möglichkeit, als die Chance bei Dalcroze zu ergreifen?

Haben die Improvisationen etwas mit Tanzkunst zu tun? »Und plötzlich tat sich eine Welt auf, in die zu gelangen es sich lohnte, zu kämpfen.«

Als sie nachdenklich und recht unglücklich mit dem Brief in der Hand an dem kleinen Pfad sitzt, der vom Dorf Ascona zum Monte Verità heraufführt und den sie am ersten Tag so mühsam hochgeklettert war, kommt Laban vorbei. Sie zeigt ihm den Vertrag, und er gratuliert lachend zur Lebensstellung. Dann sagt er den Satz, der für Mary Wigman einen Schlußstrich zieht unter die Rhythmische Gymnastik und eine neue Zukunft schafft: »Eigentlich schade! Sie sind doch eine Tänzerin und gehören auf die Bühne.« Mary Wigman traut ihren Ohren nicht:

»Ich war fast verrückt. Das ging bei mir alles durcheinander: Tänzerin, Bühne. Ja, um Gottes Willen, an sowas hatte ich nie gedacht, nicht eine Sekunde. Ich habe überhaupt an nichts gedacht. Und plötzlich tat sich eine Welt auf, in die zu gelangen es sich lohnte zu kämpfen.«

Von diesem Moment an ist Monte Verità Mary Wigmans Zuhause. Sie schickt den Vertrag zurück, schreibt Mutter Amalie, daß sie vorerst bei Rudolf von Laban bleiben wird und richtet sich in ihrem Häuschen gemütlich ein. Bald darauf wird sie in den »Lehrkörper« der Schule aufgenommen, darf die morgendlichen Gymnastikstunden unterrichten, wenn Laban mal keine Lust hat, so früh zu erscheinen.

Mit größerem Eifer denn je ist sie in seinen Tanzklassen bei der Sache. Er lehrt die Gebärdensprache des Körpers, den ständigen rhythmischen Wechsel aller Bewegungen zwischen gegenüberliegenden Polen, zwischen Hoch und Tief, Rechts und Links, Vor und Zurück, macht die Spannungen des Körpers fühlbar vom apathischen Liegen bis zum dynamischen Sprung, läßt die Schüler die Auswirkung emotionaler Bewegungen auf den Ausdruck ihrer körperlichen Bewegungen erfahren. Laban weckt die Aufmerksamkeit seiner Schüler für ihre Umwelt, lehrt sie, sich selbst als Mikrokosmos in einem universalen Raum wahrzunehmen, leitet sie an zu sehen, daß die alles Leben bestimmenden Elemente Zeit, Kraft und Raum die Faktoren sind, die den Tanz prägen, ihn zum Abbild des Lebens machen. Er lehrt sie, die Welt mit dem Blick des Tänzers zu sehen: »Was kennzeichnet (...) die Anschauung des Tänzers? Vor allem seine unbedingte Ehrfurcht vor tänzerischem Geschehen und die Hingabe an den Kern alles Seins, an die wohlgeordnete Bewegung, den Tanz. Die Neigungen und Triebe, denen die Menschen sonst dienstbar sind, erhalten für den Tänzer Wert und Sinn erst durch ihre Beziehung zum Tanz. Diese Verehrung des Tanzes oder vielmehr der Tanzkraft der Welt bringt es mit sich, daß auch die tastbare Welt, dieser Symbolträger alles Seins, beachtet, geschätzt und bewundert wird. Gleichweit entfernt vom Abtötenwollen wie von der sinnlich materialistischen Überschätzung der Erscheinungswelt und ihrer Einwirkungen, steht ein eigentümlicher Glaube an die Kraft und Güte alles Seienden vor uns, die wir immer wieder nur beim tänzerischen Menschen in voller Reinheit und Abrundung finden. Tänzer ist jeder Künstler, mancher Denker und Träumer und in seinem unerkannten Grundwesen jeder Mensch.«

Laban lehrt die Wahrnehmung von Zeit, Kraft und Raum. So wird der Tanz zum Abbild des Lebens.

Mary Wigman wird Labans engste Mitarbeiterin. So viel von dem, was er zu erzählen hat, kennt sie selbst, hat sie schon für sich gefühlt, ohne daß sie es bisher in Worte kleiden konnte. Mit Laban kann sie diskutieren: über Nietzsche, Goethe, Konfuzius, die Sufi-Lehren der Derwische – alle in ihren Erkenntnissen vom »Tänzergeist« getragen, wie Laban sagt. In den praktischen Stunden vermittelt er ihr das Vertrauen in die Bewegungs- und Ausdrucksfähigkeit ihres Körpers, hilft ihr, sich mehr und mehr als Tänzerin zu begreifen.

Häufig begleitet sie Laban, wenn er Gästen aus Oedenkovens Sanatorium oder Erholungsuchenden aus Locarno und Ascona Solo-Stunden erteilt. Voller Faszination beobachtet sie, wie Laban in aller Behutsamkeit den zum Teil körperlich schwerkranken oder behinderten Patienten des Sanatoriums mit einfachen Übungen dazu verhilft, ihre Glieder wieder zu bewegen, ein neues Verhältnis zu ihrem Körper zu gewinnen und damit an seiner Heilung mitzuwirken. Es sind die Anfänge einer tanztherapeutischen Bewegungslehre, die Laban hier praktiziert. Nicht zufällig betreut Suzanne Perrottet später in Zürich Patienten von C. G. Jung und ist Trudi Schoop, eine der Begründerinnen der modernen Tanztherapie, Laban-Schülerin.

Der Unterricht von Privat-Schülern hat für Laban und seinen »Lehrkörper« einen willkommenen finanziellen Effekt – die Honorare liegen weit höher als die der üblichen Kursstunden. So fundiert nämlich die ideellen Ziele der Schule auch sind, so sehr wackeln ihre ökonomischen Grundfesten. Die Kursgebühren der Schüler decken kaum die Kosten. Von »Gehalt« ist bei den Lehrern, zu denen ja Mary Wigman mittlerweile zählt, keine Rede. Aber man braucht auch nicht viel. Die Landwirtschaft der Kolonie bietet genügend Lebensmittel und der Silberfranken eines Soloschülers reicht für den Wein aus dem Dorf dazu. Kleidung liefert die Abteilung »Formkunst« der Schule, oder man schneidert sich je nach Können selbst etwas zurecht.

Laban hat eine Tür geöffnet, jetzt gilt es herauszufinden, was dahinter liegt.

Im warmen, sonnigen Tessin ist das Leben auf diese Weise leicht zu meistern. Nach dem 15. Oktober, wenn die Saison auf dem Monte Verità zu Ende geht, sieht die Sache schlechter aus. Den Winter verbringt die »Schule für Kunst« in ihrem Münchner Stammquartier, und da braucht man doch mehr Geld als in der »individualistischen Kooperative«.

Als Laban im Herbst 1913 nach München zurückkehrt, bleibt Mary Wigman zunächst noch im Tessin. Der Sommerkurs, zu dem sie hergekommen war, ist vorüber. Ihr ganzes Leben hat sich in diesen wenigen Monaten entscheidend gewandelt. Die alte Unruhe ist besänftigt, eine neue dafür geweckt: Sie hat die Entscheidung getroffen, Tänzerin zu werden und die gesicherte Stellung einer Rhythmiklehrerin dafür aufgegeben. Noch aber fühlt sie sich nicht als Tänzerin und weiß, daß sie ihren Lebensunterhalt nicht mit Gymnastikunterricht verdienen kann. Was soll also werden? Nach Hellerau will sie nicht zurück und im Tessin kann sie auch nicht bleiben. Laban hat ihr eine Tür geöffnet. Sie muß herausfinden, was dahinter liegt, was es mit dem »freien« Tanz weiter auf sich hat. Fest steht, daß sie bei Laban am richtigen Platz ist. Mary Wigman beschließt, nach München überzusiedeln. Wenn der kalte deutsche Winter überstanden ist, wird sie wieder in den Tessin zurückkehren.

Die bayrische Hauptstadt ist zu dieser Zeit neben Berlin und Dresden eines der Zentren der »Moderne« in Deutschland. Die Malergruppe »Der blaue Reiter« hat hier ihren Sitz und liefert mit ihren radikalen Forderungen und stilistischen Experimenten ständig Stoff für heftigste künstlerische Auseinandersetzungen. 1912 hatte Kandinsky in seinem Aufsatz »Über das Geistige in der Kunst« proklamiert: »Alle Mittel sind heilig, wenn sie innerlich-notwendig sind.« Das Innerlich-Notwendige, das »Mystischnotwendige«, wie Kandinsky es auch formuliert, steht für Laban im Mittelpunkt seiner Arbeit.

In den Münchner Tageszeitungen inseriert er als »Leiter der Sommerfestspiele am Lago Maggiore« und bietet ab dem 15. November 1913 Kurse unter dem Thema »Tanz – Ton – Wort« in seinem Atelier in der Schwanthaler Straße 37 an. Die Münchner Schule ist nach ähnlichem Konzept aufgebaut wie die »Schule für Kunst« auf dem Monte Verità, wobei die »Bewegungskunst« bei weitem im Vordergrund steht und die »Formkunst«, das praktisch-handwerkliche Arbeiten, ganz entfällt. Der Begriff »Tanz – Ton – Wort« besitzt eine programmatische Bedeutung für Labans Idee einer allumfassenden, ganzheitlichen Ausbildung zu Kunsterleben und neuer Lebensqualität. Im Schulprospekt schreibt er: »Auf allen Gebieten triumphiert die Technik, die Zweckform, und nur der menschliche Organismus selbst bleibt hinter der Entwicklung seiner Werkzeuge zurück. (...) Muskeln, Nerven, Gehirn sind die drei Zentren, wo sich Wollen, Fühlen, Wissen manifestiert. Die großen rhythmischen Gesetze, die uns im sinnlichen Fühlen, Bewegen und Denken klar entgegentreten, regieren alle diese Gebiete. Die bewußte Anschauung dieser Vorgänge befähigt JEDEN, in kürzerer oder längerer Zeit den Rhythmus seines Lebens zu erkennen, zu stärken und zu beherrschen. (...) Unser Denkapparat, unser Empfindungsapparat und unser Muskelsystem können in hervorragender und sinnreicher Weise durch TANZ – TON – WORT kontrolliert und voll entwickelt werden.«

Mit seiner Theorie, die er in den folgenden Jahren auf dem Monte Verità und in Zürich in enger Zusammenarbeit mit Mary Wigman immer weiter verfeinert und die er 1920 in seinem Standardwerk »Die Welt des Tänzers« publiziert, findet Laban in der Münchner Bohème des letzten Vorkriegswinters noch kein großes Publikum. Aber ein kleiner Kreis von Interessierten kommt in die Schule und besucht die Veranstaltungen, mit denen regelmäßig das Programm der Schule an die Öffentlichkeit gebracht wird.

Erste pädagogische Erfahrungen: Labans »tänzerischer Harem« unterzog sich den strapaziösen körperlich-rhythmischen Bewegungen weniger aus Liebe zum Tanz, eher um Labans willen; »die Weiblichkeit strafte mich mit Verachtung«.

Das aufbruchgestimmte München ist für Mary Wigman im Winter 1913/14 der Ort, wo ihre Laufbahn als Pädagogin und Tänzerin beginnt. Als sie im Spätherbst nach München kommt, liegt Laban mit einer schweren Lugenentzündung im Bett. Die Schule ist geschlossen, der finanzielle Zusammenbruch droht – was allerdings häufiger vorkommt.

Laban bittet Mary Wigman, seinen Unterricht zu übernehmen, damit die wenigen Schüler, die noch da sind, nicht abspringen. Auf diese Weise findet sich Mary Wigman, die bis dahin noch nie eine Tanzklasse unterrichtet hatte, zum erstenmal in der Rolle der Tanz-Lehrerin wieder. In einem autobiographischen Manuskript schreibt sie:

»Um die pädagogische Arbeit hatte ich mich bisher noch gar nicht gekümmert. Nun wurde es ernst. Die Weiblichkeit, die sich den Strapazen körperlich-rhythmischer Bewegung nicht aus Liebe zum Tanz, sondern um Labans willen unterzog, strafte mich mit Verachtung. Jeden Zollbreit Boden mußte ich mir erkämpfen. Aber als Laban nach vielen Wochen wieder arbeitsfähig war, konnte ich ihm seinen tänzerischen Harem ohne Einbuße zurückgeben. Ich hatte gewissermaßen meine pädagogische Prüfung bestanden.«

Mitte Januar 1914 ist Laban wieder so weit hergestellt, daß er in einer Schulveranstaltung seine künstlerischen Ideen einem geladenen Publikum vorstellen kann. Unter seinem Motto »Tanz – Ton – Wort« präsentiert er mit vier Schülerinnen und zwei Schülern die Grundzüge seiner Bewegungslehre: Ent- und Anspannungsübungen, Kraft-, Gelenkigkeits- und Beweglichkeitsübungen, tänzerische Bewegungsfolgen und -bilder. Im Publikum sitzt auch der Schriftsteller Hans Brandenburg, der gerade sein aus expressionistischem Enthusiasmus entstandenes Buch »Der moderne Tanz« veröffentlicht hat und der zeitlebens ein geschätzter Freund Mary Wigmans bleiben wird. Er schreibt zu dieser Veranstaltung:

»Die Übungen waren meist von rhythmischer Geräuschmusik, von Gongs, Handtrommel, Blockflöte begleitet, was man noch nie erlebt hatte; sie gingen aus freier Improvisation hervor und enthielten doch die Elemente und Gesetze einer körperlichen Harmonielehre. Daneben ward auch, gleichfalls improvisatorisch, gesprochen und gesungen, alles mit der Akzentuierung aus dem gleichen Zentrum heraus.«

Zum Zeitpunkt dieser Aufführung ist Mary Wigman bereits mit etwas ganz anderem beschäftigt: Für Februar 1914 plant Ymelda Juliewna Mentelberg, eine Schülerin Labans, einen Solotanzabend. Damit das Programm abendfüllend wird, bittet sie Mary Wigman, doch zwei von ihren kleinen Tanzstudien, die sie in den Improvisationen erarbeitet hat, beizusteuern. Plötzlich ist Mary Wigman Labans Satz, sie gehöre als Tänzerin auf die Bühne, ganz nah gekommen. Sie erschrickt. Sie fühlt sich noch nicht als Tänzerin, hält sich nicht für reif genug, eigene Bewegungsfolgen als Tänze zu präsentieren. Laban ermuntert sie, aber sie flüchtet in die Ausrede, sie habe kein Geld, passende Kostüme zu besorgen. Laban läßt das Argument nicht gelten und vermittelt ihr den ersten professionellen Choreographie-Auftrag – in einem Varieté. Zwei Artistinnen hatten

Aus Seide sollen die Kleider der ersten beiden Tänze sein: »Lento« und »Hexentanz«.

Laban gebeten, eine ihrer Nummern zu choreographieren; Mary Wigmans Empörung über den beinahe ›unsittlichen‹ Antrag, diesen Auftrag an sie weiterzugeben, besänftigt er mit dem charmanten Hinweis auf die Gage und die Kaufpreise für Seidenstoffe. Denn aus Seide sollen die Kleider ihrer ersten beiden Tänze sein. Mary Wigman nimmt wortlos an. Im autobiographischen Manuskript steht:

»Die Erinnerung an das ›künstlerische‹ Produkt dieser Arbeit heraufzubeschwören, will mir nicht recht gelingen. Es ging dabei um ein weißes Wollschäfchen. Als Laban sich gelegentlich eine Probe ansah, grinste er anerkennend: ›Es ist leichtfertiger ausgefallen, als ich dir je zugetraut hätte.‹«

Mit der Gage, um die sie zum bösen Ende auch noch heftig kämpfen muß, geht sie schnurstracks in eine Stoffhandlung, kauft die langen Meter silbergrauer Seide für das knöchellange, fließende Kleid des »Lento« und rotbraune Seide für Umhang und Kapuze des beinfreien Kostüms vom »Hexentanz«.

Am 11. Februar 1914 steht Mary Wigman zum erstenmal als Tänzerin auf der Bühne. Das heißt, eine Bühne ist es gar nicht, sondern das Podium in »einem Rokokosaal, auf knarrendem, schmutzigem Parkettboden« im Museum des Porzia-Palais.

»Als ich das Podium des schönen alten Museumssaales betrat, zitterte und bebte ich an allen Gliedern bis zur Gleichgewichtsstörung. Bis das große Wunder geschah – über 30 Jahre lang immer und immer wieder erlebt –, daß mit dem Ansatz der ersten tänzerischen Gebärde alle Unsicherheit wie durch ein Zauberwort von mir abfiel, und das Tanzenkönnen, das Tanzendürfen Glückseligkeit wurde.

Noch etwas geschah an jenem denkwürdigen Abend. Während die makellose Interpretation der Labanschen Choreographie durch die bildschöne Interpretin nur schwachen Beifall erhielt, prasselte es wie ein Trommelfeuer auf mein Lento und den Hexentanz herunter. Ich war völlig benommen, konnte mich nicht einmal an diesem unerwarteten Erfolg freuen, sondern kam mir wie ein Verräter an der Partnerin vor, der ich, statt zu helfen, eher geschadet hatte.

Kam es mir überhaupt zum Bewußtsein, daß ich seit meiner ersten Begegnung mit Laban noch einmal an einem Scheideweg stand? (...) Ein Tor hatte sich aufgetan, hinter dem der Lebensraum der ›Tänzerin‹ sich weitete.«

»Das Geheimnis dieser Wirkung ist: tief schlichte Ehrlichkeit. ... Das Gefühl bricht einfach los und gestaltet sich in der unmittelbarstenund darum besten Form.« (Rudolf von Delius)

Was Mary Wigman bisher nicht gewagt hat, sich einzugestehen, ist mit der grell-bunten Groteske eines leibhaftig gewordenen »Dämons« und den fließenden Bewegungen des lyrischen »Lento« Wirklichkeit geworden – sie ist Tänzerin. Auch wenn dieser Auftritt noch nicht den großen Durchbruch beim Publikum bringt. Dazu ist der Kreis der Versammelten denn doch zu klein und Mary Wigman mit ihrer tänzerischen Art dem Verständnis der meisten Zeitgenossen noch ein Stück zu weit voraus. – So steht anderntags in der Zeitung zu lesen: »Ymelda Juliewnas Körper ist bewegungskünstlerisch fast noch besser durchgearbeitet und geeigneter als der Mary Wiegmanns, aber diese ist ihr an mimisch-dramatischer Ausdrucksfähigkeit überlegen« und: »Der Beifall war immerhin freundlich.«

Nur die eingeweihten, vor allem die mit expressionistischer Kunst vertrauten Zuschauer wie Hans Brandenburg, der wieder dabei ist, oder der Schriftsteller Rudolf von Delius begreifen das künstlerische Potential, das sich an diesem Abend zum erstenmal zeigt.

Delius schreibt eine überschwengliche Kritik in der Wochenschrift der Münchner Zeitung, die schon viel von dem andeutet, was an der Wigmanschen Tanzkunst später gerühmt werden wird: »Der heiße, schaffende Künstlerinstinkt reißt alles mit sich fort. Die germanische, wilde Gefühlseinheit hat hier zum ersten Male ihre Tanzform gefunden. Nichts Geistreiches, Interessantes, Virtuoses, Raffiniertes gibt es mehr. Keine Anpassungen, keine Maskeraden, keine Schauspielerei. Das Element redet unmittelbar, der Mensch selber, wie er seit Tausenden von Jahren immer wieder nach Körpersprache ringt. Im Grunde ist es nichts weiter als Gesundheit und Kraft. Aber die von Roheit und Plumpheit am allerweitesten entfernt ist. Ja, hier sind zartere Töne als bei jedem hysterisch-nervösen Getue. Das Geheimnis dieser Wirkung ist: tief schlichte Ehrlichkeit. Hier soll nichts vorgestellt und gemimt werden, nichts wird drapiert und in Szene gesetzt. Das Gefühl bricht einfach los und gestaltet sich in der unmittelbarsten und darum besten Form. Geglättet und poliert ist nichts, und darum wird es wohl auch an den Überklugen nicht fehlen, die feststellen, manches in dieser Kunst sei zu häßlich. Nun, vor dieser Art ›Häßlichkeit‹ hat sich der germanische Künstler nie gefürchtet, von Shakespeare bis zu Annette von Droste.«

Die Kritik schneidet Mary Wigman aus der Zeitung aus und schickt sie nach Hannover. Voller Stolz liest Mutter Amalie vom ersten Erfolg ihrer künstlerischen Tochter und reicht den Bericht an alle Verwandten und Bekannten herum. Aus dem Kind wird vielleicht doch etwas werden.

Der erste Erfolg ermutigt Mary Wigman zu neuen Choreographien. Bei der nächsten Schulveranstaltung von Laban, am 28. April 1914, stellt sie gleich sieben neue Tänze – alle dem Programm des Abends entsprechend ohne Musikbegleitung – dem Publikum vor und wiederholt noch einmal ihren »Hexentanz«.

Sie hat den Tanz für sich gefunden, jetzt will sie ihn gründlich erforschen – wenn es sein muß auch ohne Laban. Später erinnert sie sich:

Nun weiß sie, welchen Weg sie gehen will. Nichts kann mehr aufhalten, auch kein alter eiserner Ofen; der kostet sie aber drei Zähne.

»*Alles, was sich damals auf den Podien der Konzertsäle tummelte, kam über den nackten Dilettantismus kaum hinaus. Ich wollte mehr! Und stürzte mich in die Erarbeitung der tänzerischen Technik, ein Begriff, der für den neuen, den freien Tanz noch gar nicht existierte. Auch Laban zeigte kein sonderliches Interesse dafür.*

Hier gab es weder Vorbild noch Führung. Hier war ich Neuling, der, ganz auf sich selbst gestellt, die faszinierendste Erkundungsexpedition antrat, die es für den Tänzer gibt: die Entdeckung des eigenen Körpers und seine Wandlung vom Leib zum ›Instrument‹. –

Das Schreiten und Gleiten, das Stürmen, Stürzen und Fallen – die Seligkeit des Schwebens in der Überwindung der Schwere durch das himmelstürmende Jauchzen im tänzerischen Sprung. Der alte eiserne Ofen im Atelier war mein Todfeind! Immer stand er bedrohlich im Weg – und mehr als einmal mußte ich ihm meinen Tribut zahlen, wenn ich in der Leidenschaft des Suchens über seine eiserne Dinglichkeit stolperte oder über den häßlichen Kohlenkasten stürzte, der mich bei der Erarbeitung der verschiedenen Drehfunktionen drei schöne, gesunde Vorderzähne gekostet hat.«

Daß »Kraft« und »Raum« ganz unharmonische Begriffe sein können, erfährt Mary Wigman nicht nur auf diese Weise. Aber was zählen Blessuren, wenn es dafür Tanz zu erfahren gibt!

Im Mai 1914 kehrt sie in den sonnigen Tessin zurück. Diesmal klettert sie den Weg vom Bahnhof zum Monte Verità mit ganz anderen Gefühlen hinauf. Nicht mehr in der nervenzerreißenden Spannung ihrer Ungewißheit, sondern mit zielgerichtetem Blick auf den Tanz. Jetzt weiß sie, welchen Weg sie gehen will.

Wie beim ersten Mal nimmt sie die Landschaft des Lago Maggiore gefangen. Sie wandert über die baumbedeckten Berghügel, klettert die Felsen hinauf, durchstreift die engen gepflasterten Gassen der kleinen Fischerdörfer, tanzt am sandigen Strand des Sees entlang und fährt mit dem Boot zu den nahen Brissago-Inseln hinüber, wo die Vegetation fremder Erdteile in einem botanischen Garten zusammengebracht wurde: Eukalyptusbäume aus Australien, Mammutkiefern aus Amerika, Palmen vom schwarzen Kontinent. Die Welt ist grenzenlos im Sommer am See. Mary Wigman erlebt die Weite, aus der ihre Tänze entstehen. Auf den Wiesen und Waldlichtungen des Berghügels, unter den Palmen und Magnolienbäumen des Seehangs läßt sie dem Bewegungsdrang ihres Körpers freien Lauf. Der mystische Silberglanz des stillen Sees, die majestätische Gelassenheit der Berge ringsum, die farbenprächtige Fülle der üppigen Vegetation scheinen alle Theorien vom ewigen Zeitlauf der Natur zu verherrlichen und festigen in Mary Wigman die Überzeugung, daß der Mensch nicht Beherrscher der Natur, sondern ihr Instrument ist, Teil eines Kosmos, dessen Gesetze sich im Wandel der Jahreszeiten, im Wechsel von Licht und Schatten, von Auf und Nieder, von Stark und Schwach, von Geburt und Tod spiegeln.

Nachts liegt manchmal eine unheimliche Spannung über dem Berg, die das Tor zwischen den Welten zu öffnen scheint. Dann wagt sich Mary Wigman in die Nacht hinaus, beginnt in der Stille zu tanzen, allein dem Rhythmus der Nacht ergeben, dem Rauschen der Bäume, dem Rascheln der kleinen Tiere im Gebüsch und dem fast hörbaren Klopfen des eigenen Herzens. Sie ergibt sich der Lust und dem Grauen, die sie zugleich fühlt, formt ihr Erleben des nächtlichen Raumes zu Bewegung, tanzt die Nacht.

Das Naturerleben fügt sich zu den lebensphilosophischen Betrachtungen, die sie in Büchern liest: Nietzsches Gedanken zum dionysischen Welterleben, Goethes Bild des ewig nach Erkenntnis strebenden Menschen, Ludwig Klages Theorien zum Rhythmus der Naturgesetze.

Zwischen Hellerau und Monte Verità liegen Welten – die Natur selbst ist jetzt Heimat geworden. Für Mary Wigman bedeutet der Monte Verità die Grenzenlosigkeit auf der Suche nach sich selbst.

Wie jedes Jahr kommen Schüler aus ganz Europa hier zusammen, um sich bei Laban in die Kunst des freien Rhythmuserlebens einweihen zu lassen. Sie mischen sich mit dem bunten Völkchen der mehr oder minder ernsthaften Freigeister, die gerade während der Sommermonate den legendär gewordenen Berghügel mit seiner Kuranstalt bewohnen. So viele Menschen verschiedener Herkunft, Weltanschauung und Denkweise sind hier versammelt, mit denen sie diskutieren kann, die Vorträge halten oder auch nur beim gemeinsamen Mittagessen im Speisesaal ihre Lebensphilosophie verkünden. Man trifft sich beim Sonnenbaden, bei der Gartenarbeit oder auf den zahllosen Festen, die in den Hütten des Bergdorfes gefeiert werden.

Hans Brandenburg hatte Mary Wigman in München kennengelernt, als er die Schuldemonstration von Laban besuchte. Er war sofort überzeugt, »daß dieser Rudolf von Laban und diese Mary Wigman – die damals als gute Hannoveranerin noch Marie Wiegmann hieß – die Zukunft der neuen Tanzkunst bestimmen würden. Ich sagte ihnen das auf der Stelle, und daraus ergab sich gleich der Plan einer Zusammenarbeit.«

Dieser Plan wird im Sommer 1914 in die Tat umgesetzt. Brandenburg hat ein »Tragisches Wort- und Tanzspiel« mit dem Titel »Sieg des Opfers« geschrieben, das nach den Labanschen Prinzipien von »Tanz – Ton – Wort« inszeniert werden soll. Die Premiere ist für den Herbst bei der Werkbund-Ausstellung in Köln in Aussicht genommen. Anschließend will Laban mit seinem Kreis nach Baden-Baden umziehen und dort ein

»Hexentanz«, 1914.

Tanzzentrum gründen mit Freilicht-Theater, Schule und Wohnmöglichkeiten. Brandenburgs »Sieg des Opfers« soll der Anfang zu einer neuen, dem chorischen Drama gewidmeten Lebens- und Arbeitsphase sein.

Das Stück ist ein pathosgeladenes Werk voll expressionistischer Dramatik; es beginnt mit den verheißungsvollen Worten: »Armer Leib! Armer Leib!« Laban führt Regie, Gertrud Leistikow, die aus Holland stammende Tänzerin, und Mary Wigman verkörpern die beiden Hauptfiguren – die verzweifelte Tochter an der Totenbahre der Mutter und den sie in inzestuöser Absicht bedrängenden Vater. Mary Wigman spielt mit Maske den Vater – »drohend angreiferisch, mit der erschreckenden Dämonie des Inzestes. Demgegenüber stand Gertrud Leistikow als die Tochter, abwehrend und doch schon schuldig, aber priesterinnenhaft in der aus der Schuld entsprungenen und die Schuld sühnenden Tanzberufung.« (Brandenburg)

Trotz aller Begeisterung für Brandenburgs Werk weigert sich Mary Wigman nach ein paar Probentagen, ihre Rolle weiterzuspielen. Gertrud Leistikow ausgerechnet in »lüsterner Gier« zu bestürmen, strapaziert ihre mimische Einfühlungsbereitschaft denn doch zu sehr. Laban zeigt Verständnis und selbst Brandenburg, dessen Aufführungspläne damit zunichte sind, hat ein Einsehen. Man plant eine Umbesetzung, obwohl schon Mary Wigman die Rolle für einen anderen Darsteller übernommen hatte; aber dazu kommt es nicht mehr. Die Proben werden jäh unterbrochen: Generalmobilmachung in Deutschland! Krieg!

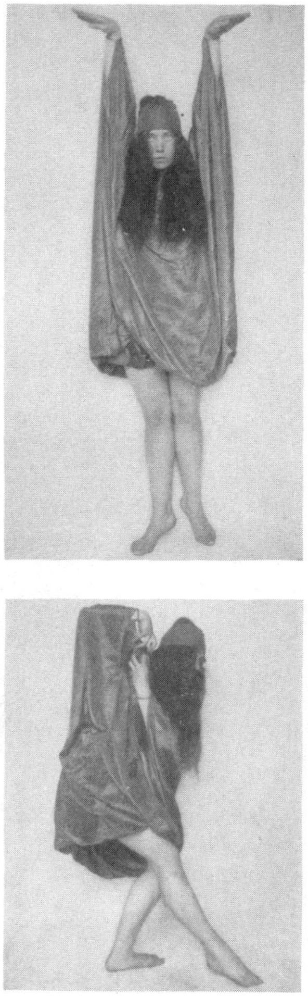

»Hexentanz«, 1914.

Viele der auf dem Monte Verità versammelten jungen Männer fahren nach Hause, wo sie – wie Hans Brandenburg – in die Kasernen einrücken. Auch die meisten der Frauen, oft Töchter aus besseren Familien in Deutschland und Österreich, werden von den Eltern zurückgerufen, so daß innerhalb weniger Tage die »Schule für Kunst« fast nur aus dem Lehrpersonal und ein paar Gestrandeten besteht. Der Sommer vergeht daher recht still in der Schule. Laban arbeitet tagein, tagaus an seinem theoretischen Grundlagenwerk »Die Welt des Tänzers«. Berge von Papier füllt er mit Notizen und kurzen Abhandlungen wie »Gleichlauf des Eindrucks mit dem Ausdruck«, »Hauptspannung eines Gebärdenakkords«, »Das Wirken der Gebärdenkraft«, »Die Wandlungen der Gebärdenkraft als Schicksalsmächte«. Mit Mary Wigman diskutiert er seine Überlegungen, und sie ist ihm Versuchskaninchen für die praktischen Bewegungsanalysen. Mit Winkelmaß und Meterband vermißt er die Beweglichkeit ihres Körpers und nutzt die Werte zur Stützung seiner tanzanatomischen Betrachtungen über die »Eurhythmische Bedeutung der Zahlen und Maße im Körper.« Weil es wenig Schüler gibt, hat Mary Wigman genug Zeit, ihren eigenen Tanzexperimenten nachzugehen. Eine Studie nach der anderen entsteht, aber noch ist sie nicht von sich überzeugt genug, diese Studien als wirkliche Tanzkunstwerke gelten zu lassen.

»Tempeltanz«, 1917, später im Zyklus »Ekstatische Tänze«.

Am Ende des Sommers steht die Rückkehr der »Schule für Kunst« ins Winterquartier an, aber München kommt nicht mehr in Frage. Mit Kriegsausbruch waren zunächst die Theater und Vergnügungsstätten geschlossen worden, und es ist absehbar, daß sich in der bayrischen Hauptstadt nur noch wenige Schüler würden finden lassen. Zudem fühlt sich Laban als ehemaliger Reserveoffizier der k.u.k.-Armee – er ist gebürtiger Ungar – in Deutschland nicht sicher. Obwohl er als »untauglich« aus der Armee entlassen worden war, könnte man im Notfall vielleicht wieder auf ihn zurückkommen. So liegt es nahe, in der Schweiz zu bleiben und zu versuchen, in Zürich mit einer Schule den Lebensunterhalt zu verdienen.

Unversehens gehört Mary Wigman so zum Kreis der vielen in Zürich gelandeten Exilanten, die das Klima dieser Stadt während des Ersten Weltkriegs nachhaltig bestimmen. An allen Ecken wird in der einen oder anderen Weise an revolutionären politischen oder künstlerischen Theorien gearbeitet, mit begeisterter Leidenschaftlichkeit lebt man den künstlerischen Umsturz der bürgerlichen Weltordnung. Während die mächtigen Kaiserreiche Europas auseinanderbrechen, feiert man auf der kleinen Insel Zürich den Sieg des Chaos über die Sinnhaftigkeit.

Was in Deutschland geschieht, erfährt Mary Wigman aus den Briefen von Mutter Amalie. Die schreibt, daß Heinrich, Marys Bruder, an der

Westfront kämpft und daß sie sich Sorgen um ihn macht. Zwei Erlebnisse notiert Mary Wigman 1915 in ihr Tagebuch, die für sie den Krieg wiedergeben.

»Ein ganzer Zug voller Kinder!
Sie tragen alle Uniform und brüllen
Die Wacht am Rhein.
Endlos sind die Wagenreihen, die vorüberrollen,
ich zähle 20, 25, 28, 40 –
und immer noch mehr.
Mützenschwenken, Lachen, Jubel –
im Rausch der Erwartung alle! –
Kinder! – Sie wissen nicht, was sie tun.«

Und:

»Ein Lazarettzug fährt langsam vorüber,
die Vorhänge an den erleuchteten Wagenfenstern
sind heruntergelassen,
jeder Wagen zeigt das rote Kreuz.
Lautlos fast rollen die Wagen, verschwinden
langsam im Nebel.«

PFAUEN-THEATER
Schauspielbühne des Stadt-Theaters

Montag, den 18. Juni 1917, abends 8 Uhr:

Tanz-Abend
von
MARY WIEGMANN

*

Programm:

1. *Präludium VIII* . . . . Bach
2. *Arie* . . . . Bach

*

Gespenstertänze

3. *Mexikanisches Zauberlied*
4. *Satans Vergnügen* . . . . Rebikow
5. *Totentanz* . . . . Saint-Saëns

*

Träume

6. *Die Stille*
7. *Dunkle Rhythmen* . . . . Laban
8. *Aegyptisches Lied*

*

9. *Teufelswalzer* . . . . Liszt

Nach den Gespenstertänzen findet eine Pause statt.
Der Feurich-Konzertflügel ist von der Firma P. Jecklin Söhne zur Verfügung gestellt.

*

Erhöhte Preise. – Serienabonnemente ungültig.
Kassenöffnung 7 Uhr. Anfang 8 Uhr. Ende 10 Uhr.

9

In Zürich merkt man wenig vom Krieg, er findet im Bewußtsein nicht statt. In den Jahren 1914 bis 1919 empfängt Mary Wigman in dieser Stadt und auf dem Monte Verità die Anregungen und Herausforderungen, durch die sie ihre Vorstellungen vom neuen künstlerischen Tanz formulieren und tanzen lernt. Sie trifft hier viele alte Bekannte vom Monte Verità wieder – Maler, Bildhauer, Schriftsteller, Dichter, Musiker. Hugo Ball, Emmy Hennings, Sophie Taeuber, Hans Arp, Tristan Tzara, Marcel Janco, Richard Huelsenbeck, Hans Richter, Raoul Hausmann stehen im Mittelpunkt dieses Kreises, der als Zentrum des Dadaismus in die Geschichte eingegangen ist. Den Namen geben sich die Künstler 1916, als sie mit dem »Cabaret Voltaire« ihr festes Stammlokal bekommen – allerdings nur für wenige Monate, bis der Wirt sie wieder rausschmeißt.

Mary Wigmans erster öffentlicher Solo-Bühnenauftritt am 18. Juni 1917 in Zürich.

In der Seegartenstraße 2 eröffnet Laban sein erstes Atelier. Die Schülerinnen, die kommen, sind zwar mittellos, aber künstlerisch vielversprechend. Eine eigene Wohnung kann Mary Wigman sich nicht leisten, sie wohnt mal im Atelier, mal im Sekretariat, mal in einer Pension – je nach Finanzlage.

Das Sekretariat der Laban-Schule, wo Mary Wigman den Schriftverkehr erledigt, liegt sehr günstig in der gleichen Gasse, in der auch Buchhandlung und Antiquariat des Herrn Hack sich befinden; dieser ist eine in Künstlerkreisen – vor allem den schlechter gestellten – wohlbekannte Figur. Hack veranstaltet Ausstellungen der jungen Dada-Maler, vertreibt ihre Zeichnungen und Holzschnitte – sofern sie jemand kaufen will –, und man kann in seinem Laden immer jemanden aus dem Bekanntenkreis treffen. Einen Buchladen gleich nebenan weiß Mary Wigman sehr zu schätzen. Viele Stunden verbringt sie vor den Regalen, liest an Ort und Stelle, was sie sich nicht kaufen kann oder entleiht sich die Bücher von Herrn Hack, wozu er sich gelegentlich überreden läßt. Daß er eines Morgens mit einer Überdosis seines täglichen Kokain tot aufgefunden wird, ist ein herber Verlust für Mary Wigman. Sein Geschäft übernimmt aber der Buchhändler Corray, der für die armen Künstler genauso viel Verständnis hat wie sein Vorgänger. Er stellt 1917 Hugo Ball und Tristan Tzara die Räume seiner Galerie in der Bahnhofstraße zur Verfügung, die am 17. März als »Galerie Dada« eröffnet werden. Hier finden Vorführungen, Lesungen und Diskussionen statt, an denen auch die Laban-Schule teilnimmt und die Mary Wigman als Gast regelmäßig besucht.

Die Laban-Schule ist in diesen Zürcher Wintern von lebhafter Aktivität erfüllt. Während tagsüber unterrichtet wird – »hygienische Gymnastik«, »harmonische Erziehung«, »Tanz«, »Sprechvortrag«, »Gesang« und »Zeichnen« – Laban entdeckt unter all den in Zürich anwesenden Malern seine bildnerische Vergangenheit wieder und gibt sich jetzt gern als Maler aus –, beginnt abends das künstlerische Experimentieren und der Austausch mit den Gleichgesinnten. Wie in München veranstaltet Laban in der Schule Vorführabende, bei denen auch Mary Wigman gelegentlich kleine Tanzstudien zeigt. Da die Schule mit ihren Angehörigen schnell in das Zürcher Künstlerleben integriert ist, stellt sich bei solchen Vorstellungen die »Öffentlichkeit « ganz von alleine ein. Mehrere Tänzerinnen Labans sind mit den jungen Kunstrevolutionären liiert – Sophie Taeuber mit Hans Arp, Clara Vanselow mit Hans Richter, Maja Kruscek mit Tristan Tzara. Sie bringen ihre Freunde und wiederum deren Freunde zu den Schulaufführungen mit. Umgekehrt ist Laban mit seinen Tänzerinnen bei allen Dada-Veranstaltungen dabei. Als Hugo Ball zum erstenmal seine »Lautgedichte« vorträgt, die konstitutionell für den Dadaismus werden, schreibt er im Tagebuch unter dem 23. Juni 1916:

»Die ersten dieser Verse habe ich heute abend vorgelesen. Ich hatte mir dazu ein eigenes Kostüm konstruiert. Meine Beine standen in einem Säulenrund aus blauglänzendem Karton, der mir schlank bis zur Hüfte reichte, so daß ich bis dahin wie ein Obelisk aussah. Darüber trug ich einen riesigen, aus Pappe geschnittenen Mantelkragen, der innen mit Scharlach und außen mit Gold beklebt, am Halse derart zusammengehalten war, daß ich ihn durch ein Heben und Senken der Ellbogen flügelartig bewegen konnte. Dazu einen zylinderartigen, hohen, weiß und blau gestreifelten Schamanenhut. Ich hatte an allen drei Seiten des Podiums gegen das Publikum Notenständer errichtet und stellte darauf mein mit Rotstift gemaltes Manuskript, bald am einen, bald am andern Notenständer zelebrierend. (...) Im Publikum sah ich Brupbacher, Jelmoli, Laban, Frau Wiegmann.«

Mit Hans Arp und Sophie Taeuber, 1918 im Engadin.

Auch Mary Wigman trägt zur dadaistischen Abendunterhaltung bei. Hugo Ball im Tagebuch: »Vergangenen Sonntag Kostümfest bei Mary Wiegmann. Es gab zum ersten Mal Verse von Hans Arp zu hören, die sein Freund Neitzel, auf einem Teppich als Derwisch sitzend, verlas.«

Mit Hans Arp und Sophie Taeuber ist Mary Wigman eng befreundet – bleibt es auch nach ihrer Übersiedlung nach Dresden. Überhaupt ist ihre Beziehung zum Dadaismus eher persönlicher denn ideologischer Natur. Nur sehr bedingt kann sie den ästhetischen Anschauungen der Dadaisten folgen. Deren Forderung nach radikaler Zerstörung bestehender Form- und Inhaltskonventionen, die Wertung von Teilen als selbständige Einheiten, aus denen kein sinngebendes Ganzes entsteht, die Integration unterschiedlichster Materialien – seien es Buchstaben, Zeitungsschnipsel, Wort-, Satz-, Tonfetzen – ohne Bezug aufeinander in einem Werk, solche Überlegungen laufen Mary Wigmans Suche nach einem neuen Tanz zuwider. Zwar versteht sie sich mit den Dadaisten da gut, wo es um die Erkundung und rücksichtslose Erprobung von Unbekanntem geht, aber schon bei der Zerstörung hierarchischer Ordnungen in einer künstlerischen Komposition hört es für sie auf. Sie verlangt im Tanz nach einer Hierarchie, die an erste Stelle die Bewegung und ihren »Ausdruck« setzt und alle übrigen Mittel – Kostüm, Musik, Licht und Dekors – nur in unterstützender Funktion erlaubt. Für Mary Wigman gibt es keine Zerstörung des Sinnzusammenhangs im Kunstwerk, sie will ihn ja gerade schaffen, dem Tanz ein Zentrum geben, um das alles andere kreist. Dieses Zentrum ist der »Ausdruck« und der wiederum ist allein ihr persönliches Erleben der Welt.

»Nur im Tanze weiß ich der höchsten Dinge Gleichnis zu reden«, liest Mary Wigman bei Nietzsche.

Die Fülle der Eindrücke, die in Zürich und auf dem Monte Verità auf sie einstürmen, droht sie zu überwältigen. Der Sommer 1915 ist so bewegt wie die beiden vorher, und mit gleicher Besessenheit sucht Mary Wigman nach tänzerischen Formen. In Hannover hatte sie keinen Weg gewußt, ihr inneres Empfinden nach außen fließen zu lassen, jetzt tanzt sie. Es gibt kein Zurück mehr, nur ein unbändiges Stürmen nach vorn. In Nietzsches »Also sprach Zarathustra« – ihrem liebsten Buch – findet sie die Gefühle beschrieben, mit denen sie selber kämpft: »Ja, ein Unverwundbares, Unbegrabbares ist an mir, ein Felsensprengendes: das heißt *mein Wille*«. Und: »Wo ist Schönheit? Wo ich mit allem Willen *wollen muß*; wo ich lieben und untergehen will, daß ein Bild nicht nur Bild bleibe.«

Nietzsche spricht vom Willen, der den Menschen über sich selbst erhebt, diesem Willen fühlt sich Mary Wigman verpflichtet, denn bei Nietzsche liest sie auch: »Nur im Tanze weiß ich der höchsten Dinge Gleichnis zu reden.« Zarathustras »Tanzlied« wählt sie deshalb für ihren ersten Tanzabend in Zürich im Februar 1916. Sie rezitiert daraus einzelne Verse und tanzt, was sie an den Texten ergreift. Sie tanzt den Gesang des Zarathustra »In dein Auge schaute ich jüngst, oh Leben! Und ins Unergründliche schien ich mir da zu sinken.«

»Kampf war immer, und ich habe ihn immer geliebt.« Es gilt, die Botschaft des freien Tanzes der Welt zu verkünden.

Dieser Auftritt im Dada-Café »des Banques«, bei dem sie neben dem Nietzsche-Tanz auch mehrere andere Choreographien zeigt – u. a. einen Tanz mit dem Titel »Satans Vergnügen« –, ist Mary Wigmans Schritt aus der Laban-Schule heraus an die Öffentlichkeit. Sie weiß jetzt genau, was sie will und daß sie es durchsetzen muß. Ins Tagebuch schreibt sie:

»Ich bin der Tanz
Und bin die Priesterin des Tanzes
Meines Körpers Schwung
Spricht zu Euch
Von der Bewegung aller Dinge.
(...)
Wie ein Kranz von unzähligen
funkelnden Sternen
Flimmern um mich
Die Punkte des beweglichen Raumes
Der Schmerz aller strebenden Dinge
ist mein Scbmerz.
Die Lust aller kreisenden Bewegung
ist meine Lust.
Herr über den Raum bin ich,
Die Priesterin der erhabenen Tänze.
Ich bin die Seele des Tanzes.«

Die Kritiker, die den Tanzabend in der Presse rezensieren, zeigen sich noch nicht ganz so überzeugt von dieser neuen Tänzerin, verhalten sich aber recht wohlwollend. »Wenn auch das Rezitieren nicht gerade Frl. Wiegmanns starke Seite zu sein scheint, so genügten doch die kleinen Stichproben zur Erklärung der nachfolgenden rhythmischen und originellen Bewegungen. Die Kunst Mary Wiegmanns ist voll heißen Temperaments, voll impulsiver Bewegung und starken künstlerischen Ausdrucks, das erwies sich gerade in dieser Abteilung. Man folgte mit Wohlgefallen und Interesse dem schönen Flusse der Bewegungen, die nichts Abgemessenes, nichts Einstudiertes oder Eingelerntes an sich haben. Alles ist persönliche Eingebung, instinktive Willens- und Meinungsäußerung.«

Noch guter Stimmung: Mary Wigman und Rudolf von Laban, 1918.

Mary Wigman will tanzen, fühlt, daß sie tanzen *muß*. Nichts anderes gilt mehr. Es gilt, ein Publikum zu erobern, die Botschaft des freien Tanzes der Welt zu verkünden, allen Widerständen zum Trotz. »*Kampf war immer, und ich habe ihn immer geliebt*«, schreibt sie später einmal ins Tagebuch. Kampf mit sich selbst. Mary Wigman begreift sich als »faustischen« Menschen, den es zur Erkundung seiner Seelentiefen treibt, der nach dem innersten Kern aller Dinge sucht, der wissen und auch ausdrükken will, »was die Welt im Innersten zusammenhält«, wie Goethe sagt, den sie so sehr verehrt.

»Die Entdeckung des eigenen Körpers und seine Wandlung vom Leib zum ›Instrument‹.«

Die Suche nach der »Wahrheit« findet nicht in heiterer Gelöstheit statt, nicht im fröhlich unbekümmerten Spiel, vielmehr im Leiden und Kämpfen, im Ringen mit allen Mächten der Welt, mit Gut und Böse, mit Gott und Dämon – Mary Wigman fühlt, daß sie alles überwinden muß, was sich ihrem Drang nach Tanz in den Weg stellt. »Immer vernichtet, wer ein Schöpfer sein muß«, heißt es bei Nietzsche. Mary Wigman schreibt ins Tagebuch:

»*Wieder öffnet sich ein innerer Mund zu seinem Schmerzensschrei.*
Zurückgedrängter Lebenswille bäumt sich auf,
Schickt seines Wesens Teil sehnsüchtig
dem lebenserweckenden Keim entgegen
Qualvolles Wandern an kraftgeladenen Wänden,
Verzweifelndes Suchen auf nie erhellten Wegen!
– Zurück.
Es werde auch dieses Mal Euch keine Erfüllung
Ich gab Euch einen Platz bei mir,
Ich leide Euer Leid mit Euch,
Mein Wille aber schreitet über Euch hinweg
dem Ziel entgegen, das er sich gestellt.«

Mit Claire Walther, einer Laban-Schülerin vom Monte Verità, gibt Mary Wigman ihre ersten beiden »Gastspiele« – Auftritte in Bern und Winterthur, bei denen sie zum erstenmal nicht unter dem Titel der Laban-Schule annonciert. Den Abend nennt sie »Der Mensch in Rhythmus und Raum«. Ein nicht sehr zahlreiches, distinguiertes Publikum habe sich das Programm der beiden Tänzerinnen angesehen, vermerkt dazu ein Kritiker. Noch ist Mary Wigman keine berühmte Tänzerin, wohl aber gilt ihr Name zusehends mehr in den »eingeweihten Kreisen« der Intellektuellen und Avantgardisten aus dem Umfeld von Expressionismus und Dadaismus.

Endlich davon überzeugt, daß sie einen Weg gefunden hat, sich der Welt mitzuteilen, kümmert sich Mary Wigman gezielt um Auftrittsmöglichkeiten. Am 18. Juni 1917 tanzt sie zum erstenmal auf einer richtigen

Bühne, im »Pfauentheater«, dem Zürcher Stadttheater. Sie präsentiert ihre Tänze »Satans Vergnügen«, »Mexikanisches Zauberlied«, »Dunkle Rhythmen« und einen ersten Tanz, der den Menschen an der Schwelle zwischen irdischer und jenseitiger Existenz zeigt, den ersten der in ihrem Gesamtwerk so bedeutenden »Totentänze«. Mit diesem »Tanzabend Mary Wiegmann«, wie auf den Programmzetteln angekündigt wird – erst 1918 schlägt Laban vor, ihren Namen doch zu Wigman zu verkürzen, vielleicht weil es nicht so bieder klingt und besser zu »Mary« paßt – beginnt ihre eigentliche Karriere als Solo-Tänzerin.

»Ich wollte mehr! Und stürzte mich in die Erarbeitung der tänzerischen Technik, ein Begriff, der für den neuen, den freien Tanz noch gar nicht existierte. Auch Laban zeigte kein sonderliches Interesse dafür.«

Der Auftritt bringt ihr in der Presse eine gute Resonanz, aber auch Widerspruch ein, denn nach Meinung vieler Zuschauer hat Tanz in erster Linie eben mit Schönheit und Anmut zu tun. Man gesteht der neuen Tänzerin zwar Originalität zu, aber: kann sie nicht vielleicht ein bißchen hübscher tanzen? Der Rezensent der »Neuen Zürcher Zeitung« gibt gute Ratschläge, von denen Mary Wigman in den folgenden Jahren noch viele hören wird:

»Was wir an den Darbietungen Frl. Wiegmanns bewundern, ist ihre hervorragende, durch fleißigste körperliche Schulung unterstützte und von starker Phantasie geleitete Ausdruckskraft; was wir an ihren Leistungen vermißten, ist das Sonnige, Beglückende, Schönheitsfreudige. Gewiß hieße es den Ausdrucksmöglichkeiten des Körpers zu enge Grenzen ziehen, die Aufgaben des Tanzes zu einseitig fassen, wollte man die Interpretation des Dunkeln, Schmerzlichen, Spukhaft-Unheimlichen von ihm ausschließen, indessen sei doch einmal betont, daß der Tanz in erster Linie den Göttern der Freude geweiht ist. Weshalb denn in die dunklen physischen Abgründe grauer Vergangenheit sich einwühlen, um zu wilden und dunklen, heute inhaltsleer gewordenen Rhythmen und Geräuschen phantastische Tänze zu stilisieren? Weshalb auch hier, auf dem Gebiete der so reicher, sinnenfroher Schönheit fähigen Tanzkunst ein bei aller temperamentvollen Beweglichkeit melancholisches Spekulieren über nächtliche Abgründe, wenn rings umher frische, grüne Weide liegt? (...) Im Interesse der hochtalentierten und mit seltener Überzeugungstreue strebenden Künstlerin wäre es nur zu wünschen, daß sie sich von der Pose (...) abwenden und auf den Boden sinnen- und schönheitsfroher Natürlichkeit zurückkehren möge.«

Das Publikum tut seine Meinung in lautem Gespött und nervzerreißenden Pfiffen kund, die Mary Wigmans Stolz verletzen. Sie wünscht sich den großen Erfolg, die Anerkennung ihrer Arbeit, aber sie ist sich gleichzeitig bewußt, daß sie dafür noch viel wird kämpfen müssen.

Im Sommer kehrt Mary Wigman auf den Monte Verità zurück. Die Laban-Schule hat eine aktive Zeit, denn im August findet in der Kolonie ein Kongreß des Esoteriker-Ordens der orientalischen Templer statt, den Theodor Reuss, Oberhaupt des »Ordo Templi Orientis« und einer der prominentesten Freidenker-Persönlichkeiten der Jahrhundertwende, einberufen hat. Freimaurer, Okkultisten, Theosophen, Anhänger »irregulärer« Logen und Geheimbünde aus der ganzen Welt machen den Monte Verità für zehn Tage zum esoterischen Zentrum.

Laban, selbst Mitglied des O.T.O., organisiert das tänzerische Rahmenprogramm des Kongresses und inszeniert einen von ihm choreographierten »Tanzhymnus« in drei Teilen, das »Sonnenfest«. Es beginnt abends, während die Sonne langsam hinter den Bergkuppen am Lago Maggiore versinkt, mit einem »Weihespiel« unter dem Titel »Die sinkende Sonne«, das an Otto Borngraebers expressionistischen »Sang an die sinkende Sonne« angelehnt ist. Daran anschließend, um 23 Uhr, hebt ein »pantomimisches Tanzspiel« über die »Dämonen der Nacht« an, als dessen gespenstischer Höhepunkt die Tänzerinnen und Tänzer der Laban-Schule zwischen den Bäumen des nächtlichen Monte Verità einen feierlichen »Fackelreigen« schreiten. Die mystischen Aktivitäten, zu denen sich auch recht weltliche Lustbarkeiten am Lagerfeuer gesellen, dauern die ganze Nacht an, und um sechs Uhr morgens wird der Sonnenaufgang über den Alpen mit dem festlichen Spiel »Die siegende Sonne« begrüßt.

Dem »ewigen Rhythmus« der Natur, der »Schönheit des Kosmos« gelten die tänzerischen Rituale der Labanschen Monte Veritaner. Die Theosophie hat seit Gründung der Kolonie auf dem Monte Verità immer eine große Rolle gespielt, Mary Wigman war hier zum erstenmal mit esoterischen Praktiken in Berührung gekommen. Am O.T.O.-Kongreß nimmt sie auch als Vortragende teil und hält – unter freiem Himmel – eine von praktischen Beispielen begleitete Rede zum Thema »Ausdruckskultur in Erziehung, Leben und Kunst«.

Mit den esoterischen Lehren beschäftigt sich Mary Wigman auch in den folgenden Jahren. Für 1918 vermerkt sie als eine der Besonderheiten des Jahres ins Tagebuch: »*Freimaurerei*«.

Der Mensch an der Schwelle zwischen irdischer und jenseitiger Existenz.

Die Tänze, die sie auf dem Monte Verità im Sommer 1917 entwirft, sind sehr von der Atmosphäre dieser Zeit geprägt. Zur Wintersaison nach Zürich zurückgekehrt, veranstaltet sie am 10. November 1917 in der Laban-Schule einen Solo-Tanzabend, der als »Erster Abend ritueller Vortragskunst« angekündigt wird und aus Mary Wigmans erstem dramaturgisch aufgebauten Zyklus von Einzeltänzen besteht. Allein schon der Titel »Ekstatische Tänze« läßt erkennen, daß die mit »Also sprach Zarathustra«, »Satans Vergnügen« oder Liszts »Teufelswalzer« begonnene Reihe mystisch-expressiver Tänze fortgesetzt wird. Sechs Tänze enthält dieses Programm: »Die Nonne« (ein Tanz, der später leicht verändert wird und den Titel »Gebet« erhält), »Der Tänzer unserer lieben Frau«, »Götzendienst«, »Opfer«, »Der Derwisch« und »Der Tempeltanz«. Im Thema gemeinsam ist ihnen die Hinwendung des Menschen zu einer übergeordneten Macht, seine Hingabe in einem Ritual der Verehrung, in abendländischer, orientalischer, ›primitiver‹ Form des Kultes. Berthe Trümpy, Mary Wigmans Schülerin und engste Freundin, hat die Abfolge der sechs Tänze beschrieben:

»Die Nonne«

»Die eine Hälfte des Raumes war mit schwarzen Tüchern verhängt, hohe Wachskerzen, Weihrauch, Wigman in grauem Kittel, rotem Talar, das schneeweiße Gesicht einer mittelalterlichen Ekstatikerin – schwer heben sich die Arme, die schmerzverkrümmten Hände fallen, schützen Brust und Schoß – eiskalt wird alles, die Kälte, die von dem schneeblassen Gesicht ausgeht, tötet, tötet alles – irgendwo in dem armen Leib ein Zucken – Ruhe, Ruhe, starre eiskalte Ruhe – hoch schweben die Hände, zarte Ornamente einer gotischen Volute.«

»Der Tänzer unserer lieben Frau«

»Der Tänzer unserer lieben Frau – die Sonne spielt in einem ganz klein wenig verrückten Kapellchen. Der Tänzer ist so fleißig – alle seine schönen Sprünge zeigt er der Mutter Gottes (es hängt ein schönes, altes Madonnenbild an der Wand). Hopp, da schlägt er zwei Räder, nicht so ordinäre Gassenbubenräder, Mary-Räder, ganz tänzerisch – oder Nietzsche-isch, der gute Tänzer steht auf dem Kopf – sieht sich um – etwas erstaunt – wie merkwürdig alles aussieht – da steht er schon wieder ernsthaft auf einem Bein und zeigt der Mutter Gottes, wie gut er das kann.«

»Götzendienst«

»Dann ist plötzlich der schwarzverhangene Raum verschwunden – da ist mitten im Urwald, böse giftgrün, ein strohfahles Wesen, hockt da, blutbeschmiertes Maul, oben am Kopf die Mütze hat ein dunkles Loch, man sieht in den tückisch leeren Kopf hinein – der Kopf rasselt, rasselt, böse – er wird den Mond fressen, huh, den giftgelben Mond, aus seinem Bauch werden Schlangen kriechen, giftgelb, rot, grün, in dem Kopf schwirren Insekten, schauervoll giftige. Blutsauger – der Strohmantel schleift zischend über den modernen Urwaldsumpf, huh, die bösen Schlammtiere schsch, schsch-huh, die große Trommel – bumm – Stille – bumm – der große Geist, größer als der wütende Urwaldpriester, erfaßt ihn im Kreis, er muß drehen, immer drehen, bis er zusammenstürzt in wütendem Sumpf und Dunkel.«

»Opfer«

»Die Priesterin – ihren süßen schönen Körper will sie der fernen, fremden Gottheit geben. Zuerst scheu und zart sucht sie die Gesten, eine bebende Welle durchrieselt sie, wieder, leidenschaftlicher – feierlich schweben die Schalen der Hände empor. Tief neigt sie sich, tief – wie rührend ist die schmale Linie des Rückens – stolzeste Demut – leise zerklirrt jede Bewegung, opfert sich in grenzenloser Hingabe ...«

»Der Derwisch – in starrer Kniebeuge sitzt er da – rote Pluderhosen, spitze grüne Mütze, brauner Wollbart. Er hebt die Hände, legt sie auf den Rücken, fast gleichgültig erfüllt er die vorgeschriebenen Gesten des Rituals. Langsam erhebt er sich – nun kommt Entsetzen in die stahlblauen Augen über dem wolligen Bart, mit tiefen Schritten stürzt er sich in den Kreis, jäh entsetzt taumelt er an die Wand – oh, nun ist die Ewigkeit in ihm aufgebrochen, wie eine Wunde, er fühlt das Grauen der Unendlichkeit, die magische Acht ergreift ihn, er will fliehen vor sich selber, wieder Ruhe, wieder versucht er die Gesten des Rituals, aber nie wieder werden sie vertraut und beruhigt, die tiefe Wunde Ewigkeit zerreißt, zerstört ihn.«

»Der Derwisch«

»Jetzt ist alles am Verlöschen – hohe Wachskerzen, die in zarten, roten Schleiern schwebende Frau, schwere, dunkle Haare, kaum von schimmerndem Band gehalten. Sanft verklingt eine Geste der wunderschönen Hände, eine Diagonale im dunklen Raum endet mit traumhaftem Niedersinken – Stille – fernher Schwirren eines Tempelgongs.«

»Der Tempeltanz«

Der »Priesterin des Tanzes«, als die sie sich versteht, hat Mary Wigman in den »Ekstatischen Tänzen« zum erstenmal Gestalt gegeben, hat wie in der Zusammenstellung ihres allerersten Auftritts 1914 wieder bizarre, »dämonische« Bewegungen und Themen neben fließende, transzendente gestellt. Über viele Jahre bleiben »Götzendienst« und »Der Tempeltanz« in ihrem Repertoire. Sie enthalten bereits typische Elemente von Mary Wigmans choreographischem Vokabular: das wilde Drehen um die eigene Achse und Bewegungen in gebeugter, hockender, kriechender Haltung für die »dämonischen Tänze«, die lange Diagonale mit tranceartigem Zubodengleiten, das sanfte Ausklingen der Hand- und Armgesten in den »feierlichen« Tänzen. Bis zur »Schwingenden Landschaft« 1929 sind es zwölf Jahre, aber die choreographischen Mittel des »Sturmlieds« und des »Seraphischen Liedes« sind schon hier gefunden.

Mit den »Ekstatischen Tänzen« tritt Mary Wigman 1918 wieder im Pfauentheater auf und zeigt sie auch bei einem Gastspiel in St. Gallen.

»Und jedesmal das gleiche: Einige Begeisterte, einige Erstaunte, Überwältigte, und der größte Teil höhnend und spottend. . . . Jedesmal dann die tiefe Depression: es langt nicht, ich bin nicht stark genug, noch nicht stark genug.«

Insgesamt ist das Jahr 1918 von Krisen überschattet. Viele lebenswichtige Ereignisse treffen zusammen: durch ihre wachsende künstlerische Eigenständigkeit spitzt sich die emotionale Beziehung zu Laban zu, Mary Wigman zieht aus ihrem Atelier in der Laban-Schule aus und richtet sich eine Wohnung ein, in der sie zum erstenmal auch eigene Schüler unterrichtet. Am 7. Mai 1918 stirbt ihr Stiefvater Dietrich Wiegmann in Hannover. Sie hatte ihn immer als einen herzensguten und verständigen Menschen geschätzt, der die Kinder seines Bruders mit viel Liebe aufgezogen hat. Sein Tod ruft die schmerzliche Erinnerung wach an den Tod des über alles geliebten Vaters, an die verzweifelten Jahre der Unentschlossenheit in Hannover. Aber auch an die sorglos glückliche Kindheit, an die Liebe der Mutter und der Geschwister. Ihr Bruder Heinrich ist schwer verwundet aus dem Krieg heimgekehrt, muß sich als Invalide eine neue Existenz aufbauen. Heimweh lösen die Nachrichten von zu Hause aus. Dazu trägt auch eine unglückliche Liebesbeziehung bei, in der sie vor die Wahl Beruf oder Ehe gestellt wird. Sie weiß, daß sie sich als Ehefrau und Mutter nicht glücklich fühlen kann, aber es sieht so aus, als forderten die gesellschaftlichen Konventionen von ihr eine definitive Entscheidung. Im Grunde ist diese Entscheidung längst gefallen, aber die aktuelle Situation stellt sie noch einmal in Frage. Gefangen zwischen Wunsch und Norm bricht Mary Wigman zusammen. In einem Sanatorium am Walensee kommt sie wieder zur Ruhe.

Dann stellt sich heraus, daß sie an Tuberkulose erkrankt ist. Eine Diagnose, die das Todesurteil bedeuten kann. Die Karriere der Tänzerin, die Erfüllung ihrer Mission als Künderin eines heiligen Tanzes scheint unvermittelt beendet. Die Zweifel, ob sie ihre vom Schicksal gestellte Aufgabe vielleicht überschätzt hat, nehmen Überhand. Aber sie weiß, wofür sie sich entschieden hat – für den Tanz, für das Leben. Sie kämpft und überwindet die Krankheit. Im Engadin, in Silvaplana, Klosters und Davos erholt sie sich und beginnt wieder zu arbeiten. Hier entsteht die erste Skizze zu ihrem 1921 uraufgeführten Tanzspiel »Die sieben Tänze des Lebens«, in dem sie ihrem philosophischen Lebensbild tänzerischen Ausdruck gibt, ihrer Überzeugung von der Einheit von Lust und Leid, von Tod und Leben, in dem sie den Glauben zelebriert, daß der Tanz den Tod überwinden und neues Leben entstehen lassen kann.

Das Ende des schwierigen Jahres 1918 feiert sie mit der Choreographie der fröhlich-melancholisch gestimmten »Vier ungarischen Tänze« nach Brahms, die im folgenden Jahr auch im Programm der ersten Deutschland-Tournee sind.

Deutschland erlangt zunehmend eine neue Bedeutung. Am 9. November dankt Kaiser Wilhelm II. ab, Philipp Scheidemann ruft in Berlin die Republik aus, am 11. November wird im Wald von Compiègne der Waffenstillstand unterzeichnet. Der Weltkrieg ist zu Ende. Die ersten Freunde reisen aus Zürich in die Heimat zurück, um beim Aufbau der neuen Republik dabei zu sein.

»Es blieb der Tanz, und man selber wurde zum Gefäß, zum Instrument. . . . Dies ist der Anfang, und nun wird es weitergehen.«

Das Jahr 1919 wird zur großen Wende in Mary Wigmans Leben. Mit den »Ekstatischen Tänzen«, den »Ungarischen Tänzen« und dem »Marche Orientale« gibt sie mehrere Gastspiele in Schweizer Städten. Premiere ist am 20. Februar in Davos vor dem noblen Kurpublikum. Diesen Abend bezeichnet Mary Wigman später als ihren »ersten Erfolg« als Tänzerin, was faktisch nicht ganz stimmt. Sicher aber ist es das erste Mal, daß ihre Tänze von einem großen Publikum mit Begeisterung aufgenommen werden. Die Zuschauer überschütten sie mit Beifall und Blumen, Mary Wigman fühlt sich ganz und gar in ihrem Anliegen verstanden. In einem Zeitungsartikel blickt sie 1931 auf diesen Abend zurück:

»Studium – von Zeit zu Zeit ein Versuch, sich tänzerisch die Anerkennung der Öffentlichkeit zu erringen. Und jedesmal das Gleiche: einige Begeisterte, Ergriffene, einige Erstaunte, Überwältigte, und der größte Teil höhnend und spottend. (...)
Jedesmal dann die tiefe Depression: es langt nicht, ich bin nicht stark genug, noch nicht stark genug. Bis, ja bis es dann doch kam, auf einmal, mir selbst überraschend. Das erste Programm entstand, lauter Einzeltänze. (...) Zum ersten Male Tanzkleider, die nicht aus alten Fetzen selber genäht waren, sondern in einem großen Mode-Atelier sorgfältig anprobiert. Zum ersten Male wurde meine Sehnsucht Wirklichkeit: Silberstoffe, Brokate, raschelnder Bastmantel. –

Ich war krank gewesen, mußte den Winter in den Bergen zubringen, das Programm üben in einem leerstehenden Wirtshaussaal, kaum geheizt. Es war so kalt, daß ich nur mit Wollhandschuhen an den Händen, gefütterten Schuhen und einer Mütze auf dem Kopf arbeiten konnte. Eine meiner Schülerinnen, die mit mir übte, hatte in der Nähe eine französische Pianistin entdeckt, die mich begleiten sollte. Aber nach der ersten Probe verschwand sie für immer mit der Begründung: ›je ne vois ni notre Seigneur, ni la Sainte Vierge habillé d'une telle façon.‹ (Weder unseren Herrgott noch die heilige Jungfrau habe ich auf diese Art gekleidet gesehen.) Den nackten Beinen war sie nicht gewachsen. Es war eine schöne Zeit voller Anstrengung, Aufregung, Begeisterung. Der Tanzabend kam. Er sollte im Kurhaus in Davos stattfinden. Eine Todesangst überfiel mich, als ich die Menschen dort sah. Sport, mondänes Leben, Oberflächlichkeit und Krankheit. Wieder Enttäuschung, Schulden, wieder von vorn anfangen! Dabei innerlich das deutliche Gefühl: es geht nicht schief. Jetzt nicht mehr.
(...)

Der erste Schritt ein ganz klein wenig unsicher, der zweite befreit und beim dritten versank die Wirklichkeit, es blieb der Tanz, und man selber wurde zum Gefäß, zum Instrument. Nach dem ersten Tanz setzte der Applaus ein, spontan und heftig. Ich war so verblüfft, daß ich mich nicht einmal bedanken konnte. (...) Mit jedem Tanz wurde der Kontakt zwischen Bühne und Zuschauerraum stärker und meine Seligkeit wuchs ins Grenzenlose. Ich fühlte und wußte: Heute abend erst ist die Tänzerin Mary Wigman wahrhaft geboren. Dies ist der Anfang, und nun wird es weitergehen.«

In großem Tempo geht es weiter. Nach einem Auftritt in Zürich schreibt ein Kritiker von dem »unbestrittenen, großen Erfolg für die reife und abgeklärte Kunst Mary Wigmans«. In der Schweiz ist ihr Name inzwischen berühmt, im Mai gibt sie einen weiteren Abend im Pfauentheater, der wieder mit großem Interesse aufgenommen wird. Im Sommer fährt sie wie immer auf den Monte Verità. Allerdings bleibt zum Unterrichten diesmal wenig Zeit, zu sehr ist sie mit der Choreographie neuer Tänze beschäftigt. Als hätte die erste große Anerkennung beim Publikum, der Abend in Davos, ein neues Ventil geöffnet, tobt sie sich in ihrer Tanzlust aus.

Der Schwere des Jahres 1918 steht die Ausgelassenheit des Sommers 1919 gegenüber. Im August agiert sie sogar vor der Filmkamera, mimt die Hauptrolle in einem Werbefilm für den Kurort Arosa, einem Spielfilm mit dem Titel »Der Tanz um die Tänzerin«. Um was es in dem Film geht, weiß heute niemand mehr, aber irgendeine Liebesgeschichte in einem Sanatorium ist im Spiel. Von dem Film sind nur Fotos erhalten; man sieht Mary Wigman vor der gewaltigen Kulisse der Engadiner Bergwelt tanzen, über Almwiesen ihre Schwünge drehen, an einem Wildbach der Natur im freien Tanz huldigen, und zwischendurch fuchtelt sie auch mal einem jungen Mann mit einer Pistole vor der Nase herum und blickt medusenhaft drein. Der Schriftsteller Felix Moeschlin und der Bildhauer Laurent F. Keller – beide enge Freunde Mary Wigmans – arbeiten an diesem Film mit, und es ist für alle wohl eher ein Heidenspektakel denn eine nervenzerreißende Filmarbeit.

Nachkriegs-Deutschland ohne eigene Tanzkultur – läßt sich das Land für den neuen freien Tanz gewinnen?

In diesem Sommer, in dem sich Mary Wigman wie berauscht fühlt in ihrer kreativen Kraft, beschließt sie eine Herbst-Tournee durch Deutschland. Dort ist so viel Neues im Entstehen begriffen, daß es der richtige Zeitpunkt scheint, auch dem neuen künstlerischen Tanz dort Bahn zu brechen.

Mutter Amalie ist beglückt. Sie möchte die Tochter endlich wieder im eigenen Lande haben, und weil die ihr regelmäßig zugesandten Zeitungsausschnitte sie von der Ernsthaftigkeit der künstlerischen Aktivitäten ihrer Tochter längst überzeugt haben, schickt sie Geld. Damit lassen sich Konzertagenturen bewegen, Gastspiele in mehreren deutschen Städten zu organisieren. Schließlich muß Werbung gemacht, ein Saal gemietet und die Presse informiert werden. Außerdem braucht sie einen Pianisten, der mit Berthe Trümpy zusammen die musikalische Begleitung der Tanzabende übernehmen kann. Mutter Amalies Finanzen machen es möglich. Mary Wigman ist sich bewußt, daß die Tournee ein Wagnis ist, aber außer dem Geld gibt es ja nichts zu verlieren. Dafür ein Land dem Tanz zu gewinnen.

Deutschland besitzt Ende des Krieges noch keine eigene Tanzkultur, ist ein Land, in dem das klassische Ballett recht unselbständig im Rahmen der

Oper existiert und in dem mit dem 19. Jahrhundert die Glanzzeiten der berühmten Ballerinen zu Ende gegangen waren. Die Zahl der Künstlerinnen und Künstler, die sich mit dem freien Tanz – was immer die einzelnen darunter verstehen mögen – befassen, ist noch klein und ihr Einfluß gering. Alexander Sacharoff tanzt seine »plastischen Studien« , Sent M'ahesa ihre ägyptischen Miniaturen, Clotilde von Derp die ersten ausdruckstänzerischen Szenen. Im Cabaret erregt Anita Berber Aufsehen, sowohl durch die expressive Bewegungssprache ihrer Nackt-Tänze wie durch ihren skandalträchtigen Lebenswandel. 1917 ist mit ihr zusammen erstmals eine Tänzerin aufgetreten, die auf radikale Weise dem alten Tanz den Kampf angesagt hat: Valeska Gert. Ihre Tänze sind expressionistische Momentaufnahmen von der Schattenseite des gesellschaftlichen Alltags, grelle Skizzen der sozialen Umwälzung im Lande. Valeska Gert findet rasch einen kleinen enthusiastischen Anhänger-Kreis, aber der Erfolg, der sie zur künstlerischen Antagonistin von Mary Wigman während der zwanziger Jahre macht, beginnt auch für sie erst Jahre später.

Von ihrer tänzerischen Berufung überzeugt und in missionarischem Selbstbewußtsein trifft Mary Wigman mit Berthe Trümpy an ihrer Seite im September 1919 in München ein. Hier ist das Gebiet noch nicht ganz so fremd wie in den anderen Städten. Es gibt noch ein paar Interessierte, denen Labans »Schule für Bewegungskunst« aus den Vorkriegsjahren ein Begriff ist und die – wie Delius und Brandenburg – Mary Wigmans Debüt miterlebt haben.

Mary Wigman präsentiert dem deutschen Publikum das in Davos so lebhaft aufgenommene Programm – und wird ausgepfiffen. »Götzendienst«, »Tempeltanz«, »Ekstatische Tänze« – das erscheint dem Publikum und der Presse denn doch zu obskur. Mary Wigman ist enttäuscht, der Beifall der wenigen Freunde tröstet über die Niederlage nicht hinweg. Einzelne Zuschauer haben sogar gelacht – welche Demütigung! Vielleicht ist es aber nur die Sturschädeligkeit der Bayern! In Berlin, wo Expressionisten und Dadaisten bereits die Kulturszene beherrschen, wird man Verständnis zeigen ...

Erwartungsvoll sind Mutter Amalie und Schwester Elisabeth aus Hannover angereist, um in der deutschen Hauptstadt den Triumph der Mary Wigman zu erleben. Sie werden Zeuginnen einer Katastrophe! Der Saal ist fast leer – die Konzertagentur hat sich mit der Werbung nicht viel Mühe gegeben, und die Berliner sind in diesem politisch aufgewühlten Herbst 1919 mit anderen Dingen beschäftigt als mit einer neuen Tanzkunst. Mary Wigman möchte zumindest die wenigen Besucher überzeugen, aber ausgerechnet der Pianist sorgt dafür, daß die Vorstellung völlig danebengeht.

Die musikalische Begleitung war auf Tourneen der Schwachpunkt in den Programmen. Da sie kein Geld besaß, um einen Pianisten fest zu engagieren und ihn mit auf Tournee zu nehmen, war sie auf die Engagements der ortsansässigen Konzertagenturen angewiesen. Während Berthe Trümpy die selbst komponierte geräuschmusikalische Begleitung übernahm, war für den Klavierpart ein guter Pianist vonnöten. Bis 1921 mußte für jeden Tanzabend aufs neue jemand gesucht werden, der die Partituren beherrschte und nach einer meist kurzen Verständigungsprobe am Tag der Aufführung zu den Tänzen spielen konnte. Die Qualität dieser vor Ort engagierten Pianisten stellte sich erst bei der Probe heraus, so daß der musikalische Teil der Tanzabende stets mit ziemlichem Risiko verbunden war. An ihr Berliner Debakel mit dem Pianisten erinnert sie sich in einem Gespräch:

»*Und ich hatte mich also verständigt mit dem Mann und von Zusammenarbeit konnte gar keine Rede sein, ich war froh, wenn der den Takt hielt und wenn ich mit ihm zusammenblieb. Und Trümpy stand also hinter seinem Rücken und half nach, wenn's schief ging. Und mit einem Mal, beim ersten Tanz des Programms, spielt der Mann etwas vollkommen anderes, als er spielen sollte. Er hatte ja die Noten vor sich.*

Ich denk', ich werde wahnsinnig! Guckte kurz zu Trümpy rüber – ich konnte in den Schlitz in die Seite hineingucken – und da seh' ich plötzlich Trümpy, mit einem Trommelschlägel in der Hand, dem Pianisten auf die Schulter hauen. Ich denk': Um Gottes Willen, was ist hier los? Habe also irgendwo 'nen Punkt gemacht, und dann machte gottseidank die Musik auch wann mal 'n Punkt. Peinliches Schweigen. Also, Besucher waren sowieso nicht da: meine Mutter und meine Schwester saßen im Parkett. Also wer sonst noch da war, weiß ich nicht, paar Bekannte. Und ich verneigte mich also, ohne daß irgendeine Resonanz kam. Nix, nix, Pause. Schweigen. Ich hatte das Gefühl, ich bin also blamiert bis auf die Knochen und was soll ich jetzt noch machen! Ich bin also zu Bibi hinter die Bühne. Was ist los? Sagt sie: ›Ja, entweder der Kerl ist total besoffen, oder er hat irgend 'ne Droge eingenommen.‹

O Gott und mit dem sollt' ich nun mein Programm weitermachen. Ging doch nicht. Ich hab' das ganze Programm ohne Musik zu Ende getanzt. Zum Schluß: Vier Tänze nach Musik von Brahms. Was sollte werden? Die habe ich zum Teil auch ohne Musik improvisiert, zum Teil hat der dann mal 'n paar Töne... (...)

Es war der reine Irrsinn! Und ich war vernichtet. Also so vernichtet, daß ich in die Garderobe gestürzt bin und heulend mit dem Kopf in die Schminke gefallen bin. Ja, nun ist's aus, nun ist alles aus und endgültig vorbei und nie wieder was.«

Abgrund der Verzweiflung. Sie würde am liebsten alles hinschmeißen, die Tournee sofort abbrechen und sich irgendwo verkriechen, um nie wieder vor ein Publikum zu treten. Oder höchstens in der Schweiz, wo man sie wenigstens verstanden hat. Wie soll es weitergehen? Die beiden ersten Gefechte in diesem Eroberungsfeldzug hat sie für den freien Tanz sang- und klanglos verloren. Woher die Kraft nehmen, weiter an die eigene Berufung zu glauben? »Bibi« Trümpy tröstet; bei der Tänzerin musikloser Tänze wird schon niemandem aufgefallen sein, daß Brahms unbeabsichtigt stumm geblieben ist. Außerdem gibt es Verträge für die anderen Städte. Plötzlich kommen zwei junge Herren in die Garderobe, die mit leuchtenden Augen und heftigem Händeschütteln Mary Wigman für die Vorstellung danken. Zwei, die etwas verstanden haben von der künstlerischen Kraft dieser Mary Wigman. Zu wissen, daß sie mit ihrer Kunst trotz der miserablen Bedingungen jemanden hatte ergreifen können, richtet Mary Wigmans angeschlagenes Selbstbewußtsein wieder auf. Es tut gut, die begeisterten Worte zu hören.

»Götzendienst«, 1917.
Foto: Hugo Erfurth.
»Der große Geist, er muß drehen, immer drehen, bis er zusammenstürzt in wütendem Sumpf und Dunkel.«

Die beiden jungen Männer kommen aus Dresden – Lasar Segall, ein junger Maler jüdischer Genrebilder, und sein Freund Will Grohmann, ein Lehrer am Dresdner Gymnasium, der sich als Kunstförderer hervorgetan hat und vor allem Klee und Kandinsky unterstützt. Die beiden Besucher versprechen Mary Wigman, überall ihre hohe Kunst zu preisen und zur Berühmtheit ihres Namens beizutragen.

Soviel Anteilnahme kann Mary Wigman gerade gut gebrauchen. Vor ihr liegt die nächste Station der Tournee: Hannover. Die Aufführung ist fast eine reine Familienangelegenheit und wird daher immerhin so freundlich aufgenommen, daß es sogar eine positive Rezension in der Lokalzeitung gibt.

Der Tanzabend in Bremen hingegen ist wiederum eine schreckliche Erfahrung; Mary Wigman im Gespräch:

»Eine Grabesangelegenheit! Kaum ein Mensch im Publikum. Keine Hand, die sich rührte. Schweigen. Nun mach' mal was! Nichts! Also sowas von Geschlagensein gibt's ja nicht nochmal wieder. Wenn sich aber auch nichts als Antwort rührt! Und du das Gefühl hast, ja, warum bist du eigentlich hier, warum existierst du überhaupt, was soll denn dies Ganze? Das ist doch Wahnsinn!«

Erneut ist es Will Grohmann, der diesmal per Brief den Auftrieb gibt. Er schickt Mary Wigman die Einladung, in Dresden zu tanzen, und verspricht zahlreiches Publikum und riesigen Erfolg. Nach den knapp vierzig schweigenden Zuschauern im Bremer Saal eine verlockende, aber kaum zu glaubende Verheißung. Dennoch schreibt sie ihm, daß sie kommen wird. Warum auch nicht? Auf eine Niederlage mehr oder

»Allegro con brio« aus »Slawische Tänze« von Dvořák, 1920. Foto: Hugo Erfurth.

weniger kommt es jetzt auch nicht mehr an – und vielleicht hat Grohmann in seiner Begeisterung ja recht, und man wird sie in Dresden besser verstehen als im kühlen Norden.

Vorher aber geht es noch nach Hamburg, und hier erlebt Mary Wigman endlich den ersten wirklichen Erfolg in Deutschland – auch ein Grund, warum sie dieser Stadt zeitlebens in großer Anhänglichkeit verbunden bleibt und zehn Jahre später ihre Jubiläumstournee hier eröffnet. Das Hamburger Publikum bringt ihr Ovationen dar, feiert die neue große Tänzerin.

Nur gut, daß sie im ersten Hotel am Platze, den »Vier Jahreszeiten«, abgestiegen ist. Obwohl sie dafür einen beträchtlichen Teil der schmalen Reisekasse hergeben muß, hält sie das Nobelhotel für eine angemessene Adresse. Schließlich zählt der äußere Eindruck viel bei Leuten, die etwas zu sagen haben. Auf Empfehlung von Freunden aus Ascona wird sogar eine reiche Familie in Blankenese besucht, die ihre Abendgesellschaft mit der »berühmten Künstlerin« schmückt. Scheu vor solchen Kontakten können sich Mary Wigman und Berthe Trümpy nicht leisten. Bei diesen Leuten gibt es wenigstens etwas Ordentliches zu essen, und die beiden können im Musikzimmer der vornehmen Villa trainieren. Auf der Rückfahrt vergißt Berthe Trümpy allerdings ihre Notenhefte für das Tanzprogramm in der Straßenbahn. Sie bleiben auf Nimmerwiedersehen verschwunden. Eine neue Musik-Katastrophe! Liszt und Saint-Saëns sind ja zu beschaffen, aber die Geräuschmusik? »Bibi« nimmt die Angelegenheit nicht so tragisch, setzt sich hin und schreibt über Nacht die Noten so auf, wie sie sie im Kopf hat. Bei den nächsten Abenden klingt die Musikbegleitung der Tänze ein klein wenig anders als vorher...

Hamburg ist eine wohltuende Erholung von den emotionalen Strapazen der Tournee. Hier trifft sie auch alte Freunde wieder und lernt neue interessante Menschen kennen: die beiden Schwestern Ursula und Gertrud Falke, enge Freundinnen vom Monte Verità, die inzwischen selbst als Tänzerinnen auftreten, Laura Österreich und vor allem Hans W. Fischer, ein junger Schriftsteller und Kritiker, der sich als einer der bedingungslos treuen Gefolgsleute von Mary Wigman herausstellen wird.

Dem ermutigenden und moralisch dringend notwendigen Erfolg in Hamburg schließt sich erst einmal ein ernüchternder Auftritt in Nürnberg an, bevor Mary Wigman und Berthe Trümpy Anfang November in Dresden ankommen. Der Zufall will es, daß zur gleichen Zeit auch die Geschwister Wiesenthal hier gastieren, durch die Mary Wigman den entscheidenden Anstoß zum Tanz erhalten hatte.

In Brokdorf an der Elbe im Juni 1920; v. links.: Gret Palucca, Mary Wigman, Berthe Trümpy, Ursula Falke.

Am 7. November 1919, sechs Tage bevor sie dreiunddreißig Jahre alt wird, gibt Mary Wigman im großen Saal der Kaufmannschaft ihr erstes Tanzkonzert in der sächsischen Hauptstadt. Der Saal ist bis auf den letzten Platz gefüllt, Will Grohmann und Lasar Segall haben gute Propaganda gemacht und ein der modernen und expressionistischen Kunst aufgeschlossenes Publikum zusammengetrommelt. In den Zeitungen waren Voranzeigen erschienen, in denen Mary Wigman mit einem Zitat des Schriftstellers Otto Flake angekündigt wurde: »Sie verwirklicht eine Idee, eine Aufgabe. Tanz ist ihr religiöse Kunst.«

Mehr denn je ist sich Mary Wigman an diesem Abend ihrer Mission bewußt. So viel Persönliches ist mit der Stadt Dresden verbunden. Vor Jahren war sie hier angekommen als die unglückliche, bewegungshungrige höhere Tochter aus dem braven Hannover, jetzt muß sie sich als Tänzerin beweisen.

Unter den Zuschauern sitzen an diesem Abend auch Mitglieder des Münchner Nationaltheater-Balletts, das am folgenden Tag in Dresden gastiert. Eine davon ist die junge Ballettelevin Gret Palucca, die Mary Wigman tanzen sieht und beschließt, ihre Schülerin zu werden. Grohmann hat nicht zu viel versprochen – das Publikum tobt vor Begeisterung. Und auch in den Zeitungen erscheinen wohlgestimmte Kritiken.

»Grauen zum Erhabenen, Groteskes zum Liebenswürdigen wandeln und den Traum von neuen Menschheitsidealen leise anschwingen lassen« – die Wigmansche Kunst laut »Dresdner Volkszeitung«.

Die »Dresdner Nachrichten« schreiben: »Eine an Kautschuk erinnernde Gelenkigkeit, eine fast akrobatische Kraft der Glieder, die beispielsweise die Übergänge von der aufrechten zur kauernden, knienden oder liegenden und wieder zur aufrechten Stellung mit scheinbar spielender Leichtigkeit überwindet, verbinden sich bei ihr mit einer Ausdrucksschärfe und einer so schönheitsvollen Anmut aller Bewegungen, daß es zur Selbstverständlichkeit wurde, daß Beifall und Bewunderung der Zuschauer außergewöhnliche Formen annahm.«

Und die »Dresdner Neueste Nachrichten« loben:

»So einzigartig zwingend war der Eindruck, so losgelöst von allem Bekannten. Eine wirklich Berufene, eine demütige Dienerin der Kunst, die ihr nicht Selbstzweck, nicht sinnliches Reizmittel, nicht Übersetzung musikalischer Antriebe ist.«

Den musiklosen Tanz in der Stadt der modernen Musik und der Rhythmischen Gymnastik durchsetzen zu können, bedeutet einen besonderen Sieg. Als sie in der »Sächsischen Staatszeitung« liest: »Die Tänze von Mary Wigman bedeuten nicht nur Erlebnis, mehr noch Offenbarung. – Mary Wigman ist die sichtbar gewordene elementare Natur«, da möchte sie die Welt umarmen!

Die Konzertagentur will den unerwartet großen Erfolg ausnutzen und bietet am 15. November ein Wiederholungskonzert im Künstlerhaus an. Wieder ist der Saal voll und das Publikum phantastisch. Mary Wigman notiert in ihr Tagebuch den bedeutungsvollen Satz: »*Zum ersten Mal etwas verdient!*«

Angebote für ein Gastspiel im erzgebirgischen Annaberg im Frühjahr 1920 und für einen Auftritt mit neuem Programm in Dresden werden ihr gemacht. Eine Entscheidungsschlacht für den künstlerischen Tanz ist gewonnen! Aber so wunderbar die Anerkennung auch ist, so genau weiß sie, daß ihr der Durchbruch zwar in Dresden, nicht aber in Deutschland gelungen ist.

Wie geplant kehrt sie zum Jahresende nach Zürich zurück – an eine Übersiedlung nach Deutschland denkt sie noch nicht. In Zürich ist sie ja mittlerweile als Tänzerin bekannt. Sie verdient ihren Lebensunterhalt durch Unterrichten im neu bezogenen eigenen Studio und choreographiert ein neues Programm, mit dem sie im Pfauentheater auftritt. Vorerst scheint alles geregelt. Nur die Daueraufenthaltsgenehmigung fehlt, denn mit ihrem provisorischen Visum kann sie sich beruflich nicht fest etablieren. Sie stellt den Antrag für das Dauervisum – und wird zurückgewiesen. Die Schweizer Fremdenpolizei ist mittlerweile der vielen, politisch zum Teil recht suspekten Emigranten aus Deutschland, Rußland und Österreich-Ungarn, die während des Krieges in der Schweiz Zuflucht gesucht hatten, überdrüssig und bemüht sich, eine Ansiedlung – gerade der brotlosen Künstler – zu verhindern. Mit einem Schlag steht Mary Wigman vor der Notwendigkeit, die Schweiz zu verlassen und nach Deutschland zurückzukehren. Das bedeutet, die Schule aufgeben, Freunde zurücklassen, wieder ganz von vorne anfangen, sich eine Existenz aufbauen. Aber wo?

Die restriktive Fremdenpolitik der Schweiz läßt den freien Tanz eine neue Heimat suchen.

Die einzigen Orte, die Mary Wigman einfallen, sind Hamburg und Dresden, die Städte ihrer Erfolge in Deutschland. Nun, man wird sehen, denn die Entscheidung muß ja nicht sofort getroffen werden. Erst einmal sind neue Auftritte geplant. Für März 1920 hat sie die Angebote aus Annaberg und Dresden vorliegen; Engagements nach Hamburg und Weimar lassen zudem hoffen, daß sie mit den Vorstellungen wird Geld verdienen können. Und das ist der wichtigste Gesichtspunkt.

Also fährt sie nach Annaberg, wohin sie ein literarischer Verein eingeladen hat. Im Saal ist ein kleines Podium aufgebaut und davor ein langes Festbankett. Später erinnert sie sich:

»*Es roch nach Gänsebraten, denn der Verein feierte sein Jubiläum und hatte sich zum Jubiläum nicht nur ein Gänsebraten-Essen bestellt, sondern auch eine Tänzerin. Und die funktionierte während des Gänsebratens.*« Es war wohl nicht ganz die Art Tanz, die die munteren Herren sich zur Verdauung gewünscht hatten. »*Zu Ehren der Annaberger sei gesagt, daß sie sich mustergültig verhielten. Andächtiges Schweigen herrschte während der Tänze, und an Anerkennung ließen sie es auch nicht fehlen. Als man mir zu später Stunde das vereinbarte Honorar überreichte, war ich glücklich und dankbar, daß wir den Tanzabend mit Anstand hinter uns gebracht hatten. Dazu gab mir das Knistern der Geldscheine in der Handtasche das Gefühl einer geradezu gehobenen Wohlhabenheit.*«

Auf der Rückfahrt von diesem bemerkenswerten Engagement geraten Mary Wigman und Berthe Trümpy in die Wirren der deutschen Revolution. Kapp-Putsch! Die Regierung der Weimarer Republik flieht über Dresden nach Stuttgart, im ganzen Reich wird der Generalstreik ausgerufen, kein Zug fährt mehr. Mary Wigman sitzt fest. Panik! Sie muß doch nach Dresden zurück und dort auftreten! Sie kann die Vorstellung nicht absagen, das geht aus Prestige-Gründen nicht und erst recht nicht wegen der Finanzen. Also findet sie einen der »literarischen Herren« vom Vorabend, der sie in seinem Privatauto nach Dresden zurückbringt. Wenigstens der Auftritt ist gerettet. Hamburg und Weimar muß sie absagen, ohne Züge ist die Reise nicht möglich. So kommt sie zwar aus Dresden nicht weg, aber andere Künstler, die hier gastieren wollen, kommen auch nicht herein! Veranstaltungen werden reihenweise abgesagt. Mary Wigman nutzt die Gelegenheit und gibt gleich mehrere Tanzabende hintereinander. Der Saal ist voll, das Publikum begeistert, die Einnahme gut, und plötzlich ist Mary Wigman in Dresden eine prominente Persönlichkeit. Um dem Ruf gerecht zu werden, hat sie ihr Domizil im vornehmen Palast-Hotel Weber aufgeschlagen, das allerdings auch schon bessere Zeiten gesehen hat. Jetzt ist in einem Trakt ein Lazarett untergebracht, und Maschinengewehreinschläge von den Straßenkämpfen zieren ihr Zimmer. Nach und nach kommen ein paar junge Mädchen zu ihr und fragen, ob sie denn Tanzunterricht erteilen würde. Berthe Trümpy über die ersten Monate der Dresdner Wigman-Schule:

Dank Kapp-Putsch und »ein bissel Revolution« – eine Tänzerin wird in Dresden zur prominenten Persönlichkeit.

»Unter dem Fenster rasselten 18 elektrische Bahnlinien, gelegentlich war ein bissel Revolution, dann flogen verirrte Kugeln bis in unseren Unterrichtsraum! Die erste Schülerin war eine 13jährige Halbrussin. Können tat sie nichts. (...) Die zweite Schülerin schmiß infolge Handstands mit den Füßen den Kronleuchter kaputt. Dann wollte sie die Ballettschuhe nicht ausziehen. Ich sollte als Marys Assistentin fungieren und Gretel – heute eine sehr gefeierte Tänzerin – täglich eine Solo-Gymnastikstunde geben. Ich zitterte, denn sie konnte so schön springen (ich nicht), rückbeugen und Radschlagen (ich nicht). Aber, oh Freude, sie konnte nicht abspannen, und darauf stürzte sich meine noch sehr embryonale Pädagogik.

Dann erschienen noch Bambula und Hilde. Gruppenunterricht gab es damals noch nicht, nur Solostunden, es wäre auch in den engen Hotelzimmern schwierig gewesen, Gretel allein brauchte den ganzen Raum für einen Sprung!«

Künstlerisch und finanziell ist der Generalstreik in Deutschland zwischen dem 21. März und dem 1. April 1920 für Mary Wigman von lebensentscheidender Bedeutung. Sie sitzt in Dresden und es sieht so aus, als würde sie hier genügend tanzinteressierte Schüler finden, um davon leben zu können. Zudem tut sich eine unerwartete Perspektive auf.

Im Februar 1920 hat der neue Direktor der Dresdner Oper, Karl Scheidemantel, sein Amt angetreten. Ihm liegt sehr an einer Reform des völlig brachliegenden Balletts in dem repräsentativen Hause, und da Mary Wigman durch ihre erfolgreichen Auftritte in Dresden sehr von sich reden gemacht hat, bietet er ihr in einem spontanen Entschluß den Posten der Ballettdirektorin an. Während der Berufungsentscheidung gibt Mary Wigman am 26. Mai 1920 ihren ersten Tanzabend im Dresdner Opernhaus, der alten Semper-Oper, für den ihr plötzlich ein ganzes Orchester zur Verfügung steht. Brahms, Saint-Saëns und Liszt klingen so doch ganz anders als in Klavierversion!

Wieder feiert sie das Publikum, und der Ballettmeistervertrag wird aufgesetzt. Sie unterschreibt, der Kultusminister muß nur noch gegenzeichnen. Die Aussicht auf eine eigene Tanzgruppe, auf die vielfältigen tänzerischen Aufgaben am Theater versetzt sie in helle Aufregung. Am liebsten würde sie sofort loslegen. Dabei weiß sie eigentlich selbst noch nicht so genau, wie eine solche Arbeit praktisch aussehen soll. Pläne für ein Repertoire müssen jedenfalls aufgestellt, künstlerische Leitlinien entwickelt, die Tänzerinnen und Tänzer zusammengesucht werden. Außerdem soll es noch eine eigene Operntanzschule geben, um Nachwuchs im freien Tanz zu unterrichten.

Um sich auf diese neuen Aufgaben vorzubereiten, fährt Mary Wigman im Juni/Juli 1920 in ein Ferienhaus nach Brokdorf an der Elbemündung. Hier versammelt sie die Tänzerinnen um sich, die für die Mitwirkung in

Dresden in Frage kommen: Gret Palucca, Lena Hanke, genannt Bambula, eine der ersten Schülerinnen, eine weitere Tänzerin namens Birgit Nohr, Laura Österreich und die beiden Falke-Schwestern aus Hamburg.

Als erste Inszenierung plant sie eine Choreographie von Glucks »Orpheus und Eurydike«. Dieses Werk taucht bei Mary Wigman immer wieder in besonderen Lebenssituationen als künstlerische Herausforderung auf: sie tanzte Szenen daraus in Hellerau, jetzt steht es an ihrem Anfang in Dresden, es wird 1935, in der schwierigsten Phase ihrer Karriere, als Plan wieder da sein, 1943, nach ihrem Rückzug aus der Öffentlichkeit, wird sie es inszenieren und noch einmal zum Abschluß ihres künstlerischen Schaffens 1961.

Während sie sich über Spielplan und »Orpheus« den Kopf zerbricht – *»also jedenfalls dacht' ich: 'ne Handvoll Mädchen hier, und dann machen wir 'ne himmlische Schau, Höllenspuk-Szene, die sich gewaschen hat!* «– überbringt Berthe Trümpy Neuigkeiten aus Dresden. Schon in der Schweiz häufig den praktischeren Dingen des alltäglichen Lebens zugeneigt, die Mary Wigman in ihren künstlerischen Höhenflügen oft entgingen, hat sie sich um eine Lösung der Wohnungsfrage gekümmert. Seit der Ankunft in Dresden logieren beide im Palast-Hotel Weber und geben das durch Unterrichten verdiente Geld weitgehend wieder für die Miete aus. Eine Dauerlösung ist das nicht. Trümpy sucht eine vernünftige Bleibe. Von Freunden erfährt sie, daß das Haus Schillerstraße 17 zu verkaufen sei, dessen Parterre-Wohnung allerdings der Zwangsbewirtschaftung unterstellt und daher nicht zur Verfügung steht. Als Ausländerin ist es Trümpy allerdings nicht erlaubt, in Dresden Grundbesitz zu erwerben, und so läßt sie das Haus, das sie mit ihren kaufstarken Schweizer Franken erworben hat, kurzerhand auf Mary Wigmans Namen beim Katasteramt eintragen, greift zum Telefon und erklärt ihrer Freundin, daß sie nun Hausbesitzerin ist. Die Zukunft sieht so verheißungsvoll aus, daß man es kaum glauben kann.

Es ist auch nicht zu glauben. Als die neue Hausbesitzerin aus Brokdorf nach Dresden zurückkommt, erfährt sie aus den Tageszeitungen, daß der Ballettmeisterposten inzwischen an eine andere – klassische – Tänzerin vergeben worden ist. Es heißt, der Kultusminister Seyfert hätte durch »Widerstände in der Regierung« und »angesichts des allgemeinen Fehlbetrags der Oper« eine so radikale Umstellung des Ballettbetriebs, wie es Mary Wigmans Engagement mit sich brächte, nicht riskieren wollen. Vielleicht hat aber auch Mary Wigman recht, die meint, der Ballettmeisterposten sei an diese andere Tänzerin vergeben worden, weil die Oper dem Freund und Liebhaber dieser Tänzerin finanziell verpflichtet sei. Jedenfalls ist sie empört. Aber was nützt es? Nun war sie schon da, nun blieb sie auch. Und dann hatte sie noch das Haus. In einem Gespräch erinnert sie sich:

Im Haus mit den expressionistischen Farben entsteht eine ungeplante Schule mit einer ungeplanten Pädagogik.

»Als erstes mußte dort alles gestrichen werden. Und da wir damals in der expressionistischen Zeit lebten, war es selbstverständlich, daß mein Farbbedürfnis befriedigt wurde. Also, der Übungssaal, der in dem Haus war: knallrot! Wände, Decke, Türen, nur Fußboden nicht, alles: knallrot! Die Leute prallten zurück. Der Übungssaal war rot, mein Schlafzimmer gold ... Schwarz mit Gold.«

Kindergoldpapier gibt den Wänden ihren Glanz, aus der Schweiz kommen die durchweg schwarzgestrichenen Möbel an – die Arbeiter fragen, wo das »Sarglager« denn hin soll –, »Bibi« Trümpys Zimmer strahlt in grellem Grün und der Treppenaufgang knallblau. Im Hof steht ein als Waschhaus genutzter alter gemauerter Stall, der zum Ersatztrainingsraum umfunktioniert wird – kanariengelb gestrichen mit Silbermalerei darauf.

Vor allem der Garten ist Mary Wigmans Glück. Bei schönem Wetter kann man auf dem Rasen die wunderbarsten Freiluftübungen veranstalten. Berthe Trümpy: »Mary hatte herrliche Illusionen über Gartenbau. Sie spuckte überall Pfirsichkerne in die Erde und ging heimlich jeden Tag hin, zu sehen, ob die neuen Pfirsiche schon kämen. Sie brachte es sogar fertig, in den Springbrunnen zu fallen, Tiefe 5 cm, Größe 1 qm!«

Bis die »Schule« richtig anfangen kann, ist noch viel Renovierarbeit erforderlich. Improvisation heißt das Gebot der Stunde. Trümpy: »Am 1. September gab es zwar noch kein elektrisch Licht, auch kein Wasser, kein Gas – aber gelbe Birnen im Garten, Rosen und Federnelken. Wir hatten die stattliche Zahl von acht Schülern erreicht. Gretel, Hilde, Bambula, Else, Birgit, Manya, Frida und Gerda. Nun wurden auch Gruppenstunden eingerichtet, 2x wöchentlich, aber sie wurden wenig geschätzt. Man hielt auf ›Individualität‹ und die privaten Schwätze mit der armen Mary, die sich um alles, von Liebes- bis Muskelschmerzen, zu kümmern hatte. (...)

So ganz richtig ›Schule‹ wurden wir erst im zweiten Jahr. Da kam der netteste Jahrgang meiner pädagogischen Laufbahn. Man konnte nun sogar schon verlangen, daß geübt wurde, was bisher als entwürdigend und unnötig abgelehnt worden war. Wenn Mary ihr neues Programm arbeitete, mußten wir in die ›Saloppe‹, gleichzeitig historisches Übungsquartier, umziehen. Der rote Saal in der Schillerstraße wurde immer voller. Was es für Mary bedeutete, von 7 Uhr früh (da übten Gretel und ich mit wildem Eifer) bis 9 Uhr abends das Stundengetrampel und Klaviergeklimper direkt neben ihrem kombinierten Schlaf- und Wohnzimmer zu haben, kann man sich ja denken!

Jetzt gab es täglich Gruppenstunden von 4–7 Uhr, sogar eine Klasseneinteilung wurde eingeführt, die zahlreiche Tränenströme zur Folge hatte. Die magische ›4 Uhr Stunde‹ war Ziel aller Wünsche.«

Ungeplant ist die Schule entstanden, und genauso ungeplant entwickelt sich darin eine »Pädagogik«. Wann Mary Wigman mit ihrer pädagogischen Arbeit eigentlich angefangen hat? Sie beantwortet es in einem Gespräch:

»Ich habe nie angefangen, die war immer da! Sie war genauso da, wie die Bühnenlaufbahn plötzlich da war. Auch die pädagogische Arbeit war gegeben, weil die Menschen da waren. Und von Theorie: nichts! Von Thematik: nichts! Wir waren frei wie die Vögel in der Luft und haben einfach alles mögliche gemacht und versucht. Zum Schluß stellte sich heraus, daß es alles tatsächlich Sinn und Verstand hatte.
Aber erst – im Grunde genommen – hinterher.«

Erziehung zum Tanz als freier Wachstumsprozeß körperlicher Bewegung, seelischer Bewegtheit und geistiger Beweglichkeit.

Im Mittelpunkt steht die Freiheit des Einzelnen. Keine der Schülerinnen soll lernen, so wie sie selbst zu tanzen, sie soll vielmehr zu ihrer eigenen Ausdrucksweise finden, ihren ganz persönlichen, individuellen Stil entwickeln. Hier werden Hilfe zur Selbsthilfe geboten, Anhaltspunkte, Orientierungen auf dem Weg zur eigenen Körpersprache gegeben. Wichtigstes Ziel ist, die Schülerinnen zur Selbständigkeit zu führen, Bewußtsein zu schaffen, Wachheit für den Körper, seine Möglichkeiten und damit die eigene Persönlichkeit. Der Körper soll Instrument werden, Medium subjektiver und individueller Mitteilung. Programmatisch schreibt sie in Bachs »Das Mary Wigman-Werk«:

»Aufgabe des Lehrenden ist es, den Weg zu dem Lernenden zu finden, die Art seiner Begabung zu erkennen, sie als selbständige Welt zu respektieren. Niemals sein Ich dem Schüler aufzwingen wollen, niemals sich selbst als Maßstab nehmen. Der Lehrer muß erkennen, daß nur die aktive Mitarbeit des Schülers zu anerkennbaren Resultaten führt. Die lebendige Sprache des Tanzes, die in jedem jungen Tänzer eingeboren schlummert, bedarf der lebendigen Führung und Resonanz, um erweckt zu werden und zu überzeugender Mitteilung zu reifen.

Die größte Gefahr wäre die Festlegung auf ein erprobtes Arbeitsprogramm, das aus Bequemlichkeit und Ermüdung sich in ständiger Wiederholung abrollt, sich monotonisiert und im Resultat eines veräußerlichten Scheinkönnens Lehrer wie Schüler in gleicher Weise schädigt.

Der Lehrende muß in der Lage sein, auf der Basis einer gegebenen Unterrichtsaufgabe, eines sinnvoll aufgestellten Lehrplanes, Übungen und Bewegungsfolgen zu erfinden, die der Eigenart des Schülers gerecht werden. Die notwendigen Korrekturen am Instrument können und dürfen nicht nach einer als allgemein gültig anerkannten Norm, sondern aus dem menschlichen und künstlerischen Verstehen des Individuums und seines wesenhaften Ausdrucks geschehen.«

Im Unterricht gilt alle Aufmerksamkeit dem Lernenden, es wird ihm eine positive, selbstvertrauende Einstellung zu seinen Kräften und Fähigkeiten vermittelt. »Selbstverwirklichung« heißt das Stichwort in der von wirtschaftlichen Krisen und politischer Instabilität gekennzeichneten Zeit. So fremd die Demokratie als Staatsform nach der Monarchie ist, so fremd ist den meisten selbstbewußtes, individualistisches Denken nach der strengen Autoritätsmoral der Kaiserzeit. Mary Wigmans Pädagogik will die »Selbstverwirklichung« des Schülers als handelnde, eigenverantwortliche Persönlichkeit erreichen. In einem »Brief an einen jungen Tänzer« hat Mary Wigman 1963 ihre pädagogischen Ziele zusammengefaßt:

»Wollen Sie sich mit der Nachahmung begnügen? Sprechen Sie ihre eigene Sprache, und versuchen Sie, Ihren Schülern etwas von dem zu vermitteln, was Sie seinerzeit selbst zum Tanz getrieben hat: Ihre Begeisterung, Ihre Besessenheit, Ihren Glauben und die unentwegte Ausdauer, mit der Sie als Schüler an sich selbst gearbeitet haben. Haben Sie den Mut zu sich selbst, und helfen Sie auch Ihren Schülern, den Weg zu sich selbst zu finden.

Vielleicht aber sollte man auch von der Liebe sprechen, von jener inneren Bereitschaft, die dem Menschen im Tänzer gilt, bevor man sich an den Tänzer im Menschen wendet – an das Geschöpf, in dem es gärt und brodelt, in dem Entscheidungen noch nicht endgültig getroffen werden, in dem selbst die tänzerische Begabung noch nicht so freigelegt ist, daß sie als eindeutiger Wegweiser für alles Kommende gelten kann. Liebende Bereitschaft – (...)

Man könnte eher vom ›pädagogischen Eros‹ sprechen, von jener fluktuierenden Zuständlichkeit, in der das menschlich Bewegende und das künstlerisch Verpflichtende sich auf der Ebene eines lebendigen Austausches begegnen und Schüler und Lehrer in immer wieder erneuter Zueinander- und Gegenbewegung um das eine Zentrum kreisen, das in unserem Fall ›Tanz‹ heißt. (...)

Ich vermag die Erziehung zum Tanz nur als eine bildnerische Aufgabe zu sehen, über die als stärkster Akzent der Mensch in seiner Körperlichkeit gesetzt ist.

Körperbildung also? Ja – denn es geht um einen Wachstumsprozeß, in dem körperliche Bewegung, seelische Bewegtheit und geistige Beweglichkeit sich die Waage halten müssen, um die Wandlung des Körpers vom Leib zum Instrument zu vollziehen. Dem jungen Tänzer das ganze riesige Reich seiner Bewegungsmöglichkeiten zu erschließen, ihn zu erfüllter Aussage zu bringen, die aufklingt, wie ein sich voll verströmender Akkord – darum geht es.«

Als am Haus Nummer 17 in der Schillerstraße (bald heißt es Bautzner Str. 107) das Schild »Wigman-Schule« angebracht wird, ist die Wanderung zu Ende.

Mary Wigman, 1922.
Foto: Wassow.

Kreis – Dreieck – Chaos
1920 – 1929
Dresden

Einem Bilderbuch der Künstlerbohème gleicht das Treiben in der Wigman-Schule während der ersten Jahre. Man ist vom »Dämon der Tanzgestaltung« besessen, bewegt sich »modern« oder »expressionistisch«, Hauptsache »magisch«, und glaubt felsenfest an die Veränderung der Welt in »schwingenden Körperreigen«.

Kultstätte und Unternehmen zugleich: die Wigman-Schule, Dresden, Bautzner Straße 107.

Die Schule ist jedoch nicht nur Kultstätte, sie ist auch Unternehmen und muß von den Kursgebühren der Schülerinnen leben. Allerdings sind viele Mädchen zwar begabt, aber nicht in der Lage zu zahlen. Sie bekommen ein »Stipendium« – kostenlosen Unterricht und meist etwas zu essen gegen Mithilfe im Haushalt, beim Putzen und Waschen oder beim Flicken der zerrissenen Tanzkleider.

Das Leben findet auf engstem Raum statt. Morgens ganz früh beginnt die erste Klasse, am späteren Vormittag braucht Mary Wigman den Übungssaal, um Solotänze zu proben, nachmittags unterrichtet sie, arbeitet an Kostümentwürfen, steht Anproben durch, erledigt Verwaltungskram – Verträge, Korrespondenzen, Verhandlungen –, schreibt Aufsätze und Zeitungsartikel zum Tanz, und abends, wenn die Schülerinnen endlich aus dem Haus sind und Ruhe einkehrt, geht sie in den Übungssaal und beginnt in der nächtlichen Stille neue Tänze zu erarbeiten.

Zeit für den Haushalt hat niemand, und so schickt Mary Wigman einen Hilferuf nach Hannover. Elisabeth, ihre jüngere Schwester, lebt zu Hause bei Mutter Amalie, ist inzwischen 27 Jahre alt, unverheiratet und hat keinen Beruf. Sie beneidet die ältere Schwester um deren Selbständigkeit und Freiheit. Mary Wigman bietet ihr an, nach Dresden zu kommen und in der Wigman-Schule den Haushalt zu führen. Elisabeth ist Feuer und Flamme. Mutter Amalie meint besorgt: »Nun fange Du aber nicht auch noch an zu tanzen«, aber die Warnung bleibt fruchtlos. Kaum angekommen, nimmt Elisabeth regelmäßig an Trümpys Laienklassen teil und erweist sich als gar nicht so talentlos.

Bald darf sie selbst Laien- und Kindergruppen unterrichten, mit der geregelten Haushaltführung ist es wieder vorbei. »Mariechen«, das sächsische Faktotum, kümmert sich zwar ums Gröbste, aber es fehlt noch die

»Seele« des Hauses – bis 1923 »Hesschen« nach Dresden kommt. Anni Hess, Sprechstundenhilfe und Mädchen für alles in Hans Prinzhorns Heidelberger Praxis, hat den Drang zum »Künstlerischen«. Sie verehrt sehr »die Frau Wigman«, die öfter im Hause zu Gast ist, und als sie hört, daß diese eine Wirtschafterin sucht, ist sie sehr verlockt. Mary Wigman bittet Prinzhorn, er möge ihr doch das »Mädchen« – Anni Hess ist fast dreißig – überlassen, und so zieht »Hesschen« beglückt in die Bautzner Straße um. Eine Symbiose zweier Menschen beginnt, die Hans Schüler, der spätere Intendant des Mannheimer Nationaltheaters, einmal die von »Don Quichote« und »Sancho Pansa« genannt hat.

Zwischen Besessenheit, Magie und expressionistischer Bewegung gibt es auch Alltagssorgen.

Zum erstenmal stehen 1921 auch junge Männer vor der Tür der Wigman-Schule und wollen sich im freien Tanz ausbilden lassen. Max Pfister ist dabei, der später als Max Terpis Ballettmeister-Karriere macht, und ein junger Modezeichner, der mit Eifer die »Dilettantenkurse« besucht – Harald Kreutzberg. Eine »Herrengarderobe« muß jetzt her, also wird ein Verschlag unter der großen Haustreppe mit ein paar Kleiderhaken versehen und zur Herrengarderobe erklärt. Mehr Platz ist in der Schule nicht vorhanden. Noch immer wohnt die einquartierte Familie in der Parterrewohnung – zunehmend entnervt vom täglichen Getrampel –, denn der Lehrbetrieb findet im großen Wohnraum im ersten Stock statt.

In einer ersten Umbauaktion wird der Stall im Hof erweitert, zwar auf Kosten eines Stückchens Garten, aber die selbst gezogenen Artischocken und weißen Lilien sind doch nicht das geworden, was Mary Wigman sich vorstellte. Auch ein Garderobenraum für die Schülerinnen ist jetzt da, so eng, daß man sich nur »etagenweise« umkleiden kann – die Hälfte der Frauen muß auf dem Boden, die andere Hälfte auf den Bänken stehen. Dafür aber gibt es den unermeßlichen Luxus eines Fußwaschbeckens!

Improvisation steht nach wie vor an erster Stelle, im Alltag wie auf dem pädagogischen Plan. Alles geht noch recht familiär zu. Elisabeth Wigman notiert in ihrem Schreibheft: »Überhaupt bildete sich zwischen Mary und ihren Schülern allmählich ein großes Vertrauensverhältnis heraus. Alle spürten bald nicht nur die gestrenge Meisterin, sondern tiefes menschliches Verständnis für ihre Sorgen und Nöte. Es gab in Marys Wohnung später ein kleines rosa Zimmerchen, das wir das ›Beichtzimmer‹ nannten. (...) Und Mary saß dann in ihrem schwarzen, mit Gold bestickten Mandarinenmantel und roten Pantöffelchen im Liegestuhl...« – und hörte sich die Lebens- und vor allem Liebeskümmernisse der Schülerinnen an.

Beinahe täglich kommen neue Schülerinnen und Schüler in die Bautzner Straße. Berthe Trümpy:

»Es schwebten nun schon langsam ›Schulschrecks‹ heran. Teils angejahrte magere oder fette Jungfrauen mit ›eigenen Tanzabend‹-Gelüsten. So nach 2 Monaten Arbeit prangte dann auf den Plakaten ›Schülerin von Mary Wigman‹, Wigmans Name womöglich noch größer gedruckt als der eigene.

Meine ›nette‹ Klasse gab den ersten Schultanzabend. Ich erinnere mich besonders an Yella und Ruth. ›Sieg über den Teufel‹, ein schöner, ausdrucksstarker Zweitanz; Hanya eine sehr fein stilisierte ägyptische Studie; Nora, 15jährig, ›Anitras Tanz‹, ganz streng und holzschnittmäßig; Wally (später Wy genannt), Lies und Hanya ›das rote und das blaue Licht‹, merkwürdig, geheimnisvoll, verzaubert und ergriffen. (...)

Mary freute sich herzlich über alles, und ich kriegte sogar einen Blumenstrutz von der über ihr Lob erfreuten Klasse. Alle im Halbkreis in der dunklen, eiskalten ›Saloppe‹ aufgebaut, draußen die bezaubernd graziösen Türme Dresdens und der leuchtende, abendgoldene Fluß.

Die Schüler ›strömten‹ jetzt. Sogar schon die späteren Berühmtheiten. Yvonne, das kleine Wüstenpferd, tobte schon in der Gegend herum (erschienen war es zuerst mit Dutt, schwarzer Brille, Griechenhemdchen und tanzte Chopin). Vera, der böse Heiland, tauchte auf: wildflatternde Mähne, schneeweißes Gesicht mit Pastellkreide bemalt, Kleider nie genäht, nur aus Fetzen mit Sicherheitsnadeln zusammengesteckt. Wurde zu meinem Ärger wegen hervorragender Begabung gleich in die 4 Uhr Klasse versetzt, merkte die ›Gnade‹ gar nicht. (...)

»Traumgestalt« aus dem Zyklus »Visionen«, Dresden 1927. Foto: Charlotte Rudolph.

Jetzt war die Schul-Kindheit endgültig vorbei. Der alte Pferdestall wurde zum Übungssaal umgebaut, eine Schulordnung gedruckt und manchmal schon befolgt, eine Schreibmaschine gab unserer Korrespondenz Würde und Sachlichkeit.«

Und sogar ein richtiges Sekretariat gibt es: kurzerhand wird ein Stück der Küche dafür abgeteilt.

Der wichtigste künstlerische Mitarbeiter für die kommenden acht Jahre schließt sich 1921 der Wigman-Schule an: der Pianist und Komponist Will Goetze. Ein Schüler von Paul Aron und ganz der expressionistischen Musikrichtung verschrieben, interessiert er sich sehr für die ungewöhnliche geräuschmusikalische Begleitung von Mary Wigmans Tänzen. Sie versteht sich sofort ausgezeichnet mit dem ideenreichen jungen Musiker. Mit ihm empfindet sie die Gemeinsamkeit des Suchens, des Experimentierens, um in diesem Neuland, in dem sie sich beide bewegen, eine Synthese von Tanz und Musik herzustellen, die beiden Künsten gerecht werden kann. Goetze obliegt der gesamte musikalische Sektor der Schule, er begleitet die Unterrichtsstunden und lehrt die Schüler und die Tänzerinnen der späteren Tanzgruppe den Umgang mit rhythmischen Instrumenten. Seine wichtigste Aufgabe aber ist die Komposition der Musik zu Mary Wigmans Tänzen und die musikalische Begleitung während der Vorstellungen.

»Schwertlied« I, 1922. Foto: Dührkoop.

Wie Laban geht Mary Wigman vom Tanz als der »Urkunst« aus und räumt der Musik daher nur einen klar definierten Aktionsraum ein:

Am Flügel in der Dresdner Wohnung; durch die Türe rechts betritt man den Tanzübungssaal.

»Tanz und Musik. Man kann sagen: der Rhythmus des Tanzes ist es, der den musikalischen Rhythmus auslöst und überhaupt erzeugt. Die Tanzkomposition schafft aus sich heraus die musikalische Begleitung. Das auf diese Weise entstehende musikalische Gebilde allerdings wird niemals eine selbständige Kunstform sein. Die innige Verbindung, die Tanz und Musik in einer solchen Form eingehen, läßt beide zu einer restlosen Einheit verschmelzen.«

Die Auseinandersetzung mit der Musik spielte für Mary Wigman schon lange Zeit eine große Rolle. In Hellerau war sie noch von der Untrennbarkeit von musikalischem und körperlichem Rhythmus überzeugt, spätestens seit dem Rom-Aufenthalt wurde ihr die Unabhängigkeit der tänzerischen Äußerung von musikalischer Führung zum persönlichen Anliegen. Darin konnte sie sich gut mit Laban verständigen, der in der Praxis die Autonomie des Tanzes proklamierte. Seine Geräuschmusik als Tanzbegleitung zog im Münchner Winter 1913/14 die besondere Aufmerksamkeit der Kritiker auf sich. Zur Veranstaltung »Tanz – Ton – Wort« schrieben damals die »Münchner Neuesten Nachrichten«: »Neu erscheint daran und im Gegensatz zu Dalcroze das Fehlen der Musik, der Tanz wird somit zur selbständigen Kunst erhoben. (...) Einige ganz interessante Experimente wie Tänze nach Musik und Tänze mit rhythmischen ›Geräuschen‹ vermittelten – fast als Gegenbeispiele – den Eindruck, daß der ›reine‹ Tanz, also ohne Begleitung, als künstlerische Originalschöpfung zu bestehen vermag.«

Mit ihren beiden ersten Tänzen, dem »Hexentanz« und dem »Lento« – beide ohne Begleitung – erbrachte Mary Wigman den Beweis für die ›Kunstfähigkeit‹ des musiklosen Tanzes, etwas, das Anhänger der Lehre von Dalcroze immer angezweifelt hatten.

»Die Tanzkomposition schafft aus sich heraus die musikalische Begleitung.«

Fortschrittlichen Kritikern schien Mary Wigmans Einsatz von Musik ein wichtiger Schritt zur tänzerischen »Vollkunst« – wie der gebräuchliche Terminus hieß. »Mary Wigman, früher diplomierte Schülerin Jaques Dalcrozes, ist heute die Trägerin des hoffnungsvollsten Zielstrebens. (...) Ein Symptom [ihrer] Kunst ist der Abbau der Musik. Die Schülerinnen der Duncan tanzten pianistisch schlecht ausgeführten Chopin, (...) Jaques Dalcroze ließ Bachsche Inventionen, für jede Stimme eine anders gefärbte Sechsergruppe, Notenwert für Notenwert hopsen. Es war der Gipfel der Lächerlichkeit: ›Tanz‹ als kindliche Musikillustration. Mary Wigman hat schon ohne jegliche Musik getanzt und wendet sich neuerdings immer zielsicherer der ›Geräuschmusik‹ zu, welche nichts andres ist als eine ›sinnleere‹ Begleitung. Das Verhältnis ist umgekehrt; früher deutete Tanz die Musik aus, erschien als unnötige Zugabe zur alten Musik, nun wird eine neue Musik brauchbare Zugabe zum Tanz: der Tanz erwacht zur Selbständigkeit.« (Schumann)

Schon nach ihrem ersten Auftritt 1914 hatte Rudolf von Delius festgestellt: »Der Tanz ist hier (...) das reine Kunstwerk der Bewegung des Körpers. Er hat sich losgerissen vom Gängelbande der Musik, er begleitet und interpretiert nicht mehr, er strömt ganz aus eigener Quelle. Ja, sein Rhythmus strömt so atemlos mächtig, daß jede Ablenkung durch andere Sinne überflüssig und schädlich wird. Der Tanz ist souveräne Kunst geworden. Wenn er die Musik braucht, wird er sie rufen, doch nur, daß sie nebenhergehe und seinen Zwecken diene.«

Nachdem sie demonstriert hatte, daß der Tanz nicht auf Musik angewiesen ist, sich nach Wunsch aber ihrer bedienen kann, hatte Mary Wigman 1915 wieder mit Musik zu arbeiten begonnen. Dazu wagte sie sich sogar an sinfonische Werke, mit deren Klavierauszügen sie arbeitete. Saint-Saëns, Liszt, Rebikoff, Brahms, Dvořák, Bizet nahm sie sich vor und schreckte selbst vor Bach nicht zurück. Angesichts dieser Musikwahl zeigten sich Kritiker skeptisch. Ernst Blass, der expressionistische Dichter, schrieb: »Wenn sie Bizets ›Arlésienne‹ tanzt, paßt ihr Tanz dazu wie die Faust aufs Auge. Aber sie hat wirklich eine Faust.«

»... daß der Tänzer sich entweder am Wesen der bestehenden musikalischen Form versündigt, oder aber, daß der Tanz ganze Strecken lang zu belanglosem Leerlauf wird.«

Zufrieden war Mary Wigman mit der Wahl existierender Musikwerke für ihre Tänze nicht. Sie sah eine Gefahr darin, selbständige Kompositionen für den tänzerischen Gebrauch umfunktionieren zu wollen, wie sie Jahre später in den »Hamburger Jahrbüchern« schrieb:

»In solchen Fällen muß die Entdeckung, daß die Eigengesetzlichkeit des musikalischen Werkes sich mit dem ebenfalls eigengesetzlichen Aufbau des Tanzes nicht verträgt, zum Kompromiß führen. Das heißt, daß der Tänzer sich entweder am Wesen, ja oft sogar an der Unantastbarkeit der bestehenden musikalischen Form versündigt, oder aber, daß er die tänzerische Gestaltung zugunsten der Musik umbiegen muß, und zwar in einem solchen Maße, daß der Tanz ganze Strecken lang zu belanglosem Leerlauf wird.«

»Mozart wollte nicht! Und ich konnte nicht! Bis ich verstand ...«

Sie suchte nach einem Weg, diese gefährliche Klippe zu umgehen. Welche Musik aber war »tanzbar« und welche nicht? Ein Erlebnis während eines Orchesterkonzertes brachte ihr die Erkenntnis, daß bestehende Musikwerke zwar Anregung sein können für Tanz, daß sie aber dadurch noch lange nicht für die tänzerische Ausformung brauchbar sind.

»Ich hörte ein Orchesterkonzert. Gespielt wurde eine Symphonie von Mozart. Und während ich vollkommen versunken dasaß, vom Zauber der Musik im wahrsten Sinne des Wortes gefangen, sah ich Bewegungen,

immer wieder Bewegungen. Sie strömten und fluteten, glitten vorüber, verdichteten sich und versanken wieder. (...) Und dann konnte ich es kaum erwarten, das innerlich so stark Geschaute, die visionären Bewegungsbilder in Zusammenhang mit der so stark erlebten Musik zu bringen. Aber es ging nicht! Mozart wollte nicht! Und ich konnte nicht! Bis ich verstand, daß meine tänzerischen Vorstellungen ja lediglich durch die Mozartsche Musik ausgelöst waren, daß sie ein Eigenleben führten, und daß es sich um eine Anregung handelte, die keineswegs nur auf diese Musik zurückgreifen brauchte, um tänzerische Wirklichkeit zu werden. Ein wenig später entstand ein neuer Tanz, einer meiner allerersten Gruppentänze, der eine Musik erhielt, die mich vor jedem Kompromiß bewahrte.
Aus diesem Erlebnis aber empfing ich eine Erkenntnis, die mich dann nie mehr verlassen hat, nämlich, in meiner eigenen Arbeit nur wirklich tänzerische und wirklich tanzbare Musik zu verwenden.«

»Wirklich tanzbare Musik«, das wurde für Mary Wigman im Laufe ihrer tänzerischen Entwicklung an erster Stelle die eigens für sie komponierte Musik, einfach strukturierte Schlagzeugrhythmen, in denen der musikalische Gehalt den tänzerischen nicht überdecken konnte.

»Da der Tanz seinem Wesen nach absolut aus dem Rhythmischen lebt, ist die ihm verwandte Klangwelt das Schlaginstrument. Die Trommel, der Gong, das Becken und alle ihre verschiedenen Abarten sind wie kaum ein anderes Instrument geeignet, den Rhythmus des tanzenden Menschen aufzufangen und zu unterstreichen. Aber nicht nur dies! Auch der Klang dieser Instrumente verbindet sich oft derart mit der Atmosphäre des Tanzes, oder besser gesagt mit der seelischen Verfassung des Tanzenden, daß man vergißt, woher der Ton kommt, und oft glauben könnte, die eigene Gebärde fange an zu musizieren.«

Schreiend, heftig, direkt – »Musik springt Abgrund«.

Wie der Tanz selbst sollte die Musik Ausdruck des Erlebten sein, und wenn dieses Erlebte in der Nachtseite des Lebens, im Grauen eines Jenseitigen lag, hatte die Musik das genau so wiederzugeben. Schreiend, heftig, direkt sollte sie dann sein, frei von herkömmlicher Melodik und tradierten Schönheitsbegriffen.

Über die Trommel- und Gong-Tonkomposition im »Götzendienst« aus den »Ekstatischen Tänzen« schrieb der Kritiker Wohlfahrt im expressionistischen Gestus. »Das Ganze glich einem dämonischen Wutausbruch. Hände strichen in wilder Verzweiflung über den Körper, schlugen und bissen sich in ihn hinein, rissen ihn von oben bis unten auf, alles weitete sich zu einem riesenhaften Schlunde, um sich zu verschlingen. Trommel und Gong peitschten Münder breit, Musik sprang Abgrund.«

Mary Wigmans Repertoire der zwanziger Jahre enthielt Tänze, die ganz ohne Musik getanzt wurden, dann Tänze, die »sich in die Musik schmiegen wie in eine weiche Flut«, wie Hans W. Fischer schrieb, und schließlich Tänze, für die eine eigene, ganz auf ihren Charakter abgestimmte Musik komponiert wurde. Von jeder Art gab es zumindest einen Tanz im Programm eines Abends, wobei die musiklosen Tänze den dramatischen Höhepunkt bildeten und der Abend stets mit leichten und schwungvollen Rhythmen ausklang. So gab es in der Programmfolge der ersten Deutschland-Tournee als Auftakt die orientalisch ausgerichteten »Tanzlieder«, dann, nach einer kurzen Pause, den Tanz »Schatten« zu einer indisch gehaltenen Melodie, gefolgt vom musiklosen »Tempeltanz« aus den »Ekstatischen Tänzen« und als Höhepunkt dieses Mittelteils den »Götzendienst« mit seinen heftigen Gong- und Trommelsequenzen. Die vier »Ungarischen Tänze« von Brahms mit dem beschwingten »Tanz in A-Dur« zum Schluß lösten die Spannung und beendeten die Vorstellung.

Die Wigman-Schule in Dresden etabliert sich in den ersten zwei Jahren rasch, die Zahl der Schüler wächst ständig und stabilisiert die ökonomische Lage. Denn mit dem Erwerb des Hauses, der Ausweitung des Schulbetriebes und der Einstellung fester Mitarbeiter wächst auch die Verpflichtung, jeden Monat ein bestimmtes Einnahmeminimum zu erwirtschaften. Mitte der zwanziger Jahre leben vierzehn Angestellte und die vierzehn Tänzerinnen der Wigman-Tanzgruppe vom Unternehmen »Wigman-Schule«. Je mehr Menschen von ihr abhängig sind, desto größer wird der Erfolgs- und Produktionszwang. Zwei neue Programme im Jahr für Frühjahrs- und Wintertournee werden erforderlich, um genügend Gastspiele organisieren zu können. Die Tourneen sind das Kapital, das zusammen mit den Schuleinkünften den Lebensunterhalt sicherstellt.

Dem Tanz gehört das Podium. Die Künderin des neuen Tanzes verbannt das Orchester auf den Balkon – selbst wenn es das Philharmonische Orchester ist.

Vor allem aber dienen die Tourneen dazu, den freien Tanz von Mary Wigman bekannt zu machen. Die Eroberung geht weiter: Mit Berthe Trümpy, Gret Palucca und Lena Hanke, den Schülerinnen der »ersten Stunde«, gründet Mary Wigman die »Kammertanzgruppe Mary Wigman«, die am 14. Januar 1921 im Dresdner Konzertsaal ihr Debüt gibt. Jetzt, wo sie endlich das Geld dazu hat, leistet sie sich für diesen Abend wieder das ganze Philharmonische Orchester – allerdings an gebührendem Platz. Das Podium gehört dem Tanz, das Orchester wird auf dem Balkon untergebracht, der Dirigent, der mit dem Rücken zu den Tänzerinnen steht, hat nur über einen an seinem Pult angebrachten Spiegel Kontakt zur Bühne. Auf dem Programm steht neben dem ersten »Totentanz« für kleine Gruppe, dem »Danse macabre« von Saint-Saëns und Solotänzen von Mary Wigman auch die »Farandole« von Bizet, getanzt von Berthe Trümpy, Gret Palucca und Mary Wigman selber. In einem autobiographischen Manuskript erinnert sie sich:

»Während ich mich als Zentral-Figur in heftigem Tempo um die eigene Achse drehte, rasten die beiden jungen Tänzerinnen in weit gezogener Kreisbahn um den Mittelpunkt herum, in Gegenbewegung zueinander und haarscharf die gleiche Entfernung einhaltend. Nach der dritten Umrundung hörte ich Bibi keuchen: ›Palucca, mach nicht solche Riesen-Sätze. Ich komme nicht mehr mit.‹ «

Für ihre »Riesen-Sätze« ist Palucca berühmt, ihre Sprünge sind höher und weiter als die von Mary Wigman, was bei dieser natürlich den Ehrgeiz anstachelt. Ohne Erfolg, wenn Palucca springt, ist sie unerreichbar. Mit zwei Sätzen durchquert sie den ganzen Übungssaal; oft genug rückt die Decke gefährlich nah. Einmal landet sie im Kronleuchter und der mit ihr auf dem Boden. Mary Wigman kapituliert, bewundernd und neiderfüllt.

Mit dem Programm vom Dresdner Konzertsaal gehen Mary Wigman und ihre »Kammertanzgruppe« auf Tournee. Ein künstlerischer und finanzieller Erfolg.

Die Popularität steigt, begeisterte Anhänger spekulieren über Tanz und Leistung.

Die Reisen machen ihre Tanzkunst in ganz Deutschland berühmt. Ob das Publikum allerdings wirklich versteht, um was es ihr geht, erscheint ihr manchmal zweifelhaft, wenn sie Bemerkungen der Zuschauer aufschnappt. Sie notiert:

»Tanzabend München. Eine Dresdnerin, die sehr intim orientiert tut, erläutert einer Münchnerin die ›Tänze des Schweigens‹: Ja, was die Wigman ist – (Pause) – sie wandelt eben Nacht! Tagsüber wird sie von ihrem Gatten so gepeinigt, das setzt sich bei ihr dann nachts in Träume um, und daraus entstehen dann die Tänze.«

Andere geben sich verständiger:

»Tanzabend in Dresden. Ich, selbstvergessen im Tanz auf der Bühne. Tanz ohne Musik, alles ganz still. Es kommt eine tiefe Rückenbeuge und damit ein Seufzer aus den Kulissen, wo ein Bühnenarbeiter Wache steht: ›Mann, die *Gymnastik und* die *Seele dabei!‹«*

Dann: »*Eine Verehrerin hinter der Bühne: ›Ach, Liebste, wie waren Sie heute abend wieder tief!‹* —«

Die Publikumsschar wächst, eine richtige »Wigman-Gemeinde« entsteht. Noch ist Mary Wigman zwar einzelne Vorreiterin einer Tanzkunst, die in wenigen Jahren zu einer Massenbewegung anwächst, doch sorgen begeisterte Anhänger für ihre steigende Popularität. So schreibt die »Neue Badische Landeszeitung« im März 1921: »Dieser Frau, von einer tiefen und großen Seele, sind Fanfaren zu blasen, uneingeschränkt, aus vollem Herzen, immer wieder; denn sie ist (und das heißt ganz einsam stehen), die *größte deutsche Tänzerin.* (...) Was sie bedeutet, ist, da sie beginnt, noch nicht abzuschätzen; aber das Gefühl, hier ist wieder nach langem das Geniale, das Großartige, das Kühne, das Selbstverständliche und das Einzigartige, ist nach der tanzspielerischen Kunstgewerblichkeit reizloser Kokotten, gepuderter Püppchen und von Ehrgeiz geblasener kleiner Tanzmädchen das Gefühl der Erlösung.«

Mary Wigman ist die Künderin des neuen Tanzes. Auch Hans Niedekken-Gebhard, bis 1924 Oberregisseur der Hannoverschen Staatsoper, der »Freund aller Tänzer«, wie Mary Wigman ihn nennt, ist von der eigenwilligen Tänzerin fasziniert. Er bittet sie, die tänzerischen Einlagen für seine Inszenierung der Pfitzner-Oper »Die Rose vom Liebesgarten« zu übernehmen. Die Zusammenarbeit ist der Anfang einer über dreißig Jahre währenden Freundschaft und künstlerischen Verbundenheit. Mehrmals steht ihr »der Dicke«, wie sie ihn liebevoll nennt, in schwierigen Situationen zur Seite, vor allem 1942, bei der Übersiedlung nach Leipzig. Als Niedecken-Gebhard 1954 stirbt, arbeiten beide gerade an der gemeinsam geplanten Inszenierung von Händels »Saul« in Mannheim.

Mit Korsettstangen kein freier Tanz: die Ballerinen mit den rosa Rüschen lockern ihren Widerstand.
Erste Erfolge im Kampf gegen das klassische Ballett sind zu verzeichnen.

Der Auftrag in Hannover lockt Mary Wigman, denn der Gedanke an eine Theaterarbeit hat sie nach dem geplatzten Dresdner Engagement noch nicht ganz losgelassen. Außerdem gibt es in Hannover wieder einen Kampf zu führen – gegen den »Erzfeind«, das klassische Ballett. Eine autobiographische Notiz:

»Wußte ich doch, daß das auf rein klassischer Grundlage geschulte Ballett keinerlei Zugang zum ›modernen‹ Tanz haben konnte. Also wurde Palucca vorausgeschickt, um die Tanzgruppe mit Bewegungsart und Ausdruckscharakter ›unseres‹ Tanzes vertraut zu machen. Bei meiner Ankunft in Hannover empfing mich eine total zerknirschte Palucca: ›Ich habe überhaupt nichts erreicht. Nur daß die Mädchen ihre Korsetts ausziehen mußten, weil sie bei den Übungen keine Luft mehr kriegten und die zerbrochenen Korsettstangen ihnen zu weh taten.‹ Ich mußte lachen, denn ich wußte nur zu gut, daß mit dem Wegfall der festgeschnürten Korsetts auch der Widerstand der Ballerinen gegen einen ihnen so völlig fremden Stil des Tanzes, wenn auch nicht gebrochen, so doch soweit gelockert würde, daß man es wagen konnte, mit ihnen zu arbeiten. Palucca hatte ihre Aufgabe hervorragend gelöst.–«

Für sie hat es eine besondere Bedeutung, ausgerechnet in Hannover zu arbeiten: hier hatte sie als Mädchen den ersten Ballettabend gesehen, die »rosa und weißen Rüschen« waren ihr im Gedächtnis geblieben und die Erinnerung, daß sie es langweilig fand. Hier hatte sie den ersten Blick auf den freien Tanz geworfen, und jetzt stand sie selbst am Regiepult und kommandierte die Tänzerinnen nach ihren Vorstellungen eines künstlerischen Tanzes.

Die Inszenierung der Operneinlagen ist nicht das, was sie sich als herausfordernde Theaterarbeit vorgestellt hat, aber immerhin bringt der Auftrag Geld. Künstlerisch weit vielsprechender war zuvor eine Anfrage der Frankfurter Oper, ob sie dort ein Tanzwerk mit ihrer Gruppe uraufführen möchte. Mary Wigman sagt sofort zu. So kommt es, daß am 14. Dezember 1921 Mary Wigman und Mozart sich einen Abend im Frankfurter Opernhaus teilen. Der Auftritt der Wigman-Tanzgruppe folgt nämlich als zweiter Teil des Abends nach Mozarts Kurzoper »Bastien und Bastienne« – eine eigenwillige Programmzusammenstellung, die aber niemanden weiter stört.

Für diesen Abend choreographiert Mary Wigman für sich als Solofigur und vier Gruppentänzerinnen »Die sieben Tänze des Lebens«, ihr 1918 im Engadin entworfenes »Tanzgedicht«. Die Vorbereitungen sind von allerlei Hindernissen begleitet. Zunächst gibt es Ärger wegen der Musik. Ursprünglich war Egon Wellesz als Komponist vorgesehen, aber die Zusammenarbeit kam nicht zustande, und Heinz Pringsheim – wie Wellesz ein Vertreter der expressionistischen Musikrichtung – hatte den Auftrag erhalten. Seine Musik erfüllte wohl weitgehend Mary Wigmans Ansprüche an eine tanzbegleitende Musik; so wird etwa in der Kritik des »Mittagsblatts« betont, daß die Komposition ganz am Tanz orientiert sei, eine »Gebrauchsmusik«, die »mit Geschick, instrumentalem Aufwand und technischem Können gearbeitet ist, aber als Werk persönlicher Gestaltungskunst – mit Ausnahme des klanglich und rhythmisch fesselnden Dämon-Tanzes – nicht überzeugen kann. Wagner, Strauß, Grieg, Tschaikowsky haben Thematik und Farbe geliehen, und namentlich die Anklänge an die Chromatik von ›Tod und Verklärung‹ und ›Tristan‹ sind zu offenkundig«.

Beinahe wäre die Premiere im letzten Moment geplatzt, weil Gret Palucca sich einer Fußoperation unterziehen muß und Birgit Nohr sich verletzt. Aber Berthe Trümpy und die frisch an die Wigman-Schule gekommene Yvonne Georgi springen ein, und so kann die Uraufführung vor vollbesetztem Haus doch termingerecht stattfinden.

Die Auseinandersetzung mit sich selbst im Tanz: tanzend besiegt die Sklavin den Tod.

»Die sieben Tänze des Lebens« nehmen in Mary Wigmans Leben eine besondere Stellung ein: sie entwarf die Geschichte von der Sklavin, die mit ihrem Tanz den Tod besiegt, während sie selbst gerade ihre lebensgefährliche Krankheit überwand. Die Einflüsse der »Freimaurerei« von 1917 und 1918 bestimmen das ganze Werk und machen es aussagekräftig für ihr lebens- und tanzphilosophisches Selbstverständnis.

Schon die Farbwahl der Kostüme, die zum Teil nach Goethes Farbenlehre, zum Teil nach esoterischer Farbsymbolik entschlüsselt werden kann, spricht für den metaphysischen Grundzug dieses Tanzwerkes. Der erste Tanz, der »Tanz der unerlösten Sehnsucht«, wird in einem lang fließenden, silberglänzenden Gewand getanzt. Silber – als traditionelle Symbolfarbe für Tränen – zusammengenommen mit dem Titel des Tanzes läßt gar biographische Anklänge an Mary Wigmans »unerlöste Sehnsucht« ihrer Jugend aufkommen. Der zweite Tanz, der »Tanz der Liebe«, zeigt sich im grünen Kostüm, in der islamischen Farbe der Göttlichkeit, für Goethe die Farbe, in der das Auge »eine reale Befriedigung« findet – »man will nicht weiter, und man kann nicht weiter.«

Der »Tanz der Lust« ist in Rot gehalten, in der Farbe des Lebendigen, die Mary Wigman sehr oft für ihre Kostüme verwendet, stets in der gleichen Bedeutung als Farbe des Sinnlichen, Körperlichen. Violett im »Tanz des Leides« ist die traditionelle Passionsfarbe. Der »Tanz des Dämons« wird in braunem Kostüm getanzt, die Farbe des Materiellen, Symbol für den Kampf des Menschen mit dunklen Kräften, mit unbekannten Facetten der eigenen Person. Biographisch interpretiert ist dieser Tanz eine Auseinandersetzung mit sich selbst in der Suche nach der eigenen Bestimmung, ein ›Ringen‹ mit dem Dämon, mit den eigenen versteckten Wünschen und Ängsten. Wenn die Materie überwunden ist, der Mensch zur ›Erkenntnis‹ gelangt, die ›Wahrheit‹ findet, erreicht er das transzendente Stadium seiner Existenz – der Tod ist der Beginn des neuen Lebens, der »Tanz des Todes« daher getanzt im weißen Kleid unter schwarzem Umhang. Sehnsucht, Liebe, Lust, Leid, Angst, Tod und Wiedergeburt – all diese Elemente sind im Tanz des Lebens vereint, der in der Farbe der Sonne, der Fruchtbarkeit und Fülle, in Gold, getanzt wird.

Der König sprach zur Tänzerin: »Dein Tanz überwand das Leben und überwand den Tod. Nun lebe und sei frei!«

Auszüge aus Mary Wigmans choreographischen Notizen zu »Die sieben Tänze des Lebens«.
Das »Tanzgedicht« für eine Solofigur und vier Gruppentänzerinnen beginnt mit der Rezitation eines Sprechers.

»Die sieben Tänze des Lebens«

Der König sprach:
»Du tanzest um dein Leben,
Sklavin!
Und wenn dein Tanz
des Lebens Sinn
mir deuten kann,
so bist du frei.«
Da tanzte die Frau
den ersten Tanz des Lebens,
den Tanz der unerlösten Sehnsucht.
»Löset ihre Fesseln«,
sagte der König.
Und die Frau
tanzte den Tanz der Liebe.
»Tötet sie noch nicht«,
rief der König.

Darauf tanzte die Frau
den wilden Tanz der Lust,
der alle Fesseln sprengte
und alle Grenzen überschritt.
Der König verhüllte sein Haupt:
»Dafür mußt du sterben,
Weib!«
Und die Sklavinnen brachten
den schwarzen
Schleier des Todes.
Aber die Tänzerin
achtete seiner nicht
und tanzte über ihn hinweg
den Tanz des Leides.
Und darauf tanzte sie
den dunklen Tanz des
Dämons,
der rührte alle Kräfte auf,
die verborgen vor dem Leben ruhen.
Und als der Tanz
beendet war,
neigte sie sich vor dem König:
»Ich bin bereit, Herr!«
Und tanzte nun
den stillen Tanz des Todes.
Wieder hoben die Sklavinnen
den Todesschleier auf,
um sie für immer
damit zu bedecken.
Doch der König
küßte die Stirn der Tänzerin
und sagte:
»Dein Tanz überwand das Leben
und überwand den Tod.
Nun lebe und sei frei!«

»Tanz der Sehnsucht.«
Foto: Nino Hess.

Suchend und konzentriert sei der Ausdruck, zaghaft und leise.

Aufjubelnd setzt das Orchester ein, hell wie Sonnenstrahlen glänzen die Klänge; und der Sprecher verschwindet langsam wie er gekommen ist. Leiser wird die Musik, während der Vorhang sich öffnet.

Ein leerer Raum wird sichtbar, streng gegliedert durch den schweren, senkrechten Fall der dunklen Vorhangfalten ringsherum. Der Bodenteppich zeigt dieselbe Farbe, und das Licht liegt warm und golden darauf.

Ganz vorn, rechts und links hocken zwei Trommler. Sie halten ihre Trommeln in niedrigen rotschimmernden Holzgestellen zwischen den Knien.

Gleichmäßig fallen die Schläge nieder, schweren Tropfen gleich mitten im Gesang des eintönigen Regens. Die Musik verklingt. In die Stille fällt ein tiefer Gongschlag, und aus den Vorhangfalten des Hintergrundes treten vier Mädchen.

Die vier Mädchen stehen vor dem rückwärtigen Vorhang in gleichmäßigen Distanzen voneinander. Sie heben die Arme mit dem Großen »Port de bras« in 8 mal vier Zeiten. Darauf schreiten sie mit 4 tiefgeführten Schritten bis zur Mitte. Die Hände sind beim Vorwärtsschreiten in mittlerer Körperhöhe gefaßt. Die beiden äußeren bleiben in tiefer Schöpfstellung mit gekreuzten Armen stehen, während die inneren die äußeren mit hoch geführten Schritten in einem schnellen Tempo umkreisen. Sobald sie an den beiden Stehenden vorbei sind, beginnen diese den geraden Weg mit tiefgeführten Schritten, während die beiden ersten den geschwungenen Weg fortsetzen.

In den Raumecken rechts und links rückwärts treffen sie sich zu zwei und zwei und laufen mit Trippelschritten zur Mitte, wo sie zusammen niederknien. Sie neigen die Oberkörper vorwärts bis sie mit der Stirn den Boden berühren, richten sich auf und beugen die Oberkörper nach rückwärts. Dann stehen sie auf; die zwei ersten schreiten wieder mit tiefen Schritten bis zur Vorhangmitte rückwärts, während die beiden anderen in schnellerem Tempo mit hochgeführten Schritten an ihnen vorbeischreiten. Sie öffnen langsam den Vorhang, so daß das Königspuppenkabinett sichtbar wird, während die beiden ersten rechts und links von der Vorhangöffnung niederknien.

Die Wände eines kleinen, dreieckigen Raumes leuchten. Auf reich geschnitztem Goldstuhl sitzt eine fantastische Gestalt. Die Königspuppe, ein Götzenbild in Gold und Farben prangend. Drei Stufen führen zu dem Thron hinauf, und auf der untersten ruht, langgestreckt, einer silbernen Schlange gleich, eine Frau.

Die hebt sich nun zu ihrer vollen Größe. Das Silbergewand rieselt an ihren Gliedern herab wie fließendes Wasser. Und wie eine gleißende, funkelnde Raupe schiebt sich der Körper in den Raum hinein und beginnt den Tanz.

Tanz der Sehnsucht

Musik. Flötensolo, begleitet von langgehaltenen, gedehnten Akkorden im Orchester.

Der Ausdruck des Tanzes ist suchend, voll zurückgehaltener Schnelligkeiten. Die Rhythmik ist zaghaft und leise, während die Melodik herrscht.

Der Tanz ist aufgebaut auf einer wellenartigen Körperbewegung, die bei den Füßen beginnend bis zu den emporgehobenen Armen verläuft. Die Raumbeziehungen sind nur angedeutet. Der Ausdruck liegt in der Konzentration.

Und als die Tänzerin den Tanz der Sehnsucht beendet hatte, führten die Sklavinnen sie wieder vor den Thron der großen Königspuppe und nahmen ihr die Fesseln ihres Silberkleides ab. Da stand die Tänzerin auf der untersten Stufe des Thrones und breitete die Arme aus, befreit aufatmend.

Das Lächeln des Lebens auf den Lippen sprang sie mitten hinein in den Tanzraum; und unter dem Wirbel der aufrauschenden Instrumente, die wie warme Wellen über sie hinfluteten, tanzte sie den Tanz der Liebe.

Tanz der Liebe

Der Tanz ist mit vollem Orchester begleitet, ein durchgehender Dreivierteltakt, mit Tempowechsel und einem kurzen Viervierteltaktmotiv darin. Als Höhepunkte sowie als Abschluß ein ausgesprochenes Walzerthema.

Der Charakter des Tanzes ist heiter, strahlend und warm, mit kleinen, grotesk-humoristischen Momenten und einigen ganz flüchtigen Sentimentalitäten. Der Walzer, der Mitte und Höhepunkt des Tanzes bildet, ist in der Komposition leicht und schwebend, bis zur Leidenschaftlichkeit eines großen Schwunges.

Der ganze Tanz soll mit großer Lebendigkeit getanzt werden, aber ohne Heftigkeit. Der wiegende Charakter des Dreiertaktes muß gewahrt bleiben.

Tanz der Lust

Da, plötzlich ein Aufschrei des Gongs; die Trommeln rasseln; das Licht fällt grell und heftig über den Raum her. Die Tänzerin stürzt herein, sie fliegt mit weiten Sprüngen. Wie tausend zuckende Flammen bauscht sich der grellfarbige Mantel, verfängt sich in den losgelösten Gliedern, taumelt verwirrend in den Sprung hinein. Die Trommeln rasen wilde Rhythmen, der Gong heult auf, der Körper der Tänzerin tobt und lodert in selbstverzehrender Glut. Die Tänzerin umkreist den Tanzraum mit weiten Sprüngen. Sie nähert sich spiralisch der Raummitte und schließt den Lauf dort mit einer konzentrierten Körperstellung ab. Darauf wendet sie sich mit einer gebundenen Körperbewegung der Raumecke links rückwärts zu und beginnt von dort das 1. Motiv, das mit einer tiefgeführten Pirouette und deren Auflösung in die Gegenrichtung abschließt. Das Ganze wird in die entgegengesetzte Raumrichtung wiederholt. Daran schließt sich das 2. Motiv achtmal auf einer Kreislinie getanzt. Es folgen immer heftiger werdende hohe und tiefe Drehungen mit verbindenden Sprüngen, die den ganzen Raum beherrschen. Den Abschluß des ersten Teiles bildet eine spiralisch von tief unten bis hoch oben geführte rasend schnelle Drehung in der Raummitte.

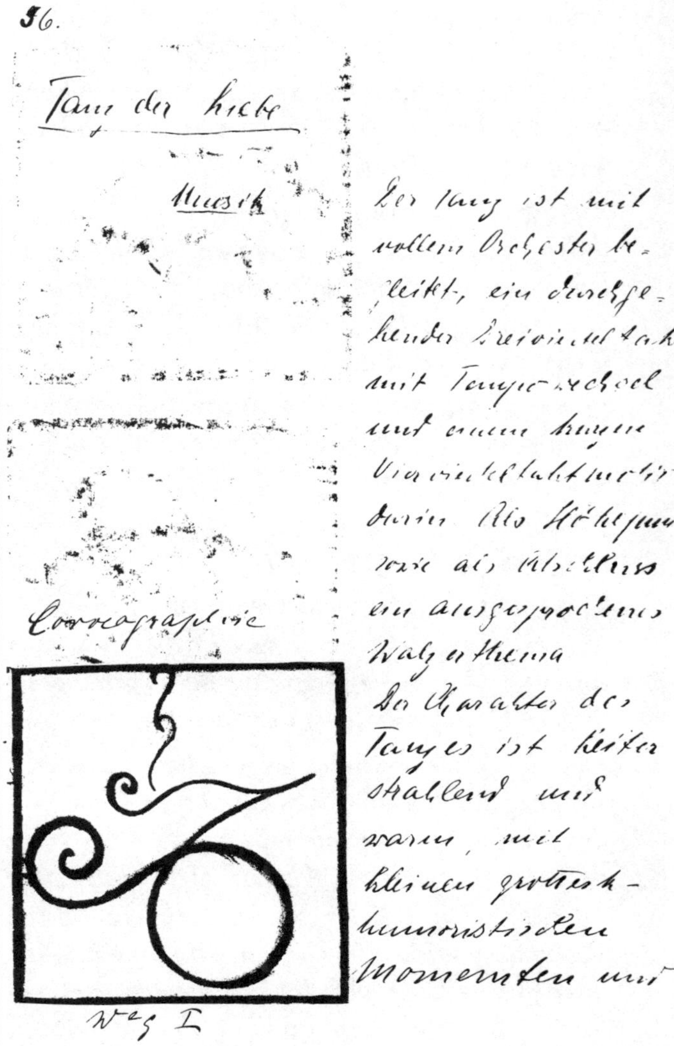

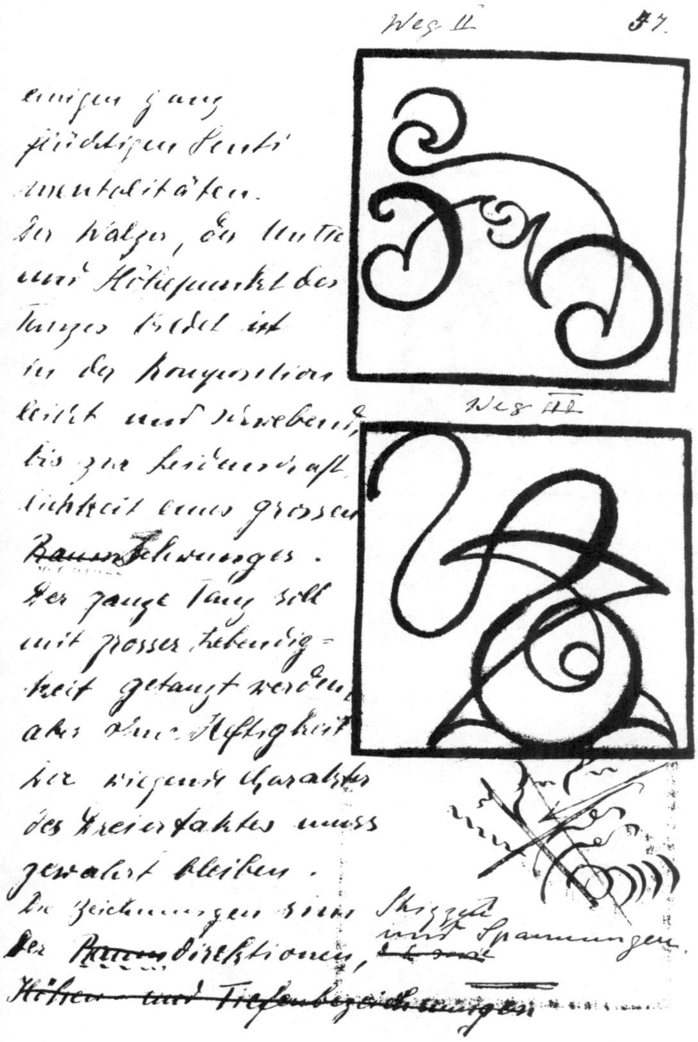

Beim 2. Teil kommen die vier Mädchen aus den vier Raumecken mit einem kurzen, rhythmischen Laufmotiv auf die Tänzerin zu. Sie drehen sich in derselben Richtung und nähern sich dabei wieder den Raumecken (Drehspirale). Nach jedem die Drehungen umschließenden Gongschlag findet ein Richtungswechsel von allen statt. Lauf und Drehspirale werden dreimal wiederholt. Dann verlassen die Mädchen den Raum.
Die Tänzerin dreht allein weiter in der Mitte, mit einem (decrescendo) in den Drehungen. Sie wankt, taumelt, stürzt.
Der Charakter des Tanzes ist von wilder, leidenschaftlicher Lebendigkeit. Er steigert sich bis zur Raserei und enthält nur kurze Momente der Langsamkeit, die erfüllt sind von bewußter Sinnlichkeit, aber sofort wieder von der taumelnden Lebendigkeit des Drehens verwischt werden.

Ein Schrei der Qual durch alle Instrumente.

Fort sind die Mädchen. Weitertanzend, mitten im Raum allein, die Tänzerin, jagend, rasend. Ein Schwanken geht durch die Gestalt, sie neigt sich, in sich selbst versinkend, stürzt. Schweigen – die Stille selber spricht und zittert im Erinnern des geschauten Wahnsinns.

Tanz des Leides

Der Vorhang öffnet sich, die weißen Mädchen kommen traurig, sie tragen in den Händen den schwarzen Todesschleier, jene große Mahnung von den Grenzen alles Menschlichen. Sie breiten den Schleier am Boden aus und knien still an seinem Rande.

Die Trommler schweigen und verhüllen das Gesicht.

Doch die Tänzerin lächelte ihnen zu. Dann betrat sie ruhig den schwarzen Teppich und ließ die Glieder sprechen von der Trauer, die sie ganz erfüllte, von dem Leide, das in allen Menschen lebt.

Der Tanz besteht aus tiefen, schweren Gesten: der tiefe Aufschwung mit Variation, die langsame Drehung mit spiralischer Steigung der Arme, das tiefe Streben mit langsamem Niedersinken. Die Stellungen werden lange gehalten. Die Schritte sind gleitend und schwer, ohne rhythmische Betonungen.

Der Charakter des Tanzes ist rein melodisch, traurig und müde, verzweifelt und wieder still.

Den Abschluß des Tanzes bildet ein langsames Niedersinken der Tänzerin, während welchem

Doppelseite zum »Tanz der Liebe« aus den choreographischen Notizen zu »Die sieben Tänze des Lebens«; mit choreographischen »Weg«-Skizzen.

die Mädchen sich aufrichten. Sie schreiten auf die Tänzerin zu und lassen sich neben ihr zu Boden gleiten, indem sie sie mit den Armen umschlingen.

In die Stille fällt ein tiefer Glockenklang. Kristallklar und rein schwingen die Töne.

Tanz des Dämons

Der Tanz wird eingeleitet durch das Lied des Dämons (vom Sprecher gesprochen). Er wird ohne begleitende Musik getanzt und nur zweimal (gegen Mitte und Schluß) unterbrochen durch ein kurzes Glockenspiel, das von dumpfen Gong- und Trommelschlägen begleitet wird.

Die Tänzerin kauert in der rückwärtigen Raumecke rechts am Boden und scheint aus einer Art Erstarrung aufzuwachen, wenn das Lied des Dämons verstummt. Langsam wird es in ihrem Körper lebendig, sie erhebt sich halb und kriecht mit kurzen, rhythmisch geordneten Wendungen über den Boden hin. Dann springt sie auf und tanzt.

Der erste Teil des Tanzes schließt mit einer liegenden konzentrierten Köperstellung, die in absoluter Starrheit ausgehalten wird, während das Glockenspiel erklingt.

Der zweite Teil des Tanzes ist von unheimlicher Groteskheit, er wird ganz tief getanzt, so daß die Tänzerin halb im Boden versunken zu sein scheint. Den Abschluß bildet eine Wiederholung der ersten liegenden Stellung am Boden, während welcher das Glockenspiel zum 2. Mal ertönt.

Der letzte (3.) Teil des Tanzes besteht aus einem verzweifelten Suchen mit großen übermäßigen Bewegungen und Schritten. Die Tänzerin verläßt den Raum inmitten dieses Suchens, so daß der Tanz ohne eigentlichen Abschluß bleibt.

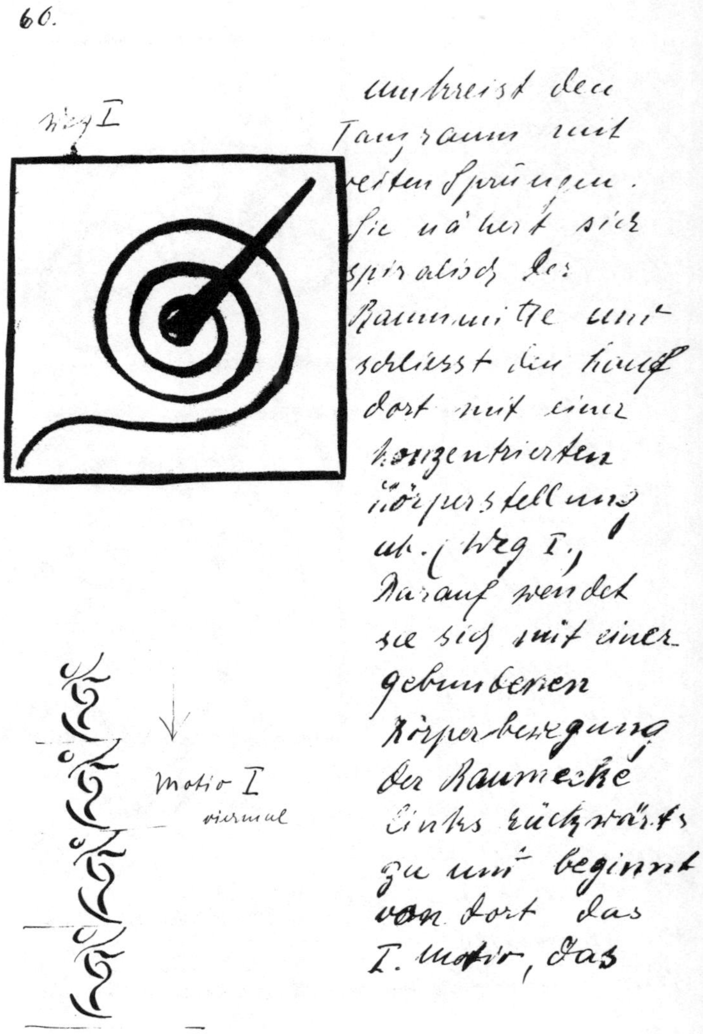
60.
Weg I
umkreist den Tanzraum mit weiten Sprüngen. Sie nähert sich spiralisch der Raummitte und schliesst den Kreis dort mit einer konzentrierten Körperstellung ab. (Weg I.) Darauf wendet sie sich mit einer gebundenen Körperbewegung der Raumecke links rückwärts zu und beginnt von dort das I. Motiv, das
Motiv I viermal

Der Charakter des Tanzes ist ausgesprochen rhythmisch, doch von einer lautlosen, verhaltenen Rhythmik. Langsamkeiten und Schnelligkeiten wechseln jäh. Alle starken Akzentuierungen geschehen in der Luft und nicht auf dem Boden. Die Sprünge werden in geduckter Haltung ausgeführt, während die Stellungen hochgezogen sind.

Der Ausdruck des ganzen Tanzes soll von dämonischer Groteskheit sein, die in keinem Moment auch nur an das Humoristische streifen darf. Das verzweifelnd Suchende, sowohl wie die Qual des Zerrissenseins sollen betont werden.

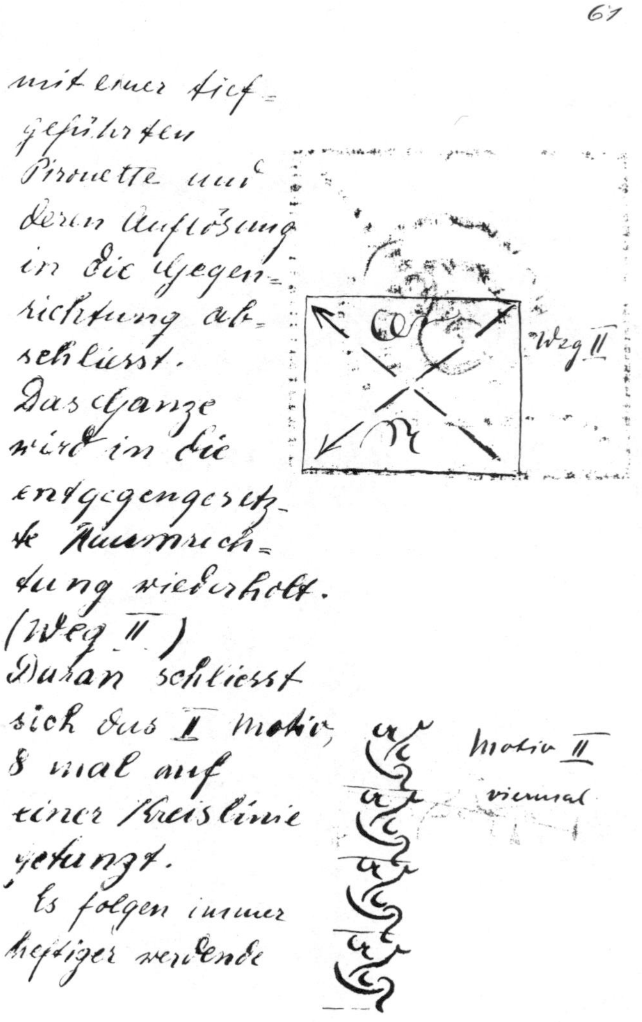

Ein böser Traum ist dieser Tanz, voll zuckender Lust und von verzerrter Schönheit, voll vom Leben visionär durchwachter Nächte, von Traum und Spuk.

Dann war die Tänzerin verschwunden, und es schien, als hätte sie der Boden eingesogen.

Gebannt liegt noch der Raum, und wie Erlösung nach der Dumpfheit jenes Tanzes strömt die Musik in warmen Lebenswellen, hebt die Beklemmung auf.

Doppelseite zum »Tanz der Lust«.

Tanz des Todes

Doch als die Tänzerin nach einer Weile wieder in den Tanzraum trat, schwieg die Musik. Auch die Trommler waren fortgegangen, und die weißen Mädchen hatten die Vorhänge des Königspuppenthrones zugezogen. Da stand die Tänzerin allein, schweigsam und ganz in sich versunken. Sie trug das weiße Kleid des Todestanzes in strengen Falten um den Leib gelegt. So tanzte sie den Tanz der letzten Ruhe, erhabener Starrheit Spiel, den Tanz der Demut vor dem ewigen Gesetz.

Der Tanz wird ohne Musik getanzt. Die Tänzerin betritt den Tanzraum von rückwärts. Sie schreitet mit tiefgeführten Schritten vorwärts, während die Trommler sich erheben und den Raum nach rechts und links verlassen. Die Tänzerin schließt den rückwärtigen Vorhang und bleibt mit gesenktem Kopf davor stehen. Die vier Mädchen kommen mit Fackeln. Der Raum ist dunkel. Die Mädchen stellen die Fackeln vorn rechts an der Rampe zusammen, so daß der Tanzraum nur von dort aus beleuchtet wird.

Sobald die Mädchen fortgegangen sind, hebt die Tänzerin langsam beide Arme und bleibt wieder ruhig in dieser Stellung.

Dann beginnt sie den Tanz. Raumweg und Geste des ersten Teiles sind parallel, die Ecken und Wendungen werden jedesmal durch Stellungen betont. Die Schritte sind von gleichmäßiger Langsamkeit. Der asymmetrische Raumweg des zweiten Teils ist auch von asymmetrischen Gesten begleitet. Alle Bewegungen geschehen in ruhiger Folge.

Der Ausdruck des Tanzes ist von vollkommener Ruhe und Feierlichkeit, bis zur Starrheit sich steigernd und bis zu tiefer Demut sinkend.

Den Abschluß des Tanzes bilden ein Niederknien auf beide Knie ganz vorn an der Rampe

32.

(Tanz des Lebens) rief. Weit öffnete sie die Arme:

'Rauscht auf, ~~alle~~
~~Ihr~~ Instrumente,
jubelt mit mir,
Denn jetzt ~~ist~~ beginnen
des Lebens blühendste
Tänze! –
Kommt, meine Schwestern,
Ihr weissen Gefährtinnen,
Kommt! –
Lasst uns zusammen
den ~~lebendigsten~~ Tanz
aller Tänze tanzen! –
– Lacht nicht das
Leben uns allen"
Sind wir nicht Tänzer
des Lebens?"
Tragen wir nicht
das Wissen vom Leben

und ein tiefes Neigen des Oberkörpers vorwärts, bis die Stirn den Boden berührt.

Darauf öffnet die Tänzerin den rückwärtigen Vorhang, geht bis zur untersten Stufe des Thrones und läßt sich dort auf ein Knie nieder. Sie bleibt in dieser Stellung, während die Mädchen sie mit dem Todesschleier bedecken.

Tanz des Lebens

Und wieder betrat die Tänzerin den Tanzraum. Sie war gekleidet in das goldene Gewand des Lebens, das wie ein Bündel Sonnenstrahlen ihren Körper umleuchtete. Ihr Mund lächelte und ihre

oben: »Tanz des Leides« (aus einer Aufführung in Frankfurt/M. 1921) mit Hilde Daeves, Berthe Trümpy, Mary Wigman, Lena Hanke, Yvonne Georgi (v. lks.).

»Tanz des Lebens« – der Tanz aller Tänze (unten).

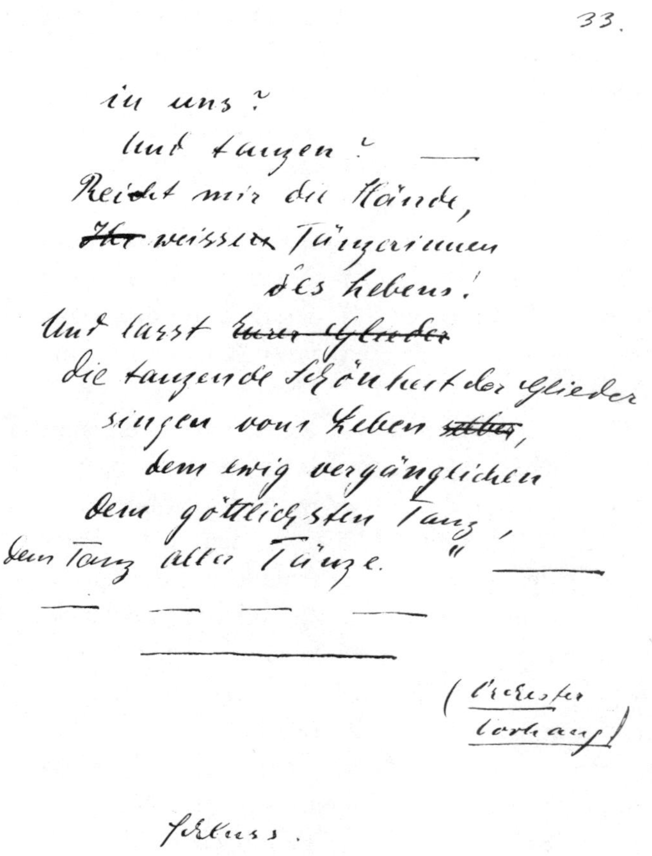
33.
in uns?
Und tanzen? —
Reicht mir die Hände,
weissen Tänzerinnen
des Lebens!
Und lasst
die tanzende Schönheit der Glieder
singen vom Leben,
dem ewig vergänglichen
dem göttlichsten Tanz,
dem Tanz aller Tänze." —
(Orchester
Vorhang auf)
Schluss.

Augen glänzten, als sie die weißen Mädchen zu sich rief. Weit öffnete sie die Arme.

»Rauscht auf, Instrumente, jubelt mit mir, denn jetzt beginnen des Lebens blühendste Tänze! – Kommt, meine Schwestern, ihr weißen Gefährtinnen, kommt! Laßt uns zusammen den Tanz aller Tänze tanzen! – Lacht nicht das Leben uns allen? Sind wir nicht Tänzer des Lebens? Tragen wir nicht das Wissen vom Leben in uns? Und tanzen? Reicht mir die Hände, weiße Tänzerinnen des Lebens! Und laßt die tanzende Schönheit der Glieder singen vom Leben, dem ewig vergänglichen, dem göttlichsten Tanz, dem Tanz aller Tänze.«

Der erste Teil des Tanzes ist durch den Aufschwung charakterisiert. (Ausschwung, Aufschwung, hohe Laufschritte, Stellung.) Die Kurven des großen Raumschwunges werden durch Drehsprünge und Drehaufschwünge markiert. Raumweg und Gesten werden von der Tänzerin und den vier Mädchen einheitlich ausgeführt. Sie bleiben vor-, neben- und hintereinander.

Beim 2. Teil des Tanzes trennen sie sich, tanzen auf einer Kreislinie mit einem rhythmischen Schrittmotiv, treffen sich im Mittelpunkt des Kreises und tanzen von dort mit dem Motiv des fliegenden Drehsprunges spiralisch auf die Kreislinie zurück. Das Motiv wird dreimal wiederholt. Darauf treffen sich alle Fünf in der Raumecke links rückwärts und beginnen nacheinander die kleinen Kurven.

Der zweiteilige gerade Weg ist im Vierertakt und wird wieder zusammen getanzt. Den Abschluß des Tanzes bildet der darauf folgende große Raumschwung mit Aufschwüngen und Drehsprüngen, die durch hohe Laufschritte miteinander verbunden sind. Bei allen nebeneinander geführten Wegen tanzt die Tänzerin in der Mitte der vier Mädchen.

Der Ausdruck des Tanzes ist fliegend und springend, die Überwindung der Schwere durch Sprung, Schwung und Schwebe bildet das Hauptmotiv. Der ganze Tanz ist von heiterer Lebendigkeit, die sich bis zur Leidenschaftlichkeit steigern kann.

Mary Wigman in »Silhouetten«, 1922. Foto: Suse Byk.

»Die sieben Tänze des Lebens« sind Mary Wigmans erstes längeres Gruppenwerk. Dennoch steht sie selbst als *Solistin* im Zentrum des Tanzes, die vier Tänzerinnen sind nur Begleitung und Rahmen für ihre Soli, erst mit Entstehung der »Wigman-Tanzgruppe« und den »Szenen aus einem Tanzdrama« 1923 wird die Gruppe als choreographisches »Ausdrucksmittel« eigenständiger.

Die Premiere der »Sieben Tänze des Lebens« ruft sowohl bei Publikum wie Presse lebhaften Beifall hervor. Wieder ist ein Stück Boden dem künstlerischen Tanz gewonnen. Typisch für das Verständnis, das Mary Wigman zunehmend entgegengebracht wird, ist das Urteil der »Deutschen Allgemeinen Zeitung«:

»Die Tänze drücken nichts Erdachtes, nichts Erdichtetes aus. Sie sind ein Abbild von dem, was in ihr lebendig war. Nichts ist übertrieben, kein leeres Lachen, kein aufgeschwollenes Leid, keine Geste, die größer wäre, als die Spannung, die sie trägt. Technik ist überwunden, jeder ihrer Sprünge geht sicher zu Ende, jeder Schwung der Arme klingt im ganzen Körper mit, jedes Glied ist frei und bereit zum besonderen Ausdruck. Jedes Aufhalten einer schnellen Bewegung gelingt ohne Zittern, jedes Hinsinken und Aufstehen im freien Fluß der Bewegung. Ähnlich durchgebildete Körper sieht man nur auf antiken Bildwerken. Sie hat alles Schauspielerische abgelegt, tanzt in ganz einfachen, aber wirkungsvollen Gewändern. Wichtig sind allein die Bewegungen ihres Körpers. Sie versucht nicht durch Mimik ihren Tanz verständlich zu machen. Maskenhaft geschminkt bleibt ihr Gesicht stets starr und fest. Die Tänze sind nicht eine Reihe schöngestellter Bilder, sondern ohne Rücksicht auf den Anblick allein aus der tänzerischen Körperbewegung heraus geschaffen. Neu ist, wie sie den Raum schafft und beherrscht. Mit wenigen klaren Bewegungen gibt sie die Dimensionen an. Es scheint, als ob sie den Raum, in dem sie tanzt, aus der Leere herausreißt.«

Die »Frankfurter Zeitung« trennt zwischen Wigmans Philosophie und ihrer Ausführung, zwischen »fremdem Papier und Deinem Blut«: »Sie soll tanzen und nicht abgründig-tief zu erläutern versuchen.«

Die philosophische Grundhaltung der »Sieben Tänze des Lebens« findet trotz des allgemeinen Erfolgs der Aufführung nicht bei allen Rezensenten Anklang. Selbst wenn Anerkennung für die tänzerische Leistung und die revolutionäre Bedeutung von Mary Wigmans Tanzkunst ausgesprochen wird, kommen zum Inhalt dieses Gruppenwerks kritische Anmerkungen. Besonders radikal formuliert der Berichterstatter der renommierten »Frankfurter Zeitung«:

»Die Begleitworte und ihre philosophische gedruckte Ausdeutung sind wirres Zeug, zerrissen und chaotisch: sie schmecken bedenklich nach den Theorien eines modernsten Papiertanzprofessors, dessen Einfluß gerade bei der Mary Wigman überflüssig sein müßte. Sie soll tanzen und nicht abgründig-tief zu erläutern versuchen.

Die Ausführung der sieben Tänze gab dieser Meinung so recht! Das Papier rauschte nicht mehr, es rauschte das blutgewärmte, heiße Leben.

(...) Mary Wigman, Du brachtest diesmal noch nicht die Lösung. Bejahe künftig einmal das Leben ganz, rudere heraus aus den Zusammenstellungen von fremdem Papier und Deinem Blut. Und werde endlich über allem Leid freudig.«

Daß das Leben aus Freude *und* Leid besteht, versucht Mary Wigman in ihren Tänzen zu vermitteln, aber gegen die Unterhaltungstradition von Tanz kommt sie mit ihrer nachdenklichen Haltung bei manchen Leuten nicht an. Daß die Zeit noch nicht lange vorüber ist, in der Tänzerinnen als züchtig unschuldige Feenwesen über die Bühne schwebten und die unbedeckten Waden von Isadora Duncan Skandale hervorriefen, erlebt Mary Wigman im Winter 1921/22 bei einem Gastspiel in Holland:

»Spanische Suite«, 1922. Foto: Dührkoop.

»Tanzabend in einer Kleinstadt: Tanzkostüm: nackter Mittelkörper. – Stimme und gestreckter Zeigefinger aus einer Loge: ›Kijk es – de Navel!‹« – (Sieh mal, der Nabel!)

Der Kampf für den freien Tanz ist noch lange nicht gewonnen! Wo immer eine Möglichkeit besteht, tritt Mary Wigman auf. »Die sieben Tänze des Lebens« zeigt sie auch im Münchner Residenztheater und in der Hannoverschen Oper. Dorthin nimmt sie ihren Meisterschüler Max Terpis als Regieassistenten mit, und dank Marys Verhandlungsgeschick und etwas Glück wird ihm der Ballettmeisterposten angeboten. Niedekken-Gebhard wünscht sich wenigstens ein Stück Wigman in seinem Haus, wenn er die Tänzerin selbst schon nicht zur Übersiedlung nach Hannover bewegen kann. Mit Yvonne Georgi und Harald Kreutzberg bekommt er später noch zwei ihrer fähigsten ›Ableger‹.

Der freie Tanz beginnt in den Theatern Einzug zu halten, aber es dauert noch bis 1924, bis Vera Skoronel in Oberhausen die erste allein dem freien Tanz verpflichtete Theatertanzgruppe ins Leben ruft.

Im März 1922 muß Mary Wigman ihre Tournee wegen einer schweren Kiefernhöhlenentzündung unterbrechen. Begleitet von Gret Palucca fährt sie zur Erholung nach Meran, beginnt zu choreographieren, um sich wenigstens von den Schmerzen abzulenken. Das erste »Schwertlied« entsteht, »Zamacueca«, »Klage« und die »Tänze des Schweigens«. Tänze von kämpferischer, selbst- und kraftbewußter Natur neben Tänzen würdevoller, stiller Hingabe an den Glauben von der Transzendenz des Physischen.

Ende April setzt sie ihre Tournee fort, gastiert unter anderem in Berlin, Breslau, Leipzig und natürlich Dresden, wo inzwischen ihre Schule immer neue Schülerinnen und Schüler findet. 1921 war Hanya Holm nach Dresden gekommen, die schnell zu ihrer »rechten Hand« wurde, allein verantwortlich für die Probenarbeit mit der Tanzgruppe während Mary Wigmans Abwesenheit und zuständig für alles, was gerade anfällt.

Am 4. Juli 1922 findet im Dresdner Vereinshaus die erste öffentliche Aufführung der Wigman-Schule statt. Zehn Tänzerinnen und Schülerinnen, darunter Trümpy und Palucca, zeigen eigene choreographische Studien. Die Wigman-Schule ist offiziell geworden.

Ein Kreis schließt sich: Mary Wigman war aus Hannover aufgebrochen, um als Frau selbständig zu werden, einen Beruf zu ergreifen. Sie hatte die Stadien des Schülerinnen-Daseins durchlaufen, in Hellerau, in München, auf dem Monte Verità, in Zürich, war Pädagogin geworden an der Laban-Schule – jetzt steht sie vor einer täglich wachsenden Schülerschaft als Leiterin ihrer eigenen Schule. Aus dem Wunschbild der Turnlehrerin ist die Realität der Tanzlehrerin geworden.

Ein anderer Kreis schließt sich im Winter 1922. Beim ersten Gastspiel in Wien, der Hochburg des klassischen Balletts, wird sie als Vertreterin einer neuen Tanzkunst stürmisch gefeiert – angesichts der traditionellen Ballettleidenschaft des Wiener Publikums eine große Anerkennung. Während des Auftritts sitzt im Zuschauerraum auch Grete Wiesenthal, die Tänzerin, die der jungen Mary Wigman in Hannover gesagt hatte, sie sei zu alt zum Tanzen, und die mit der Vorführung »An der schönen blauen Donau« von Johann Strauß einen so unauslöschlichen Eindruck von der Aussagefähigkeit tanzender Hände in ihr hinterlassen hatte.

Auf den Reisen in diesem Winter 1922/23 und während der folgenden Jahre erlebt Mary Wigman unmittelbar die Notlage in Deutschland.

Im Januar 1923 ziehen die amerikanischen Besatzungstruppen aus der Rheinprovinz ab, französische und belgische Soldaten rücken nach, die Bevölkerung geht zum passiven Widerstand gegen Demontage und Besatzung über. Die Reparationszahlungen aus dem Versailler Vertrag treiben die Inflation rapide voran, die Löhne sinken bis zu 40% unter das amtliche Existenzminimum. Ein US-Dollar, der im Juli 1922 noch 550 Mark wert war, kostet im August 1923 1,1 Millionen. Beim Gastspiel in Hamburg, im März 1923, können die Besucher das Programmheft für den Tanzabend für 150 Mark erstehen, im September muß man schon eine Million zahlen. Ein Ei gibt es im Oktober 1923 nur noch für 80 Millionen Mark, eine Zeitung kostet 30 Millionen, und ein US-Dollar hat im November 1923 den Wert von 2 520 Milliarden Mark erreicht – das deutsche Währungssystem bricht vollends zusammen.

Die Inflation trifft Mary Wigman existentiell. Vertrags- und Honorarvereinbarungen sind kaum mehr gültig, Gagen und Tageseinnahmen, an denen sie vertraglich beteiligt ist, haben am Morgen nach der Vorstellung nur noch einen Bruchteil ihres Wertes vom Vortag, die Eisenbahnfahrkarte in der Hand ist sicherer als der Korb voller Papiergeld der Konzertagentur. Manchmal reicht das Bargeld nur gerade noch für ein Abendessen oder – ein besonderer Glücksfall – für ein Stück Kostümstoff, das sie in einer Schaufensterauslage entdeckt.

»Der Weg« aus dem Zyklus
»Feier I«, 1923.
Foto: Dührkoop.

Zwischen den Gastspielen trifft man sich im Januar 1923 zum Gauklerfest in Dresden; v. lks. obere Reihe: Hans Prinzhorn, Guri Thorsteinsson, Max Terpis, Vera Skoronel; mittlere Reihe: Senta Pfund, Harald Kreutzberg, Yvonne Georgi, Gret Palucca, von Mitschke-Collande, Elisabeth Wigman; sitzend: Mary Wigman, Lies Fox; untere Reihe: Gebhard, Berthe Trümpy, ?, ?, Hilde Goldschmidt, ?.

Das Reisen ist schwierig, regionale und lokale Streiks legen kurzfristig den Verkehr lahm, oder die Stromversorgung fällt aus, und ob in der Gastspielstadt die Säle beheizt sind, bleibt unberechenbar. Demonstrationen, Kundgebungen und Straßenversammlungen gehören zur Tagesordnung. Am 13. Oktober 1923 wird in Sachsen sogar der Ausnahmezustand verhängt. In Italien war im Oktober 1922 Mussolini auf Rom marschiert, am 8. November 1923 ruft in München Hitler die »nationale Revolution« aus und zieht am nächsten Tag zur Feldherrnhalle. Am 20. November 1923 beginnt mit der Stillegung der Notenpresse und der Einführung der Rentenmark die wirtschaftliche Stabilisierung Deutschlands. Ein Dollar ist jetzt wieder 4,20 Rentenmark wert. Im August 1924 wird schließlich die feste Reichsmark ausgegeben – die Zeit des ökonomischen Aufschwungs beginnt.

In jenem Umbruchsjahr 1923 gründet Mary Wigman ihre erste Tanzgruppe. Vierzehn Tänzerinnen – alle Mary Wigmans Schülerinnen aus Dresden – geben im April 1923 in der Berliner Volksbühne am Bülowplatz ihr Debüt. Die Begeisterung des Publikums ist so einhellig, daß kurz darauf auf den Plakaten für die angekündigten neun Folgevorstellungen in der Philharmonie das Schild »Ausverkauft« klebt. In der jungen Geschichte des modernen Tanzes in Deutschland hat es so etwas noch nicht gegeben.

Mary Wigman ist glücklich und stolz. Nicht nur weil es ihr gelungen ist, eine homogene Gruppe aufzubauen, sondern auch weil das Publikum auf diese Art eines freien Ensembletanzes so positiv reagiert. Mit neuer

Energie stürzt sie sich auf weitere Gruppenarbeiten und wandelt die »Skizzen zu einem Tanzdrama«, die aus den drei Tänzen »Kreis«, »Dreieck« und »Chaos« bestanden, in die »Szenen aus einem Tanzdrama« um, indem sie die Tänze »Aufruf«, »Wanderung«, »Wende«, »Vision«, »Begegnung« und »Gruß« hinzuchoreographiert. Am 4. Januar 1924 wird dieses erste große Gruppenwerk in Berlin uraufgeführt.

Die »Szenen aus einem Tanzdrama« sind für die Arbeit von Mary Wigman besonders bemerkenswert. Ihr Inhalt spiegelt in jeder einzelnen Szene ein Stück der lebensphilosophischen Weltsicht der Choreographin. Der erste Tanz, »Aufruf«, ist Exposition. Klare, einfache Formationen, die gelegentlich in einer unerwarteten Irritation aufbrechen. »Wanderung«, die zweite Szene, »versinnbildlichte die Sehnsucht des gequälten, geplagten Menschen, herauszukommen aus dem müden, schleppenden Gang des Alltags in die Höhenluft eigener Lebensgestaltung. Aber ein Funke glostet noch und läßt den Menschen hoffen, erfüllt ihn mit Kraft und neuer Sehnsucht«, wie der Rezensent Ege schreibt. Choreographisch dominiert die wohlgeordnete Reihe langsam hintereinander schreitender Tänzerinnen, die sich aus einer kraftlos zusammengedrängten Gruppe lösen und in gewundenen Linien durch den Raum ziehen. Wanderung ist nicht die direkte Verbindung zweier Orte auf einer Geraden, sondern ist der kurvenreiche Umweg. Die drei Tänze des Mittelteils, »Kreis«, »Dreieck«, »Chaos«, repräsentieren in der Dramaturgie des Tanzwerks das Kräftemessen, das Erproben der eigenen Fähigkeiten, den emotionalen Grenzgang und die Auseinandersetzung mit der äußeren Form. Im »Kreis« schließt sich die Kurve der Wanderung zur choreographischen Raumform höchster Konzentration; die Identität von Anfang und Ende, von »stirb und werde« im geometrischen Symbol. Im Tagebuch notiert sie:

»Aufruf« – der Tanz beginnt, ein Leben hat bereits begonnen.

»Wanderung« – die Sehnsucht wächst, und neue Kraft kommt auf.

»Kreis«, »Dreieck«, »Chaos« – dem Gesetz strenger Geometrie folgt das Helle, Aufwärtsstrebende.

»Ich bannte selber diesen Kreis in diesen Raum und ward von ihm gebannt. Eine geheime Kraft geht von ihm aus. (...) Widerstandslos von der Mitte regiert verfolgen meine Füße ihre vorgeschriebene Bahn, einem lebenden Zirkel gleich bin ich, dem Gesetz unterliegend, das ich selber beschwor.«

In der geometrischen Form des Kreises ist der Berührungspunkt von Anfang und Ende nicht feststellbar, im Dreieck ist er genau fixiert. Kandinsky hat in seiner »Analyse der malerischen Elemente«, seinem Buch »Punkt und Linie zu Fläche«, die beiden Formen Dreieck und Kreis als das »ursprünglich-gegensätzliche Flächenpaar« bezeichnet, eine Theorie, die Mary Wigman nicht fremd gewesen ist. Die choreographische Struktur der Tänze »Kreis« und »Dreieck« ist streng geometrisch, die Tänzerinnen finden sich in ihren Bewegungen immer wieder zu diesen Formationen zusammen, lösen sie auf und bilden sie neu. »Kreis« und

»Vision« aus dem Zyklus »Szenen aus einem Tanzdrama«, 1924. Foto: Ursula Richter.

»Wende« (oben) und »Wanderung« (unten) aus dem Zyklus »Szenen aus einem Tanzdrama«. Fotos: Ursula Richter.

»Dreieck« ist die Fortführung der in der »Wanderung« eröffneten linearen Perspektive in die Tiefe des Raums hinein.

Der Tanz »Chaos« gilt dem Kampf. Chaos ist der Zustand, in dem nichts Geordnetes existiert, in dem alle Kräfte aufgewendet werden, um die herrschende wirre Vielfalt in einer Form zu bändigen und produktiv zu machen. Zarathustra steht über diesem Kampf: »Man muß noch Chaos in sich haben, um einen tanzenden Stern gebären zu können.« Choreographisch ist »Chaos« die Konfrontation der Solofigur, die das Helle, Aufwärtsstrebende symbolisiert, mit der Gruppe, einer dunklen, niederdrückenden Masse. Chaos ist das expressionistische Bild des Individuums im Kampf gegen den »Moloch«, gegen die »Masse Mensch«. »Wigman steht als Lichtgestalt dem ringenden, wühlenden, kämpfenden Chaos der dunklen Gestalten gegenüber. Der Abgrund verschlingt die Lichtgestalt; aber sie scheint, unsterblich, wieder aufzuschweben. Tatsächlich bleibt die Tänzerin in der Gruppe gekauert verborgen, und nur die nach oben blickende Gebärde des Chors ruft diesen starken Eindruck – stark, weil die Lichtgestalt im Zuschauer noch nachschwingt – hervor.« (Pander)

»Wende« – Wiedergeburt, Leben an sich reißen, Aufrichten.

Nach der physischen Zerstörung bleibt die »Lichtgestalt« präsent, Hinweis auf die Wiedergeburt in einer transformierten Form, die den sechsten Tanz der »Szenen aus einem Tanzdrama« bildet, die »Wende«. »Ein vom Schicksal getroffener Körper liegt reglos am Boden. Er tastet vorsichtig in die Luft. Er versucht sich aufzurichten. Fällt zurück. Versucht wieder. Immer mit steigender Energie. Hier wird nicht das körperliche, sondern das geistige Sich-Aufrichten tänzerisch gestaltet. Wie die Wigman sich in Spiralen immer höher ins Dasein hineinschwingt, immer mehr Raum um sich besiegt, immer mehr Leben an sich reißt, das ist schlechthin meisterhaft.« (Emmel)

»Vision« – Grauen, Schrecken, verhüllte Gestalten, Trauma.

Der einzelne in Auseinandersetzung mit der Gruppe, mit der »Masse« ist Thema des siebten Tanzes, »Vision« – Schreckensbilder als Symbole für die Bedrohung des physischen und psychischen Gleichgewichts. »Fünfzehn Köpfe, von schwarzem Stirntuch halb verhüllt, stieren; die Leiber, rotummantelt, drängen sich zum Klumpen, aus dem die Gesichter starren: eine vervielfältigte Gorgo. Vor dem entsetzlichen Gesicht windet sich die Tänzerin im Traumkampf. Verhüllt ihre Augen in Furcht, schaut wieder hin, flieht, nähert sich, ringt Hände, windmühlt mit Armen – da zergeht die Vision, die Rot-Schwarzen teilen sich, umkriechen, umschlängeln die einzelne, die vergeblich abwehrt, erfolglos das eigene Gesicht bedroht, es sprengen, auflösen will, flieht, niederkauert, bis sie wieder gebannt ist und dem Schreck endlich erliegt: die Gruppe starrt wie zu Beginn reglos, die Träumerin erlischt in Ergebung.« (Schumann)

»Begegnung« und »Gruß« – Ordnung, Besinnung, Heiterkeit.

Dem Grauen der »Vision« folgt als achter Tanz die »Begegnung«, eine stille, in sich gekehrte Choreographie, die nach der bizarren, gewalttätigen Heftigkeit des vorigen Tanzes die Gruppe wieder in geordneten

Probe zu »Szenen aus einem Tanzdrama«.

Formationen zeigt. »Gruß« und »Finale«, die beiden letzten Tänze des Gruppenzyklus führen die »Begegnung«, die Besinnung auf sich selbst bedeutete, zurück zu einer heiteren Zukunftsfreude. »Das ›Finale‹ krönt die Szene mit einem fröhlichen Abschluß, gleich dem Menschen, der sich mit heiterem Lächeln über all den Gram der Welt erhebt, der die Welt in sich und sich in der Welt gefunden hat.« (Ege)

Der Anfang des künstlerischen Gruppentanzes in Deutschland ist gemacht.

Die Aufführung der »Szenen aus einem Tanzdrama« setzt einen Markstein in der Tanzgeschichte, mit dieser Choreographie beginnt in Deutschland der künstlerische Gruppentanz. Nie zuvor war in einer tänzerischen Gestaltung die Beziehung zwischen Individuen als Einzelwesen und als Mitglieder einer Gruppe choreographisch so prägnant und subtil auf die Bühne gebracht worden.

Der visuelle Effekt der Tänze ergibt sich aus der differenzierten Raumarchitektonik der Choreographie. Getragene Schrittfolgen auf verschlungenen Bahnen durch den ganzen Raum wechseln mit bizarr-grotesken Verrenkungen der Tänzerinnen in scheinbar ungeordnetem Wirrwarr. Ordnung und Chaos, Harmonie und Zerstörung stehen in der Abfolge nebeneinander, formen die Ganzheitlichkeit des Tanzwerkes, in dem Auf und Ab, Licht und Schatten als ergänzende und ineinanderfließende Zustände der Existenz erscheinen. Die Tänzerinnen der Gruppe vervielfachen eine Bewegung oder Haltung, stehen als »Masse« der Solofigur gegenüber, treten einzeln hervor, um sich nach einer individuellen Variation wieder in den »Gruppenkörper« zu integrieren.

Gruppenchoreographie widerspricht auf den ersten Blick der solistischen Ausrichtung des Ausdruckstanzes. Für Mary Wigman bedeutete aber die Gruppenchoreographie eine Erweiterung der individualistischen Aussagemöglichkeit. Statt aus dem Empfinden nur einer Person heraus gestaltet, war der Gruppentanz für sie eine »*Komposition*« für mehrere »*tänzerische Instrumente*«, die »*in der Vorstellung des Komponisten zur Einheit verschmelzen*«. Die Gruppe selbst stellte die besondere Herausforderung an die Choreographin zur Ausweitung und Konzentration gleichzeitig, wie sie in einem Aufsatz schreibt:

Der Komponist fordert eindeutig, das lebende Material der Tänzer fordert vieldeutig. Schöpferische Gemeinsamkeit gestaltet das Tanzwerk.

»Die Neigung, Gruppenwerke zu komponieren, ist im Beginn vielleicht nichts anderes als ein gesteigerter Mitteilungsdrang des persönlichen tänzerischen Erlebnisses, das heißt die Übertragung des innerlich Geschauten, das sich zunächst ebensogut einstimmig, solistisch formen ließe, auf einen polyphon zusammengesetzten Ausdruckskörper. Aber vom ersten Augenblick der Übermittlung an verändert nun die Forderung des lebendigen Gruppenkörpers den Werdeprozeß von Grund auf. Der eindeutigen Forderung des komponierenden Schaffenden tritt die vieldeutige Forderung des lebendigen Materials entgegen. Tötet man die Lebendigkeit des vielfältig eigenwilligen Formwunsches, so tötet man zugleich den Lebensnerv des Werkes, und rettungslos vergeht der Sinn des Ganzen in völliger Ausdrucksleere. Denn daß der einzelne seine Stimme selbst mitschafft, nicht aus einer vorgelegten Partitur abspielt, das unterscheidet vor allem ein Tanzorchester von einem Instrumentalorchester. In dieser schöpferischen Gemeinsamkeit schwingt der Lebensatem des Werks. (...)

Für den Tanzkomponisten und Regisseur wäre es freilich leichter, mit einem festen, durchgearbeiteten Plan vor sein Bewegungsorchester zu treten und jedem die für ihn passende Rolle fertig ausgearbeitet zu geben. In Wirklichkeit ist seine Arbeit eine Art Doppelproduktion: er legt die Komposition in großen Umrissen fest und vollendet sie aus dem Material heraus, indem er die schöpferischen Fähigkeiten jedes Instruments im Sinne seiner Idee benutzt.«

Einfälle, Anregungen, Improvisationen und die Sensibilität jedes Gruppenmitglieds lassen das gemeinsame Leistungsniveau entstehen.

Für die Tänzerinnen bedeutete »seine Stimme selber mitschaffen«, daß sie selbst einzelne Bewegungsfolgen choreographierten, ihre Solovariationen innerhalb des Gruppenstücks weitgehend für sich erarbeiteten. Ihre während der Probenarbeit zu einem Stück entwickelten Improvisationen führte die einzelne Tänzerin der Meisterin und den übrigen vor, und Mary Wigman entschied, ob die eine oder andere Sequenz in das Gesamtstück eingegliedert wurde. Natürlich unterlagen diese ursprünglichen improvisatorischen Bewegungen noch zahllosen Veränderungen, bis sie tatsächlich Teil des Tanzwerks wurden, oder sie dienten letztlich nur einer weiteren Tänzerin als Anregung für andere, dann in die Choreographie aufgenommene Bewegungsformen. Immer aber waren einzelne Bewegungsteile mit den jeweiligen Tänzerinnen unmittelbar verbunden. Trotz der bei allem alleine maßgeblichen Stellung von Mary Wigman als Choreographin, die den Grundaufbau des Werks gestaltete und über die Improvisationen der Tanzgruppenmitglieder entschied, war die Arbeit an den Gruppenwerken eine teil-kollektive Choreographie, wie sie erst fünfzig Jahre später mit Pina Bausch wieder bekannt geworden ist.

Ausschlaggebend für das Bild, die Authentizität und die Wirkungsmöglichkeit eines Gruppenwerkes war wegen des besonderen Anteils der Tänzerinnen immer die Intensität, die in der Gruppe herrschte, und das künstlerische Potential jedes Mitglieds. Die Sensibilität jeder einzelnen Tänzerin war die Grundlage des Gruppentanzes. Für Mary Wigman hieß daher die Aufgabe, »*das Gefühl für gemeinsames Tanzen zu wecken. Man tastet sich hinein, vorsichtig, behutsam, steigert jedes Erleben, bis die Körper gemeinsam schwingen, und langsam ergeben sich die auswertbaren Möglichkeiten, entsteht das Leistungsniveau.*« Nur dann konnten die Vorstellungen der Choreographin von den Tänzerinnen in ihren Körpern erfahren und umgesetzt werden. Erst aus der Wechselbeziehung zwischen Choreographin und Tänzerinnen gewann das Gruppenwerk seine Form, es war in seinen Einzelheiten nicht vorausplanbar, sondern entstand erst durch den bewußten Einsatz der Persönlichkeit jeder einzelnen Tänzerin. Selbst wenn die Gruppe als »Masse«, als Gegenpol zur Solofigur eingesetzt war, blieb die individualistische Integrität der Tänzerinnen gewahrt. Integration in die Gruppe hieß nicht Vereinheitlichung, sondern Abstimmung aufeinander, harmonischer Einklang, wobei auch die bewußt gewählte Dissonanz harmonisch sein konnte.

»Die Arbeit der Gemeinschaft ist Dienst an der Idee, ist Dienst am Werk. Nur so ist auch die Rolle des Führers im Tanzchor zu verstehen.«

Wichtig war, daß alle in den kreativen Prozeß einbezogen waren, daß sich jede einzelne Tänzerin nicht als Ausführende, sondern als Mittlerin und damit selbst Schöpferin des Gesamtbildes sah:

»Der Sinn einer solchen Gemeinschaft ruht in der lebendigen Beteiligung und Mitverantwortlichkeit jedes einzelnen für das Ganze. (...)
Wir empfinden tatsächlich zusammen, wissen auch gemeinsam und haben gemeinsame Ausdrucksformen. Schon das allgemeine Körpergefühl ist bei gleicher Schulung ein ganz ähnliches. Aber das Zusammenwirken geht noch viel weiter, und zwar bis in die einzelne Bewegung.

Der Gemeinschaft im produktiven Sinn liegt stets eine von allen Beteiligten anerkannte Idee zugrunde. Zudem aber setzt Gemeinschaft Führerschaft und Anerkennung der Führerschaft voraus. Die Masse, die sich selber meint, ist niemals Gemeinschaft. Die Arbeit der Gemeinschaft ist Dienst an der Idee, ist Dienst am Werk. Nur so ist auch die Rolle des

Führers im Tanzchor zu verstehen. Der Führer ist ja mit vom gemeinschaftlichen Erlebnis erfaßt, – der Tanz, den er schafft, ist nicht von ihm ausgedacht, sondern er stammt aus dem Gruppengeist, der sich in den Wechselbeziehungen der tänzerischen Arbeit allmählich bildet.«

Meditative Übungen dienten häufig zur Einstimmung der Gruppe. Zum Beispiel mußten die Tänzerinnen bei der Einstudierung des »Totenmal«, 1930, Masken tragen, die alle individuell geschnitzt waren. Damit sie mit diesen Masken vertraut wurden, gab es tägliche Versuche der Annäherung. Mary Wigman in »Die Sprache des Tanzes«:

»Die Tänzerinnen setzten sich, mit dem Rücken an die Wand gelehnt, auf den Boden und schauten die auf ihrem Schoß liegenden Masken an: eine Minute – zwei Minuten – fünf Minuten. Es fiel kein Wort. Nur eine leise aufklingende Gongmelodie durchzog den Raum. Am nächsten Abend das gleiche. Nur daß dieses Mal die Tänzerinnen die Masken über das eigene Gesicht schoben und sie im Bild eines mitgebrachten Spiegels betrachteten. Auf diese Weise machten wir uns Stil und Charakter der Masken allmählich zu eigen.«

Identität der Tänzerin mit dem ihr zugedachten Teil am Gesamtwerk herzustellen, die Kommunikation der Körper im Miteinander und Gegeneinander ihrer Aktionen zu erwirken, war das Hauptziel aller Übungen.

Daß die von 1923 bis 1928 bestehende Tanzgruppe so erfolgreich war und Gruppenwerke von einer später nicht mehr erreichten Intensität choreographiert werden konnten, lag wesentlich an der personellen Zusammensetzung der Gruppe. Zu den Tänzerinnen zählten Hanya Holm, Gret Palucca, Yvonne Georgi, Berthe Trümpy, Vera Skoronel, Margarete Wallmann, die alle als selbständige Choreographinnen und Solotänzerinnen Karriere machten. Auch die übrigen Tänzerinnen, wie z. B. Yella Schirmer, Ruth Kraemer, Ruth Abramowitsch, Linnie Ferrik, Lilian Espenak, gaben vielbeachtete Sologastspiele, die ihre künstlerische Eigenständigkeit unter Beweis stellten. In den späteren Gruppen sah das anders aus, vor allem in den dreißiger Jahren war – trotz einiger herausragender Gruppenmitglieder – das künstlerische Niveau zwischen Mary Wigman als Solotänzerin und den Gruppentänzerinnen weit größer und auffälliger als in der ersten Tanzgruppe.

Auch das künstlerische Selbstbewußtsein war bei den Tänzerinnen der ersten Gruppe ausgeprägter als in späteren Ensembles. Der Anspruch auf Selbstverwirklichung, der der Wigman-Schulung eigen war, führte zwangsläufig dazu, daß sich nach und nach die Tänzerinnen der Gruppe aus der Gruppe lösten und Solokarrieren begannen. Zuweilen ging das nicht ohne heftige Auseinandersetzungen vonstatten – persönliche und künstlerische Motive ließen sich in der intensiven Arbeits- und Lebensatmosphäre der Wigman-Gruppe nicht voneinander trennen.

1923 verließ Gret Palucca die Gruppe – dies unter spektakulären Umständen. Differenzen hielten das Verhältnis von Mary Wigman zu Palucca ohnehin recht angespannt, Palucca entfernte sich zunehmend von der dramatisch-ernsten Art Mary Wigmans und wollte endlich aus dem Schatten der beherrschenden Meisterin heraustreten. Sie tanzte zum letztenmal mit der Wigman-Tanzgruppe in den »Szenen aus einem Tanzdrama«. Mary Wigman in einer späteren Tagebucherinnerung:

»Die abendlichen Tänze« (Drei Elegien), Dresden 1924. Foto: Ursula Richter.

»Die ausverkaufte Philharmonie in Berlin – das Gruppenprogramm der ›Szenen aus einem Tanzdrama‹. Als Aktschluß dann die 2. Rhapsodie von Liszt, die kleine Gruppe rückwärts in der Ecke, Ruth Kraemer, Trümpy, Georgi, Palucca, MW, jede mit einem kleinen Solo im Halbkreis tanzend, von der Gruppe gerufen und aufgenommen. Es war alles genau studiert, und Palucca hatte einen harmlosen kleinen Sprungrhythmus zu tanzen. Plötzlich wendet sie sich statt zu der rufenden Gruppe mit strahlendem Lächeln dem Publikum zu und hatte ihren ersten Applaus sozusagen ›auf offener Szene‹. Sie wurde ermahnt, aber sie konnte es nicht lassen.«

Paluccas ›Sakrileg‹, die Verletzung der Choreographie durch eine individuelle Variation, hat Mary Wigman zutiefst empört. Zugunsten eines persönlichen Vorteils wurde das Werk, die Aufgabe vergessen – das war unverzeihlich! Palucca machte sich selbständig und eröffnete in Dresden eine eigene Tanzschule – in direkter Konkurrenz zur Wigman-Schule, was Mary Wigman ebenfalls als Affront erschien. Ihr Respekt für Paluccas künstlerische Leistung ließ sie allerdings in älteren Jahren über diesen »Verrat« – wie sie Paluccas Handlung verstand – hinwegsehen und ein freundschaftliches Verhältnis zu ihr bewahren.

Anna Pawlowa, geb. 1881 in St. Petersburg, gest. 1931 in Den Haag, war bis 1913 Primaballerina am Marientheater in St. Petersburg, dann Star der Ballets Russes; nach 1911 Tourneen mit dem eigenen Ensemble.

Mit den »Szenen aus einem Tanzdrama« hat Mary Wigman dem Gruppentanz Bahn gebrochen. Die Frühjahrstournee 1924 der Wigman-Tanzgruppe mit diesem Programm ist von überschwenglichen Kritiken begleitet. Die Säle sind voll, bei den Solovorstellungen sogar noch mehr als beim Gruppenprogramm.

Die Gastspielreisen durch größere und kleinere Städte sind Mary Wigman ein missionarisches Anliegen. Sie will immer mehr Menschen zum modernen Tanz bringen. In den wenigen Jahren, die sie in Deutschland arbeitet, hat sich das Interesse dafür explosionsartig ausgebreitet. Auch Laban ist 1920 nach Deutschland zurückgekehrt und hat wieder eine Schule eröffnet. »Jeder Mensch ist ein Tänzer« – das Schlagwort lockt viele zu gymnastischem oder tänzerischem Ausgleich von der Arbeit in Fabrik, Geschäft oder Büro.

Die Anhänger des klassischen Balletts läßt diese Art Tanz allerdings ziemlich kalt. Für sie ist es eigentlich gar kein Tanz, was die Wigman- und Laban-Leute erproben. Eine unüberbrückbare Kluft zwischen »modern« und »klassisch« besteht. Erst später werden erste Brücken geschlagen, durch Kurt Jooss vor allem, Max Terpis, Yvonne Georgi u. a. Mary Wigman bleibt eine unversöhnliche Gegnerin. Ballett ist für sie eine überlebte Kunst, Ausdruck einer vergangenen Zeit. Nur das Morbide daran fasziniert sie noch. Als Anna Pawlowa mit ihrer Tanzgruppe ein Gastspiel gibt, geht Mary Wigman hin.

»Anna Pawlowa – ich sah sie zum ersten Mal, saß in der Oper mit gespannten Nerven, in mir eine leise bohrende Bitterkeit, ein Revoltegefühl wider meinen Willen.

Anna Pawlowa – der Name öffnet die Pforten der großen Bühnen, durchbricht die Spielpläne der Staatstheater, füllt die großen Häuser bis auf den letzten Platz, erzwingt, lächelnd beinahe, die irrsinnigsten Eintrittspreise.

Wer bist du, Anna Pawlowa, daß Dein Erscheinen allein das Phantom Wirtschaftsnot besiegt, daß ein Theater voller Menschen festlich bereit ist, Dir zu jubeln, ehe Du noch getanzt?

Tänzerin Du – ich bin offen für dich, ebenso bereit zu glauben, zu erleben, zu bejahen wie alle die anderen. Bin ich nicht Tänzerin wie Du? Und liebe den Tanz wie auch Du ihn lieben mußt! Auch Du hast gekämpft, gelitten, erobert, hast Dich durchsetzen müssen, inmitten vieler,

gegen Viele. Es ging um die tänzerische Persönlichkeit, der Kampf hieß Anna Pawlowa.
Weißt Du, was es heißt, nicht nur für die Person zu kämpfen, jeden Zoll breit Boden erringen, behaupten, immer wieder und immer wieder um des Tanzes willen? Nicht wie Du stehe ich außerhalb der Zeit, sondern mitten darin, trage in mir nicht die Vollendung vergangener Zeiten wie Du, bin gegenwartsgebunden, traditionslos. Was verbindet uns? Daß auf Gestern ein Heute folgen muß, auf Tag Nacht? Bist Du das Helle, bin ich das Dunkle? Warum leide ich bei all meiner Freude auf Dich?
Das Orchester spielt, der Zuschauerraum liegt im Dunkel. Ich ertappe mich, daß ich die Gesamteinnahme des Abends ausrechne, blitzschnell überlege, wie eine einzige solche Einnahme meine Tanzgruppe auf Monate finanzieren könnte. (...)
Endlich sie selbst. Und alles andere ward nebensächlich. (...)
Wer beugte sich nicht vor dieser Meisterschaft, vor dieser letzten Vollendung, getragen von dem disziplinierten und kultivierten Charme einer hinreißenden Frau!
In mir arbeitet es fieberhaft. Ich sehe nicht nur sie, die letzte der großen Ballettänzerinnen dort unten, sehe, visionär fast, die Reihe der Ahnen, die sie vollenden halfen, die Taglioni, Camargo, die Elßler. Sehe Werden, Glanz, Stagnation, Verfall dieser Tanzkunst, zu deren Sterben wir heute Abend geladen sind. Anna Pawlowa, weißt Du, daß du den Tod tanzest, den schönsten Tod, den menschliche Fantasie sich erträumen könnte? Du letzte Große, Du einsam Gewordene inmitten all des Prunkes, des Jubels, der Dich umrauscht! Wie Du leuchtest, wie dieses Sterben Dich verklärt! Ich sehe den Reichtum der Vergangenheiten hinter Dir, den kultivierten Luxus der Franzosen, den barbarischen Luxus der Zarenhöfe, sehe die beispiellose Disziplin, die Unerbittlichkeit der Schulung, den Ehrgeiz, die Rastlosigkeit. Du brauchst Dich nicht zu fürchten, Anna Pawlowa, darfst weiter lächeln; die Jahrhunderte halten Wache, sie tragen Dich bis zum letzten Tanzschritt auf sicheren Armen.

Zwischen Dir und mir ein Abgrund, keine Brücke, die uns verbindet. Deine Sprache ist nicht die meine. Ich könnte knien vor Dir, in Demut mich beugen vor der Leistung, die Du bist. Aber meine Sehnsucht geht einen anderen Weg, tastet sich vor auf unebenen Straßen. Nie, scheint mir, habe ich das Dunkel so geliebt, den tiefen Schatten der Nächte, nie trug ich eine schwerere Last auf meinen Schultern als da Du schwebend in Helle und Leichtigkeit tanzest. Anna Pawlowa.

Gibt es etwas Abstrakteres, etwas Unsinnlicheres als die reinen Formulierungen des Ballettanzes? Gibt es etwas, das sich an Schärfe messen kann mit der exakten Beinstreckung, die das Ballett erfordert? Der Instrument gewordene Körper verleugnet durch sich selbst das Geschlecht. (...)
Warum starb das Ballett und warum stirbt es in Anna Pawlowa jedes Mal wieder, wenn sie tanzt? Es wandelten sich Geist und Form der anderen Künste unter dem wechselnden Gesicht der Zeit, und nur der Tanz blieb als Ballett verhaftet dem Zeitgeist, der ihn hochtrieb, blieb und ist heute noch: Blume des Rokoko. Entwicklung ist Wandel, und Zukunft nur dort, wo der Kristallisationsprozeß der Form sich in dauerndem Wandel vollzieht. Das Ballett aber wurde starr. (...)

Um den Preis der Virtuosität, der letzten Formsublimierung der Geste wurde der Tanz des Menschen zum Tanz der menschlichen Marionette, und mußte in dieser sterben, um von Neuem zum Tanz des Menschen werden zu können.

Was wäre Anna Pawlowa geworden, wenn sie die Freiheit kennengelernt, den Tanz ihres eigenen menschlichen Seins in sich entdeckt und geformt hätte?«

Für das Publikum der zwanziger Jahre verkörpert Anna Pawlowa das klassische Ballett schlechthin. Und immer mehr wird Mary Wigmans Name zum Synonym für den modernen Tanz; um seine Entwicklung voranzutreiben, geht sie auf Tournee.

Aber die Gastspielreisen haben auch einen ökonomischen Grund. Die wirtschaftliche Lage der Wigman-Schule ist nach den Inflationsjahren unverändert katastrophal. Haus- und Grundstücksbelastungen, Holz- und Kohlerechnungen, Angestellten-, Tänzerinnengehälter, Steuer- und Kostümkosten – Mary Wigman weiß oft nicht, woher sie das Geld dafür nehmen soll. Wären nicht die regelmäßig diskret aufs Konto fließenden Spenden, vor allem von ihrer engsten Vertrauten und Freundin, ihrer Cousine Martha Reuther, sie hätte längst Bankrott erklären müssen. Der Betrieb »Wigman-Schule« ist wirtschaftlich nicht rentabel. Sie müßte mehr Kurse anbieten, aber wohin mit den Schülern im ohnehin überfüllten Haus? Sie müßte noch länger auf Tournee gehen, noch mehr reisen, aber bliebe dann noch genug Kraft für die künstlerische Arbeit?

Die körperlichen Strapazen der Tourneen mit den ständigen Reisen von Ort zu Ort, den wenig erholsamen Nächten im Liegewagen, den unregelmäßigen Essen im Restaurant, den Proben in ungeheizten Räumen, den täglichen Auftritten schlagen sich in Krankheiten nieder. Während ihrer ganzen Laufbahn ist sie ausnahmslos auf jeder Tournee von den unterschiedlichsten körperlichen Leiden geplagt, angefangen von Erkältungen, Grippeanfällen, Nesselfieber, schweren Bronchialkatarrhen, Nerven- und Venenentzündungen und Kreislaufstörungen bis hin zu schweren Verletzungen wie Knie-, Fuß- und Beinprellungen und sogar einem Armbruch. Im April 1924 ist eine Verletzung existenzbedrohend: während der Vorstellung in Münster bricht Mary Wigman mit einem Muskelriß zusammen. Die Tournee muß abgebrochen werden. Wieder einmal steht die Karriere auf dem Spiel. Es ist unsicher, ob sie weiter wird tanzen können. Selbst wenn die Verletzung ausheilen sollte, bliebe vielleicht eine Muskelschwäche zurück. Wird sie je wieder das Bein richtig belasten, je wieder springen können?

Was ist eine Tänzerin schon ohne die Kraft, den Raum im weiten Sprung zu erobern?

Sie ist verzweifelt. Alles, wofür sie gelebt hat, ist mit einem Mal in Frage gestellt. Sie *muß* doch tanzen, jetzt, wo das Publikum gerade begonnen hat, sie zu verstehen, wo immer mehr Menschen begreifen, was sie mit ihren Tänzen ausdrücken will. Sie hat eine Aufgabe, sie *muß* sie erfüllen.

»*Die abendlichen Tänze*« *(Drei Elegien), Dresden 1924. Fotos: Ursula Richter.*

Da ist die Schule, sind die Tänzerinnen der Gruppe, die von ihrer Arbeit, ihrem Verdienst abhängig sind. Die Tanzgruppe kann ohne sie nicht bestehen. Wieder tauchen Zweifel auf, ob sie sich nicht überschätzt oder ihre Aufgabe über dem persönlichen Triumph nicht ernst genug genommen hat.

In quälender Selbstbefragung kommt sie zu der Überzeugung, daß sie sich *nicht* zuviel zugetraut hat, daß sie noch mehr leisten kann als das bisher Gezeigte. Sie erholt sich von der Verletzung, der Muskelriß verheilt, aber die tänzerischen Sprungfolgen in ihren Choreographien sind nicht mehr ganz so wild wie vorher. Daß sie die Verletzung überwinden und ihre Arbeit danach sogar mit weniger äußeren Problemen fortsetzen kann, verdankt Mary Wigman der Ruhe und Hilfe, die sie in der Schweiz gefunden hat.

Denn in diesem Frühjahr 1924 beginnt für sie eine glückliche Liebesbeziehung. Herbert Binswanger, Sproß einer bekannten Schweizer Medizinerfamilie, ist ein hoffnungsvoller Medizinstudent, vierzehn Jahre jünger als Mary Wigman und bis über beide Ohren in sie verliebt. Mit unbekümmerter Ausgelassenheit kann sie sich an seiner schwärmerischen Verehrung freuen und seine stürmischen Liebesgefühle erwidern. Sein Rufname »Hebby« paßt zu seinem jungenhaften Aussehen und seiner spitzbübisch lustigen Natur. Er muß ihr wie ein leuchtender Sonnenstrahl vorkommen nach der gerade zu Ende gegangenen Partnerschaft mit Hans Prinzhorn.

Die Liebe zu Prinzhorn lag auf einer ganz anderen Ebene. Mit dem Nervenarzt, den sie noch aus Hellerau kannte und den sie in vielen Gesprächen über Sinn und Zweck des Lebens lieben gelernt hatte, verband sie eine tiefe Seelenverwandtschaft. Er hatte sie mit den Grenzbereichen menschlichen Geistes bekanntgemacht, ihr in den Erzählungen von seinen Patienten eine menschliche Erlebnisfähigkeit nahegebracht, die mit rationalen Mitteln nicht mehr zu erfassen ist. Prinzhorn teilte auf seinem Gebiet ihre »Sturm- und Drang«-Sehnsucht nach einer grenzensprengenden Veränderung, ihr leidenschaftliches Bedürfnis nach einer künstlerischen Manifestation ihrer Person. Die Liebesbeziehung wandelte sich in eine vertrauensvolle Freundschaft, die bis zu Prinzhorns Tod 1933 anhielt. Seine Totenmaske hängte sie in ihre Wohnung, und wann immer sie von der Arbeit erschöpft sich nach Ruhe sehnte, fand sie vor der Maske ein Stück Geborgenheit.

Auch Binswanger ist auf die Psychiatrie spezialisiert, aber er hat nichts von der lebensphilosophischen Selbstanalyse Prinzhorns, ist ein aufgeweckter, lebensfroher junger Mann, der seine Geliebte mit rührender Zärtlichkeit umwirbt. Mary Wigman lernt ihn durch ihren Freund Ernst Schlegel kennen, zu dessen Familie Binswanger gehört. Im Schlegelschen Haus in Uttwil, direkt am Bodensee gelegen, hat sie im Sommer 1923 Ferien gemacht und dabei die »Szenen aus einem Tanzdrama« entworfen. In den folgenden Jahren verbringt sie regelmäßig ihre Sommerferien dort und arbeitet an den Tänzen für die jeweils anstehende Herbsttournee. Aus Dresden kommt dann Will Goetze mit der Tänzerin und musikalischen Assistentin Gerda Reh, die mit Goetze verlobt ist, nachgereist, um die musikalische Seite der Choreographien zu betreuen. Die wichtigsten Tänze zwischen 1923 und 1928 entstehen während der Uttwiler Ferienwochen.

Binswangers Mutter wird für Mary Wigman in diesen Jahren eine tief verehrte Freundin. Mit hochrotem Kopf tritt sie der älteren Frau gegenüber, nachdem der Sohn seine Liebe offengelegt hat. »Daß Du meinem Jungen kein Leid antust«, bekommt sie zu hören, und im gegenseitigen Respekt vor diesem Satz fassen die beiden Frauen nachhaltiges Vertrauen zueinander.

Im Sommer 1924 erholt sich Mary Wigman in Uttwil von ihrer Beinverletzung und genießt die Ruhe nach den hektischen Anstrengungen und emotionalen Belastungen der letzten Monate. Bewegt von der Verehrung Binswangers, der freundschaftlichen Zuneigung seiner Mutter und der einsetzenden Entspannung, beginnt sie zu choreographieren. Die »Abendlichen Tänze«, »Elegien« genannt, erhalten ihr Gesicht. Sie tragen in ihrer stillen verhaltenen Art die Merkmale der Depression und glücklichen Beruhigung des Frühjahrs.

Die Ferien in Uttwil im Sommer 1924 erlösen Mary Wigman von einem Teil der belastenden wirtschaftlichen Probleme und eröffnen der frisch gegründeten Tanzgruppe eine erfreuliche Perspektive. Ernst Schlegel bereitet die Gründung einer »Gesellschaft von Freunden der Mary Wigman-Tanzgruppe« vor, die noch im selben Jahr ins Leben gerufen wird. Diese private Fördergesellschaft garantiert der Wigman-Schule auf drei Jahre Subventionen in Höhe von mehreren Tausend Mark, sichert dadurch den Lebensunterhalt der fast durchweg mittellosen Tänzerinnen der Gruppe und stützt die Existenz der Schule.

Mit der Bohème ist es jetzt endgültig vorbei. Ernst Schlegel übernimmt die Aufsicht über die Verwaltung der Schule und organisiert die ökonomische Grundlage. Seine kaufmännische Gründlichkeit ist Mary Wigmans Rettung. Jetzt kann sie wieder unbesorgter nach vorne sehen und längerfristiger planen. Eine große Arbeit schwebt ihr für den Herbst vor: Während der Sommerferien hat sie an einem Gruppenstück gearbeitet, das gleich nach der Rückkehr in Angriff genommen wird, »Das Tanzmärchen«. Der erste Entwurf hierzu war bereits im März 1922 während ihrer Rekonvaleszenz in Meran entstanden.

Das »Tanzmärchen« ist in Mary Wigmans Werk das zweite Stück mit durchgehendem Handlungsstrang. Obwohl die Märchenfabel einheitlicher und ›diesseitiger‹ ist als die der eher mystischen »Sieben Tänze des Lebens«, enthält auch das »Tanzmärchen« in Figuren- und Handlungsführung die wesentlichen Elemente ihres philosophischen Lebens- und Tanzverständnisses. Es gibt einen »Dämon« als Schicksalswalter, dazu Priester, deren Gottesdienst Tanz ist, die im Tanz eine dem Menschen übergeordnete Macht anbeten, für die Tanz auch Kampfmittel ist, die dunklen, zerstörerischen Kräfte zu besiegen, Kräfte, die Mädchen verzaubert haben, daß sie nur nachts, im Mondlicht, tanzen dürfen. Die tänzerische Ekstase der Priester befreit die Mädchen, gibt ihnen die menschliche Gestalt zurück. Tanz ist das Mittel, das zum Licht, zum Leben, zur Bewußtwerdung führt.

In der Choreographie des »Tanzmärchens« stehen lyrische und dramatisch-dynamische Szenen nebeneinander, sanfte, fließende Bewegungen kontrastieren mit angewinkelten Armen, gespreizten Händen, verzerrten Körperhaltungen. Hell und Dunkel, erlösende und bannende Magie

Mary Wigman 1925. Über das »Tanzmärchen« schreibt sie: »Auf und ab wogt der Tanz, wird schwächer, um mit erneuter Heftigkeit wieder einzusetzen bis der Sieg erfochten ist. Tot liegen die Wächter; und unter hellschmetternden Trommelwirbeln nehmen die Priester den verzauberten Blumen die leuchtenden Blätter ab. Weiß und mädchenhaft stehen sie da, glücklich über das Geschenk der Freiheit. Der Oberpriester aber ordnet feierlich den Zug, der alle zurück zum Leben mit den Menschen führen soll.«

stehen sich in der tänzerischen Auseinandersetzung gegenüber, das Jenseits der Dämonen und das Diesseits des liebenden Menschen kämpfen um den Sieg, der durch die Hingabe an die Macht des Tanzes, an die Ekstase, für die Liebe gewonnen wird.

Die Struktur der Gruppenchoreographie erfährt im »Tanzmärchen« im Vergleich zu den »Sieben Tänzen des Lebens« und den »Szenen aus einem Tanzdrama« eine wichtige Modifikation. Waren die früheren Stücke noch ganz auf die Konfrontation von Solistin und Gruppe, von Individuum und »Masse«, angelegt, sieht es im »Tanzmärchen« schon anders aus. Zwar hat Mary Wigman auch hier die solistische Hauptpartie – den Oberpriester – inne, aber zum erstenmal verkörpern auch die anderen Tänzerinnen individualisierte Rollen. Als Gleiche unter Gleichen integriert sich die Meisterin erst 1926 in die Gruppe, als sie in der »Suite nach russischen Liedern und Rhythmen« in einem Tanz ohne Solopart mit der Gruppe auftritt. Ein Vorgang, von dem Rudolf Bach schreibt, daß Mary Wigman damit der Gruppe »gleichsam den Ritterschlag zu eigener Existenz« verliehen habe.

Gegenüber den »Sieben Tänzen des Lebens« ist das »Tanzmärchen« ein fröhliches Erzählstück – eine singuläre Erscheinung in Mary Wigmans Gruppenwerk der zwanziger Jahre. Sicher hat ihre persönliche Situation im Sommer 1924 viel zur Ausgestaltung des ursprünglichen Entwurfs beigetragen. Als das »Tanzmärchen« am 19. Januar 1925 im Dresdner Schauspielhaus uraufgeführt wird, ist Mary Wigman mittlerweile so berühmt, daß die Premiere für Dresden ein gesellschaftliches Ereignis bedeutet, dem über tausend Zuschauer beiwohnen. Der Erfolg der Aufführung ist überwältigend, auch wenn in der Presse weniger der Inhalt, die Märchenfabel, Anklang findet, als mehr die tänzerische Form, die stringente Ausführung der Gruppenchoreographie.

Mary Wigman ist glücklich über die Anerkennung. Ihrem Ziel, ein über die solistischen Mittel hinausgehendes »Instrument« zu schaffen, das den verschiedenstimmigen Spiegelungen des Lebens adäquaten Ausdruck geben kann, ist sie ein großes Stück näher gerückt. Die »Wigman-Tanzgruppe« hat ihre herausragende Bedeutung als unabhängige, ganz den Idealen des modernen Tanzes verpflichtete Tanzkompanie erneut manifestiert.

Das Frühjahr 1925, nach der Premiere des »Tanzmärchens«, ist mit einer ausgedehnten Tournee durch Deutschland – über dreißig Vorstellungen hintereinander – ausgefüllt. Im März folgen Auftritte in der Schweiz und in Italien. Für Mary Wigman wird es die erste Wiederbegegnung mit Rom, seit sie hier in den kalten Skulpturenräumen des Vatikanischen Museums beim Studium der Gemälde auf einer gelbschimmernden Marmorvase ihre ersten Überlegungen zum freien Tanz anstellte. Wieder einmal schließt sich ein Kreis in ihrem Leben.

In Deutschland wird das »Tanzmärchen« zu ihrem populärsten Gruppenwerk. Für sie hat es allerdings nur begrenzte Bedeutung, erscheint beinahe wie eine Augenblickslaune. Anders als die »Szenen aus einem Tanzdrama«, aus denen auch in späteren Jahren, z. B. 1927 bei der Einweihung des Schulneubaus in Dresden, noch Teile aufgeführt werden, verschwindet das »Tanzmärchen« schnell aus dem Repertoire. Ohnehin gibt es eine ganze Reihe von Kritikerstimmen, die dieses Stück als Rückschritt zum abendfüllenden Handlungs›ballett‹ werten und die metaphysische Gewichtigkeit der vorangegangenen Gruppentänze vermissen. Trotz solch skeptischer Beurteilungen ist der Publikumserfolg auf den Tourneen groß. In der Presse wird hervorgehoben, daß Mary Wigman »an der vordersten Führerstelle der Tanz-Entwicklung steht«.

Wer sich tanzend ihrer Gefolgschaft anschließen will, kann das in der Dresdner Schule nun auch diplomiert tun. Zum erstenmal werden in diesem Sommer Fachprüfungen für Berufstanzausbildung abgehalten. Drei Jahre Teilnahme am Unterricht sind die Voraussetzung für die Diplomprüfung vor den versammelten Lehrenden der Schule. Erst wer diese Prüfung gemacht hat und dazu noch ein Pädagogen-Examen ablegt, ist berechtigt, selbst eine Schule zu eröffnen und sich dabei auf die Ausbildung in der Wigman-Schule zu berufen.

Mary Wigman muß mittlerweile großen Wert auf den Schutz ihres »Markennamens« legen. Der ist inzwischen nicht nur auf dem Tanzsektor werbewirksam, auch anderweitig weiß man ihn zu nutzen:

»Ein Brief und eine Speisekarte. Absender der Küchenchef eines großen Berliner Warenhauses. Stil: höfisch-zeremoniell. Inhalt: ›eine Pompadour, eine Barbarina sind gastronomisch für die Ewigkeit festgehalten. Ich habe mir erlaubt, mit unserer berühmten Mary Wigman dasselbe zu tun...‹ Auf der Speisekarte, fett gedruckt: Iss gut und bleibe schlank: Kalbsmilchpasteten Mary Wigman ... 1,50 M. 400 Kalorien.«

Amüsiert wird es notiert, ohne Einwand, vorausgesetzt natürlich, die Kalbspasteten sind von allerbester Qualität!

Ihr Name ist zweimal im Jahr in jeder größeren Stadt auf den Litfaßsäulen zu lesen. Sie reist. Deutschland, Holland, Skandinavien, Baltikum, die Tschechoslowakei, Ungarn, die Schweiz, Österreich, Italien ... in wenigen Jahren lernt sie Europa kennen. Nur England und Frankreich bleiben noch ausgespart. Sie sieht viel von den Schönheiten abendländischer Kunsttradition, besichtigt Kathedralen, Dome, Kirchen, spaziert durch malerische Stadtkerne, mittelalterliche Gassen, verkehrslärmende Hauptstraßen. Auch wenn manchmal nur zwischen zwei Anschlußzügen auf einem Bahnhof ein paar Stunden Zeit sind, wandert sie durch die Straßen der Städte, bewundert die Baudenkmäler, steht ergriffen vor den Kunstschätzen in Museen. Manchmal glaubt sie, den Geruch der Eisenbahn-

»*Das Tanzmärchen*«, *1925.*
Foto links: »*Die Trommler*«*;*
v. lks.: Linnie Ferrik, Alice Jurna, Ruth Abramowitsch, Lotte Dornig.
oben: »*Die bösen Wächter*«*.*
Fotos: Ursula Richter.

brücke in Hannover, unter der sie als kleines Mädchen von der weiten Welt träumte, in der Nase zu spüren. Die Weite der Welt, die Weite der Schönheit Europas, die Weite der Gedanken abendländischen Geistes. Je mehr sie von der Fremde kennenlernt, desto mehr fühlt sie ihre Wurzeln in der Geschichte deutscher Kultur, in der Vielfalt der deutschen Städte und Landschaften.

Die Reisen sind Anspannung, aber auch Anregung und Herausforderung. Der Kampf muß noch geführt werden, bis zum Sieg ist es weit. Jede Reise ein Stück erobertes Land. Das Ziel – der Tanz – gerät nie aus dem Blick. Darüber vergißt sie auch schon mal das Handfeste:

»*Auf dem Paßamt – Dresden: Es soll schnell gehen. Ist alles vorbereitet, neuer Paß. Viele Menschen, ich selber bescheiden im Hintergrund. Der Paßbeamte entdeckt micht, reißt die Augen auf: ›Nu, sind Se nich – nu, sind Se nich?‹ ... Ich: ›Jawohl, ich bin's.‹ ... Der Beamte: ›das hab ich mer doch gleich gedacht.‹ – Die Personalien werden festgestellt. Der Beamte schaut mir unter den Hut: ›Nu, das ver 'mer gleich ham. Sind Se denn noch immer so hibsch wie im vor'chen Jahr?‹ Ich, etwas schüchtern: ›Immerhin ein Jahr älter geworden!‹ Er: ›Nu, das kommt bei so'ner Bihnenkünstlerin uff's Jahr nich drauf an.‹ – Er nimmt das Paßbild. In der Eile hatte ich den Kopf von einer Tanzaufnahme mitgenommen, der einen verzückten Ausdruck und geschlossene Augen hatte. Sicher kein Paßbild! Der Beamte schaut es lange und versunken an: ›Nu, en schönes Bild! Aber ob Se in* dem *Zustand die Grenzen werden überschreiten, möcht' ich denn doch bezweifeln!‹«*

Die tänzerische Ekstase ist sächsischen Paßbeamten noch nicht so geläufig.

Den Sommer 1925 verbringt sie wieder in Uttwil und arbeitet an neuen Tänzen. Ein »Totentanz« für eine kleinere Gruppe schwebt ihr vor und sie notiert Einfälle zu drei Solotänzen. Es sind die ersten drei Tänze des Zyklus »Visionen«, den sie, um fünf andere Solostücke erweitert, im Herbst 1928 zum erstenmal zusammenhängend aufführt. Alle drei Tänze, die »Zeremonielle Gestalt«, »Verhüllte Gestalt« und »Spukhafte Gestalt«, erhalten durch die besondere Form der Kostüme, die die menschlichen Konturen der Tänzerin auflösen, ihren eigenartigen, mystischen Charakter. Zum erstenmal benutzt Mary Wigman in einem Tanz, es ist »Zeremonielle Gestalt«, auch eine Maske. Nach dem heiteren und ausladend weiten »Tanzmärchen« richtet sie in diesen Tänzen ihre Aufmerksamkeit wieder auf die ihr wesentlicheren Dinge des Lebens. »Das Tanzmärchen« war eine Art heiterer Ausflug, war trotz seiner Märchenhandlung und metaphysischen Nebenbedeutung ein diesseitiges, von Liebe, Lust und Erlösung handelndes Stück. Der »Totentanz« und die Soloreihe der »Visionen« führen wieder ganz nach innen zurück.

Mit Disziplin bewältigt Mary Wigman den schulischen Alltag. Mit Energie erledigt sie die täglichen Geschäfte, kümmert sich um den Unterricht, läßt sich von den Lehrenden Bericht erstatten, schreibt tanztheoretische Abhandlungen, gibt Interviews, setzt sich mit Behörden auseinander und steht daneben jeden Abend im Übungssaal und studiert ihre neuen Tänze ein. Das Tourneeprogramm muß rechtzeitig fertig werden. Die Schule platzt mittlerweile aus allen Nähten, pausenlos ist der Trainingssaal neben ihrem Wohn/Schlafzimmer besetzt, den ganzen Tag klimpern Klavier und Schlaginstrumente. Nirgends eine Möglichkeit sich zurückzuziehen, Ruhe zu genießen. Mehr Platz zu haben, wird ihr ein immer dringlicheres Bedürfnis.

Sehr froh ist sie deshalb, als ihr die Stadt Dresden für die Proben zum Gruppenwerk »Totentanz« einen Raum im Taschenberg-Palais zur Verfügung stellt. Allerdings währt die Freude nur kurz, die Schlagzeugklänge dröhnen denn doch zu laut durch die ehrwürdigen Räume, und Mary Wigmann wird gebeten, ins Kleine Foyer der Königlichen Residenz umzuziehen, wo der »Totentanz« seine endgültige Form erhält. Dabei erlangt die barocke Üppigkeit des Foyers unvermittelt Bedeutung für die Atmosphäre dieses Tanzes, wie sie in einem Manuskript festhält:

»Merkwürdig! Am Anfang schien die kalte und abgestandene Pracht des Saales sich unserem Tun zu widersetzen. Bald aber empfand man die Atmosphäre seiner Abseitigkeit, ja, seines Abgestorbenseins als eine Entsprechung zu jenem ins Seelenlose vorgetriebenen Bewegungscharakter, nach dem das tänzerische Thema in Form und Aussage verlangte.«

Als »*stummer Partner*«, »*immer spürbar und immer inspirierend*«, sitzt bei diesen Proben der Maler Ernst Ludwig Kirchner im Übungsfoyer, zeichnet, aquarelliert, entwirft Skizzen und Studien, aus denen in den nächsten Jahren mehrere Wigman-Bilder entstehen: das Ölgemälde und Aquarell »Totentanz«, Holzschnitte, Federzeichnungen, eine Farblithographie ihres Portraits. Will Grohmann, bei dem Kirchner als Gast wohnt, hat den Kontakt zwischen beiden hergestellt, und so schließt sich wieder ein Kreis dieses Lebens: »Die Brücke« hatte 1910, als Mary Wigman nach Dresden kam, das künstlerische Klima der Stadt bestimmt, obwohl die Künstlervereinigung selbst bereits auseinanderbrach. Jetzt, im Jahre 1926, ist es Mary Wigman, die eine zentrale Rolle im Kunstleben von Dresden spielt, in das Kirchner zurückkommt.

Kirchners Studien des »Totentanzes« lassen die Intensität erkennen, die dieser Tanz in seiner kongenialen Verbindung von Bewegung, Kostüm und Maske erzielt. In den Zeitungen wird er nach der Premiere im Januar 1926 als »das erschütterndste und aufrüttelndste Ergebnis des Winters« gefeiert. Besondere Wirkung erzielen die Masken, die Viktor Magito für diesen Tanz entworfen hat. Nach der »Zeremoniellen Gestalt« ist es das zweite Mal, daß Mary Wigman mit dem jungen Bildhauer – er ist mit einer der Tänzerinnen aus Wigmans Gruppe verheiratet – zusammenarbeitet. Er hat sich bisher besonders mit japanischen Nô-Masken beschäftigt, und ein asiatischer Zug fließt in das hölzerne Gesicht der von Mary Wigman verkörperten Hauptfigur ein. Dieser verbindet sich für sie mit der Erinnerung einer anderen Berührung asiatischer Welten:

»Im Anschluß an eine Schlesien-Tournee hatte ich in der Lausitz getanzt. Bis dorthin waren dereinst die Mongolen vorgedrungen. Hier kamen die Horden des Dschingis Khan zum Stillstand, weil die unbegreifliche Befehlsgewalt, die sie raubend, mordend und alles überrennend vorangetrieben hatte, sie nun auf ebenso unbegreifliche Weise zurückrief. Hatte sich von den heraufbeschworenen Bildern jener wilden Reiter etwas in die führende Totentanz-Figur eingeschlichen und sie, wenn auch nur andeutungsweise, ins Mongolische umgefärbt?«

Von der »Zeremoniellen Gestalt« über den »Totentanz« und »Hexentanz« bis hin zum »Totenmal« beschäftigte sie sich in der zweiten Hälfte der zwanziger Jahre viel mit der Verwendung von Masken. Sie sah darin

Mary Wigman, 1926.
Foto: Ilse Jahr.
rechts: Wigman-Schule in der Bautznerstr. 107 in Dresden nach dem Umbau 1927, in dessen Verlauf auch der Anbau des berühmten »Gelben Saals«, des Übungsraums, erfolgte (rechts außen).
oben: Mitglieder der Tanzgruppe und Schülerinnen bei klangrhythmischen Übungen im »Gelben Saal« (am Schlagzeug Fred Coolemans, links davor kniend Hanya Holm).
Foto: Charlotte Rudolph.

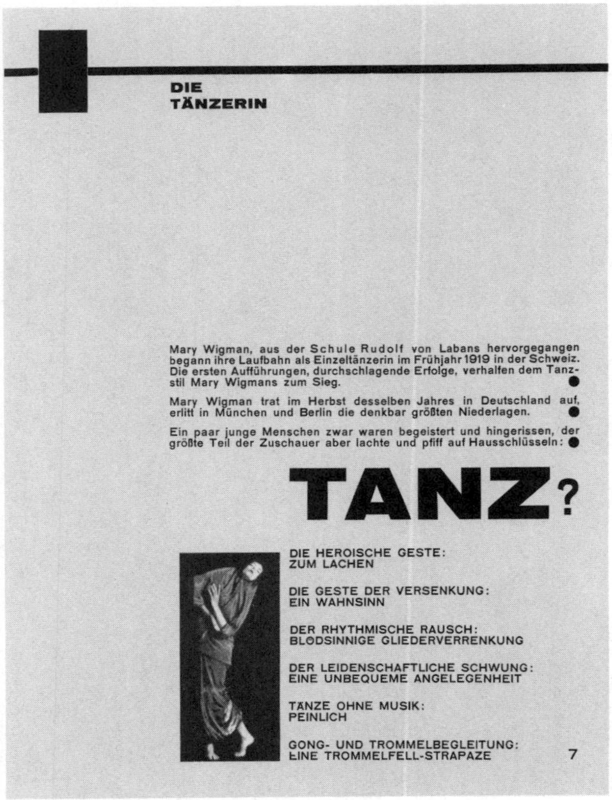

DIE TÄNZERIN

Mary Wigman, aus der Schule Rudolf von Labans hervorgegangen begann ihre Laufbahn als Einzeltänzerin im Frühjahr 1919 in der Schweiz. Die ersten Aufführungen, durchschlagende Erfolge, verhalfen dem Tanzstil Mary Wigmans zum Sieg. ●

Mary Wigman trat im Herbst desselben Jahres in Deutschland auf, erlitt in München und Berlin die denkbar größten Niederlagen. ●

Ein paar junge Menschen zwar waren begeistert und hingerissen, der größte Teil der Zuschauer aber lachte und pfiff auf Hausschlüsseln: ●

TANZ?

DIE HEROISCHE GESTE:
ZUM LACHEN

DIE GESTE DER VERSENKUNG:
EIN WAHNSINN

DER RHYTHMISCHE RAUSCH:
BLØDSINNIGE GLIEDERVERRENKUNG

DER LEIDENSCHAFTLICHE SCHWUNG:
EINE UNBEQUEME ANGELEGENHEIT

TÄNZE OHNE MUSIK:
PEINLICH

GONG- UND TROMMELBEGLEITUNG:
EINE TROMMELFELL-STRAPAZE

7

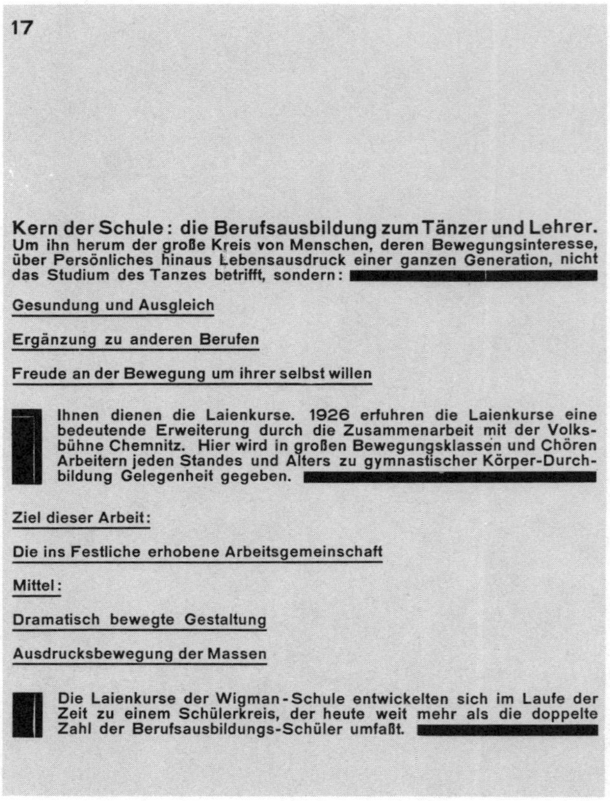

17

Kern der Schule: die Berufsausbildung zum Tänzer und Lehrer. Um ihn herum der große Kreis von Menschen, deren Bewegungsinteresse, über Persönliches hinaus Lebensausdruck einer ganzen Generation, nicht das Studium des Tanzes betrifft, sondern:

Gesundung und Ausgleich

Ergänzung zu anderen Berufen

Freude an der Bewegung um ihrer selbst willen

Ihnen dienen die Laienkurse. 1926 erfuhren die Laienkurse eine bedeutende Erweiterung durch die Zusammenarbeit mit der Volksbühne Chemnitz. Hier wird in großen Bewegungsklassen und Chören Arbeitern jeden Standes und Alters zu gymnastischer Körper-Durchbildung Gelegenheit gegeben.

Ziel dieser Arbeit:

Die ins Festliche erhobene Arbeitsgemeinschaft

Mittel:

Dramatisch bewegte Gestaltung

Ausdrucksbewegung der Massen

Die Laienkurse der Wigman-Schule entwickelten sich im Laufe der Zeit zu einem Schülerkreis, der heute weit mehr als die doppelte Zahl der Berufsausbildungs-Schüler umfaßt.

Zwei Seiten aus der Broschüre zur Einweihung der umgebauten und erweiterten Wigman-Schule, Dezember 1927.
Gruppenstudie im »Gelben Saal«.

eine besondere Möglichkeit, jede Erinnerung an die persönliche Gestalt der Tänzerin auszulöschen und nur den tanzenden Körper allein als Ausdrucksmittel gelten zu lassen, seinen Charakter als »Instrument« eines über dem Menschlichen stehenden Erlebens zu unterstützen: »*Die Tanzmaske schaltet in ihrer Endgültigkeit und Einmaligkeit jede individualistische Betonung aus. Sie zwingt den Tänzer, unter das Gesetz ihrer überpersönlichen Prägung. Sie hilft dem Tänzer, die erfühlte und gewollte Gestaltverwandlung zu erreichen.*« So schreibt sie in dem Aufsatz »Das Instrument des Tänzers«.

Die Maske ist ein Mittel, die Grenze zwischen Darstellerin und Dargestelltem, zwischen Tänzerin und tänzerischem Welterleben auch nach außen kenntlich aufzuheben. Nur noch der Ausdruck ›an sich‹, der »Kern«, das »Wesentliche« zählt, nicht mehr die persönliche Note der Tänzerin. Ein Tanz, für den das Adjektiv »frei« nicht mehr genügt. So spricht sie denn auch ab dieser Zeit verstärkt vom »absoluten Tanz«, dem Tanz der Unmittelbarkeit von Erleben und Ausdrücken.

Tänzerinnen-Besuch in Dresden 1927: La Argentina (r.) und Carmencita Perez (l.) mit Mary Wigman.

Der berühmteste Maskentanz in ihrem Werk ist der 1926 choreographierte zweite »Hexentanz«. Hier verwendete sie die Maske, die Magito ursprünglich für die »Zeremonielle Gestalt« entworfen hatte, die ihr aber damals für diesen feierlichen Tanz unpassend erschien. Im »Hexentanz« war es genau das Gesicht, das sie wollte. Anders als in der »Zeremoniellen Gestalt« nämlich fühlte sie sich im »Hexentanz« als ent-menschlichtes Wesen, im Choreographieren dieses Tanzes war genau das geschehen, was ihr die Maske notwendig machte:

»Wann aber greift der Tänzer zur Maske?

Immer dann, wenn der Gestaltungsdrang in ihm einen Spaltungsvorgang auslöst, d. h. wenn seine Fantasie ihm Bild und Wesen einer scheinbar fremden Gestalt offenbart, die, wie ein Teil-Ich aus seinem Gesamt-Ich gelöst, den Tänzer zur Gestaltverwandlung zwingt. Diese Verwandlung verlangt vom Tänzer die Überwindung des Persönlichen zugunsten des Typischen und die Steigerung des Typischen zum Überpersönlichen. (...)

Die Maske löscht den Menschen als Person aus und gibt dem zur Gestaltung drängenden Tanzgeschöpf Raum. (...)

Entspricht die Maske der ihr zugrunde gelegten Gestalt, so werden im Verlauf des Tanzgeschehens, Tanzmaske und Gesicht ihres Trägers zur Einheit. Das lebendige, menschliche Tanzgesicht geht im wahrsten Sinne des Wortes in die Maske ein. Und würde man mitten in der Darstellung dem Tänzer plötzlich und unerwartet die Maske vom Gesicht reißen, so würde das preisgegebene menschliche Antlitz dem Beschauer mit den Zügen der Maske entgegensehen«.

So wie die in der Kunst Mitte der zwanziger Jahre dominierende Richtung der Neuen Sachlichkeit nicht mehr die Darstellung, nicht mehr das individuelle, persönlichkeitsgebundene Expressive wollte, sondern das »Ding an sich«, die nüchterne Betrachtung, so wollte Mary Wigman den tänzerischen Ausdruck, ohne daß die Vermittlerinstanz in der Person des Tanzenden ins Gewicht fiel. Es war die Brücke, die sie zwischen Expressionismus und Neuer Sachlichkeit schlug.

»Bei Mary Wigman fehlt jegliches ›So-tun-als-ob‹. Derartiges wird als süßlich, als ›Mätzchen‹ verachtet. Diese Frau macht reinen Tisch. Ein hoher Ernst waltet hier, eine großartige geniale Sachlichkeit. Auf jegliches

Buhlen um die Gunst des Publikums wird entschlossen verzichtet. Jede auf natürlichem Wege zustande gekommene Beziehung zwischen der Tänzerin und dem Beschauer ist vernichtet. Die magischen Beziehungen sind dafür umso reicher, ja sie sind nur kraft eben dieser reinen Sachlichkeit. (...)

Die wesentlichen Kunstmittel, die zu dieser Sachlichkeit verhelfen, sind völlige Unbewegtheit des Gesichts und höchste Vollendung der Tanztechnik. Der restlose Verzicht auf Mimik und damit auf ein als billig und kitschig abzulehnendes Mittel, in untänzerischer Weise allerhand Gefühlchen und Stimmungen Ausdruck zu verleihen, führt schließlich zum Maskentanz. (...) Die Maske lenkt den Blick des Beschauers auf das Leibliche, das rein Tänzerische. Nur insoweit es der Tänzerin gelingt, im reinen Tanz zu existieren, will sie überhaupt existieren. Nur insoweit sie es vermag, im Besonderen das Allgemeine auszudrücken, erhält sie den Willen zu einem vereinzelten Dasein aufrecht.

Der letzte Rest an bürgerlicher, ja an empirischer Existenz überhaupt ist negiert. Hier tanzt kein Ich und kein Du, kein physiologisch oder psychologisch irgendwie beschreibbares Gebild. Hier tanzt ein Es. (...)

Erst in der reinen Sachlichkeit konnte sich die neue Tanzkunst in ihrem überpersönlichen, objektiven Charakter erfüllen.« (Windeck)

Bemerkenswert ist, wie sich in diesen Jahren der Neuen Sachlichkeit in den Choreographien verstärkt Bewegungen finden, die einen geometrischen Aspekt betonen. Waren die Tänze der ausgeprägt expressionistischen Phase bis 1923 von bizarr verrenkten, gespreizten, verzerrten, grotesk anmutenden Gliedern bestimmt, so treten jetzt immer stärker die in fließender Folge gestalteten Winkelbewegungen hervor: Arme, die rechtwinklig angelegt sind, Horizontalen, Vertikalen, mit mathematischer Präzision aufeinander abgestimmte Formationen. Vor allem in Tänzen mit feierlichem, getragenen Charakter, wie der »Zeremoniellen Gestalt« oder der »Feierlichen Gestalt«. Zu letzterem schreibt Artur Michel: »Demütiges Sichneigen, schmerzliche Rückneige, adlig empfangenes Hochstreben sind die wesentlichen Richtungsformen in dem Tanz der ›Feierlichen Gestalt‹; sie schwingen streng und still aus in der schräg seitwärts gerichteten Führung der Arme und der in der Aufwärtsrichtung flach nach oben gedrehten, in der Abwärtsrichtung rechtwinklig nach unten gestreckten Hände. Immer hoheitsvoller steigern sich die Bewegungen auf dem Weg vom tiefgebeugten Knien ins Stehen und zum Schreiten; noch das beschleunigte, flüchtige Streben in Kreisrichtung (variiert dann in Kurvenform) wahrt die königlich-ernste Gemessenheit des Tanzes. Die schlanke und strenge Körperführung erinnert an die zeremoniellen Tänze südasiatischer Länder.«

Ausdruck durch klare, einfache Struktur, hieß das Prinzip, das im Rahmen der Neuen Sachlichkeit Kunst und Architektur Mitte der zwanziger Jahre beherrschte. Der Formenstrenge des Bauhauses stand Mary Wigman in diesen Jahren sehr nahe. Sie kannte nicht nur die konstruktivistischen Ideale Kandinskys, der von 1922 bis 1933 Bauhaus-Meister war, sondern befaßte sich auch mit den theatralischen Experimenten der Bauhaus-Bühne. Nach der Uraufführung ihrer »Skizzen zu einem Tanzdrama«, in denen der Tanz »Kreis« enthalten ist – Kandinsky hatte ebenfalls 1923 sein Gemälde »Kreise im Kreis« an die Öffentlichkeit gebracht –, bekam Mary Wigman Gelegenheit, Oskar Schlemmers »Triadisches Ballett« zu besuchen. Am 26. August 1923 gastierte Schlemmer mit seinem Ballett anläßlich der »Jahresschau Deutscher Arbeit« in Dresden. Mit einer Gruppe von Schülerinnen war sie zur Vorstellung erschienen. Zunächst sollte der Auftritt des Kostüm-Balletts allerdings abgesagt werden, weil der für den Abend engagierte Pianist sich weigerte zu spielen. Organisatorische Mißgeschicke hatten ihn zur spontanen Kündigung seines Engagements veranlaßt. Mit Pianistenproblemen bestens vertraut, griff Mary Wigman ein. Der Pianist spielte, das »Triadische Ballett« konnte gezeigt werden. Obwohl es weit von Mary Wigmans Tanzauffassung entfernt war, beeindruckte sie die Formen-Bewegungssprache der Choreographie. Als Empfehlungsbrief zur Unterstützung einer erneut gefährdeten Aufführung des »Triadischen Balletts« 1926 in Magdeburg schrieb sie an Oskar Schlemmer:

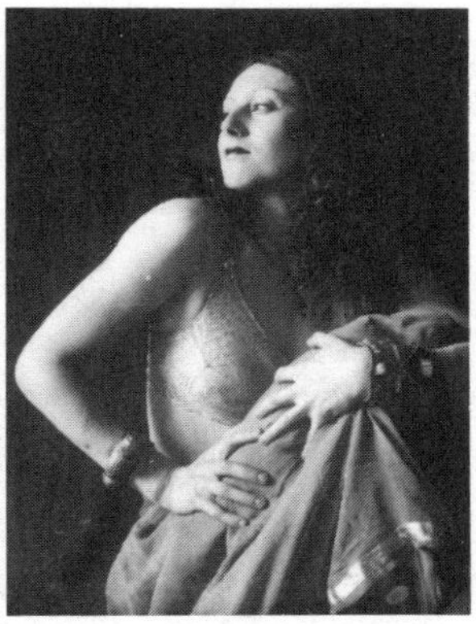

Die bedeutendsten Schüler Mary Wigmans (von links oben nach rechts): Harald Kreutzberg, Berthe Trümpy, Gret Palucca, Vera Skoronel, Ruth Abramowitsch, Hanya Holm.

»*Sie wissen selber, welch starken Eindruck ich seinerzeit von den Aufführungen hier in Dresden hatte, und wie sehr ich es bedauert habe, daß diese in ihrer Art einzig tänzerisch-dekorativen Arbeiten nicht öfter gezeigt werden konnten. Es wäre in jeder Weise zu begrüßen, wenn das Ballett in stärkerem Maße als früher der kunstinteressierten Öffentlichkeit gezeigt werden könnte, und der Rahmen einer Theaterausstellung wäre dazu wohl der beste Weg. Denn Ihre Schöpfungen sind, abgesehen vom reinen Kunstwert, Anregung und Wegweiser für das gesamte moderne Darstellungswesen.*«

Das Jahr 1926 steht für Mary Wigman im Zeichen der Reisen: von Januar bis April Tournee mit der Tanzgruppe, im Herbst drei Monate Solo-Gastspiele quer durch Deutschland und eine nordische Tournee nach Riga in Lettland, Reval in Estland, Finnland, Schweden und Norwegen und danach einige Auftritte in der Schweiz. Neben den beruflichen Reisen ist sie mit Binswanger unterwegs – Ostern zu einer ausgedehnten Urlaubsfahrt am Lago Maggiore entlang, im Sommer durch Süddeutschland und die Schweiz und mehrere Erholungswochen in Uttwil.

Sechzehn Tänze stellt sie für das Programm der im Oktober 1926 beginnenden Solo-Tournee zusammen, darunter wieder neue Schöpfungen aus Uttwil, die erste »Monotonie«, das »Festliche Präludium« und

»Maskentanz« – Holzschnitt von Ernst Ludwig Kirchner. Der »stumme Partner« Kirchner saß »immer spürbar und immer inspirierend« bei den Proben, zeichnete und entwarf Tanzstudien.

zwei Tänze, die zu ihren Lieblingswerken zählen und über Jahre im Repertoire bleiben, der »Hexentanz II« und die »Drehmonotonie«. Beide Tänze gelten der »Ekstase«, dem Rausch des Lebens, das sie in diesen Jahren des Erfolgs mit vollen Zügen genießt.

360 Schüler/innen sind inzwischen in der Schule eingeschrieben, weitere 1200 in den Zweigschulen, die mittlerweile von diplomierten Tänzerinnen u. a. in Hamburg, Erfurt, Frankfurt, Berlin eröffnet wurden. Wer an diesen Schulen seine Ausbildung absolviert, muß das letzte Jahr in Dresden verbringen, bei der Meisterin Unterricht nehmen und dort seine Prüfungen ablegen. Die Schulen selbst sind im Lehrplan und in allen inhaltlichen Angelegenheiten an das »Zentralinstitut«, wie die Wigman-Schule jetzt heißt, gebunden, wirtschaftlich aber unabhängige Einrichtungen.

Natürlich ist Mary Wigman persönlich das Bindeglied zwischen Dresden und den Filialen. Wenn sie auf ihren Reisen in die Nähe einer dieser Schulen kommt, macht sie Abstecher dorthin, gibt Unterricht für die Ausbildungsklassen und hält Vorträge über den absoluten Tanz. Die Leiter/innen erwarten Beratung bei der Lösung von Problemen, Anregungen für ihre Arbeit und manchmal auch nur privaten Gedankenaustausch, auf jeden Fall aber Mary Wigmans Aufmerksamkeit. So bleibt oft zwischen Auftritten einer Gastspielreihe manchmal nicht einmal ein freier Tag zum Ausruhen. An Martha Reuther schreibt sie:

»Heute morgen stieg ich in aller Frühe von einem Schlafmittel zerdöst und ungewaschen aus dem Schlafwagen. Jetzt ist es 4 Uhr nachmittags geworden, bis ich baden und mich zurecht machen konnte. Die Schule ist in solchen Momenten wie ein gefräßiger Moloch. Alles wartet und alles will etwas. Morgen mittag muß ich nach Berlin weiter, und davor graust mir am meisten. Seitdem dort eine Zweigstelle ist, hat diese Stadt ihre großstädtische Lockung für mich ganz verloren. Sonst bin ich mal ins Theater oder mit Bekannten dort bummeln gegangen. Jetzt sind die Tage mit Unterrichten und die Abende mit Konferenzen angefüllt.«

In der Dresdner Schule stehen die Schüler/innen Schlange. Erweiterung ist der einzige Ausweg. Als die Mieter der Parterrewohnung – des täglichen Getrampels restlos überdrüssig und mit einer Ablösesumme in der Tasche – zum 1. Januar 1927 kündigen, wird sofort der Umbau in Angriff genommen. Freunde und Förderer, vor allem aus der Schweiz, sagen ihre Unterstützung zu, und Ernst Schlegel erreicht, daß die Stadt Dresden, die sächsische Regierung und das Reich Subventionen beisteuern. Schon im Mai 1927 beginnen die Erdarbeiten. Nach Plänen des Dresdner Architekten Otto Geiler entsteht im Garten ein geräumiges neues Gebäude mit zwei kleineren Trainingssälen und einem weitläufigen, auch größeren Gruppen genug Bewegungsraum bietenden Saal. Dieser

»Gelbe Saal« wird das Kernstück der neuen Wigman-Schule: 500 Quadratmeter, achtmal mehr als vorher, stehen jetzt zur Verfügung.

In die geräumte Parterrewohnung werden Garderoben, Bäder, ein Sekretariat und sogar ein Lehrerzimmer eingebaut, und im ersten Stock bekommt Mary Wigman die lang ersehnte abgeschlossene Privatwohnung, von der sie direkt in den neu angelegten Dachgarten auf den Übungssälen gelangt. Eine Zentralheizung steigert den Komfort für die spartanische Sitten gewohnten Schüler/innen ins Unermeßliche. Endlich kein Kohleschleppen mehr, keine kalten Füße in den schwer beheizbaren Räumen und keine gefahrvollen Zusammenstöße mit glühenden Eisenöfen.

Unter dem Dach werden Zimmer ausgebaut für Hesschen und einige der Angestellten, die zeitweise im Haus wohnen. Auch Mutter Amalie findet hier in den Gästezimmern einen Platz, wenn sie mal wieder für ein paar Wochen bei den Töchtern vorbeischaut und mit großer Anteilnahme das rege Leben in der Schule verfolgt.

Die Bauarbeiten dauern bis Herbst. Als Mary Wigman im September aus dem Sommerurlaub zurückkehrt, ist ihre Wohnung noch nicht benutzbar, das Programm für die anstehende Herbsttournee muß sie in der Baustelle des Gelben Saals einstudieren und die Schüler/innen helfen den Arbeitern beim Sandschippen und Verputzen, um rechtzeitig wieder einen ordentlichen Lehrbetrieb zu bekommen.

»Drehmonotonie«, 1926; später »Der Tempel« innerhalb des Zyklus »Die Feier«. Foto: Charlotte Rudolph.

Beim Einzug in ihre neue Wohnung – das Wohnzimmer wieder golden tapeziert – ist sie selig. Endlich morgens keine Klavier- und Schlagzeugrhythmen mehr, die durchs Haus dröhnen, keine hastigen Schritte, die an ihrer Schlafzimmertür vorbei zum Unterricht eilen, keine Schuhe oder Handtaschen mehr im Flur, über die sie stolpert, kein Klopfen mehr an ihrer Tür, ob sie mal eben dies oder mal kurz jenes... , kein Zittern des Fußbodens, weil nebenan »Der tänzerische Sprung« geübt wird. Die Zeiten seit den ersten Unterrichtsstunden im Palast-Hotel Weber haben sich sehr geändert.

Mit der Einweihung der umgebauten Schule wird ein »Tempel der Tanzkunst« geweiht.

Zur Einweihung des Schulneubaus am 11. Dezember 1927 erscheinen in allen Zeitungen lange Artikel. Vom »Tempel der Tanzkunst« ist die Rede, von der »deutschen Hochschule des Tanzes«. Dreihundert Gäste sind zu dem festlichen Abend angereist. Schüler, Freunde, Vertreter der Reichsregierung, des Landes Sachsen und der Dresdner Oberbürgermeister persönlich. Ernst Schlegel hält eine Ansprache, in der er deutlich macht, daß dieser Umbau nur zustande kommen konnte, weil sechzig Prozent der Kosten von Mary Wigmans Freunden aus dem Ausland getragen wurden.

»*Unser Ziel ist das Tanzkunstwerk im Gruppen- und Einzeltanz. Unser Weg – die Wandlung des Körpers vom Leib zum Instrument. Unser Ehrgeiz – die Leistung*«, so wird ins Erinnerungsbüchlein zur Schuleinweihung geschrieben.

Mary Wigman in »Totentanz«, 1926. Fotos: Ursula Richter. »Entspricht die Maske der ihr zugrundeliegenden Gestalt, so werden im Verlauf des Tanzgeschehens Tanzmaske und Gesicht ihres Trägers zur Einheit.«

Im Sommer 1926 waren ihr in Uttwil Tanzideen gekommen, die sie um die Jahreswende 1926/27, in der Weihnachtspause der langen Wintertournee, mit der Gruppe einstudierte. Aus diesen Tänzen entstand der erste Teil der »Feier«, vier Tänze in feierlich-ritueller Stimmung. Einen zweiten Teil in der korrespondierenden Stimmung des »dämonisch«-kämpferischen Kräftespiels choreographierte sie im Winter dazu und ergänzte beide Teile um einen dritten. Mit dieser Version ging die Tanzgruppe Anfang 1927 auf Tournee, aber Mary Wigman war mit dem Gesamteindruck der Tänze nicht zufrieden. Während der Sommerferien 1927 – wieder in Uttwil – überarbeitete sie das ganze Werk noch einmal.

Am 4. März 1928 kommt die »Feier« dann in der anderthalb Stunden dauernden zweiten Fassung im Berliner Ufa-Palast zur Premiere – das erste abendfüllende Gruppenprogramm von Mary Wigman. Der Erfolg dieser Aufführung übersteigt alle Erwartungen. Selbst die gegenüber dem ›Wigman-Stil‹ sonst skeptischen Kritiker sprechen ihr Anerkennung aus. »Die Feier« läßt keinen Zweifel daran, daß sie die unbestreitbar bedeutendste Tänzerin und Gruppenchoreographin in Deutschland ist.

Göttlichen Prinzipien gehuldigt – »Die Feier«: zwischen der »Explosivkraft rhythmischer Dämonie« und der »zur Unerbittlichkeit erstarrten Form«.

Alle Prinzipien von Mary Wigmans Tanzkunst sind in der Choreographie der »Feier« wie in einem Brevier vereint. Das programmfüllende Werk beginnt mit dem Teil »Der Tempel«, der in vier Einzeltänze,

»Monotonien« genannt, aufgeteilt ist. Der Titel »Monotonie« ist dabei als Bezeichnung für einen Zustand zu verstehen, der, wie Will Goetze schreibt, »in sich reiche Farbigkeit haben kann und nicht nur an passiv versunkene Erlebniswelt gebunden ist. Die Steigerungen tänzerischer Ekstatik beziehen sogar ihre wesentlichsten Kräfte aus dem Festhalten und Spannen eines seelischen Grundbezirks bis an seine äußersten Grenzen«. Dieser erste Teil ist die Hingabe an eine überpersönliche Aufgabe, an die Idee, »Instrument« zum Ausdruck kosmischer Lebenserfahrung zu sein. Der zweite Teil mit dem Titel »Im Zeichen des Dunklen« gilt der Auseinandersetzung des Menschen mit seiner materiellen Gebundenheit, ist das Ringen um Selbstverständnis und Erkenntnis. Will Goetze nennt diesen zweiten Teil »eine Gestaltung des Feierlichen nach der lichtabgewendeten Seite«, wobei der »Explosivkraft rhythmischer Dämonie« als Gegenpol die »zur Unerbittlichkeit erstarrte Form« zugeordnet ist. Die gespannte, dichte Atmosphäre, die diesen zweiten Teil beherrscht, löst sich im Schlußteil der »Feier«, der den Titel »Festlicher Ausklang« trägt. Wieder eine Folge von vier Einzeltänzen, die, wie Goetze erläutert, »nach der Versenkung in die Gebiete des Geklärten und Dunklen die Verbindung zur Feier des Tages schaffen«.

Die Feier, von der der Titel spricht, ist die Feier des Lebens und damit die Verehrung eines Leben gewährenden göttlichen Prinzips.

Gruppentanz »Die Feier«
(Auszüge aus Rudolf Bach)

1. Teil: »Der Tempel«
Erste Monotonie
Der Aufzug in der ersten Monotonie. (Rechts und links vom Zuschauer aus.) Musik: andante, feierliches Schreiten. 1 Takt allein. Dann setzt auf der rückwärtigen Linie von links nach rechts alle zwei Schritte eine Tänzerin ein. Einsatz schon hinter der Bühne. Sehr durchgeformtes Gehen. Jede trägt ein Instrument:
1. Becken, 2. Gong, 3. kleine Trommel (Tamburin ohne Schellen), 4. großer Gong, 5. kleine Trommel, 6. große Trommel, 7. Indianertrommel, 8. kleine Trommel, 9. Flöte, 10. kleine Trommel, 11. Triangel, 12. Rassel, 13. Becken. In der Ecke rechts scharfer Winkel und Diagonale in den Raum hinein. (...)
Durch Teilung entstehen zwei Gruppen, die zueinander allmählich in ein klares Gegenüber geraten. Kurzer, kraftvoll-feierlicher Schlagdialog, wie Anruf und Erwiderung. (...) Die Vielstimmigkeit der Bewegung mündet zuletzt in die akkordische Statik einer klar gegliederten Doppelreihe auf der Linie des Einzugs im Raumhintergrunde. Langsames Sichniederlassen. Warten. (...)
Vor der ruhenden Doppelreihe der Tänzerinnen, die ihn mit ihren Instrumenten begleiten, nun ein Tanz Mary Wigmans. Große Wege parallel und senkrecht zur Gruppe, an den Eckpunkten ausladendes Kreisen. Komplizierte Figurationen, leidenschaftliche Steigerungen, aber in klar-glühende Form gebändigt.

Zweite Monotonie
Formal eine Art von tänzerischem concerto grosso: gemeinsames Musizieren von Solisten und Kammerorchester; freilich überwiegt die Verflechtung, nicht die Gegenüberstellung der Partnerschaft. Eine Sechserreihe (der »Schwin-

Programmzettel zu »Die Feier«.
Vorstudie mit Yella Schirmer (links) und Gerda Reh, 1926. Foto: Charlotte Rudolph.
Probe im »Gelben Saal« zu »Die Feier«, 1. Teil »Der Tempel«. Foto: Charlotte Rudolph.

genden Reihe« von 1926 verwandt), zwei solistische Figuren, die eine schmal, mit kantig geprägten Gesten, kristallisch gebrochenen Armrhythmen, die andere mit schweren, gelassenen Akzenten, und Mary Wigman mit zwei Trabanten sind das Ensemble. Wieder setzt sich Mary Wigman erst im zweiten Teil des Tanzes ein. Den ersten beherrschen Lösung und Bindung der Reihe, graphisch genaue Routen der ersten Solofigur, konträre Rückungen, gebundenes Steigen und Sinken. Zuletzt streng aufgeteiltes Verharren im Raum. Sichniederlassen wie in der vorigen Monotonie, stilisiertes Kreisen der Oberkörper ohne Frontveränderung. Mary Wigmans Tanz schlingt zwischen das homophone Schwingen der Gruppe eine still fließende Arabeske wie ein magisches Netz. Der Schluß ist ein wunderbar subtiles Verschweben, ein Zerstäuben jeder Bewegungssubstanz.

Dritte Monotonie (Drehmonotonie)
Solotanz Mary Wigmans. Vom ersten Augenblick an liegt ein Bann über der Gestalt. Jede ihrer traumartig verschlungenen Bewegungen, das Umspielen der Diagonal-Linie, auf der sie aus der Raumtiefe herankommt, die kleinen ritardandi, die wenigen Ausweichungen zeugen nur scheinbar von einer Freiheit des Willens. Die Tanzende hat so wenig Macht über ihre Entschlüsse, wie ein Holz, das in einen Strudel gerät. Die Mitte des Raumes ist der Magnet, um den sie spiralartig zu kreisen beginnt. Ziemlich rasch ist sie im innersten Ring. Langsam hebt ein Drehen um sich selbst an. Aus der eigenen Intensität heraus wird es allmählich rascher und rascher und steigert das Tempo stufenweise von dumpfem Erleiden, über Auflehnung, Verzweiflung und Raserei bis zum letzten Furioso der Selbstvernichtung.

Vierte Monotonie
Gruppentanz, ohne Mary Wigman. (...) Der Tanz ist ein heroischer Marsch in strengster Stilisierung. Das Ganze ein geometrisches Bewegungsspiel von einer gleichsam schattenlosen Schönheit. Reiche Raumverschiebungen, straffe, strahlende Züge aufeinander zu, aneinander vorbei. Kurze Lockerung in schwingende, in der Schwingung sich wandelnde Halbkreisformation, die eine Tänzerin nach der anderen zu knapper, solistischer Akzentuierung des Gruppenmotivs aus sich entläßt und wieder in sich aufnimmt. Neues Verfestigen zu Blöcken, neues Vorstoßen, Kreuzen, Durchdringen. Markanter Abschluß.

2. Teil: »Im Zeichen des Dunklen«
Hoher nächtlicher Raum. Weiter Himmel, tiefer Horizont. Silhouettenhaft davor stehende, hockende Erscheinungen. Zuerst nur Klänge, eigentümlich kombiniert. Das Bild bleibt regungslos, irreal, bedrängend. Dann löst sich von rückwärts eine Figur, kommt heran, bricht in scharfer Wendung nach links. Dort auf dem Boden

eine silberne Gestalt (Wigman). Bezwingend, wie sofort, bei aller abstrakten Eigengesetzlichkeit der Bewegung, das Drohende, elektrisch Geladene, die Konfliktstimmung, deutlich wird: die Gestalt der Beherrscherin in Spannung zu allen und alle in Spannung zu ihr. Unheimliche Vielfalt der Energien. Ein dauerndes Zusammenströmen, Auseinanderwirbeln, Sich-Stauen, ein Umkreisen, geducktes Schleichen, schattenhaftes Über-den-Boden-Gleiten, stampfendes Heranrücken, zunehmend, wieder abnehmend.
Im bannenden Ring gegen ihn Tanz der Beherrscherin. Zuerst musiklos. Tanz der Sehnsucht nach Befreiung, nach Verkörperlichung. Die Gestalt schlägt den schweren silbernen Mantel, der sie bis jetzt verhüllt und ausgelöscht hat, über die Schultern zurück und steht in einem engen Silbergewand, plötzlich wie irdisch geworden. Der Mantel bleibt aktiv beteiligt: wie die Macht des Schattenreichs selber zieht er die Tanzende immer wieder nach hinten, abwärts, bodenwärts. Schmerzlicher Aufschwung, Übersteigerung, Ermüden, Zurückfallen, schließlich ein halb ohnmächtiges Torkeln, Zusammenbruch in volle Erschöpftheit. Beckenschlag, wie eine Gerichtsfanfare.
Konzentrisch springen die Ringgestalten auf die Liegende zu, nacheinander, in verschiedenen Rhythmen. Wirbelndes Drehen am Platz geht in Kreislaufen über, die Liegende richtet sich empor, der Kreis bricht in einer schießenden Geraden aus. In gestaffelten Fronten rasche Verschiebungen vorwärts, rückwärts, nach links und nach rechts, jähe Wendungen: Von überall wird die Entthronte vertrieben, überall wird ihr der Weg versperrt. Aus dem fliegenden Hin und Her, das aber stets rhythmisch konturiert und auf strenger Linearität aufgebaut ist, entsteht eine vier Glieder tiefe Gasse, durch die die Gejagte hindurch muß. Langsam tritt sie ein. Wo sie vorüber ist, fällt zu einem fanfarenhaften Motiv starr ein doppelter Riegel von Armen. Draußen verschwindet die Ausgestoßene in der fahlen Tiefe des Raumes.
Meisterlich knappe Koda: die Gasse löst sich auf, gerade Gänge, diagonale Gänge, weite Bogenwege. Die Schattengestalten nehmen wieder eine genaue Ordnung ein, wie zu Beginn: hockende Gruppen, stehende Gruppen, Paare, einzelne. Allmählich verebbt jede Bewegung, die alte tote Ruhe kehrt zurück. Das Letzte: auf einen verhaltenen Gongschlag ein leichtes Senken der Köpfe.

3. Teil »Festlicher Ausklang«
Mehrere Teile, aber ineinander übergehend. Das erste ein freudig-beschwingter Marsch, repräsentativ in der Gebärde. (...)
Dann eine Pastorale. Bezauberndes Gleichmaß. Klare Grazie. Zwei Flötenspielerinnen treten auf, durchschwingen den Raum in weiten und freien Schleifen, lassen sich nieder, beginnen zu spielen. Zu ihrem lieblich-einfachen Duo kommen einzeln die Tänzerinnen herein, gehen denselben verschlungenen Weg, alle im gleichen, zartfedernden Grundrhythmus, aber jede mit individueller Führung der Körpermelodie. (...)
Ein Solotanz Mary Wigmans nimmt diese Stimmung auf, treibt sie noch mehr ins Piano zartester Idyllik.
Schlußtanz. Ein wahres Finale, von spieluhrhafter Beweglichkeit. Ein einziges, prachtvoll durchgeformtes Drehen und Wirbeln, Hin- und Herfliegen des Gruppenkörpers, große weite Gebärden, ein herrlicher, federnd gestreckter Sprung auf der Diagonalen durch den ganzen leuchtenden Raum mit der Führerin an der Spitze. Und zuletzt, mitten in ein fulminantes prestissimo mit virtuoser Technik eingesetzt, der frappierende Schlußpunkt: alle halten, über die ganze Bühne verteilt, plötzlich inne, jede in einer anderen Stellung: hingeglitten, aufrecht, zurückgeworfen, vornübergeneigt, kniend, noch in der Gestik des Drehens, noch wie von der Gewalt des Schwungs durchrissen. Vorhang.

»Die Feier«, 2. *Teil*
»Im Zeichen des Dunklen«;
Gruppenstudie, 1927/28.
Foto: Charlotte Rudolph.

»Weiß man eigentlich, daß diese ›Tanzgruppe‹ aus vierzehn der besten Tänzerinnen besteht, die es heute in Deutschland, ja man kann sagen in Europa gibt?« steht nach der Premiere in der Zeitung. Die Eroberung ist abgeschlossen, der Gipfel erreicht. Mary Wigman ist auf dem Höhepunkt ihrer künstlerischen Macht angelangt, der freie Tanz, für den sie so lange gekämpft hat, ist ein »Kulturfaktor« geworden, wie es im Terminus der Zeit heißt. Hunderte von Tanzschulen in Deutschland sind entstanden, in denen angehende Tänzerinnen und Tänzer ihre Ausbildungen absolvieren, in den Theatern haben die Wigman- und Laban-Abkömmlinge Einzug gehalten, der Laientanz vereint Tausende von jungen Menschen, die sich nach der Arbeit in tänzerischer Gymnastik, in Bewegungschören und Laientanzgruppen dem freien Tanz widmen. Tanz ist eine Freizeitbeschäftigung, die in seiner Breitenwirkung nur vom Sport überrundet wird.

Daß es überhaupt künstlerischen Tanz in Deutschland gibt, rechnet sich Mary Wigman selbst als Verdienst an. Sie war die erste, die in den Geburtsstunden der Weimarer Republik durch Deutschland reiste und den freien Tanz verkündete. Damals wurde sie ausgelacht, jetzt wird sie verehrt, der freie Tanz ist eine Selbstverständlichkeit im deutschen Kulturleben. Für Mary Wigman wäre der Erfolg der »Feier« Grund genug zum Ausruhen. Aber dazu gibt es keine Gelegenheit.

Nach dem Sieg der »Feier« folgt die Niederlage innerhalb weniger

*Rastlos zuckend, schleifend, schleudernd: »Gespenstische Gestalt« aus dem Zyklus »Visionen«, 1928.
Fotos: Charlotte Rudolph.*

Monate. Im Sommer 1928 muß sie die Auflösung der Tanzgruppe bekanntgeben. Eine künstlerische Ära geht zu Ende. Die Tänzerinnen dieser ersten Gruppe waren alle Schülerinnen »der ersten Stunde«, sie hatten zum Großteil die Anfänge der Wigman-Schule miterlebt, hatten selbst einen ganz persönlichen und individuellen Beitrag dazu geleistet, daß sich in der Wigman-Schule eine Pädagogik herausbildete, so etwas wie ein »Wigman-Stil« an den Tänzerinnen der Gruppe abzulesen war. Alle waren selbständige Künstlerinnen, bedingungslos bereit, dem freien Tanz zu dienen. »Wir haben ja an den Tanz geglaubt«, nannte Yella Schirmer einmal als Grund für die kämpferische Unermüdlichkeit, mit der die Wigman-Tanzgruppe durch die Lande reiste.

Es gab eine Reihe von Unannehmlichkeiten, die in Kauf genommen werden mußten. Das Reisen allein war schon beschwerlich genug. Während Mary Wigman im Abteil zweiter oder erster Klasse Platz nahm, hasteten die Tänzerinnen mit ihrem Gepäck beladen zum Waggon der dritten Klasse. Geld war notorisch knapp, deshalb gab es unterwegs Butterstullen zur Verpflegung, und wenn die Fahrt sechs, acht oder zehn Stunden dauerte, legte man sich in Decken und Mäntel eingehüllt auf die harten Bänke, um ein wenig die Augen zu schließen. Vom Bahnhof des Zielortes ging es per Straßenbahn zu den Privatquartieren, freundliche Leute aus Mary Wigmans riesigem Bekannten- und Freundeskreis, denen es eine Ehre war, eine Tänzerin aus der Gruppe während des Gastspiels zu beherbergen. Natürlich wurde dafür »Unterhaltung« mit der Künstlerin erwartet, und die Tänzerinnen verbrachten viel freie Zeit mit freundlicher Konversation über immer gleiche Themen. Aber nie wurde »aus dem Nähkästchen« geplaudert, die Tänzerinnen wußten, was sie ihrem Namen schuldig waren. Selbst wenn aus Sparsamkeitsgründen mit der Straßenbahn gefahren wurde, stieg man eine Haltestelle zu früh aus und ließ sich mit dem Taxi bei den Gastgebern vorfahren. Eine Wigman-Tänzerin konnte ja schließlich nicht mit einer ordinären Trambahn ankommen. Sie wußten, daß sie eine Elite waren und machten keinen Hehl daraus, auch wenn das Geld nicht mal für eine Bockwurst vor der Generalprobe reichte. Hauptsache, man wußte, wofür man kämpfte: für den Tanz.

Im Frühjahr 1928, nach der Tournee mit dem Programm der »Feier«, sieht die Lage für die Tanzgruppe düster aus. Mary Wigman steht vor unüberwindlichen Hindernissen: Der Umbau der Schule ist um einiges teurer gewesen als geplant, und Schlegels Fördergesellschaft hat auch nur ein begrenztes Kapital zur Verfügung. Selbst durch viele Vorstellungen ist es unmöglich, die Kosten für die monatlichen Gehälter der Tänzerinnen aufzubringen.

Personelle Probleme kommen hinzu: Will Goetze möchte Dresden verlassen, um sich wieder mehr seinen kompositorischen Ambitionen zu widmen. Er hat im Juli 1927 geheiratet und möchte sich eine sichere Existenz aufbauen. Vom Gehalt, das er an der Wigman-Schule bezieht, kann er keine Familie ernähren. Ein Ersatz für Will Goetze scheint Mary Wigman undenkbar. Sie kennt niemanden von ähnlich kongenialer Denk- und Empfindungsart. Unvorstellbar, wie es mit dem musikalischen Teil ihrer Tänze weitergehen soll.

Wenn sich die Tanzgruppe schon auflöst, dann soll wenigstens etwas Neues zustande kommen.

Dann die Gruppe selbst. Immer wieder hatten im Lauf der Jahre Tänzerinnen die Gruppe verlassen, um sich selbständig zu machen. Es war nicht schwer gewesen, die Lücke durch andere Absolventinnen ihrer Meisterklasse zu füllen, aber jede Neue bedeutete, von vorne anzufangen, wieder eine Stimmung, einen neuen Gruppengeist aufzubauen. Zumal die Neuen meist jünger waren und weit weniger Erfahrung besaßen als die, die gingen. Jetzt, im Sommer 1928, wollen gleich drei Tänzerinnen den Beruf aufgeben: Gerda Goetze, die mit ihrem Mann weggehen wird, und vor allem Yella Schirmer und Guri Thorsteinsson, zwei der wichtigsten Stützen. Damit bleiben nur noch Hanya Holm und Annemarie Franke aus der Gruppe übrig, mit denen sie die »Szenen aus einem Tanzdrama« aufführte. So sehr sie sich sträubt, die Möglichkeit gruppenchoreographischer Arbeit aufzugeben, so zwingend sind die Gründe dafür.

Die personellen Gründe hätte sie ja noch überwinden können, aber die wirtschaftlichen lassen keine Wahl. Am liebsten würde sie die Gruppe heimlich auflösen und im Herbst eine neue gründen, aber das ist doch nur

Illusion. Wo soll im Sommer plötzlich das Geld für die neue Gruppe herkommen? Und sie kann schließlich nicht von den Tänzerinnen verlangen, daß sie sich jahrelang mit den 60 bis 100 Mark, die sie als Gehalt zahlen kann, zufriedengeben. Was sie braucht, ist eine große Subvention, und um die zu bekommen, müssen die verantwortlichen Kulturpolitiker erst einmal aufgerüttelt werden, muß ihnen bewußt gemacht werden, daß Tanz in Deutschland ohne die Tanzgruppe Mary Wigman ein Unding ist. Die Auflösung der Tanzgruppe öffentlich bekannt zu geben, ist vielleicht ein Mittel dazu. Wenn die Gruppe schon zu Ende geht, dann soll dies wenigstens dazu beitragen, daß etwas Neues zustandekommt.

Nach großem Auftritt wird die Auflösung der Gruppe bekanntgegeben. Das Deutsche Reich hat seinen Kulturskandal.

Im Juni 1928 findet in Essen der zweite Tänzer-Kongreß statt. 1200 Tänzer/innen aus ganz Deutschland und viele ausländische Gäste treffen zusammen, um tanzästhetische und -politische Fragen zu diskutieren. Vor diesem Forum aus Fachleuten zeigt die Wigman-Tanzgruppe am 25. Juni in der Essener Ausstellungshalle noch einmal die »Feier«. Die Tänzerinnen wissen, daß es der letzte Auftritt ist, Mary Wigman hatte monatelang Zeit gehabt, sich damit abzufinden, daß nach dieser Vorstellung etwas zerstört sein wird, dem ihre ganze Liebe gehört hat. Aber jetzt, wo der Augenblick tatsächlich da ist, kann sie ihre Bewegtheit nicht verbergen. Kurz vor dem Auftritt, im Dunkel des Bühnenraums, kommen alle Tänzerinnen zu ihr, fassen sich an den Händen und bleiben schweigend und zu Tränen gerührt stehen, bis das Zeichen zum Auftritt kommt.

Der Erfolg bei den zweieinhalbtausend Zuschauern ist aufsehenerregend, und so wirkt es wie ein Schock, als Mary Wigman bei der Abschlußkonferenz des Kongresses am nächsten Tag bekannt gibt, daß die Tanzgruppe mit diesem Auftritt aufgehört habe zu existieren. Die Presse reagiert prompt: »Ein Kulturskandal« heißt die Schlagzeile im Berliner »Vorwärts«, dem Organ der Sozialdemokraten, die den für Theater- und Tanzangelegenheiten zuständigen Innenminister in der Reichs-Regierung stellen. John Schikowski, der engagierte Volksbühnenleiter und eifrige Förderer des Ausdruckstanzes, spricht in seinem Artikel die Hoffnung aus, daß die Regierung sich angesichts dieser Situation ihrer Aufgabe klar wird: »Der zweite deutsche Tänzerkongreß wurde soeben geschlossen. Das letzte Wort sprach Mary Wigman, die den Versammelten die erschütternde Mitteilung machte, daß sie durch die wirtschaftliche Not gezwungen sei, ihre Mustergruppe sofort aufzulösen. Damit ist eine Kunstschöpfung zugrunde gegangen, die in der Welt nicht ihresgleichen hatte. An deren Gründung und Ausgestaltung die größte Tänzerin unserer Zeit Jahrzehnte aufopfernder Hingabe und eisernen Fleißes verwandt hatte. Mit Summen, die im Etat etwa des Deutschen Reiches kaum eine Rolle gespielt hätten, wäre dieser unschätzbare Kunstbesitz für das deutsche Volk und für die Welt zu retten gewesen. (...) Werden die behördli-

Getrieben, rasend, bis zum Zusammenbruch – »Raumgestalt« aus dem Zyklus »Visionen«, 1928. Foto: Charlotte Rudolph.

chen Instanzen, denen die Pflege der deutschen Kultur und Kunst obliegt, ihre Pflicht in allerletzter Stunde erkennen und das tun, was sie längst hätten tun sollen?«

Selbst die Rechtspresse, die sich um die Arbeit von Mary Wigman nie besonders gekümmert hat, nutzt den Skandal für sich aus. Unter der Überschrift »Die Republik läßt die Künstler zugrunde gehen«, schreibt ein Kritiker:

Streng zeremoniell und kultisch – »Feierliche Gestalt« aus dem Zyklus »Visionen«, 1928. Foto: Charlotte Rudolph.

»Hier ist wieder mal ein Beispiel, wie in Deutschland nach 1918 die echten künstlerischen und kulturellen Dinge unbeachtet bleiben, während Piscators theaterpolitische Diktatur von Herrn Katzenellenbogen zu Geschäftszwecken benutzt wird. Diesen Kapitalisten ist es vollkommen gleichgültig, womit sie ihren Verdienst erreichen. Eine Künstlerin wie Mary Wigman ist aber viel zu stolz und unanfechtbar, als daß sie sich Kunstgewinnlern ausliefert. Es ist heute leider in Deutschland so, daß der echte Künstler an der Tagesnotdurft zugrunde geht. Sechstage-Rennen, Boxkämpfe, Hunderennen, Filmpaläste und Rekordtanzveranstaltungen liegen im Zeichen unserer Zeit, und die deutsche Öffentlichkeit ist so leichtfertig, sich diesen Vergnügungen hinzugeben. Hier, bei Mary Wigman, wo Kunst gestaltet, Höchstleistung auf tänzerischem Gebiete, wo aus dem Tanz eine kultische Handlung wird, – hier bei Mary Wigman kapituliert die Kunst vor dem Vergnügen des Tages. Hier muß sich eine große Künstlerin vor der Not demütigen. Hier gibt eine einzigartige Frau Geständnisse und Bekenntnisse über die finanzielle Trostlosigkeit unserer Zeit. (...) Wenn heute Mary Wigman immer noch nicht vom Staat oder von einer Stadt die notwendige Subvention zur Erhaltung ihrer Tanzgruppe erhalten hat, so ist das ein Zeugnis für die kulturelle Verwilderung der Zeit seit 1918. (...) Armes Deutschland, das im Zeitalter des Marxismus kulturell und künstlerisch zugrunde geht!«

»Die Republik läßt die Künstler zugrunde gehen ... Zeugnis für die kulturelle Verwilderung.«

Ernst Schlegel bemüht sich, den Pressewirbel zu nutzen und bringt ein Round-table-Gespräch auf höchster kulturpolitischer Ebene zustande. In einem Brief an Martha Reuther erzählt Mary Wigman: »*Ernst war in Berlin zu einer Sitzung, die der Reichskunstwart einberufen hatte, Vertreter des Reiches, von Preußen, Sachsen, der Stadt Dresden waren da. Ferner die Leiter der großen Volksbühnenorganisationen in Berlin. Alles sei ›von dem Wunsche beseelt‹, die Tanzgruppe ›als Kulturwerk‹ zu erhalten etc. Aber es ist ein umständlicher Apparat, der in Bewegung gesetzt wird. Und ob es zu was führt, wird die Zukunft zeigen.*«

Zunächst führt es zu gar nichts. Die Regierung ist nicht zu Sofortmaßnahmen bereit, aber langfristig wirkt sich die Kampagne aus. Anfang Juli 1929 besucht Reichsinnenminister Severing die Wigman-Schule in Dresden und sichert Subventionen für den Aufbau einer neuen Gruppe zu. Geld, das später für die Einstudierung des »Totenmals« genutzt werden kann.

Mit Kurt Jooss beim Tänzerkongreß in Essen, 1928.

Der Essener Tänzerkongreß war einberufen worden, um die verschiedenen ästhetischen Standorte innerhalb der deutschen Tanzbewegung zu diskutieren. Es ging dabei vor allem um die Frage, welche Stellung der moderne Tanz im Theaterbetrieb einnehmen könne, welche Voraussetzungen der Theatertanz zu erfüllen habe. Laban und die meisten seiner Anhänger propagierten die Notwendigkeit eines modern begründeten Tanzes in den Theatern, machten das Unterhaltungsbedürfnis des Publikums zu einem wichtigen Faktor und wollten sogar das klassische Ballett wieder in den Bewegungskanon des freien Tanzes aufnehmen. Mary Wigman hingegen bestand auf der Unantastbarkeit des freien Tanzes, der vom Tanzerlebnis ausgeht und nicht vom Publikum her seine Ästhetik formuliert. Den Versuch, sich dem klassischen Ballett anzunähern, nannte sie eine »Vermasselung des Stils«. Ihr Vortrag »Der neue künstlerische Tanz und das Theater« brachte ihr großen Beifall ein und bedeutete einen ersten Sieg über den Theatertanz in der Redeschlacht des Tänzerkongresses. Ohne Umschweife erklärte sie, daß *ihre* Tanzrichtung die Voraussetzung für alle anderen sei und daß es ohne den absoluten Tanz auch keinen niveauvollen Theatertanz geben könne:

»Niemals verfügt der Tanzbegabte von Anfang an über seinen Körper als spielfertiges Instrument. Die Aufgabe und Arbeit, die er während seiner Studienzeit zu leisten hat, heißt: seinen ausdrucksbegabten Körper zum Tanzinstrument zu wandeln und dieses selbst aufgebaute Instrument spielen zu lernen. Sich darüber hinaus zu orientieren, fehlt dem Tanzstudierenden ganz einfach die Zeit. Werden und Ausreifen einer tänzerischen Begabung ist ein langsamer Wachstumsprozeß, der fast unabhängig vom Begabungsgrad seine Zeit braucht.

Theatertanz ist nun ein Spezialgebiet, auf dem die Auseinandersetzung erst nach einer allgemeinen tänzerischen Fundierung erfolgen kann. Ohne das Erleben des absoluten Tanzes als des Tanzes an sich und um seiner selbst willen kann der Tänzer den Weg zur Spezialisierung nicht finden und nicht gehen, selbst dann nicht, wenn er sich von vornherein für das Theater als zukünftiges Wirkungsfeld entschieden hätte.«

Solche Thesen waren eine unmittelbare Attacke auf Labans Ziele. Mary Wigman forderte für den Tanzstudierenden Persönlichkeitsbildung durch individuelles Erleben, um darin die erforderliche Reife zu gewinnen, sich produktiv in einen Gruppenprozeß einzugliedern. Laban hingegen verlangte das gemeinschaftliche Erleben als Voraussetzung für Persönlichkeitsbildung, er sah individuelles Wachstum nur durch die Integration in die Gruppe gegeben. Für Mary Wigman war der einzelne das Ziel, die Gruppe die Erweiterung der Individualität, Laban wollte die Gemeinschaft als die über dem Individuum stehende Institution. Ein Gegensatz

Mary Wigman in »Ballade I«, 1928. Foto: Charlotte Rudolph.

der Ansichten, der erklärt, wieso wenige Jahre später Laban sich so leicht mit den Nationalsozialisten arrangierte, während Mary Wigman sich vergeblich um deren Gunst bemühte.

Die beim Essener Tänzerkongreß so kraß hervorbrechende Rivalität zwischen Mary Wigman und Laban hatte schon seit längerem immer weitere Kreise in der Tanzwelt gezogen. Beide behaupteten für sich die Vorherrschaft im deutschen Tanz, und beide besaßen eine kompromißlose Anhängerschaft. Während sie den Ausdruckstanz tänzerisch durchgesetzt hatte, war er durch seine Publikationen, vor allem sein 1920 veröffentlichtes Buch »Die Welt des Tänzers« der Theoretiker der neuen Tanzkunst geworden. Sein Interesse galt auf praktischem Gebiet dem chorischen Tanz, vor allem dem Laientanz. In Bewegungschören versuchte er seine Vorstellungen einer »tänzerischen Festkultur«, der »Feier des Alltags« zu verwirklichen, womit er weit mehr Erfolg erringen konnte als mit seinen Kammertanzchoreographien. Die zwanziger Jahre hindurch waren beide die Leitfiguren der gesamten deutschen Tanzbewegung – sie hatten sie ins Leben gerufen, und es waren in all den Jahren kein Tänzer und keine Tänzerin aus ihren Schulen hervorgegangen, die den beiden in ihrer Kombination von persönlichem Charisma, künstlerischem Format und theoretischer Überzeugungskraft gleichgekommen wären.

Zwischen beiden herrschten viele Ressentiments aus der langen persönlichen Bindung, zugleich kamen sie nicht umhin, dem anderen für seine Leistungen und Verdienste um den modernen Tanz Respekt zu zollen. Jahre später schreibt Mary Wigman in einem Brief an Martha Reuther:

»Kein Mensch hat mich je mehr ausgenützt, als Rudolf von Laban es getan hat. Aber er hat mich auf meinen Weg gebracht, war der erste, der den Glauben an die Tänzerin M.W. gehabt und mir bestätigt hat.«

Wer repräsentiert den deutschen Tanz, Mary Wigman oder Rudolf von Laban?

Daß sie Laban zu Dank verpflichtet war, stand für Mary Wigman zeit ihres Lebens außer Frage, aber daß er in den zwanziger Jahren sich zum Führer der deutschen Tänzerschaft machen wollte, verzieh sie ihm nicht und erst recht nicht seine Haltung zu Beginn der nationalsozialistischen Herrschaft. Laban vertrat während der zwanziger Jahre ganz andere künstlerische Ziele als sie, arbeitete sehr viel an der theoretischen Fundierung der neuen Tanzbewegung und versuchte, institutionelle Verbesserungen für die Tanzkunst zu erreichen. Daß Mary Wigman, die ja schließlich seine Schülerin war, mit ihrer individualistischen Arbeit den deutschen Tanz für sich in Anspruch nahm, mißfiel ihm sehr. Die Rivalitäten der Anhänger und Zweigschulbetriebe trugen ihr übriges zu der gespannten Lage zwischen den beiden Lagern bei. Der Eklat kam im Juni 1927. Laban veranstaltete in Magdeburg den ersten deutschen Tänzer-Kongreß und beteiligte Mary Wigman nicht daran. Dabei ging es bei diesem Kongreß gerade um die Einigung der in vielen kleinen Fraktionen zersplitterten Tänzerschaft.

Angesichts der zunehmenden sozialen Notlage der Tänzer/innen – es gab nicht annähernd so viele Stellen an Theatern, wie jedes Jahr Tänzerinnen und Tänzer ihre Examen ablegten, und die große Schar freiberuflicher Konzerttänzer lebte meist unter dem Existenzminimum – war Laban davon überzeugt, daß nur eine feste Organisation der Tänzerschaft Abhilfe schaffen könne. So wurde zum Jahresbeginn 1928 der »Deutsche Tänzerbund« gegründet.

Selbstredend, daß Mary Wigman und ihre Anhänger es nicht Laban und seinen Leuten allein überlassen wollten, die deutsche Tänzerschaft zu repräsentieren. Personelle und verbandspolitische Interessen verhinderten aber auch eine konstruktive Zusammenarbeit beider Lager. So waren nach dem Magdeburger Kongreß auch auf Wigmanscher Seite Bemühungen angelaufen, eine Organisation auf die Beine zu stellen, um wirkungsvoll die eigenen tanzpolitischen Ansichten vertreten zu können. Daher kam es ebenfalls Anfang 1928 zur Gründung der »Deutschen Tanz-Gemeinschaft e.V.«. Erster Vorsitzer: der Tanzschriftsteller und -kritiker Felix Emmel, als Vorstand: Mary Wigman, Valerie Kratina, Gret Palucca, Jutta Klamt, Margarete Wallmann und Yvonne Georgi. Zu den Mitgliedern gehörten u.a.: Ernst Ferand und Rosalia Chladek, Hellerau-Laxenburg, John

Schikowski, Berlin, Gustaf Jo Vischer-Klamt, Berlin, Dorothee Günther, München.

Nun besaß jedes Lager seinen eigenen Verband, die Rivalität war institutionalisiert, und der Kampf begann erst richtig. Beim zweiten deutschen Tänzerkongreß – von Kurt Jooss, dem erfolgreichsten der Laban-Schüler, nach Essen einberufen – fand die Auseinandersetzung ihren Höhepunkt. Kurt Jooss hielt den Einführungsvortrag »Tanztheater und Theatertanz«, in der Diskussion standen sich gegenüber: Mary Wigman mit einem Vortrag über absoluten Tanz und Theatertanz, André Levinson, Paris, »Das Prinzip des klassischen Bühnentanzes«, Rudolf von Laban »Tanztheater«, Hans Brandenburg »Tanzbühne oder Bühnentanz«, der Komponist Rudolf Wagner-Régeny »Tänzerische und musikalische Schriftdeutung«, der Ballettmeister Lasar Galpern »Der gefesselte Tanz« und Architekt Franz Löwitsch »Das ideale Tanztheater«. Allein in diesen Themen und der personellen Zusammensetzung des Diskussionsforums lag genug Zündstoff für heftige Auseinandersetzungen. Sie wurden nicht nur in den Kongreßräumen ausgetragen, sondern auch in bissigen Zeitungsartikeln. Dennoch erlaubte der Rahmen des Kongresses auch eine Annäherung der feindlichen Lager, und schließlich setzten sich Vertreter des »Tänzerbundes« unter Leitung von Laban und Vertreter der »Deutschen Tanzgemeinschaft« unter Mary Wigmans Führung an einen Tisch und schlossen »Waffenstillstand«.

Das »Berliner Tageblatt« berichtete erleichtert: »Der zweite deutsche Tänzerkongreß hat zu einem großen Erfolg geführt. Die beiden feindlichen Geschwister Wigman mit ihren Anhängern und Laban mit den seinen haben sich auf einer Plattform gegenseitiger Duldung und gemeinschaftlicher Arbeit in Fragen der Berufsorganisation und der Verhandlungen mit Behörden zusammengefunden. Diese Einigung, die nach heißen Meinungskämpfen und Ausschußdebatten endlich zustandegekommen ist, hat unter den 1200 Kongreßteilnehmern tiefe Befriedigung ausgelöst. Eine alte Fehde, die der Entwicklung der neuen Tanzkunst auf organisatorischem Gebiet sehr schädlich gewesen ist, scheint nun begraben zu sein.«

Ein Sieg für Mary Wigman, den sie als Sieg des absoluten Tanzes über den von Laban und Jooss propagierten Theatertanz betrachtete. Dennoch war die »Fehde« nicht begraben, sie flammte gleich danach in der Diskussion über die Errichtung einer deutschen Tanzhochschule wieder auf. Den Plan hatten Laban und Jooss vorangetrieben und ihn der Öffentlichkeit unterbreitet. Von der »Deutschen Tanz-Gemeinschaft« kam sofort heftige Opposition, schließlich hatte man bei der Einweihung der umgebauten Dresdner Wigman-Schule von der deutschen »Hochschule des Tanzes« gesprochen, und das sollte nicht in Vergessenheit geraten. Wieder ging es in der Fachpresse hoch her, bis sich im Herbst 1928 Mary Wigman und Rudolf von Laban entschlossen, dem ganzen ein Ende zu machen. In einer Aussprache unter vier Augen legten sie sich gegenseitig ihre Standpunkte noch einmal dar und kamen zu einer Einigung. Im Sitzungsbericht der Mitgliederversammlung der Deutschen Tanz-Gemeinschaft wurde vermerkt:

»Wie gern würde ich dir mal schnell erzählen, was und wie hier getanzt, geredet, gekämpft wurde. Es war schon rasend interessant. Aber ich bin auch so vernichtet von allen den Siegen, daß ich nicht mehr weiß, ob ich lebendig oder tot bin.« (aus einem Brief an Martha Reuther)

»Mary Wigman berichtet über eine Aussprache, die sie mit R. v. Laban persönlich gehabt hat und führt aus: Nachdem die Richtungen des künstlerischen Tanzes ihre pädagogischen und künstlerischen Ziele in Essen klar herausgestellt haben, brauchen sie sich nicht mehr zu bekämpfen. Sie müssen vielmehr in Zukunft die Kraft haben, nebeneinander zu gehen. Besonders in der Frage der Tanzhochschule sei einheitliches Vorgehen geboten. Denn ihre Verwirklichung bedeute die öffentliche und staatliche Anerkennung des Tanzes als Kulturfaktor. Die tänzerische Idee müsse diese Legitimierung durch eine Tanzakademie erfahren, die auf der Grundlage der Meisterateliers zu errichten sei und keineswegs die Arbeit der bestehenden tänzerischen Ausbildungsstätten überflüssig mache.«

Mary Wigman und Rudolf von Laban verfaßten ein Protokoll ihrer Unterredung, das wie das Dokument eines Friedensschlusses in allen Fachzeitschriften veröffentlicht wurde: »Berlin, den 7. Dezember 1928. Um allen gegenteiligen Meinungen und Diskussionen ein Ende zu bereiten, haben sich Mary Wigman und Rudolf von Laban entschlossen, folgende Erklärung abzugeben: ›Wir sind beide der Überzeugung, daß die Errichtung einer deutschen Tanzakademie dringend notwendig ist, und daß wir die Verwirklichung dieser Idee in jeder Weise gemeinsam fördern wollen. Die beiderseitigen künstlerischen Intentionen und pädagogischen Bestrebungen bleiben unangetastet.‹«

In dieser langen Auseinandersetzung sah sich Mary Wigman manchmal auf ziemlich verlorenem Posten, fühlte ein wenig die Angst des »Zauberlehrlings«. – An Martha Reuther schreibt sie:

»Weißt Du, was es heißt, an irgend einer Stelle seines Wesens immer ein schlechtes Gewissen haben zu müssen? Tatsächlich gehöre ich zu diesen belasteten Existenzen, die bei allem fanatischen Wollen und Schaffen nie restlos entlastet und vor sich selber frei sind. Jahrein, jahraus wächst und verbreitert sich das Arbeitsgebiet, über einzelne Menschen hinaus knüpfen sich die Fäden zu größeren Bezirken, aus einer kleinen familienhaft empfundenen Gemeinde werden Gemeinschaften, erweitern sich zu Verbänden und Organisationen großen Stils. Und immer wieder laufen die Fäden zusammen und zurück auf den Ausgangspunkt, auf den einen Menschen, der nun nicht mehr nur das Amt der geistigen Führerschaft zu verwalten hat, sondern darüber hinaus als exponierter »Anführer« verantwortlich gemacht wird. Sonderbarer Lauf! Und die Verantwortung oft zu schwer!

Um so mehr als man einstehen muß auch für all die Dinge, die im Namen des Führers geschehen, nicht mehr sein Wille sind, nicht mehr sein Tun, für die er aber kraft des Namens zu zeichnen hat, ob er sie sanktioniert oder nicht. Man kann das ›Zuviel‹ nicht mehr verhüten, das ›Zu wenig‹ nicht mehr kontrollieren, muß stillschweigend den Kopf auf den Block legen können und auf sich nehmen, was verhängt ist.«

Um jede Auseinandersetzung von vorneherein auszuschließen, bildeten beide Verbände einen »Paritätischen Ausschuß der Gesamttänzerschaft«, dem auf der einen Seite Rudolf von Laban, Eugen Friedebach, Olga Brandt-Knack, Lizzie Maudrik, Martin Gleisner angehörten, auf der anderen Seite Mary Wigman, Felix Emmel, Ernst Ferand, Gret Palucca und Margarete Wallmann.

Trotz der Abmachung, fortan gemeinsam vorzugehen, reichte Laban im Frühjahr 1929 der Stadt Berlin einen unabhängigen Entwurf für eine Tanzhochschule ein, was natürlich die entrüsteten Wigman-Anhänger auf den Plan rief. In ihrem Fachorgan erklärten sie: »Natürlich haben Pläne zu einer Tanzhochschule, an denen die Deutsche Tanz-Gemeinschaft e. V., in der die produktiven Kräfte des neuen Tanzes fast vollzählig vertreten sind, nicht mitgearbeitet hat, keine Aussicht auf Verwirklichung.«

Die Berliner Behörden begriffen schnell, in welches Wespennest sie geraten waren, schickten dem »Tänzerbund« das Exposé zurück und wandten sich offiziell an den »Paritätischen Ausschuß« mit der Bitte um neue Vorschläge für eine Tanz-Hochschule. Die wurden schließlich von einem Gremium beider Verbände ausgearbeitet und beim dritten Tänzer-Kongreß 1930 in München – der natürlich paritätisch vorbereitet wurde – der Öffentlichkeit bekannt gegeben. Damit war vorerst Ruhe zwischen den Fronten Laban – Wigman.

Schmerz und Trauer über den Verlust der Tanzgruppe und Hoffnung und Freude auf neue, aufregende Projekte beschäftigten Mary Wigman im Sommer 1928. Beim Tänzerkongreß in Essen hatte sie den Schweizer Dichter Albert Talhoff kennengelernt, der mit einem großen Bewegungschor ein Wort-Tanz-Bewegungsdrama zeigte. Mary Wigman war sehr beeindruckt. Während der Sommerferien in der Schweiz trifft sie ihn wieder, und Pläne für eine Zusammenarbeit werden geschmiedet. Talhoff hat ein spätexpressionistisches Versdrama mit dem Titel »Totenmal« verfaßt, eine hymnische Huldigung an die Gefallenen des Weltkrieges, und möchte dieses Werk in einer großen chorischen Inszenierung mit Mary Wigman als Choreographin auf die Bühne bringen. Ein verheißungsvolles Projekt, vor dem Mary Wigman aber auch scheut. Sie hat noch nie chorisch gearbeitet, nur einmal, bei der Schuleinweihung 1927, hat sie eine Tanzklasse mit 75 Schüler/innen als chorische Gruppe einstudiert. Außerdem ist das Talhoffsche Werk in seiner Wortgewalt emotional so aufwühlend, daß sie zwar sehr verlockt ist, tänzerische Gestaltungen dafür zu entwerfen, aber noch überhaupt keine Vorstellungen hat, wie das inhaltlich anzugehen wäre.

Mindestens ebensoviel Angst und noch mehr lustvolle Neugier bietet eine andere Begegnung in der Schweiz. Sie trifft dort den amerikanischen Konzertmanager Sol Hurok, den einflußreichsten und wichtigsten Impresario der amerikanischen Kulturszene. Er hat schon Isadora Duncan und die Pawlowa nach Amerika geholt und interessiert sich nun für die deutsche Tänzerin, von der man so viel spricht. Das erste Zusammentreffen verläuft in angenehmer Stimmung. Zwar wird noch nichts Konkretes besprochen, aber der Kontakt ist hergestellt. Amerika – für Mary Wigman ist es schon seit langem ein Zauberwort. Ein riesiges Land, das es dem freien Tanz zu erobern gilt. Welche Herausforderung! Dabei schrecken sie auch die ersten Erfahrungen mit dem angelsächsischen Publikum nicht ab. Schließlich ist Amerika anders als England! Im Sommer 1928 hatte sie nämlich ihr erstes Gastspiel in London gegeben, das sie, nach eigenen Worten, aus *»Prestigegründen«* absolvierte. Eine Matinee, die *»für die Engländer fabelhaft, für mich aber zum Weinen war.«* Martha Reuther schreibt sie nach dem Auftritt:

Ein Engagement-Angebot: »Die Diseuse ist vertreten wie der Musikclown, der Zauberkünstler wie die Tiller-Girls, und Mary Wigman müßte eben zwischendrin auch tanzen.« Der Vertrag geht unausgefüllt zurück.

»Ich kam mir vor, als wäre ich, als Pferd aus einem erstklassigen Rennstall, plötzlich gezwungen, das Derby im Zirkus mit Zirkuspferden zu laufen! Herrgott, ist das ein amusisches Volk, diese Angelsachsen. Müßtest hören, wie die Musik machen! Dabei fehlt ihnen die amerikanische Geschicklichkeit und die Freude am Spielen um des Spielens willen.

In meine Drehmonotonie haben sie aus Begeisterung mitten hinein applaudiert. Und dann bis zum Schluß durchgeklatscht! Das war Erfolg! Aber mir saßen bei allem Willen zur Nüchternheit die Tränen ganz lose. Dabei habe ich gerade ein Engagementsangebot an das ›Coliseum‹ erhalten. Die feudalste Londoner Music-Hall! Ich quäle mich, ob ich, zum ersten Mal in meinem Leben, zu so etwas Ja sagen soll oder nicht. Wenn auch tausendmal die Pawlowa dort tanzt, Kreisler spielt, so ist und bleibt es eben doch Variété, und man ist eine Nummer unter vielen; die Diseuse ist vertreten wie der Musikclown, der Zauberkünstler wie die Tiller-Girls, und Mary Wigman müßte eben zwischendrin auch tanzen. Na, ich werde es noch in Ruhe überlegen.«

Die Ruhe findet sie in den Sommerferien nicht. Mit Binswanger fährt sie ans Mittelmeer, an den Genfer See und ins Engadin, aber nirgends kann sie abschalten. Zu sehr halten die emotionalen Spannungen der Gruppenauflösung, der Ereignisse beim Tänzerkongreß und die Fragen nach der wirtschaftlichen Zukunft für Schule und eine eventuelle neue

»Die Maske löscht den Menschen als Person aus.... Und würde man mitten in der Darstellung dem Tänzer plötzlich und unerwartet die Maske vom Gesicht reißen, so würde das preisgegebene menschliche Antlitz dem Besucher mit den Zügen der Maske entgegensehen.« Vorbereitung zum »Hexentanz« während des Gastspiels in London, 1928; im Hintergrund das Tanzkostüm.

Gruppe sie gefangen. Der Vertrag fürs Londoner Coliseum geht unausgefüllt an den Absender zurück.

Die Tänze, die aus den vielen widersprüchlichen Erfahrungen des Jahres 1928 in Uttwil entstehen, spiegeln die emotionalen Turbulenzen von Trauer und Kampf, von Leid und Erfolg, von Sehnsucht, Hoffnung und Zukunftsängsten wider. Es sind Tänze, die das Spiel von Gegenkräften zum Inhalt haben – kämpferische Auseinandersetzung und Hingabe wie in der »Ballade« oder der »Spanischen Suite« und Tänze voll quälender Bilder wie in den drei Tänzen, die neu zum Zyklus »Visionen« hinzukommen. Diesen Zyklus präsentiert Mary Wigman auf der Herbsttournee zum erstenmal mit sechs Einzeltänzen. Er bildet als »Gestaltung aus menschenfernen Reichen«, wie eine Kritikerin schreibt, den Kernteil des neuen Programms.

Artur Michel: »Eine Schar unseliger, ruheloser Erscheinungen ist es, die Mary Wigman hier in tänzerische Gesichte gebannt hat: Ausgeburten einer Phantastik, wie andere sie nur in furchtbaren Angstträumen abwehrend erleben. Je mehr dieser Gestalten wir sahen, um so staunenerregender schien uns, daß ihre Verschiedenartigkeit in Erscheinung und Geste so groß war, als stiegen sie aus einander völlig fremden Welten herauf. Kein Weg führt von der einen Gestalt zur anderen. Keine Geste, keine Haltung, kein Thema des einen Tanzes kehrt in einem der anderen wieder. Ein unerhörter Phantasiereichtum schöpft aus nie versiegenden Quellen.«

Die drei neuen Tänze dieses Zyklus sind die »Feierliche Gestalt«, die »Gespenstische Gestalt«, die zuerst noch den Titel »Erscheinung« trägt, und die »Raumgestalt«, letzterer schon eine Vorstudie zum »Totenmal«. Die »Feierliche Gestalt« ist ein ins streng Zeremonielle, Kultische gehender Tanz, der, wie Artur Michel schreibt, »der Tänzerin Sendung selber und ihre(r) Hingabe an dieses tragische Amt hier Gestalt« verleiht. Eine Zelebration der Berufung. Dagegen sind die beiden anderen »Visionen« von mehr transzendentalem Charakter. Nicht mehr die menschliche Gestalt, die Priesterin, existiert hier, sondern eine sich in der Tänzerin darstellende, übermenschliche Erscheinung – ein Alp aus der »Unterwelt des Außermenschlichen«, wie Artur Michel schreibt, ein Wesen, dessen menschliche Gestalt durch das Kostüm verzerrt ist und das bedrohlich die meterlangen Ärmel des Gewandes wie Fangstricke in den Raum schleudert: »Das Überlebensgroße dieses Gespenstes wird noch gesteigert durch die Erweiterung der Gestalt in den Raum hinaus mittels des Gewandes. Das bleiche, den Kopf (aus dem nur die schwarzen Augenhöhlen totenkopfartig hervorstarren) und den schmalen Leib schleppend verhüllende Kleid ist mit weiten, bis auf den Boden fallenden Ärmeln versehen; dadurch, daß die rastlos tappende, zuckende, schleifende, schleudernde Bewegung dieses Tanzes vom Unter- und Mittelkörper her in die Arme hineinschießt, empfängt der Tanz der von dem wilden Wirbel der Bewegung mitgerissenen, verlängerten Ärmel grausige Unheimlichkeit.«

»Ausgeburten einer Phantastik, wie andere sie nur in furchtbaren Angstträumen abwehrend erleben.«

Auch die »Raumgestalt« ist in ihrer Stimmung vom Gefühl des Getriebenseins, der rasenden Steigerung bis zum Zusammenbruch gezeichnet. Wieder dient das Kostüm ähnlich wie eine Maske dazu, das persönliche, individuelle Moment zurückzudrängen, die menschliche Gestalt in ein Raumbild aufzulösen. Eine vier Meter lange, doppelt gelegte Stoffbahn aus roter Seide und silbergrauem Samt war an der einen Seite an den Saum des weiten Tanzkleides angenäht, an der anderen Seite von einem mit Blei gefüllten Holzstab gehalten, durch den sie beim Tanzen bewegt werden konnte. »Wie ein gewaltiger Märchenvogel steht die Tänzerin in Seitenansicht mit vorgestrecktem rechtem Arm, von dessen Verlängerung flügelartig ein breites Tuch nach dem Nacken sich schwingt, da. Ein drohendes Vorstoßen, ein Drehen, ein neues Vorstoßen. Nun entfaltet im drehenden Tanz der sich drehende Arm das Tuch fahnenartig zu einem mächtigen, die ganze Gestalt umschwingenden Bogen. Im Drehtanz wölbt sich die riesenhafte Fahne bald in Kopf-, bald in Kniehöhe um die tanzende Gestalt, bald flammt sie hoch in mächtigem Bogen über ihrem Haupt. So steigert sich der Tanz zu immer leidenschaftlicherem, gehetzterem Schwung. Das Ende ist Hinstürzen, Zusammenbruch.« (Michel)

Mit den »Visionen« schließt Mary Wigman das in viel innerer und äußerer Unruhe verbrachte Jahr 1928 ab, der letzte Abschnitt der erfolgreichen Jahre vor der nationalsozialistischen Machtergreifung beginnt.

Das »Jazz-Zeitalter« läuft auf vollen Touren. Charles Lindbergh hat 1927 den Atlantik überflogen. Aus Hollywood kommt der erste Tonfilm auf die Leinwand. Die Tiller-Girls der Haller-Revuen in Berlin paradieren nackte Beine. Maurice Ravel komponiert den »Bolero« und Walt Disney bereichert die Welt um »Mickymaus«. »Der Neger hat sein Kind gebissen« heißt der Gassenhauer der Saison, der »One-Step«-Song »Valencia« geht um die ganze Welt, und Mary Wigman fliegt mit der vor zwei Jahren gegründeten »Lufthansa« nach Berlin.

Von den politischen Ereignissen in Deutschland nimmt sie wenig Notiz. Daß bürgerliche, sozialdemokratische und kommunistische Parteien um die Herrschaft im Lande streiten und die NSDAP Stimmen gewinnt, liest sie zwar in der Zeitung, aber um was es im einzelnen geht, interessiert sie wenig. Parteiprogramme kümmern sie nicht, sie sieht nur das Elend der Menschen, dem sie auf ihren Gastspielreisen begegnet. Sie trifft stellenlose Arbeiter, marschierende Nazis, agitierende Kommunisten und die Bürger in ihrer Ängstlichkeit um die gerade erworbene Wohlhabenheit. An der wirtschaftlichen Lage der Dresdner Schule, an den Klagen der Zweigschulleiterinnen, an den Berichten der Schüler/innen kann sie die spürbar zunehmende ökonomische Krise in Deutschland ablesen. 1929 hält sich zwar alles noch in erträglichem Rahmen, aber ab 1930 werden die Auswirkungen des »Schwarzen Freitags« existentiell.

1929 ist für Mary Wigman ein Jahr der Klärung und Zuversicht. Zunächst einmal verschwindet der Druck wegen des »Totenmal«-Projektes. Im Februar sagt die Stadt München zwar ihre finanzielle Unterstützung der für August 1929 geplanten Aufführung zu, aber als der Tänzerkongreß, der den Rahmen dazu bieten sollte, auf 1930 verlegt wird, ist auch die Premiere um ein Jahr aufgeschoben. Eine große Erleichterung.

Noch eine große Sorge fällt in diesem Jahr von ihr ab: sie findet einen gleichwertigen Ersatz für Will Goetze. Der Gedanke an seinen Weggang hatte sie im vergangenen Jahr sehr bedrückt, doch als definitiv wird, daß Will Goetze zu Ostern als Operndramaturg und Kapellmeister nach Essen übersiedelt, ist sein Nachfolger bereits eingearbeitet. Goetze hatte empfohlen, den jungen Pianisten Hanns Hasting, wie er ein Schüler Paul Arons, aus der Berliner Wigman-Schule nach Dresden zu holen und hatte ihn selbst in die Arbeit eingeführt. Mary Wigman findet mit ihm schnell eine gute Verständigungsebene und gewinnt Vertrauen in seine künstlerischen Fähigkeiten. Die Musik zum Zyklus »Schwingende Landschaft« wird ein erster Beweis davon.

Goetzes Stelle als Co-Direktor der Wigman-Schule – gemeinsam mit Mary und Elisabeth Wigman – übernimmt Hanya Holm, auf die Mary Wigman sich ohnehin blind verlassen kann.

Auch ein anderes Problem findet eine Lösung: Unstimmigkeiten über die Tätigkeit von Ernst Schlegel als Verwaltungsrat der Schule hatten die Zusammenarbeit nach dem Schulumbau und der Auflösung der Gruppe schwierig gemacht. Es kommt zum Zerwürfnis, das Anfang 1929 mit Schlegels Rücktritt von seinen Funktionen endet.

Zugleich stellt sich die beunruhigende Frage nach einer Nachfolge, denn die ständig gefährdete wirtschaftliche Situation der Schule macht einen guten Geschäftsmann in der Verwaltung erforderlich. Auch diese Frage findet schnell eine äußerst befriedigende Antwort in der Person eines Fabrikingenieurs aus der Nähe von Dresden. Er ist ein guter Freund von Hanya Holm und von daher mit den Problemen der Wigman-Schule aufs engste vertraut. Die ehrenamtliche Aufsicht über die Schulverwaltung zu übernehmen, ist ihm ein schönes Freizeitvergnügen. Damit tritt ein Mann in Mary Wigmans Leben, der die nächsten dreizehn Jahre darin eine herausragende Rolle spielen wird: Hanns Benkert. Vorerst begegnen sie sich noch auf rein freundschaftlicher Ebene. Sie schätzt seine ruhige, zielgerichtete Denkweise und weiß die Schule in besten Händen.

Als im Mai der amerikanische Manager Sol Hurok sie in Berlin zu einer Unterredung bittet, ist das Glück perfekt: Im Dezember 1930 soll sie zum erstenmal in die USA reisen – der Vertrag wird gleich an Ort und Stelle aufgesetzt.

»Und weil es Höhe braucht, braucht es Stufen und Widerspruch der Stufen und Steigenden! Steigen will das Leben und steigend sich übewinden.« (Nietzsche)

Zehn Jahre sind vergangen, seit Mary Wigman zum erstenmal einen Tanzabend in Deutschland nach dem Krieg gab. Zehn Jahre Kampf um den freien, den absoluten Tanz. Zehn Jahre Sieg und Niederlage, Lust und Leid, Ende und Neubeginn, Anerkennung und Erfolg. Mit einer glanzvollen Veranstaltung im Dresdner Vereinshaus begeht sie den zehnten Jahrestag ihres ersten Auftritts. Ins Berliner Nobel-Hotel Bristol bitten im November der Reichskunstwart und der Dezernent für Tanzfragen im Reichskultusministerium zum Ehrenempfang für die große Tänzerin. Vertreter von Stadt und Regierung sind anwesend, die Tänzerinnen der ersten Gruppe, von Palucca bis Trümpy und Skoronel treffen sich zum traulichen Gruppenfoto. Glückwünsche aus aller Welt und Tausende von

Beklemmende Heftigkeit, magische Erregung, Beschwörung: »Anruf« aus dem Solo-Zyklus »Schwingende Landschaft«, 1929 (mit Probenkostüm). Foto: Charlotte Rudolph.

Blumen füllen die Tische. Mit 43 Jahren hat Mary Wigman den Gipfel ihrer Laufbahn erreicht. Sie feiert den Sieg.

Der Tanzzyklus »Schwingende Landschaft« ist für sie selbst so etwas wie der krönende Abschluß der zwanziger Jahre. In den Dreißigern will sie weitere Gipfel erstürmen. Wie hat sie bei Nietzsche gelesen: »In die Höhe will es sich bauen mit Pfeilern und Stufen, das Leben selber: in weite Fernen will es blicken und hinaus nach seligen Schönheiten – darum braucht es Höhe! Und weil es Höhe braucht, braucht es Stufen und Widerspruch der Stufen und Steigenden! Steigen will das Leben und steigend sich überwinden.«

Die Solotanzreihe der »Schwingenden Landschaft«, die mit zu Mary Wigmans Lieblingswerken zählt, ist eine unmittelbare Reaktion auf die sommerliche Urlaubsreise dieses Jahres. Es sind Tänze, die ganz direkt durch Erlebnisse und Erfahrungen auf der Reise ausgelöst wurden und die doch über den landschaftlichen Bezug hinaus wiederum jeweils einen charakteristischen Zug von Mary Wigmans Weltsicht wiedergeben.

Die Reise beginnt im Juli in Dresden und führt durch den Schwarzwald nach Frankreich. Per Auto gelangen Mary Wigman und Binswanger über die Rheinbrücke bei Kehl ins Elsaß, fahren quer durch Frankreich an die Biskaya, über die Pyrenäen nach Pamplona, dann in die Provence, nach Carcassonne, Lourdes und Marseille, schließlich an der Mittelmeerküste

Besinnung, Gedanke, Traum, libellenleichte Bewegung – »Pastorale« aus dem Solo-Zyklus »Schwingende Landschaft«, 1929. Foto: Charlotte Rudolph.

Dämonische, dunkle, weltumkrallende Mächte – »Gesicht der Nacht« aus »Schwingende Landschaft«, 1929. Foto: Charlotte Rudolph.

Kraft, Macht, Stolz – der Sieg der Selbstbehauptung: »Festlicher Rhythmus« aus »Schwingende Landschaft«, 1929.
Foto: Charlotte Rudolph.

entlang und über die Schweizer Alpen nach Uttwil. Die Stationen dieser Reise geben den Tänzen der »Schwingenden Landschaft« ihren Hintergrund.

Die Eindrücke der ersten Begegnung mit Frankreich nach dem Krieg finden sich im ersten Tanz des Zyklus »Anruf«, das »Seraphische Lied« vereint die Bilder des Straßburger Münsters, des Isenheimer Altars in Colmar und der religiösen Intensität von Lourdes, im »Gesicht der Nacht« hat der Besuch eines verlassenen, einsam gelegenen deutschen Soldatenfriedhofs in den Vogesen seinen Niederschlag gefunden. Die »Pastorale« verherrlicht die sonnendurchflutete Landschaft am Meer, der »Festliche Rhythmus« die gespannte Atmosphäre eines Stierkampfs in Spanien. In den »Sommerlichen Tanz« fließt die Lebensfreude in der farbenspielenden Landschaft der Provence, und das »Sturmlied« gestaltet den Eindruck von der Macht der Naturgewalten angesichts der Bergwelt von Pyrenäen, Alpen und einem Unwetter in den Vogesen. Die »Zigeunerweisen« schließlich lassen der eigenen lustvollen Zügellosigkeit im Reisen freien Lauf und übernehmen zugleich die wehmütig-melancholische Romantik der Zigeunerkarawanen auf den Straßen des Südens.

Auf einer zweiten Ebene haben alle Tänze ein Stück Selbstreflexion zum Inhalt und sind in ihrem dramaturgischen Aufbau und philosophischen Rahmen wie ein Katalog der in Mary Wigmans Gesamtwerk dominierenden Motive. Die ersten beiden Tänze des Zyklus, »Anruf« und »Seraphisches Lied«, führen gleich zu Mary Wigmans Selbstverständnis, als Tänzerin eine priesterliche Aufgabe zu erfüllen, Dienerin ihrer Kunst zu sein. Im Programmheft steht zu den ersten zwei Tänzen:

»›Anruf‹ – ein kurzer Tanz voll beschwörend-bannender Leibgebärde. In magischer Erregung ruft eine druidenhafte Priesterin Segen und Mitwirkung der oberen Geister herbei, gibt sich hin und vereint sich – jede Bewegung und Gebärde mit beklemmender Heftigkeit ausgeformt und zur letzten Kraft gesteigert – dem Übermenschlichen.

Dem folgt das Ritual, die priesterliche Zelebration, das Kultisch-Feierliche; ›Seraphisches Lied‹ – Die Vision eines ›Seraphs‹ (Engels). Im Bereich höchster Frommheit, die nichts anderes kennt als demutvolle Verzückung, Hingabe, huldigende Leibseele, anbetenden Seelenleib, volle Sternenferne von allem Irdischen und Geschäftigen, da das Wort verstummt und der himmlische Tanz stumm alles Innerliche mit sanfter und dringlicher Sprache aussagt.«

Zwei Tänze, in denen das »Instrument«-Sein im Mittelpunkt steht, die höchste Stufe tänzerischen Welterlebens. Diesen Zustand zu erreichen, ist Ergebnis eines ständig geführten Kampfes am Scheidepunkt zwischen menschlicher und übermenschlicher Existenz. Kampf zwischen den Mächten des Guten und des Bösen, zwischen dem Dunklen und dem Lichten.

Der dritte Tanz des Zyklus, »Gesicht der Nacht«, zählt zu den »dämonischen« Tänzen, ist Konfrontation mit »dunklen« Mächten: »Die Nacht selbst, in Gestalt verdichtet, betritt den dunkelnden Plan. Breitet sich erobernd-schleichend aus über das Land. Keine süße, mondschein-selige Sommernacht. Grauenschwanger, verbrechendrohend, furchtverbreitend tappt sie einher. Wirft sich bald empor zu Herrschtaumel und Siegwut, trunken von lichtfeindlicher, güte- und menschlichkeitbarer, weltumkrallender Macht über das irdische Gefilde. Eine Phantasmagorie allmenschlicher Erlebnisschrecken.«

Der Tanz »Pastorale« führt als Lösung der in den drei vorangegangenen Tänzen aufgebauten Spannung zur heiter-gelassenen, diesseitigen Gefühlswelt zurück. »›Ich liege still im hohen grünen Gras.‹ Spiel des Lufthauchs in Rispen und Blüten, Spiel der Wolken darüber hin. Besinnung, Gedanke, Traum in einem Schweifen über die atmende Welt. Stumme Beseligtheit, wortlose Verschwisterung mit dem Lebend-Wortlosen. Reigen – Selbstgenuß und Weltgenuß in libellenleichter Bewegung — Schlaf —– Entrückung.«

Ein leichter, lyrischer Tanz, von einem Hauch Melancholie umweht. Sanftheit als Stimmung. Der Stille folgt als Kontrapunkt der Kampf. Kraft, Machtbewußtsein und Stolz geben dem »Festlichen Rhythmus« seine Form. Ein Sieg findet statt. Der Sieg der Selbstbehauptung.

»Eine Herrscherin. Herrschgewaltige Überlegenheit, die sich spielt und ausspielt. In Kampfhaltung und Machtgebärde schwelgend, feiert festlich gestimmte Größe sich selber. In schwierigen, doch ausdrucksvollen Rhythmen lebt Hoheit sich aus.«

Der Körper der Tänzerin in stolzen Posen aufgerichtet, gerade, in gehaltener Spannung, den Blick von oben herab. Ein Tanz, der auf den Besuch eines Stierkampfes in Pamplona zurückgeht. Ein Fest der Männer. Das Ritual, ein Kräftemessen von Mensch und Tier, die ungebundene Naturkraft gegen den sich geistiger Überlegenheit rühmenden Menschen. Demonstration des Machtbewußtseins, Verherrlichung des Siegenden. Die formelle Zeremonie des Kampfes, die Klarheit des Rituals geben die Richtlinie für die choreographische Formulierung des Tanzes: scharfe Konturen, dynamische Spannungen des Körpers, rhythmische Wechsel im Raum.

»Sommerlicher Tanz«: »Gebärden, so als wollten sie sagen: Nimm uns nicht zu ernst, wir sind nicht von Dauer.«

Ist die Zielrichtung des »Festlichen Rhythmus« Sieg durch Zerstörung, ist der »Sommerliche Tanz« die Ergänzung – das Wiederaufleben, die Wiedergeburt nach dem Tod. Nach dem männlich bestimmten Prinzip des Todes jetzt das weiblich geprägte Prinzip des Lebens: »Sommergöttin segnet die tragende Erde, durchschauert von Fruchtbarkeit und Wollust. Spendet Lächeln und Liebe den Kindern von Sonne und Wind. Vermählt sich allem Wachstum und sinkt der geliebten Erde hingebend zu.« Ein Liebeslied, nicht an einen bestimmten Menschen gerichtet, sondern an die

Natur, an die Existenz, an das reife Gefühl unendlicher Fülle. Für Mary Wigman auf dem Höhepunkt ihrer Laufbahn wie ein Blick auf den eigenen Erfolg.

Die Intensität dieses Erlebens eigener Blüte, des Besitzes der vollsten und reichsten Kräfte, die im »Sommerlichen Tanz« nach innen genommen, verhalten getanzt werden, toben sich im folgenden, vorletzten Tanz des Zyklus, »Sturmlied«, nach außen aus. Wieder ein Tanz, der die Kraft feiert, die elementare Naturgewalt: »Die Windsbraut selber – in Schwingung und Sprung, Kaskaden, Wirbeln und Schleudertanz – saust, fegt, rast über das keuchende Land, donnernd von Lust der Bewegung, frei, kühn, urgeboren in jubelnder Laune, fessellos und liebestoll.«

»Sturmlied«: »Ein Furioso, ein Bacchanal, ein lustvoller Aufschrei des Geschöpfes, das sich den entfesselten Elementen preisgibt.«

Der Tanz führt den »Festlichen Rhythmus« und den »Sommerlichen Tanz« bis zur Grenze zwischen Irdischem und Überirdischem weiter. Die Konturen des menschlichen Körpers lösen das Kostüm – einen weiten, brandroten Chiffon-Mantel, auf, eine rote Schleiermaske bedeckt das Gesicht. Es gilt allein die Bewegung im Raum.

Ein Aufatmen nach der spannungsvollen Dynamik dieses Tanzes bringt der Ausklang des Zyklus in den »Zigeunerweisen«, die noch einmal die Lebenslust zum Inhalt haben, Lust, zu der das Leid, die Trauer als unabdingbarer Bestandteil dazugehört: »Spiel der Lust, des Begehrens und Versagens, der Hingabe, des Außersichgeratens in hundert Formwandlungen – Leid und Trotz, Beklemmung in Angstphantasien, erbitterte Ergebenheit in schlimmes Schicksal. – Helle Lebenslust.«

Die »Schwingende Landschaft« bleibt zeit ihres Lebens der liebste Solotanzzyklus, denn in den Stimmungen der acht Teile liegt, wie sie in der »Sprache des Tanzes« sagt, »*die überschäumende Fülle, die voll strömende und strahlende Kraft, die dem Menschen wohl nur einmal in seinem Leben gegeben ist, in der Zeit, in der er, wie die hochsommerliche Sonne, im Zenit seiner Schaffenskraft, im Sommer seines eigenen Lebens steht*«.

Die sommerlichen Gefühle, die Mary Wigman in diesem Herbst 1929 choreographiert, werden allerdings schon bald von heftigen Erschütterungen gestört. Wieder geht es um Tanzpolitik. Die Fronten Laban– Wigman sind zwar beruhigt, aber die Anhänger beider Lager nach wie vor recht unversöhnlich. Der Kampf wird weiterhin – wenn auch nicht mehr so offen – in den Feuilletons der Zeitungen ausgetragen, wo die zum einen oder anderen Lager zählenden Kritiker die jeweils andere Seite mit abfälligen Kritiken bedenken.

Ende 1929 gibt es für die Zeitungsautoren eine Gelegenheit, den Fehdehandschuh erneut aufzugreifen. Diesmal steht neben der alten Diskussion um Theatertanz und Tanztheater noch eine andere ästhetische Frage – die nach der Stellung des klassischen Balletts in Deutschland. Am 14. November 1929 gibt der Ballettmeister der Berliner Staatsoper seinen Rücktritt bekannt und erklärt, daß er »nicht gewillt ist, sein künstlerisches

Schaffen den hiesigen tanzpolitischen Interessen anzupassen«. Max Terpis, der einer der ersten Schüler Mary Wigmans in Dresden war, hatte sechs Jahre lang den Ballettmeisterposten am ersten Opernhaus des Deutschen Reiches inne und resigniert, weil er für seine klassische Ballettarbeit im eigenen Haus und bei seinen Dienstherren keinen Rückhalt mehr findet. Sein Rücktritt erfolgt nur eine Woche nachdem die Reichsregierung sich auf dem glanzvollen Empfang zu Mary Wigmans Jubiläum gleichsam solidarisch mit dem freien Tanz erklärt hat. Die offizielle Ehrung von Mary Wigman ist allgemein als kulturpolitischer Akt verstanden worden, der im Licht von Max Terpis' Rücktritt eine brisante Bedeutung bekommt. Die Anhänger des klassischen Balletts gehen auf die Barrikaden. In langen Zeitungsspalten ist von der »Diktatur der Wigmänner« die Rede und vom »gefährlichen Wind von oben«. Auch die Kritiker aus dem Laban-Lager schimpfen vorsichtshalber und warnen vor einer Berufung Mary Wigmans als neue Ballettmeisterin. Aber die hat gar keine Lust, sich in den Zeitungskrieg einzumischen. Es schmeichelt ihr zwar, daß man ihren Namen in Zusammenhang mit dem höchsten Tanzposten des Staates in Verbindung bringt, zumal auch Laban als möglicher Nachfolger erwähnt wird, aber an eine ernsthafte Kandidatur denkt sie nicht.

Ballettmeisterposten zu besetzen – aber ohne die »Diktatur der Wigmänner«.

Der polemische Stil mancher Artikel behagt ihr gar nicht, solche Art Reklame hat sie nicht nötig, und sie ist froh, als der Rummel endlich abebbt. Daß aber ausgerechnet Laban den Posten des Ballettmeisters übernimmt, trifft sie doch. Andererseits – sie traut ihm keine künstlerischen Höchstleistungen als Ballettmeister zu, warum also sich aufregen?!

Sie hat auch gar keine Zeit dazu, drei Monate ist sie wieder auf Tournee, und zwischendurch, im November 1929, erfüllt sie sich einen langgehegten Wunsch: sie macht den Führerschein. Im Jahr ihrer Geburt war gerade die erste Benzinkutsche konstruiert, jetzt gehören Autos längst zum alltäglichen Straßenbild. Die Fahrprüfung besteht sie mit ein wenig Glück, Rückwärtsfahren ist nicht ihre Stärke, aber der Prüfer hat Verständnis. Der neuen Leidenschaft ist sie sofort verfallen. Gleich nach dem Führerschein folgt nämlich die Verwirklichung eines weiteren Traums – ein Mercedes-Kabrio, in dem man bei aufgeklapptem Verdeck den Rausch der Geschwindigkeit so richtig genießen kann.

Das Jahr 1929 hat für sie viel Positives enthalten, aber ein Wermutstropfen ist auch dabei. Sie trennt sich von Herbert Binswanger. Nach der unbeschwerten Sommerreise ziehen sie die Konsequenz aus ihrer beiderseitigen Erkenntnis, daß sie beide sich in den sechs Jahren ihrer Partnerschaft persönlich entwickelt und verändert haben und mittlerweile auf sehr verschiedenen Standorten angelangt sind. Die Lebensentwürfe von Tänzerin und Nervenarzt liegen so weit auseinander, daß sie beide nicht mehr die Energie aufbringen, die ständig präsenten Gegensätze zu überbrücken. Es tut weh, sich voneinander zu lösen, gewohnte Vertrautheit plötzlich in Fremdheit gewandelt zu sehen, aber es gibt keinen anderen Weg. Außerdem ist da inzwischen ein anderer Mann – nur, daß sie in den verliebt ist, will sie sich noch nicht eingestehen...

»Totenmal« – die irrationale Welt des Tänzers, Andeutungen, Ahnungen, seelische Schwingungen, läßt sich beschreiben, durch die Sprache aber nicht ersetzen.

1930 ist ein ausgesprochen turbulentes Jahr. Die Pläne für die Choreographie zu Albert Talhoffs »Totenmal« sind so weit gediehen, daß Mary Wigman mit der Auswahl der daran beteiligten fünfzig Tänzerinnen und Tänzer beginnen kann. Sie kommt sich dabei wie in einer Schlangengrube vor. Wen immer sie auswählt, sie zieht den Neid und das Geschrei anderer auf sich, die nicht teilnehmen dürfen. Briefe, Besuche, Anrufe – ob sie Zweifel an der künstlerischen Kompetenz habe..., ob etwas Persönliches vorgefallen sei, das einem Engagement im Wege stünde..., ob die mit Glanz bestandene Diplomprüfung ihr entfallen sei..., Mary Wigman hat ziemlich schnell die Nase voll. Aber sie braucht nun mal die Tänzer/innen, also werden lange Gespräche durchgestanden und geduldige Erklärungen gegeben, bis alle Verträge ausgehändigt sind. Der private Kleinkram ist ihr zuwider, ihre Gedanken sind ganz von großen künstlerischen Ideen erfüllt. Aber die Choreographie geht ihr nicht leicht von der Hand. Das gewaltige Thema, die chorischen Formationen, dazu die schwierige Zusammenarbeit mit dem exzentrischen Talhoff – Nervenstrapaze! Immer wieder probt sie Bewegungsformen durch, läßt improvisieren, arbeitet mit den Tanzklassen an bestimmten Motiven, Leid, Angst, Trauer, die dem inhaltlichen Kanon des »Totenmals« entnommen sind. Sie verzweifelt an der Choreographie, mit der sie nicht recht vorankommt, und an den organisatorischen Mißständen, die im Frühjahr das ganze Projekt in Frage stellen.

Die Premiere ist geplant für den im Juni 1930 stattfindenden dritten Tänzer-Kongreß in München. Eine Festhalle wird eigens für diese Aufführung gebaut, aber die Bauarbeiten zögern sich hinaus. Auf der Bühne kann nicht geprobt werden, und auch Talhoff verursacht ständig Ärger, ändert das Drama hier, macht neue Einschübe dort oder will über die Choreographien streiten. In den letzten Wochen vor der geplanten Uraufführung herrscht das reinste Chaos. Die Tänzer/innen sind inzwischen nach München gezogen und proben auf der Baustelle. Hanya Holm hat die Leitung übernommen und hält mit sicherer Hand den aufgeregten Haufen der Mitwirkenden zusammen. Mary Wigman pendelt zwischen Dresden und München hin und her und möchte am liebsten mit dem Ganzen nichts mehr zu tun haben.

In dieser Situation bietet ihr Hanns Benkert seine Unterstützung an. Er kommt abends nach der Arbeit öfters zu ihr, berät sie in den schulischen Angelegenheiten, die ja neben der Probenarbeit weiterhin erledigt werden müssen, gibt Hinweise, wie sie sich in München verhalten soll, wie sie mit Talhoff umgehen, die Desorganisation überwinden kann. Benkert ist ein aufmerksamer Zuhörer. Sie kann ihm ungehemmt ihre Gefühle schildern, die Ängste vor dem gewaltigen Werk, die Sehnsucht nach Ruhe und Ausspannen.

Nach wenigen Wochen begreift sie, daß sie ihn liebt. Nicht mit der fröhlichen Ungezwungenheit wie Binswanger, sondern auf eine tiefere, vertrauensvollere Art. Benkert ist ihr die ruhige Insel im aufgewühlten Meer, nach der sie in der Hektik ihres Alltags verlangt, ein selbstbewußter, zielgerichteter, geradliniger Mann, kein noch nicht ganz erwachsener schelmischer Junge wie Binswanger. Er arbeitet als leitender Fabrikationsingenieur bei den Siemens-Schuckertwerken in Sörnewitz, einer kleinen Stadt nahe Dresden, und ist durch und durch »Erfolgsmensch«. Als weitsichtiger Planer und geschickter Stratege hat er erheblich dazu beigetragen, das kleine Werk in wenigen Jahren zu einer der größten und leistungsfähigsten Fabriken für Haushaltelektrik in Deutschland auszubauen. Er ist von seiner Arbeit, seinen Plänen genauso besessen wie Mary Wigman von ihren. In ihrer Selbstüberzeugung, Hartnäckigkeit und unerbittlichen Disziplin besitzen sie große Gemeinsamkeiten. Er versteht, daß Tanz ihr Lebensinhalt ist, daß sie tanzen *muß* und alle Strapazen auf sich nimmt, um ein Publikum zu überzeugen. Mary Wigman fühlt bei diesem Mann, daß sie sich weder erklären noch für ihren missionarischen Drang rechtfertigen muß. Mit Hanns Benkert kann sie ihren Emotionen freien Lauf lassen, ohne Scheu, ihn mit der Kraft ihrer Persönlichkeit zu verletzen oder gar zu überrollen. Benkert ist ein ebenbürtiger Partner – standfest in seiner Haltung und bereit, für seine Ideale bis zum äußersten zu kämpfen. Und dabei ein sehr humorvoller, lebenslustiger Mensch von großer Sensibilität, mit dem sie lachen kann, albern sein und bei dem sie vergessen kann, daß sie die große Mary Wigman, die Führerin des Tanzes ist. »*Liebe, groß, stark*«, schreibt sie ins Tagebuch.

Ängste vor dem gewaltigen Werk, Verzweiflung über die Choreographie, Nervenstrapazen, Sehnsucht nach Ruhe – Liebe und Vertrauen können helfen.

Mitten in der größten Bedrängtheit durch das unfertige »Totenmal« setzt er sie in sein Auto und fährt ein paar Tage mit ihr davon. Die »Hochzeitsreise« zu Pfingsten macht die Beziehung zwischen beiden offenkundig. Skandal in der Schule, denn Benkert ist »eigentlich« der Freund von Hanya Holm. Mary Wigman ist sich darüber im klaren, aber sie liebt diesen Mann, und ihre Liebe wird erwidert. Auf etwas anderes Rücksicht zu nehmen, ist für sie nicht aufrichtig. Den Vorwurf, sie habe einer anderen Frau den Mann ausgespannt, weist sie energisch zurück – *beide* haben sich freiwillig für ihre Liebe entschieden. Der Konflikt mit Hanya Holm ist unausweichlich und das während der nervenzerreißenden Endproben zur »Totenmal«-Premiere. Als die ersten Wogen der Entrüstung sich geglättet haben, sprechen die beiden Frauen sich aus. Hanya Holm hat zu lange mit Mary Wigman zusammengearbeitet, um über diese Angelegenheit eine persönliche und künstlerische Freundschaft zerbrechen zu lassen. Die Verbundenheit der beiden bleibt trotz der Affäre bestehen. Allerdings ist es für Hanya Holm in Dresden nicht mehr so unbeschwert wie vorher. Unter Aufbietung aller Kräfte wird die »Totenmal«-Choreographie doch noch fertig, die Inszenierung Talhoffs nicht. Den Teilnehmern des Tänzerkongresses wird deshalb nur eine Vor-Premiere, eine »Werkprobe« vorgestellt und das Stück danach noch dreimal geändert. Die Inszenierung ist eine Gemeinschaftsarbeit mehrerer Künstler: Gesamtregie, Musik und Bühnenbild stammen vom Dichter des Dramas, Albert Talhoff, Mary Wigman erfüllt »die Leitung der Choreographie und solistisch-tänzerische Hauptfigur«, wie es offiziell heißt, der Münchner Bildhauer Bruno Goldschmidt entwirft die Masken, und der Sprecher Karl Vogt studiert die Rezitationen ein.

Die Arbeit am »Totenmal« bedeutet für Mary Wigman die Wiederbegegnung mit ihren künstlerischen Anfängen. 1913 in Hellerau hatte sie sich über die Beziehung von sprachlichem und tänzerischem Rhythmus erste Gedanken gemacht, mit Laban an seinen »Tanz-Ton-Wort«-Experimenten gearbeitet, Brandenburgs Tanzspiel »Sieg des Opfers« versucht zu gestalten, im Solo »Also sprach Zarathustra« selbst Tanz und Wort verbunden und in »Die sieben Tänze des Lebens« einen Sprecher für den Prolog und das »Lied des Dämons« integriert. Das »Totenmal« bietet einen neuen Aspekt der Beschäftigung mit Sprache und Tanz. In einem Artikel in »Singchor und Tanz« schreibt sie:

»Hier gab es kein bewußtes Wollen mehr und keine Steigerungsmöglichkeit der persönlichen Aussage; es gab nur noch die unerbittliche Konsequenz eines Ablaufs, der in völliger Selbstentäußerung zur Gebärde der Opferung wurde. Erst wenn der Hinterkopf den Boden berührte, durfte die fast übermenschliche Spannung sich lösen. Der Rücken gab nach, die Arme sanken herab. Mit einem tiefen Atemzug konnte ich mich von dem selbstauferlegten Bann befreien. Die Lichter erloschen. Das Totenmal war zu Ende.«

»Wenn wir das Problem Tanz und Musik in seinen Grundelementen heute mehr oder weniger als gelöst betrachten dürfen, so stehen wir vor der Gestaltungswelt von Tanz und Wort mit einer großen Frage. Diese Frage aber ist so brennend geworden, daß ihre Beantwortung nicht mehr nur auf theoretischem Gebiet erledigt werden kann, sondern als Tat gehandelt und als Bekenntnis gegeben werden muß.

Im Laufe der letzten Jahre trat die Forderung zur Beantwortung dieser Frage in Gestalt von Drama und Dichtung immer wieder an mich heran. Ich konnte mich nicht dazu bekennen, denn die Tänzerin in mir blieb stumm und verweigerte die Antwort. Erst die Begegnung mit dem Werke Albert Talhoffs durchbrach die Abwehr. Nicht nur, daß die dichterische Sprache dieses Werkes die untrüglichen Merkmale rhythmischer Bewegtheit im tänzerischen Sinn aufweist. Struktur und Inhalt selber bestimmen dem Tänzer sein ureigenstes Ausdrucksgebiet. Er bleibt in seiner Welt, die eine Welt der Ahnungen, der Andeutungen, der seelischen Schwingungen ist: kurz, eine irrationale Welt, die wohl durch das Wort beschreibbar, aber nicht durch das Wort selber zu ersetzen ist. Im ›Totenmal‹ bleibt der Tanz im Raum des Tanzes und das Wort im Raum des Wortes. Die beiden Ausdrucksgebiete ergänzen sich, ohne sich zu vermischen.

So war es die Reinheit der Form einerseits, die mich bestimmte, die tänzerische Aufgabe innerhalb des ›Totenmals‹ zu übernehmen. Andererseits die klare Abgrenzung des tänzerischen Ausdrucks gegen die wortliche

Gestaltungswelt. Nicht zuletzt aber war es der Stoff der Dichtung selber, dem ich mich als Mensch und Künstler verpflichtet fühlte.«

Der Stoff, dem sie sich verpflichtet fühlt, das ist »*das Hohelied vom Leben und Tode*«, wie sie sagt. Die um ihre im Krieg gefallenen Männer trauernden Frauen rufen die Toten aus dem »*Schattenreich*« zurück – die Welten begegnen sich, ohne sich zu berühren. Wie die Vorbereitung auf den ein Jahr später choreographierten Solotanzzyklus »Opfer« erscheint die Beschäftigung mit dem Tod als dem »*unantastbaren Siegelbewahrer*« einer anderen Welt. Steht aber in den Todestänzen des »Opfers« die Transzendenz des Todes im Zentrum, so ist es im »Totenmal« nicht die Überhöhung des Lebenden im Tod, sondern die Vernichtung des Lebenden, das Jenseits als Ort der Einsamkeit und Verlorenheit. Allerdings wäre es in ihrer Lebensphilosophie nicht konsequent, würde nicht die Transformation angedeutet, der Kontakt zwischen menschlicher und übermenschlicher Welt ermöglicht. Daher stellt die von ihr selbst getanzte Solofigur die Verbindung her; sie ist das Opfer, das durch die Aufgabe seiner Körperlichkeit die Toten nicht vergessen läßt.

»Dieser schwere Traum von Not und sieben Schwertern im Herzen, von Angst und wieder Angst, von Qual und wieder Qual«, wie Fred Hildenbrandt im Berliner Tageblatt über das Stück schrieb, dieser »schwere Traum« zählt zu den wenigen wirklichen Mißerfolgen in Mary Wigmans Laufbahn. Zwar folgte das Publikum beeindruckt und andachtsvoll den pathetischen Bildern und Klängen expressionistischer Weltanklage gegen Krieg und Leid, aber die Kritiker reagierten relativ geschlossen mit Skepsis oder Ablehnung.

Die expressionistische Plakativität, die Einfachheit in der Darstellung, die Mary Wigman an der chorischen Aufgabe dieses Stückes so gereizt hat, wird von den Kritikern als längst nicht mehr der Vielschichtigkeit der Dekade-Wende entsprechend verworfen. Selbst aus den Reihen der bis dahin getreuen Wigman-Anhänger erfährt Mary Wigman heftige Kritik. Nach der lebensfrohen Gestaltung der »Schwingenden Landschaft« und ihrer solistischen dramaturgischen Präzision ist man nicht gewillt, auf den »Oh-Mensch«-Pathos Talhoffs einzugehen und Mary Wigmans Choreographie als künstlerischen Fortschritt zu werten. Besonders hart geht die Fachpresse mit ihr um: »Diskreditierung der Idee des kultischen Theaters«, »dilettantisches Machwerk«, »Vergehen an der Tanzkunst«, »Verletzung der Pflichten durch die Führerin einer Tänzergeneration«.

»... daß unsere Erwartungen nicht nur auf das schwerste enttäuscht wurden, sondern daß wir in dem ›Totenmal‹ geradezu eine Diskreditierung der Idee des kultischen Theaters erblicken und es aufs tiefste bedauern, daß Mary Wigman gerade nach der grandiosen ›Schwingenden Landschaft‹ ihre Arbeitskraft an dieses dilettantische Machwerk verschwendete.« (aus der Zeitschrift »Schrifttanz«)

Die Vorwürfe treffen hart. »Verletzung der Pflichten« ist die schlimmste Anschuldigung, die Mary Wigman sich vorstellen kann. Sie weiß, daß solche Bemerkungen tanzpolitische Hintergründe haben, aber weh tun sie doch. Dabei steht sie nach wie vor hinter ihrer Arbeit, ist von der Qualität und Notwendigkeit des »Totenmals« überzeugt, und es verletzt sie, daß so viele andere es nicht sind, deren Meinung ihr wichtig ist. Die Vorstellungen dauern bis zum 2. September und sind trotz der schlechten Presse glänzend besucht, es werden sogar ein paar Extra-Aufführungen eingeschoben.

Nach der letzten Aufführung und dem Ende eines Sommerkurses für Tanzschüler/innen im Münchner Künstlerhaus am Lenbachplatz packt Mary Wigman die Koffer und fährt mit Benkert in die Ferien. Als sie die Dolomiten hinter sich hat und in einer Gondel durch die Kanäle Venedigs schaukelt, fällt langsam die Nervosität und Unruhe von ihr ab. Eine kraftraubende Aufgabe ist erfüllt, eine nächste steht vor der Tür, aber dazwischen will sie allein in der Liebe zu Benkert den Tag genießen. Nicht lange, denn Benkert muß nach drei Wochen wieder zurück in die Fabrik, und auf ihrem Terminplan steht die Vorbereitung des Tourneeprogramms. Während Benkert vorausfährt, macht Mary Wigman auf der Rückfahrt Station am Lago Maggiore und verbringt vierzehn Tage auf dem Monte Verità. Obwohl sich viel geändert hat in der Kolonie, begegnet ihr die Vergangenheit auf Schritt und Tritt. Das Damenluftbad, wo sie zum erstenmal mit Laban zusammentraf, ist noch in Betrieb, und selbst die Zinkwannen auf Stelzen, an die unten eine Brause angeschlossen ist, stehen als »Duschen« noch am gleichen Platz. Ein paar reiche Villen sind in den Berg gebaut, und aus dem Sanatorium ist ein Hotel geworden, sonst gibt es noch immer die kleinen Häuslein der alten Monte Veritaner. Zehn Jahre sind vergangen, seit sie von hier aufbrach, um Deutschland für den modernen Tanz zu erobern. Sie hat es geschafft, jetzt steht sie vor dem nächsten Anfang – sie will Amerika den deutschen Tanz bringen. Eine Herausforderung, die sie in große Aufregung versetzt und die ihr Angst macht.

»Ist nicht in jedem von uns, der hinüberfährt, zu welchem Zweck auch immer, ein Stückchen Columbus-Erbteil, Eroberer- und Abenteuerdrang wach?«

Viel kennt sie nicht von diesem Land, Coca-Cola, das es seit 1929 in Deutschland zu kaufen gibt, und die Schülerinnen, die jedes Jahr zu den Sommerkursen in die Dresdner Schule kommen. Zehn, fünfzehn junge Frauen, die »the real German«, das wirkliche Deutsche, suchen und immer ein bißchen verwirrt sind, wenn sie keine Technik lernen, sondern ihnen gesagt wird, sie sollen für sich selbst etwas ausprobieren.

Die Reise will gut vorbereitet sein. Die USA sind ihr fremd, sie kennt die Gepflogenheiten und Geschäftsgebräuche nicht, aber Yvonne Georgi und Harald Kreutzberg, die schon eine US-Tournee hinter sich haben, erzählen, daß die »Personality-Show« am wichtigsten ist. *Einen* Verbündeten besitzt Mary Wigman in den USA auf jeden Fall – den Tanzkritiker der New York Times, John Martin. Der Doyen des amerikanischen Modern Dance hat auf seinen Deutschland-Reisen Mary Wigman tanzen sehen, er kennt die »Schwingende Landschaft«, mit der sie das amerikanische Publikum gewinnen will, und bereitet die Zuschauer in langen Artikeln auf den Gast vor. Und so beginnt er: »Wenn man Mary Wigman

Mit Schlagzeugbegleiterin und Komponist während der zweiten USA-Reise.

von Angesicht zu Angesicht gegenübersteht, wird einem die Wahrheit über den deutschen Tanz mit unerwarteter Heftigkeit deutlich: Mary Wigman ist der deutsche Tanz«.

Am 16. Dezember bringt Benkert sie mit Hanns Hasting und der Schlagzeugbegleiterin Meta Menz zum Hafen. Die sechs Tage Überfahrt sind bestimmt von dem einen Gedanken:

»*Wie wird man meine Arbeit drüben aufnehmen? Ist nicht in jedem von uns, der hinüber fährt, zu welchem Zweck auch immer, ein Stückchen Columbus-Erbteil, Eroberer- und Abenteuerdrang wach? Auch in mir*

16. Dezember 1930 – Abreise mit der »Bremen« Richtung USA.

war eine bis zur Fieberhaftigkeit gesteigerte Erwartung. Die Aufgabe, um deretwillen ich hinüberfuhr, war eine rein künstlerische. Ich wußte, daß auch in den Vereinigten Staaten ein Wandlungsprozeß auf dem Gebiet des Tanzes begonnen hatte, daß man um Anerkennung des Tanzes als selbständiger Kunstform rang, daß es auch drüben tänzerische Menschen gab, die ihre ganzen Kräfte für einen Tanz einsetzten, der nicht nur Augenweide ist, sondern auch den Menschen angeht. Was ich damals noch nicht wußte, war, daß sich an meinen Namen und mein Kommen, weit über den Kreis der Tanzinteressierten hinaus, Erwartungen und Hoffnungen knüpften, die Erfüllung einer langsam und stetig angewachsenen Sehnsucht forderten.«

Manager Sol Hurok schickt ihr Telegramme und klärt sie auf. New York erwartet Mary Wigman als eine der prominentesten Besucherinnen seit langem. Die Zeitungen bringen Vorausmeldungen, und der Kartenverkauf für die erste Vorstellung läuft auf Hochtouren. Als das Schiff am 22. Dezember in den Hafen von New York einläuft, fühlt sie sich erschlagen:

»Die Freiheitsstatue, das Ärzteschiff, die ersten Interviews an Bord. Die ›Bremen‹ trägt einen leuchtenden Tannenbaum am Mast. Weihnachten? Nicht daran denken!... Der Manager erscheint, verbindlich und feierlich, im vollen Bewußtsein seines eingegangenen Risikos: Wer ist hier schließlich Mary Wigman! Sie hat sich erst zu beweisen. (...) Das Auto rast durch Brooklyn, schwarz und häßlich, tobt über die große Brücke. Einen Augenblick lang taumeln die Lichter der Wolkenkratzer durch den angestrengten Blick. Traum, Wirklichkeit, Märchen, Kulisse? (...) Fifth Avenue, Chrysler Building und Empire State. ›Ist es nicht schön?‹ Ich sage ja, quäle den Blick aus dem Autofenster in die Nacht hinauf und sehe nichts. Die Welt dreht sich, scheint's, oder tut es der müde Kopf? Die Lichtreklamen schreien, die Stadt brüllt. Im Hotelzimmer Blumen und fremde Männer, die alle irgendetwas Wichtiges für mich zu tun haben. Aber was? Könnte man doch nur 10 Minuten allein sein, und wenigstens weinen, um den Krampf loszuwerden.«

»O, Boy, what an Experience!« – »Your Home away from Home.« Und doch – die Publicity ist alles: »Zerrbild und Fratze, Schönheit und Häßlichkeit, Wahrheit und Lüge. Sieh zu, wie du damit fertig wirst, Europäer!«

Aber keine Lösung der Spannung. Die fünf Tage bis zur Premiere sind von morgens bis nachts mit Terminen vollgepackt. Das Büro Hurok leistet ganze Arbeit, zum Eingewöhnen ist keine Zeit, Reporter, Fotografen, Komiteedamen stehen bereit.

»Ich habe Fieber und eine derart gesteigerte Unruhe in mir, daß ich nicht ein noch aus weiß. (...) O Publicity, du alle Götter Amerikas überragender Götze! Dein Kult ist heilig und unantastbar. Das Vergröße-

26. Dezember 1930 in New York: Empfang der Concert Dancers' League im »Plaza« mit Harald Kreutzberg, Ruth St. Denis und Ted Shawn (v. l. n. r.);
»Blick auf New York vom St. Moritz Hotel aus« – eine von vielen Zeichnungen Mary Wigmans während der USA-Tournee.

rungsglas der Öffentlichkeit, Symbol deines alles sehenden Auges, wirft jedes eingesogene Bild im Riesenformat aus sich heraus. Jede Verwandlung ist dir geläufig. Zerrbild und Fratze, Schönheit und Häßlichkeit, Wahrheit und Lüge. Sieh zu, wie du damit fertig wirst, Europäer!«

Zwei Tage vor der Premiere gibt die »Concert Dancers League« einen festlichen Empfang. Die Creme des amerikanischen Tanzes ist vertreten. Allen voran die »Veteranin« des amerikanischen Modern Dance, Ruth St. Denis. Sie hat dem nicht-klassischen Tanz in den USA seine Anerkennung als Kunstform errungen. Seine ästhetische Weiterentwicklung liegt inzwischen in den Händen ihrer Schülerinnen, die auch zum Empfang gekommen sind: Martha Graham – *»deren Augen allein schon von ihrem Tänzertum sprechen«* – und Doris Humphrey. Die beiden haben sich erst vor wenigen Jahren selbständig gemacht und doch mit ihren ersten Choreographien schon künstlerische Bedeutung erlangt.

Vertreter der Presse sind da, Künstler aller Sparten, die Tänzerin La Argentina – *»charmant wie auf der Bühne und eingehüllt in ihren amerikanischen Erfolg wie in einen kostbaren Brokatmantel «* –, die Choreographen Ted Shawn und Charles Weidman und, zu Mary Wigmans besonderer Freude, Yvonne Georgi und Harald Kreutzberg, die gerade von einer Tournee durch den Westen zurückgekommen sind.

5 and 10
STORE
Sensitive Prices
CLOTHes washed in better Water Than You drink!
Fresh Orange DRINK
grape Juice
Shoes Convention
Goahead
Soda
all Flavor Depot
your Home away
Massage
Men want
NOT
The Laundry is no Problem in this Hotel!
Sacrifice Sale!
Todays Specials
An EnTIRE CiTy-Block of HospiTaLiTy

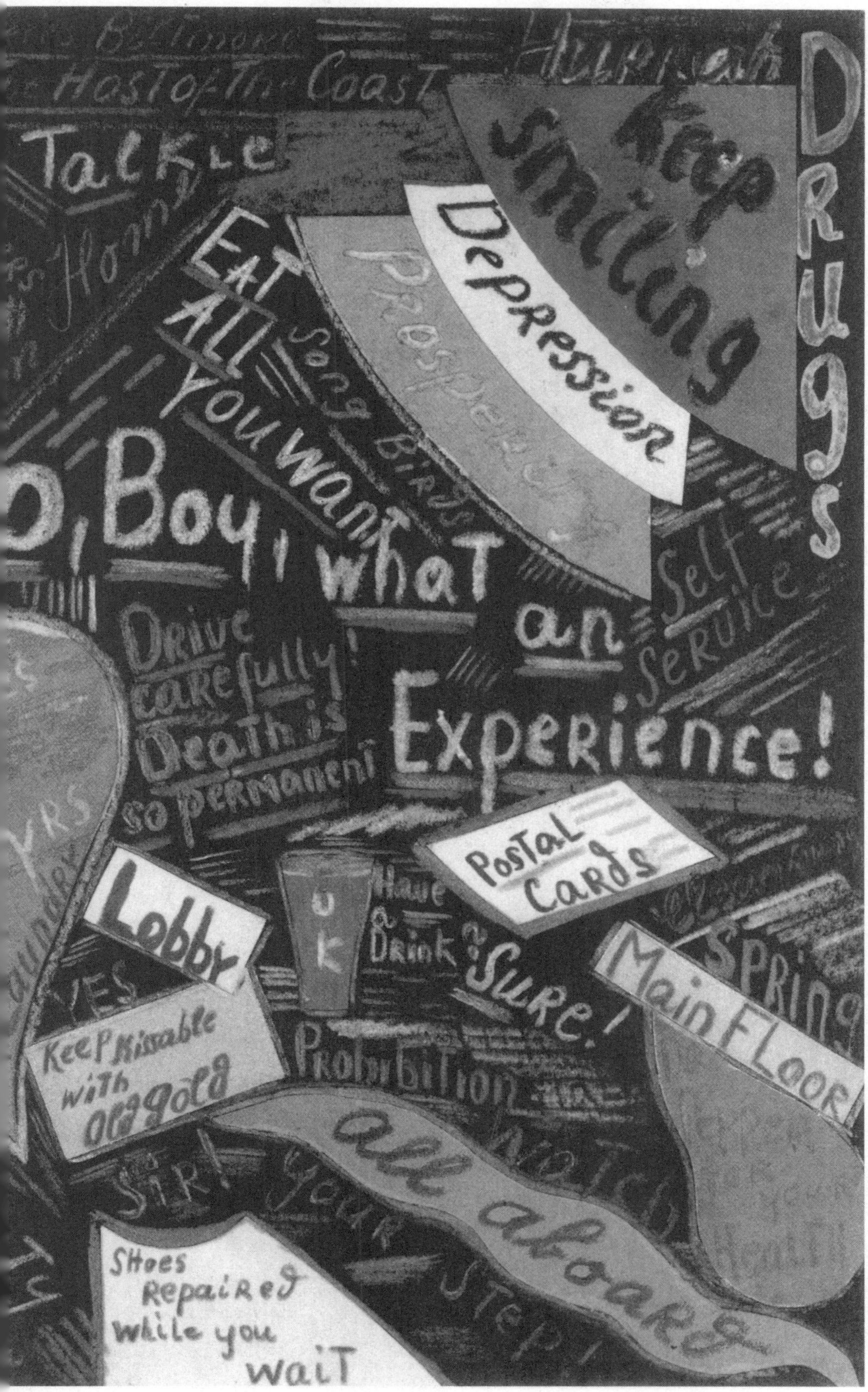

»Die Welt dreht sich, scheint's, oder tut es der müde Kopf? Die Lichtreklamen schreien, die Stadt brüllt.«
Während der zweiten USA-Tournee 1931/32 zeichnet Mary Wigman ihren »Gesamteindruck«.

»Jeder Tanzabend in den USA ein Kampf, ja ein Kampf auf Leben und Tod.«
Auftritt im vollbesetzten »Tivoli« in San Francisco während der zweiten USA-Tournee am 30. Januar 1932 (rechts Hanns Hasting am Klavier und Gretl Curth).

Mary Wigman hält den »*Nervenmord*«, wie sie es nennt, nicht mehr aus. Jeden Abend eine andere Party. Einmal bricht sie aus, macht sich auf den Weg durch die Straßen. Gequält von Angst, Nervosität und Heimweh – »*wollte zu Fuß nach Hause*« – kommt ihr die Stadt vor wie eine Vision aus ihren Tänzen.

»Abends schlich ich mit verbrauchten Nerven auf die Straße. Wenigstens den Broadway wollte ich sehen. Straße? Hölle, Wahnsinn, häßlich, schön? Faszinierend, ja! Ich bin sicher, daß ich an diesem Abend den letzten Rest meines Verstandes verlor und ihn gern wieder gefunden hätte. Aber ihn zu suchen, war kein Platz! Nirgends ist Platz. Am Himmel nicht, den stoßen die Wolkenkratzer wund. Auf der Erde nicht, denn Menschen und Mauern decken sie zu. Die Mauern werden von Plakaten verdeckt und die Plakate von den Lichtreklamen totgeschlagen. (...)

Weiße Zähne, schwarze Köpfe. So viele Neger? Weiße Gesichter, gelbe Gesichter. Welch ein Rassenkessel! Wer, was, wo ist der Amerikaner? (...)

Weihnachtslieder gellen im Lautsprecher, Jazz klopft aus den geöffneten Türen der Kinos und Variétés. Bremsen quietschen und die Autos stehen wie Mauern. Lachend schieben sich die kleinen amerikanischen Mädchen durch das Gewühl, schmalhüftig gezüchtet. Die brandrot geschminkten Münder verfärben sich im Gefunkel der hüpfenden, kreisenden, stechenden Lichter. Und mitten in dem gewaltsam übersteigerten Leben, das den Dur-Akkord bis zum Zerbersten singt und grölt (Keep smiling, und wenn du verreckst!!) ein düsterer Schatten: Vor dem riesenhaften, bunt aufgeputzten Weihnachtsbaum die endlose Schlange der Arbeitslosen, geduldig frierend bis die Tasse heißen Kaffees endlich an die Lippen kommt. Wen kümmert das? Heute du, morgen ich. Also weiter in C-Dur und laut, damit man das Moll der anderen, damit man den Schatten nicht hört. New York, du faszinierendes Ungeheuer, du phantastische Hölle, du nervenfressender Dämon!«

Das Erlebnis der Stadt steigert die Aufregung. Werden die Menschen dieser Stadt in der Lage sein, etwas von ihren Tänzen zu verstehen? Denn die Schatten, die vom grellen Licht der Stadt verdeckt werden sollen, sind doch Inhalt ihrer Tänze, die Form ist aus der Besinnung auf sich selbst entstanden; Ruhe und Raum, die in der Stadt gar nicht mehr vorhanden sind, haben ihren Tänzen die Stimmung gegeben. Was will das New Yorker Publikum von ihr erfahren? Ist es überhaupt fähig, den deutschen Tanz zu begreifen? Zwar ist gute Vorarbeit geleistet worden, die Gastspiele von Yvonne Georgi und Harald Kreutzberg haben das Eis gebrochen, und wenige Wochen zuvor war Margarete Wallmann in den USA und hat in über zwanzig Vorträgen vom Wesen des Ausdruckstanzes gesprochen, aber was hat das Publikum davon wirklich aufgenommen?

»Hohepriesterin des Tanzes« steht in den Vorankündigungen der Presse. Weiß das Publikum mit diesem Begriff etwas anzufangen? Mary Wigman ist sich bewußt: »*Jeder Tanzabend in den USA ein Kampf, ja ein Kampf auf Leben und Tod.*«

Am Sonntag, den 28. Dezember 1930 ist das Chanin Theater in der 46. Straße ausverkauft. »Tonight Mary Wigman« prangt es von den Plakatwänden.

»Meine Nervosität hat ihren Höhepunkt erreicht. Der Blätterwald der Tagespresse rauscht und schreit den Namen Mary Wigman in allen Tonarten. Hinter der zur Sensation aufgepeitschten Erregung aber steht, unausgesprochen, eine Drohung: Wehe dir, wenn du nicht erfüllst, was wir von dir erwarten... Es war mir klar, daß ich zu kämpfen hatte, daß ich erobern mußte oder sofort und für immer von der Bildfläche verschwinden durfte. (...)

Fast besinnungslos lande ich in der auf der Bühne improvisierten Garderobe. Die Primaballerina der allabendlich im Theater laufenden Revue hatte sich geweigert, mir ihre Garderobe abzutreten. Der Ballettrock, der überlebensgroß von der Decke herab schaukelt, lehnt hochmütig jede Bemühung, eine andere Art des Tanzes durchsetzen zu wollen, ab.

Das Gesicht, das der Spiegel reflektiert, scheint nicht mein eigenes, sondern eine verkrampfte Maske. Die Hand, die den Schminkstift führt, zittert, die Gegenstände flimmern vor den Augen, die Zähne schlagen wie im Schüttelfrost aufeinander. Anfangen, endlich anfangen können! (...) Die Bühne wird freigegeben.

Da stehe ich, allein und verlassen, der tödlichen Einsamkeit des Scheinwerferlichtes preisgegeben. Jenseits des Vorhangs aber dröhnt es von dreitausend Menschenstimmen. Mir scheint, mein eigenes Herz klopft lauter! Der Gong ruft. Die Stimme wenigstens ist vertraut! Die Vorhangfalten rauschen, der Zuschauerraum sinkt in atemlose Stille. Und wie ein wahnsinniger Schmerz durchfährt mich das Bewußtsein: Jetzt gilt es. Der Körper strafft und spannt sich, ein Atemzug, so tief, wie ich noch keinen getan, gibt die Bewegung frei.

Und ausgelöscht sind die besonderen Umstände dieses Auftretens, vergessen der gierig sich der Bühne entgegendrängende Zuschauerraum. Die Konzentration ist da, die allein dem Tanz gilt. Im selben Augenblick, wo sich die erste Geste aus der inneren Spannung lösen will, geht eine Bewegung durch das Theater, und ein minutenlanger, nicht enden wollender Applaus rollt wie eine Sturzwelle über mich hinweg, nimmt den letzten Rest der Hemmung und des Sichfremdfühlens. Eine große, warme Dankbarkeit löst der spontane Willkommensgruß in mir aus, und eine unbeschreibliche Freude, tanzen zu dürfen.«

»Was hat am stärksten auf diese Menschen gewirkt, wenn man vom rein Fachlichen absieht? Die Vitalität, die Hingabe an die Aufgabe, die Intensität des Vortrages, das nicht ›Star‹ sondern ›Mensch‹ sein, the unity of body and soul.«

Sie zeigt die »Schwingende Landschaft«, die »Drehmonotonie« und den »Hexentanz«. Das Publikum tobt vor Begeisterung, fünfzehnmal wird sie am Schluß vor den Vorhang gerufen und nicht eher entlassen, bis sie die »Zigeunerweisen« wiederholt. Sie weint vor Glück und ist trunken vom Beifall. Ein Telegramm geht nach Dresden ab: »*Erste Schlacht gewonnen.*«

Am nächsten Morgen sind die Theaterseiten der Zeitungen voll mit langen Rezensionen. Es scheint, als hätten die Kritiker die Nacht damit verbracht, aufgeregt in Wörterbüchern zu blättern, um sich gegenseitig mit Superlativen über die Kunst der deutschen Tänzerin zu übertreffen. Der Tenor ist bei allen derselbe: es war das aufregendste Tanzerlebnis, das die Stadt je gesehen hat.

In aller Ausführlichkeit diskutieren die amerikanischen Kritiker die Besonderheit von Mary Wigmans Tanzstil, man lobt die Klarheit ihrer Choreographien, die Präzision ihrer Bewegungen, die Dynamik ihrer Kraft und die Fähigkeit, in der Dramaturgie der Tänze Kontrapunkte zu setzen. »Anspannung und Abspannung« – das tänzerische Grundprinzip, auf dem Martha Graham ihre Tanztechnik aufbauen und den Graham-Stil des Modern Dance institutionalisieren wird, das erkennen die amerikanischen Fachleute in ungeahnter Virtuosität zuerst bei Mary Wigman. Am meisten aber begeistert die Persönlichkeit, die beim Tanzen nichts Gekünsteltes an sich hat, keine Showeffekte bringt.

Nachdem die Premierenangst verflogen, der Kampf siegreich bestanden ist, kann sie entspannen. Selbst New York sieht jetzt anders aus, die Stadt hat ihre Bedrohlichkeit verloren. Mit dem Boot fährt sie nach Staten Island, um die Skyline Manhattans zu bewundern:

»Da baut sie sich vor mir auf, die leuchtende Götterburg! Schwer und massig lastet der Häuserkomplex auf dem felsigen Grund und bindet die steil aufstrebenden Türme zu einem hell schmetternden Fanfaren-Rhythmus. Unter der Höhenhelligkeit wirkt das Dunkle der beschatteten Straßen wie gewaltige, in den Felsen gehauene Schluchten. (...) Hier ist kein Idyll, keine Romantik, wohl aber ein heroischer Rhythmus, dessen festliche Pracht zwischen Himmel und Erde schwingt. Die Technik ist in dem Meisterwerk, als das sich New York von hier aus dem Blick darbietet, dem Elementaren wieder nahe gerückt. Und man erlebt die Stadt, die als das Symbol der Überzivilisation gilt, wie ein Naturereignis.«

Das Debüt in New York hat ein unerwartetes gerichtliches Nachspiel. Mary Wigman wird unter Anklage gestellt, das Sabbat-Gebot mißachtet zu haben. Nach gültigem Recht sind Tanzaufführungen sonntags verboten. Selbst der Richter nimmt das aus puritanischer Zeit stammende

Gesetz nicht sehr ernst. Aber er hat die Anzeige eines religiösen Fanatikers vorliegen und muß die Verhandlung führen. Ein Polizist ist als Zeuge bestellt.

»Was haben Sie gesehen?«
»Ich sah eine Frau, die sich auf der Bühne bewegte.«
»War sie allein?« – »Ja.«
»Was hat sie gemacht?« – »Sie ging nur über die Bühne.«
»Hat sie getanzt?« – »Nein. Sie hat nur Musik interpretiert.«
»War das alles?« – »Ja, Euer Ehren.«

Der Richter erkennt auf Freispruch, Musik darf auch am Sonntag interpretiert werden. Amüsiert nimmt sie dieses Erlebnis in eine sorglich angelegte Liste der bemerkenswerten Ereignisse im »Land der Freiheit« auf.

Bis zum 12. März ist sie in den USA, gibt Wiederholungsvorstellungen in New York, tritt u. a. in Boston, Washington, Philadelphia, Chicago auf und macht auch einen Abstecher ins kanadische Montreal. Die Reaktionen sind überall die gleichen: Begeisterung, Ovationen, beste Kritiken. Und das nicht nur mit der »Schwingenden Landschaft«, die in ihrer freundlichen Stimmung dem amerikanischen Publikum ohnehin entgegenkommt, sondern auch mit dem zweiten Programm, den »Visionen« und dem »Tanz des Leides«, ihrem Solo aus dem »Totenmal«. Diesen Tanz macht Mary Wigman am 25. Januar bei ihrem siebten Auftritt in New York zum Mittelpunkt des Programms und gibt bekannt, daß sie ihn an diesem Abend in Verehrung für Anna Pawlowa tanzt – sie ist zwei Tage zuvor überraschend verstorben. Das Publikum zeigt schweigend Respekt.

Sie hat das amerikanische Publikum im Sturm erobert, es gibt nur wenige – wenn auch gewichtige – Gegenstimmen. Im Februar bringen die Zeitungen auf der ersten Seite die Überschrift »Dance War on Wigman« – Tanzkrieg gegen Wigman. Ruth St. Denis gibt ihre Meinung kund: »Ich glaube, daß Mary Wigman ausgezeichnet Leibesübungen macht, aber ihr Tanz ist nicht Kunst.« Der russische Ballettchoreograph Michail Fokine, einer der prominentesten Vertreter des klassischen Tanzes in den USA, geht noch weiter: »Auf der Seite des ›neuen‹ deutschen Tanzes stehen nur die, die Angst haben, hinter der neuesten Mode zurückzubleiben. Gegen ihn stehen alle die, die eine natürliche Abneigung gegen alles Häßliche und Unernste empfinden. Die deutsche Tanzrichtung bevorzugt Schlaginstrumente. Diese Verbindung ist sehr bezeichnend; die arme, unentwikkelte Musik mit einem unentwickelten und rohen Tanz. (...) Kürzlich besuchte ich einen Vortrag von Mary Wigman. Sie sprach über ihre Tänze. Beinahe die ganze Zeit während sie ihre Rede hielt, gestikulierte

»Fast drei Monate für nichts existiert als für die Arbeit, von einer Stadt in die andere, endlose Fahrten, Schlafwagennächte, ewig wechselnde und doch ewig monotone Hotelzimmer.« Stationen der zweiten USA-Tournee; eine Zeichnung von Mary Wigman.

sie mit geballten Fäusten. So fühlt diese Lady mit den schwingenden Fäusten die Schönheit und Kraft der modernen Frau! Die geballten Fäuste scheinen mir das passende Symbol dieser ›neuen Kunst‹, in der es keinen Tanz gibt, sondern Hämmern und Stampfen.«

Solche Meinungen können Mary Wigman nicht mehr erschüttern, das hat sie vor zehn Jahren oft genug gehört, und auch das amerikanische Publikum läßt sich wenig beeindrucken. Im Gegenteil, es ist die beste Reklame. Sol Hurok strahlt. Er hat ohnehin große Pläne. Am liebsten würde er gleich im Sommer eine Tournee durch die Sowjetunion organisieren und im Anschluß an den nächsten USA-Besuch eine Reise durch Japan, China und die Sowjetunion nach Berlin zurück. Ihr schwindelt bei dieser Vorstellung. Ihr sind die drei Monate schon genug.

Während einer Pause hinter der Bühne: Besuch von Albert Einstein, 1932 in Los Angeles.

Am 13. März gibt sie ihre Abschiedsvorstellung in New York. Die Carnegie Hall ist bis auf den letzten Platz ausverkauft. Wie anders ist jetzt das Gefühl vor der Vorstellung. Das übliche Lampenfieber ist zwar da, aber sonst nur Glück und Überschwenglichkeit. Sie weiß, daß Tausende von Menschen auf sie warten, die schon im voraus begeistert sind. Wieder geht der Vorhang auf, wieder tost ein Begrüßungsapplaus durchs Haus, wieder fühlt sie das Geschenk des Tanzen-Wollens und Tanzen-Könnens. Wieder vergißt sie das Publikum und beginnt.

Nach Ende der Vorstellung verlangen die Zuschauer eine Zugabe nach der anderen, bis sie sich nach minutenlangem Beifall endlich zufrieden geben. Mary Wigman hat es sehr eilig, ihr Schiff wartet. Von sechs Polizisten auf Motorrädern wird ihr Wagen zum Hafen eskortiert, um 0.30 Uhr legt die »Bremen« Richtung Deutschland ab. »High Priestess of Dance has America at her Feet!« hat es in einer Schlagzeile geheißen – der Hohepriesterin des Tanzes liegt Amerika zu Füßen. In den USA bricht eine regelrechte »Wigman-Mode« aus, die Journalisten der Klatschspalten suchen nach pikanten Details ihrer Lebensgeschichte, von der Reise werden Anekdoten zum besten gegeben, die Choreographen der Broadway-Shows bauen ein paar Wigmaneske Bewegungen ein, die das Publikum sofort erkennt, und selbst die berühmte Girl-Truppe der »Rokkettes« hat plötzlich bemerkenswert rechtwinklige und diagonale Arm- und Handgesten. »Sie hat unseren amerikanischen Modern-Dance-Tänzern ein Publikum geschaffen«, meint Sol Hurok und ist stolz darauf, mit dem Engagement dieser Frau mal wieder den richtigen Riecher gehabt zu haben. Martha Graham, für Mary Wigman »Amerikas begabteste Tänzerin«, verneigt sich vor der Leistung der deutschen Tänzerin, mit der sie so oft verglichen wird: »Endlich habe ich Sie tanzen gesehen! Ich finde keine Worte. Nur dieses: Sie tanzen das Leben selbst. Und Sie sind wie eine Seherin, die uns die ungeheuerlichsten vitalen Rhythmen von Freude und Leid in unsere Sprache übersetzt. Dank, daß Sie kamen und sich so verschenkten. Dank für Ihren Mut und Ihre Kühnheit.«

Über Cherbourg kehrt Mary Wigman nach Deutschland zurück. In der Tasche den unterschriebenen Vertrag für die nächste Tournee im Winter 1931/32. Hurok plant eine Gastspielreise quer durch den Kontinent, spricht von mehreren Monaten und über hundert Vorstellungen. Sie wagt nicht daran zu denken. Sie ist von den vergangenen elf Wochen völlig ausgepumpt. 42 Vorstellungen vor 72 000 Zuschauern hat sie gegeben. Die Zahlen machen stolz, und eine andere Zahl erfüllt mit tiefster Genugtuung – 30 000 Dollar Verdienst. Damit kann die Schule ein Jahr lang über die Runden kommen. Und ihre eigene Belohnung nach all den Strapazen: ein Nerzmantel.

Im Frühsommer kommt Sol Hurok nach Dresden, um die Details der nächsten Tournee zu besprechen und auch, um sich den Dresdner Schulbetrieb anzusehen. Durch den ungeheuren Wirbel, den Mary Wigmans Auftreten in den USA verursacht hat, interessieren sich viele amerikanische Tänzer/innen für den deutschen Tanz, und Hurok hat sich in den Kopf gesetzt, in New York eine Wigman-Schule zu eröffnen. Er will das Startkapital zur Verfügung stellen, einen Teil der Verwaltung übernehmen, und Mary Wigman soll eine Leiterin benennen. Nur eine kommt in Frage, diese verantwortungsvolle und mit hohen Ansprüchen verbundene Aufgabe zu erfüllen – Hanya Holm. Sie ist die Seele der Dresdner Schule, verläßlich, einfühlsam und dem Werk in unbedingter Treue ergeben. Das hatte sich – nicht zum erstenmal – bei den »Totenmal«-Proben bewiesen. Ohne die umsichtige und warmherzige Führung der fünfzig Tänzer und Tänzerinnen durch Hanya Holm wäre das Unternehmen eine Katastrophe geworden. Sie hatte das Rückgrat der ganzen Arbeit gebildet und das, obwohl die Affäre mit Benkert die Beziehung zu Mary Wigman erschütterte. Hanya Holm ist Feuer und Flamme für Huroks Vorschlag. Als sie am 25. September 1931 in Manhattan an Land geht, beginnt in der Geschichte des amerikanischen Modern Dance ein neues Kapitel.

Nach den Anstrengungen des Frühjahrs, der Prüfungszeit in der Schule mit fünf bis sechs Prüfungsstunden täglich und dem Sommerkurs, an dem in diesem Jahr neben 29 deutschen auch 23 amerikanische und 33 andere ausländische Schüler/innen teilnehmen, will Mary Wigman in den Ferien Ruhe haben. Keine Tournee durch die Sowjetunion, lieber ausspannen und erholen. Benkert hat für Urlaub dieses Jahr keine Zeit, er ist gerade nach Berlin übergesiedelt und hat einen Direktionsposten im Siemens-Werk übernommen, die große Sommerreise in den Süden fällt also aus. Mary Wigman quartiert sich im Ostseebad Kölpinsee ein, nahe genug an Berlin, daß Benkert am Wochenende herüberkommen kann.

Im September will die Amerika-Reise vorbereitet werden, die diesmal sechs Monate dauern und von Küste zu Küste führen soll. Dazu muß sie ein neues Programm zustandebringen. So leicht ihr die »Schwingende Landschaft« gefallen war, so schwer kommt sie mit der Choreographie der neuen Tanzfolge voran. Angefüllt mit einer unermeßlichen Vielfalt an Eindrücken, Erlebnissen, Erfahrungen, mit dem Bewußtsein des Sieges und zugleich der Angst vor der daraus erwachsenden Verpflichtung, entstehen die Tänze aus tiefer innerer Unruhe heraus. Sie ringt um die Choreographie wie selten bei einem Tanz. Qual und Glück zugleich, arbeiten zu können, die Fähigkeit und Kraft zu haben, das emotionale Aufgewühltsein in tänzerischer Form zu kanalisieren. Bis zur Erschöpfung improvisieren, wiederholen, probieren, Stück für Stück aufbauen bis ein Tanz seine besondere Gestalt, sein ganz eigenes Gesicht erhält. Es ist die »Ekstase der nüchternen Arbeit«, die jeden Nerv in Spannung hält. Ein Brief an Martha Reuther:

Unter dem bleibenden Eindruck der Niagara-Fälle entsteht die Choreographie der Tanzfolge »Opfer«.

»Jeden Abend nach Schulschluß stehe ich allein im gelben Saal, oder mit Hasting und Gretl Curth. Neue Tänze! Die schönste Seite der Arbeit! Um Mitternacht dröhnen noch die Gongs oder flüstert der Stahlbesen auf den chinesischen Becken. Die todmüden Beine wollen nicht einmal mehr die kleine Treppe in den ersten Stock hinauf. Und der Schlaf will nicht kommen, weil alles in Aufruhr ist. Immer wieder dieses fanatische Ringen um die Gestaltung. Man will es ja gar nicht, aber man muß; man glaubt, es manchmal nicht ertragen zu können, und ist doch so glücklich in dieser schöpferischen Phase. (...)

Zwei neue Arbeiten sind im Entwurf fertig, es fehlt noch die letzte Sauberkeit im kompositorischen Ablauf, in der musikalischen Untermalung etc. Und dann erst kommt die reproduktive Arbeit dran. Das Auswendiglernen, die Darstellung, die die unablässigen Wiederholungen aushält.

Ob die Zeit zu einem vollständig neuen Programm reicht, weiß ich nicht einmal. Wenn die Einfälle anfangen aus einem herauszutreten, so scheint es so einfach und so schnell zu erledigen. Aber dann, wenn die Verarbeitung losgeht, zeigt es halt doch, daß der Kristallisationsprozeß seine Zeit braucht.

Meine diesjährigen Einfälle stammen, bis jetzt, aus einem dunklen Reiche. Ist es der graue Sommer, die Zeit, die das Tiefste in einem mit färbt? Gestern abend kam mir zum Bewußtsein, daß das Thema, das hinter den Tänzen steht, seinen, wenn auch nicht klar ausdrückbaren Ursprung im Erlebnis der Niagara-Fälle hat.«

Auf der Reise zwischen zwei Gastspielstädten hatte Mary Wigman einen Ausflug zu den Niagara-Fällen gemacht und, vom Eindruck überwältigt, regungslos das Naturschauspiel beobachtet. Schnee bedeckte die Landschaft bis zum Horizont, durch die sich der Strom wie ein silberglänzendes Band hinzog. Gemächlich in der Ferne, dann immer schneller werdend, lauter und alles mit sich reißend bis das Wasser für einen

Augenblick über dem Abgrund zu stehen schien, bevor es mit ohrenbetäubendem Dröhnen zu Tal stürzte. »*Die Wasser wollen ihr Opfer haben*«, so schreibt sie.

Opfer, das unerbittlich erbracht werden muß, Forderung einer nichtmenschlichen Macht. Natur. Schicksal. Der Tanz, der von der Tänzerin sein Opfer fordert. Die Tanzfolge »Opfer«, die im Herbst 1931 entsteht, ist Mary Wigmans Zelebration ihrer eigenen tänzerischen Berufung. Entsprechend ihrem Lebensprinzip von An- und Abspannung, Licht und Schatten, folgt auf den Stolz der »Schwingenden Landschaft« die Ergebenheit des »Opfers«.

»Ich sah den Fluß vor mir, der so breit, so träge und beruhigt dahinströmte, als sei sein Lauf endgültig besiegelt, der so vertrauensvoll und nichtsahnend seinem tödlichen Absturz zustrebte. Ich spürte die zermalmende Gewalt der Wassermassen neben mir, über mir, unter mir, und jener kleine Satz tauchte auf, den ich im Augenblick der Überwältigung durch das Naturgeschehen vor mich hingesagt hatte: Die Wasser wollen ihr Opfer haben.«

»Wir bringen nicht allein Opfer; wir sind Opfer. Der Künstler gehört nicht sich. Er gehört den Mächten, gehört dem Unfaßbaren, das ihn treibt, beherrscht, aufruft, niederwirft, emporhebt und mordet. Wohl leben wir, lieben, hassen, gieren, rauben, demütigen uns, tanzen, herrschen, töten. Doch sind nicht wir es, die solches vollbringen. Unbekannte Macht bewegt uns, deren Opfer wir sind im Dienste unerkannter Bestimmung ...«

Die sechs Tänze des Zyklus, »Schwertlied«, »Tanz für die Sonne«, »Todesruf«, »Tanz für die Erde«, »Klage« und »Tanz in den Tod« sind die Stationen des kultischen Rituals, das die »Priesterin des Tanzes« vollführt.

In der »Schwingenden Landschaft« ging es um den Menschen in seiner diesseitigen Welterfahrung – der Weg führte von den feierlichen Tänzen des »Anrufs« und des »Seraphischen Liedes« zu den kraftvoll-dynamischen Tänzen des Mittelteils und endete mit der fröhlich-zarten Stimmung der »Zigeunerweisen«. Der Zyklus »Opfer« beginnt mit der Verherrlichung menschlicher Macht, ist das Fanal des Sieges im »Schwertlied«: *»Das Menschenwesen wirft sich auf zu stolzer Kampfgebärde, kraftbewußt stürzt es sich in den Rausch der Macht, der Herrschaft, der Hoheit und Größe, nimmt sich zurück, sammelt neue Spannkraft, entfaltet sich wieder, setzt an zum Sieg, steigert sich empor zur Hochgewalt über alles Irdische – Musik aus Eisen und Stahl begleitet Gebärden des Triumphes und des übermächtigen Überschwangs.«* So heißt es auf dem Programmzettel, und er liefert dem Zuschauer die Erklärungen zu den folgenden fünf Tänzen.

Nie in ihrem Leben hat Mary Wigman diese Gefühle intensiver empfunden als zwischen 1929 und 1932. Jeder Sieg Resultat ihrer unermüdlichen Arbeit, ihres unbeugsamen Willens, und trotzdem jedes Werk Ausdruck eines für menschliche Begriffe unermeßlichen Kosmos. Der zweite Tanz des Zyklus »Tanz für die Sonne« setzt den Gegenpol zum »Schwertlied«: *»Und doch sind sie größer und herrlicher als unser Sinn fassen mag, die Sterne und Sonnen, die schwingenden Welten im ewigen*

Raum. Vorsichtig zartes Tonklopfen geleitet ein zärtliches Ritual der Verneigungen, der Darbringungen, der Selbsthingabe in wechselnden Formen der lispelnden Ehrerbietung. Aus strenger Haltung geht die Verehrende über in Eingetauchtsein in Licht, in Unterworfenheit unter das Weltereignis der Strahlenfülle; aus leiser Rundbewegung, Querbewegung, Raumdurchmessung erwächst mit fühlsamem Gebärdenspiel Andeutung eines Tanzhymnus anbetender Zärtlichkeit, demütiger Selbstvergessenheit...« Die Hingabe an übermenschliche Macht enthält das Gefühl des Begnadetseins – der Tanz als Göttergeschenk.

Dritter Tanz des Zyklus – der »Todesruf«. Er steigert die in den beiden ersten Teilen aufgebaute Spannung einer sakralen Tanzhandlung zum Höhepunkt der unmittelbaren Begegnung von materieller und übermenschlicher Welt im Tod. Der Mensch am Grenzpunkt zwischen physischer Gefangenheit und metaphysischer Erkenntnis.

»Dieser Tanz mit dem goldenen Tuch, das, von den Schultern hängend, mit den Fingern gehalten, den göttlichen Strahl aufzufangen scheint, ist zugleich ein Empfangen und ein Denken, ist ein hymnisches Davontragen der Schöpfergabe, und wird zum verklärten Sichweihen des Geschöpfs, das mit der Schöpfergabe begnadet, durch sie seine höchste Vollendung und zugleich seine Verschmelzung mit dem Schöpfer selber findet.« (Artur Michel)

Ein letzter Kampf, ein letztes Aufbegehren gegen die Macht des Schicksals. Der Tod – Ende des Kampfes, Beginn des Lebens, Erlösung. *»Werft euch auf, demütigt euch, giert oder betet – ihr seid mein, mein, mein! Signal des Todes klirrt furchtbar in das Scheinspiel des Lebens. Werft das Menschenkind nieder in Schwachheit, wühlt es auf zur tiefsten Selbstbesinnung. Kein Lebendiger entzieht sich dem Klang des Memento mori. Ihm antwortet Schreck, ihm antwortet dann Ergebenheit voll erschütternden Mutes; beklommenes Sich-Aufrecken, starr blickendes Sich-Entgegenrekken, hinschwindendes Erlöstwerden vom Lebenstage, vom Opferschicksal, Ahnung eines Höheren und Jenseitigen – der Wille zum Vergehen.«* Nietzsche klingt an – »was geliebt werden kann am Menschen, das ist, daß er ein Übergang und ein Untergang ist.«

Der »Todesruf« ist die Anerkennung der letztlichen Ohnmacht des Menschen. Sein Kampf, sein Werk, seine Leistung sind nur Vorbereitung, das Materielle hat keinen Bestand gegenüber dem Gang des Lebens. Dennoch ist die Feier des Lebendigen unabdingbare Voraussetzung für den in dessen Auflösung liegenden Neubeginn. Dem Materiellen anzuhängen, die Lust zum Leben, die Ekstase im Physischen ist Inhalt des vierten Tanzes, »Tanz für die Erde«: *»›Die Träne quillt – die Erde hat mich wieder.‹ Fühlsames Schauen ergreift aufs neue die Süße des Irdischen, wo Blume und Scholle blühen und duften. Ein Sichhintasten zum ›ewig‹ Lebendigen gilt es nach dem schaurigen Signal vom Ende, ein neues, tierhaft-tierschönes Fassen und Küssen. Und nun ein Ausbrechen in Greifenslust, in Ergreifensgier; Erschütterung des Wiedergeborenseins, des Wiederlebendigseins; Rausch vollen, erdenglückerfüllten Lebens. Ich bin! Ich habe! Ich darf lieben, schauen, besitzen, erobern – ekstatisch emporgerissen!«*

Aber die Ekstase des irdischen Lebens kann nicht über das vorbestimmte Schicksal hinwegtäuschen. Es gilt, Lust *und* Leid des Lebens zu begreifen, sich selbst als ›Opfer‹ an die überpersönliche Idee zu akzeptieren – »Klage« der vorletzte Tanz des Zyklus. *»Dennoch, dennoch, dennoch: ›Ach, an der Erde Brust, sind wir zum Leide da.‹ Opfer des Lebens, unstillbarer Sehnsucht, ungestillten Dranges. Wir sind nicht wir; nicht frei Schreitende und Gewinnende. Leben verrinnt ohne Erfüllung. Leises Sichhinbreiten ziemt. Stilles, blindes Sichhinschmiegen ins Verhängte. Händefalten und Schmerzgebärde, Knien, und ein wortloser Aufblick. Daniederliegen und stummes Warten auf das Ende.«* Höhepunkt und notwendige Folge der tänzerischen Lebensdramaturgie – »Tanz in den Tod«. *»Das Signal ist erklungen. Nie kann es vergessen sein. Das letzte Opfer steht bevor, Opfer des Lebens selbst. Ergebenheit wächst zur Größe der Entschlossenheit. Furcht fällt auf das Menschwesen, Schrecklähmung krallt sich in sein Eingeweide. Mut schäumt auf, wild, heldisch tollsinnig. In Schauern bäumt sich ein Menschenkind – und endet. Windet sich zurück, windet sich empor, quält sich hinauf, taumelt, zuckt, reckt sich – fällt. Der Allesüberwinder hat gesiegt. Das Opfer ist vollbracht. In Gewittern erklang das Signal, im Donnerschlag steigt der Sterbliche empor zum letzten Augenblick...«*

Das Ende ist vorbestimmt, mit der gleichen Unausweichlichkeit, die den Fluß der Niagara-Fälle zum Abgrund führte. Mit dem höchsten Augenblick menschlicher Existenz, der Identität von Ende und Anfang endet der Zyklus, der Kreis, des »Opfers«. Es folgt kein »Finale«, kein »Gruß«, – der Schlußakkord des »Tanzes in den Tod« bleibt ohne Lösung der Spannung im Raum stehen.

Die Kreation des »Opfers«, bis 1937 ihr vorerst letzter Solotanz-Zyklus, bedeutet in Mary Wigmans Leben einen Abschied. Künstlerisch und privat ist sie an einem Punkt angekommen, der wie das Ziel eines langen Weges erscheint – die neue Phase, die sich eröffnet, steht unter anderem Aspekt als die bisherige. »Eroberung« war das Stichwort ihrer Arbeit gewesen, Eroberung des Raums für den freien, den absoluten Tanz. Es galt, sich durchzusetzen, Neues zu vermitteln, das Publikum für etwas Grundlegendes zu gewinnen. Das Ziel ist erreicht, dem, was nun folgen wird, gibt sie im vorletzten Tanz des »Opfers«, der »Klage«, choreographischen Ausdruck. In der »Sprache des Tanzes« schreibt sie:

»Sie kam wie ein unsagbar schöner Traum, in dem alles Schmerzliche sich verklärte und zu einer tief beseligenden Hingabe wurde. Von der tänzerischen Form aus gesehen, war dieser Tanz gewiß nicht interessant. Er funkelte und glitzerte nicht, er gab auch keinerlei Gelegenheit zur Entfaltung einer besonderen technischen Leistung. Ein paar langsame Schritte, ein sanftes Sichneigen und ein stilles Zubodensinken, das war alles. Und doch habe ich gerade diesen Tanz so besonders geliebt, vielleicht

weil seine schlichte Form der erste Schritt auf dem Wege zu jener Vereinfachung war, die Sehnsucht und Ziel der Reifezeit im künstlerischen Schaffen ist.«

Das »Opfer« steht als Werk auch in Bezug auf ihre öffentliche Stellung an einem Wendepunkt. Die Kritik an ihrer Tanzkunst ist in den letzten Jahren stärker geworden, für viele Rezensenten sind »Schwingende Landschaft«, »Totenmal« und »Opfer« Endstationen von Mary Wigmans künstlerischer Entwicklung, von der ästhetischen Kraft des Ausdruckstanzes überhaupt. Dem Kampf der Eroberung folgt jetzt der Kampf um den Erhalt des Erreichten.

»Todesruf« aus dem Zyklus
»Opfer«, 1931.
Foto: Charlotte Rudolph.

Wende
Tanz- und Lebensphilosophie

Die Tänzerin, die sich ihrer Kunst zum »Opfer« bringt, die sich hingibt an ein Lebensverständnis, in dem das Werk über allen persönlichen Bedürfnissen steht –dies war Mary Wigmans Motto über dem Zyklus »Opfer« von 1931. Ihre Lebensphilosophie, aus der heraus ihre Tänze entstanden, hatte sich im freigeistigen Milieu des Monte Verità formiert und blieb bis an ihr Lebensende unverändert.

Choreographische Skizze von Mary Wigman – Zeichen des Dämons, des Überirdischen?

Sie begriff sich als Mensch in einen ganzheitlichen Kosmos eingebunden, geführt vom »Schicksal«, unterworfen den Gesetzen der Natur, dem ewigen Lebensprinzip von »stirb und werde«. Ein Prinzip, das sie als »göttlich« begriff, übergeordnet der Vergänglichkeit irdischer Existenz. Sie sah sich vom »Schicksal« an einen Platz gestellt, mit einer Aufgabe betraut, die es zu erfüllen galt. Leben bedeutete für sie, sich dieser Aufgabe bewußt zu sein, danach zu streben, den Sinn des persönlichen »Schicksals« zu erforschen und darin der Erkenntnis vom Sinn des Lebens, vom kosmischen Weltzusammenhang, näherzukommen.

Wie es Laban in seiner »Choreosophie« formuliert hatte, sah sie im Tanz ein Abbild kosmischer Eurhythmie, ein Symbol des erfüllten, bewußten Lebens und damit ein Sinnbild des »Göttlichen«, des über dem Menschen Gültigen. Tänzerin zu sein hieß für sie daher, einen »Gottesdienst« zu zelebrieren, sich als »Gefäß« der metaphysischen Idee des Lebens im Wandel von Werden und Vergehen hinzugeben, um Tänze zu schaffen, die von dieser Idee künden. Nicht im bewußten Prozeß, sondern im irrationalen seelischen Erleben: »*Dort, wo das Wissen um die Dinge aufhört, wo nur das Erlebnis Gesetz ist, dort beginnt der Tanz*«, schrieb sie.

Dieses Erleben außerhalb rationaler Begrifflichkeit als Moment sinnhaften Lebens zu vermitteln, sah sie als ihre Aufgabe an. In diesem »*laut Begabung und Berufung übertragenen Amt*«, wie sie es für sich akzeptierte, choreographierte sie Tänze, in denen sie sich als »Instrument« der über allem stehenden Lebensidee verstand und in denen sie alle Aspekte menschlichen Lebens, von fröhlich alltäglichen bis zu transzendenten, verkörperte.

»Klage« aus dem Zyklus »Opfer«, 1931.
Foto: Charlotte Rudolph.

In allen Programmen, die sie choreographierte, zeigte sie in der Zusammenstellung ihrer Einzeltänze den Menschen in seiner irdischen Gebundenheit, dann an der Schwelle zwischen materieller und spiritueller Welt und im Übergang zum metaphysischen, übermenschlichen Welterleben. Ihr gesamtes Werk läßt sich deshalb einteilen in Tänze mit heiter gelöstem Charakter, in »dämonische« und in »feierliche« Tänze.

Die »feierlichen« Tänze stehen an erster Stelle. In ihrem Notizbuch aus den zwanziger Jahren schreibt sie:

»Das Feierliche ist ein unendlicher, harmonisch weit ausgespannter Bogen, der Traurigkeit und Heiterkeit, Gelöstheit und strenge Gebundenheit gleichzeitig in sich beschließt und der alle diese Gegensätze dadurch harmonisiert, daß er sie ihrer persönlich-menschlichen Verhaftung entkleidet.
Feierlich tanzen heißt: Tempeldienst tun, heißt: ein Amt im Dienst einer als übergeordnet anerkannten Idee erfüllen. Die Idee, die der Tanz im Symbol verkündet ist:
Der Mensch und
Dienst am Menschen.
Feierlich tanzen heißt: Die Gebärde des Leibes unberührbar und unantastbar durch die Hallen und Tempel des rein menschlichen Raumes hinübertragen in jene sphärischen Räume, denen der Mensch als mitschwingend zugeordnet ist.
Kosmos, All, Gott.
Feierlich tanzen heißt: das Irdische (zeitlich gebundene) in uns dem Göttlichen (überzeitlichen) in uns zu vermählen.«

Choreographisch findet dieser Anspruch in stillen, ruhig getragenen Bewegungen seinen Ausdruck. Gemessen geschrittene, weite Raumwege, streng stilisierte Arm- und Körperhaltungen, Handgesten asiatischer Symbolik – wie Zeigefinger und Daumen aneinandergelegt – oder Zeichen abendländischer Bildwelten wie in den zum Dreieck gebeugten Arm- und Fingergesten. Der Körper nach oben gerichtet, der Kopf majestätisch erhoben. Vertikal meist der choreographische Bewegungsablauf – aus dem Sitzen z. B. zum Stehen und Schreiten und wieder zu Boden sinken. Die Tänzerin als Medium zwischen Erde und Himmel, materiell verhaftet und doch aufstrebend, über sich selbst hinausgelangend.

Auch in den »dämonischen« Tänzen dominiert die senkrechte Choreographie, immer wieder gibt es den Weg des Menschen vom Aufrichten zum Niederstürzen zu neuem Erheben – der Rhythmus von Werden und Vergehen, von Tod und Wiedergeburt ist in diesem choreographischen Mittel präsent. Ein anderes Charakteristikum ihrer Choreographie ist die Drehung. In vielen Tänzen mit feierlicher, kultischer Stimmung gibt es

Momente, in denen Mary Wigman sich minutenlang um die eigene Achse dreht. Die »Drehmonotonie« von 1926 ist ihr berühmtester Tanz dieser Kategorie. Die Drehbewegung enthält die tänzerische Ekstase, den Moment der »Selbst-Entäußerung«, der Auflösung der bewußten Persönlichkeit in der völligen Hingabe an den »Dienst«. Wie eine Trance, in der das Bewußtsein verlorengeht. Mary Wigman in einem Manuskript:

»Wieder und wieder habe ich mich dem Rausch des Erlebens ausgeliefert, dieser fast wollüstigen Vernichtung der Körperlichkeit, in der man für Sekunden Eins wurde mit dem kosmischen Geschehen«.

Die einzelnen Bewegungen der »feierlichen« Tänze waren, wie sie selbst sagt, »*streng, weit, monumental*«, langsamer im Tempo als in den »dämonischen« Tänzen und blieben oft mit einem Nachhall im Raum stehen. Ihre Wirkung lag in ihrer Einfachheit und der Spannung, mit der sie zur Geltung gebracht wurden.

Innerhalb der »feierlichen Tänze« nehmen im Werk diejenigen Tänze eine herausragende Stellung ein, in denen sie sich mit Tod oder Leid befaßt. Wie eine Klammer umschließen diese Tänze ihr Leben. Das erste Bewegungsschauspiel bei Dalcroze, in dem sie öffentlich auftrat, war Glucks Oper »Orpheus und Eurydike« – 1912. Dasselbe Werk erstellte sie als letzte choreographische Arbeit ihrer Laufbahn 1961. Das Thema: Orpheus, der Mensch, der die Grenzen zwischen Irdischem und Totenreich überschreitet, der aus dem Bewußtsein ins Unbewußte hinübertritt, lebend den Tod erfährt, um eine Tote, Eurydike, zum Leben zu führen. 1917 choreographierte Mary Wigman ihren ersten Tanz mit dem Titel »Totentanz«, und beinahe jedes Jahr kam ein neuer Tanz dieses Themas hinzu.

Sie tanzt Tod und Leben in einem: »Da ist der wartende Tod schon das nahende Leben, und das Leben, ehe es den Mantel hebt, trägt noch die Züge des Todes.« (Rudolf Bach)

Tod, das war für sie »*jene geheimnisvoll wirkende Gewalt*«, die, wie sie in »Die Sprache des Tanzes« sagt, von der »*Großartigkeit der weiten Fernen*« umgeben ist, getragen von der »*Majestät jener schweigenden Unermeßlichkeiten, vor denen man sich auch dann noch beugt, wenn man ihnen, von Schmerzen zerrissen, ausgeliefert ist*«.

»›Todesruf‹. Tanz im großen tragischen Stil, den außer der Wigman niemand besitzt, weil ihn niemand bewältigt.« (Rudolf Bach)

Tod war für sie nicht Endpunkt, sondern der Moment, in dem wie in jedem Punkt eines Kreises Anfang und Ende identisch werden. Im »Todesruf« aus dem Zyklus »Opfer« hat sie diese Gleichzeitigkeit zweier Existenzformen, des Werden und Vergehens, gestaltet. Rudolf Bach beschreibt:

»Die monumentale Gebärde herrscht. Unvergleichlich geschlossene Stellung des Anfangs, weites, stählern biegsames Schwingen der Arme, tiefe Beugung des Rückens, raumbauende Wege. Und dann ein Moment, da der rechte Arm sich zum Schwur reckt und der Gestalt in dem streng fallenden, schwarzen Mantel antikes Übermaß gibt. Etwas ist in diesem

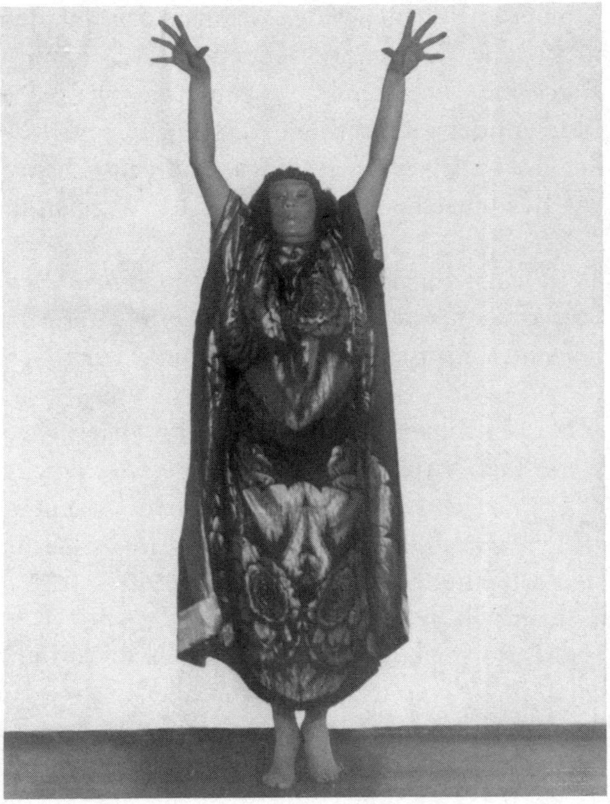

Licht und Bewegung des Kopfes verändern den Ausdruck der Maske. Mary Wigman in »Hexentanz«, 1926.
Fotos: Charlotte Rudolph.

Tanz gelungen, was auch dem stärksten Vermögen erst im Stadium der Reife möglich wird: zwei Gestalten in einer nicht nur zu *sein*, sondern den Ablauf ihres Zueinanders und Gegeneinanders zu *formen*. Mary Wigman tanzt den Tod und das Leben, Rufer und Gerufenes. Aber nicht derart, daß sie in blitzschneller Umstellung bald der eine, bald der andere Partner ist, sie gestaltet diesen Dialog als synthetische Struktur, in der die beiden Figuren ganz klar *Eines* werden, ohne von ihrer polaren Spannung das Geringste aufzugeben. Wie Mary Wigman das dualistische Material in die Abstraktion und diese wieder in lebendig bewegten Ausdruck wandelt, ist ohne Beispiel. Höchster Augenblick: wo der Tod das Leben erwartet, wo es auf ihn zugeht und sich langsam das Antlitz verhüllt. Da ist der wartende Tod schon das nahende Leben, und das Leben, ehe es den Mantel hebt, trägt noch die Züge des Todes.«

So wie der Tod die Auflösung der menschlichen Existenz bedeutet und damit die Transformation der physischen zur metaphysischen Existenz, ist Trauer der Weg dorthin. Schmerz, Trauer, Leid sind für Mary Wigman Etappen einer Evolution, Möglichkeiten, Abschied zu nehmen von Erlebtem, das zu einer bestimmten Lebensphase gehört und für die folgende nicht mehr gilt. Die Tänze der Trauer, mit Titeln wie »Klage«, »Der Schmerz«, »Triste« etc., tragen immer einen transzendierenden Zug, sind nie destruktiv oder resignativ.

Leid und Trauer bewußt zu leben, war für Mary Wigman Erfahrung seelischen Wachstums. So notierte sie nach einem erfolgreichen Tanzabend im Tagebuch: »*Tanzend leiden zu dürfen, ward mir grenzenloses Glück*«, und 1929 schrieb sie in einem Brief an Martha Reuther:

Nur eines gilt: »... die Idee, für die man lebt, das Werk, für das man einsteht. Diener einer überpersönlichen Idee zu sein, das laut Begabung und Berufung übertragene Amt zu verwalten.«

»Du weißt, daß ich bei der Anstrengung, die mein Leben in seiner Gesamtexistenz darstellt, ein absolut positiv gerichteter Mensch bin, ganz sicher aber auch ein tragisch gerichteter Mensch. Das ist meine schicksalsbedingte Kraft! Alles was klar, heiter, freudig ist, wächst auf dem dunklen Hintergrund des Leides, des Kampfes um die Überwindung des Allzudunklen. Und so schaffen sich wohl, ganz unbewußt, die so gelagerten Kräfte jene Lebenssituationen, aus denen heraus das Schöpferische bricht, aus denen heraus die Flamme des Schaffens gespeist wird. Immer wieder mußte ich in meinem Leben erfahren, daß ich durch dunkle Tore und Gewölbe gehen mußte, um vor mir selber frei zu werden im Kunstwerk. (...)

Mag aus solchen Zeiten entstehen was immer, eines ist sicher, daß sie nämlich einen großen Zug haben, daß es dabei gar nicht um einen einzelnen Menschen geht, daß man selber, auch als Träger solcher in der Tiefe sich abspielenden Kämpfe, doch nur Gefäß und Instrument ist.«

Der Tanz war für sie eine vom »Schicksal« gestellte Aufgabe, die künstlerische Begabung ein »Naturgeschenk«, das die »Gnade« bietet, Erfahrungen zu machen, die anderen Menschen nicht zugänglich sind, und zugleich die Verpflichtung enthält, diese Erfahrungen den anderen Menschen als Hilfe zur Selbstfindung zu vermitteln. Eine Aufgabe, die den vollen, bedingungslosen Einsatz aller Kräfte fordert und nur durch Höchstleistung zu erfüllen ist. Das »Schicksal« muß angenommen werden, nur dann ist Leben, Erkenntnis, Bewußtwerdung im transzendenten Sinn möglich. Im Tagebuch schrieb Mary Wigman 1924:

»Schicksal,
du sonderbare Weihe über mir,
nicht immer kann ich mich so still Dir fügen.
Und oft schreit meines Daseins Not:
Revolution!
Dann hab ich wohl vergessen,
daß ich gezeichnet bin
und auserwählt mehr zu erleiden
als die andern.
Doch gibt es Tage,
wo ich an das Kreuz mich schlagen lassen möchte,
reif bin zum Leiden
und in mir selbst so still,
daß Jagd des Tages
und der Nächte verhangne Qual
mich nicht berühren.
In reiches Wissen eingebettet,
ganz Dir hingegeben
ruhe ich dann in deinem Zeichen:
Schicksal.«

»Es war ein Kampf zwischen Nein-Sagen und Ja-Sagen, in dem das Ja den Sieg errang.«

»Schicksal« hieß für Mary Wigman nicht eine fatalistische Passivität, Schicksal war ihr die aktive Bereitschaft, sich Geschehnissen zu stellen, um im bewußten Durchleben deren Sinn zu erfahren und dadurch auf dem Weg der Erkenntnis weiterzugelangen. So sprach sie denn auch vom »selbstbedingten Schicksal«, für das der Mensch allein die Verantwortung zu tragen habe. »Schicksal« schloß für sie Hingabe genauso ein wie Aufbegehren und Widerstand, denn erst in der handelnden Auseinandersetzung kristallisierte sich für sie »Schicksal« heraus. Zu ihrem Tanz »Schicksalslied« – dem einzigen ihres Werks, das diesen Begriff im Titel führt – schrieb sie in »Die Sprache des Tanzes«:

»Und dann geschah es, daß das ›Schicksalslied‹ in mir aufstand, ganz plötzlich und unerwartet, aus einer bis zur Unerträglichkeit gesteigerten

Spannung des ganzen Wesens: Ein Griff der Hand nach dem Mantel, der sich eng um den Körper schloß, ein Sichaufrichten, ein Sichaufbäumen, drei weitausgreifende Schritte nach vorn in den leeren, den dunklen Raum, ein Rhythmus, der den Arm nach oben zwang – das Bewegungsthema des Schicksalsliedes war geboren. In mir klang es wie ein Notschrei, hinter dem immer wieder das stolze und trotzige ›Dennoch‹ stand, als Auflehnung gegen alles, was schicksalhaft verhängt und untragbar schien, aber auch als demütige Anerkennung einer übergeordneten Gewalt, die, weiser als man selber, wohl wußte, was not tat und was man ertragen konnte.«

Ein Kampf, der unablässig zu führen war. In den »dämonischen Tänzen« gab sie ihm Form. Diese Tänze, die neben den »feierlichen« den breitesten Raum in ihrem Lebenswerk einnehmen, gelten der Auseinandersetzung mit der eigenen Kraft, mit dem Verhältnis zu Macht und Herrschaft. Es geht um die eigene Persönlichkeit, um das Erkennen der persönlichen Lebensaufgabe.

Ist in den »feierlichen« Tänzen bereits die Transzendenz des Materiellen dargestellt, so beinhalten die »dämonischen« Tänze deren Vorstufe, sind sie der Kampf des Menschen auf dem Weg zur Bewußtwerdung. Sie sind die Tänze des Übergangs, wie Mary Wigman in ihrem Buch »Komposition« schreibt: »*Alle unterbewußten Angstzustände, alle chaotischen Verzweiflungen aus Qual, Haß, Wut steigern sich darin bis an und über die Grenze des rein Menschlichen und mischen sich mit überpersönlich-dämonischer Gewalt. Die Ausdrucksfarbe der dämonischen Groteske wird stets düster sein, ihre Erscheinungsformen verzerrt, bizarr.*«

Der Kampf mit dem »Dämon«, das ist der Kampf mit sich selbst, ist die Begegnung mit versteckten Wünschen und Ängsten, mit dem, was Mary Wigman als »triebhaft«, »animalisch« oder destruktiv empfand. Aber auch die Ekstase gehört dazu, die untrennbare Einheit von Lust und Zerstörung: sich im Überschwang der eigenen Emotionen auflösen, an der eigenen Lust zerbrechen, Sieg und Untergang gleichermaßen ungezügelt feiern.

Bedeutendster Tanz aus diesem Bereich ist der 1926 entstandene »Hexentanz«. Er zeigt ein unmenschliches Wesen – das Gesicht hinter einer hochwangigen, asiatisch anmutenden Maske verborgen, gehüllt in ein rotgoldenes Brokatgewand. Sitzend krallt es die gespreizten Finger in den Boden, stößt die Arme wie ein Raubvogel in den Raum nach vorne, nach oben, verschließt das Gesicht mit einem Gitter aus den Fingern beider Hände, wirft den Kopf in den Nacken, reißt ihn herum, stößt die Arme besitzergreifend in den Raum. Langsam schiebt es sich im Sitzen nach vorn, tierähnlich und bedrohlich in der Heftigkeit, mit der die Fersen auf den Boden schlagen. Dann richtet sich die Gestalt auf, aus dem Sitzen zur

Hocke, und fährt in die Höhe, aus der Erde hervorgeschossen. Gewaltsame Sprünge zu den Seiten, kreisende Ausbrüche mit krallenden Händen, verzerrte Haltung des Körpers. Lustvoll gieriges Jagen durch den Raum, ein Körper, der sich im Rausch des Eroberten verliert, Arme, die wie Schwerter scharf den Raum zerschneiden. Dann ein letztes, machtvolles Aufrecken und der zerschmetternde Sturz vornüber zur Erde zurück.

Die Situation, in der dieser Tanz entstand, beschrieb Mary Wigman in »Die Sprache des Tanzes«:

»Manchmal schlich ich mich nachts in den Übungsraum und steigerte mich in einen rhythmischen Taumel hinein, um der sich regenden Gestalt näher zu kommen. (...) Als ich eines Nachts völlig aufgelöst in mein Zimmer zurückkam, traf mein Blick den Spiegel. Was er zurückwarf, war das Bild einer Besessenen, wild und wüst, abstoßend und faszinierend. Die Haare zerwühlt, die Augen tief in ihre Höhle gesunken, das Nachthemd verschoben und den Körper fast unförmig erscheinen lassend: da war sie – die Hexe – das erdverwurzelte Wesen, in hemmungsloser Triebhaftigkeit, in unersättlicher Lebensgier, Tier und Weib zugleich. (...) Es graute mir vor mir selber, vor der Preisgabe dieser Seite meines Ichs, der ich mich in solch unverhüllter Nacktheit noch nie ausgeliefert hatte.«

In vielen Beschreibungen hat Mary Wigman diesen Vorgang, in dem sie ein Stück von sich erkennt, als den Kampf mit dem »Dämon« geschildert, hat die innerpersönliche Auseinandersetzung zu einer Begegnung mit einem anderen Wesen gemacht. Ein Wesen, das erst in der Bewußtwerdung durch die Tänzerin lebt. In den »Sieben Tänzen des Lebens« hat sie den »Dämon« sprechen lassen:

»Ich war,
ich bin,
ich werde sein.
An einem Tage Deines Lebens ward ich Dir bewußt.
Gestaltlos floß ich durch die Weltenräume.
Du aber schufest mich
Gabst mir die Form, in der ich nun in Deinem Leben wohne.
Ich bin Dir nahe
Warum fürchtest Du Dich wohl vor mir?
Bin ich nicht Freund?
Nicht der Vermittler zwischen Nichts und Sein?
Was schreckt Dich das Gebilde Deiner eigenen Fantasie?
Ich komme zu Dir in den ganz verlorenenen Stunden,
Wo das Leben schweigt.
Ich trage Dich durch Welten,

die verborgen vor dem Blick des Menschen sind,
Ich hebe Dich zu Höhen,
die Dein Menschenauge niemals ermessen kann,
Ich gieße Dir
von jenem Leben in die Adern,
an dem die Menschen sterben,
wenn der Dämon sie nicht schützt.
Du wirst nicht ohne mich mehr sein.
Und möchtest Du die dunklen Stunden missen,
da Deine Augen doppelt sehen lernten?
Da meine Kräfte Dich durchdrangen,
Du eins warst mit dem Element?
Geliebte! –
Das Lächeln des Grauens
um Deine roten Lippen macht mich dürsten.
Ich nähre mich Deinem warmen Blut –
Jetzt
bin ich Dir ganz nahe!
fühlst Du,
wie meiner Glieder unsichtbarer
Tanz Dich fest umschlingt?
Ich war,
Ich bin,
Ich werde sein,
vor Dir
mit Dir,
nach Dir,
unvergänglich ...«

Der »Dämon« wird zum Mittler zwischen Unbewußtem und Bewußtheit, wobei das Unbewußte etwas Dunkles, Jenseitiges, Grauenerregendes bedeutet. Choreographisch kommt die untere Raumebene zur Geltung, anders als in den »feierlichen« Tänzen, wo die hochstrebende Bewegung, die obere Raumebene, dominiert: geduckte, gebeugte Haltungen, gekrümmter Rücken, starr gespreizte Finger, angewinkelte, greifende und krallende Arme und Hände, kriechende, windende, tierhafte Bewegungen. Senkrechte Ausbrüche, niedere Sprünge, aufbäumen und stürzen, gefesselt sein von der Tiefe.

Der Kampf mit dem »Dämon« ist nicht nur die Konfrontation mit einem verborgenen Selbst, sondern enthält für Mary Wigman auch die Auseinandersetzung mit der eigenen künstlerischen Begabung und Fähigkeit. Das »Ringen« um ein Kunstwerk, ein gnadenloses Suchen nach der dem Werk angemessenen Form, ohne Rücksicht auf die eigenen, persönlichen Bedürfnisse. Die Künstlerin im Kampf mit Selbstzweifeln, um aus diesem Kämpfen die höchste Leistung hervorbringen zu können. Der Titanengedanke faszinierte sie in besonderem Maße. Das Bild von Prometheus, der den Fortschritt der Menschheit über das Göttergebot setzt, Jakob, der mit dem Engel ringt, um seine göttliche Berufung zu erfahren, Faust, der sich mit guten und bösen Mächten verbündet, um den Sinn des Lebens zu ergründen – Kampf, der getragen ist von der Überzeugung der eigenen schicksalhaften Aufgabe.

»*Man zweifelt und verzweifelt an allem, nicht zuletzt an sich selbst, und schafft es am Ende doch. Denn da ist eine Kraft, die nicht aufhört zu drängen, und eine Stimme ist da, die keine Ruhe gibt: ›Du mußt – Du mußt.‹ Und willst Du denn nicht auch? Ist dieses Drängen und Treiben, dieses Ringen und Kämpfen denn nicht Deine größte Herrlichkeit, Deine höchste Lust? – Ich lasse Dich nicht, Du segnest mich denn.*«

In diesem Lebensverständnis sind Mary Wigmans Tänze entstanden. Die »feierlichen«, die »dämonischen« und die heiter-gelösten. Es gibt in ihrem Werk eine Vielzahl von Tänzen, die ohne metaphysischen Anspruch, choreographisch abstrakt sind, um ein einzelnes Bewegungsmotiv kreisen oder einer musikalischen Vorlage recht eng folgen. Tänze, die weder die gestische Monumentalität der »feierlichen« noch das Bizarre der »dämonischen« Tänze besitzen. In den Bildern einfach, in der Choreographie durchaus auch kompliziert strukturiert, bringen sie unbeschwerte Lebensfreude und -lust auf einer sehr menschlich konkreten Ebene dem Publikum nahe. Für die Bedeutung der Choreographin Mary Wigman stehen sie hinter den dramatischen Tänzen zurück, sind mehr stimmungshafte Kontrapunkte, spannungslösendes Aufatmen nach den Anforderungen der »feierlichen« und »dämonischen« Tänze. Diese aber sind es, die Mary Wigmans Erfolg begründet haben.

Fritz Böhme, einer der renommiertesten Tanzautoren der zwanziger Jahre, schrieb in einem ekstatischen Artikel 1925 über sie:

»Sie ist zu uns gekommen, als Erfüllung stiller Sehnsucht und tiefer, heimlich gehegter Hoffnung, als das bewegte Bild unserer eigensten Schönheit, Kraft, Wucht, Liebe, Rücksichtslosigkeit, das wir im bürgerlichen Leben nur scheu und mit ängstlichen Seitenblicken, wenn wir allein mit uns waren, zu betrachten wagten. (...)

»Tanz in den Tod« aus dem Zyklus »Opfer«, 1931. Foto: Albert Renger-Patzsch.

»Tanz des Dämons« aus »Die sieben Tänze des Lebens«, 1921. Foto: Nino Hess.

Religio: heilige Scheu, angstvolle und zugleich selige Hingabe, Versinken in das Urbild. Wir ahnen nicht nur, aus uns lebt es. Gott sprach in diesen Tänzen zu uns: das ist seine Offenbarung in unseren Tagen, die so dürr geworden sind durch aussaugenden Intellektualismus, so lieblos durch Geschäftlichkeit, so matt durch verzehrende Hast, so kränklich maßvoll durch den Mangel an lebendigem Strom von Mensch zu Mensch. (...)

Und wenn wir diesen Schöpfungen, (...) dieser einen starken Führerin zujubeln, fühlen wir in beglückendem Schmerz, wie Gottes Hand als ein Keil, der sich in unser erstarrtes Sein drängt, unsere Seele anrührt zu lebendigem Schwingen. Wir segnen Menschen und Stunde, die uns Segen waren, als Bekennende und zum wahren Weg Erwachte.«

Die Suche der Jugendbewegung nach einer von politischen und ökonomischen Konflikten freien Gesellschaft fand sich nach dem ersten Weltkrieg in diesem von Böhme beschriebenen Bedürfnis nach einer »kultischen Gemeinschaft« wieder. Die Sehnsucht nach einem Lebensmodell, das in der sozialen Unsicherheit der zwanziger Jahre, im radikalen Umsturz aller bis dahin gültigen Werte und Normen neuen Halt versprach und zerbrochene Ideale ersetzte, diese Sehnsucht hat dem deutschen Ausdruckstanz zu seinem sensationellen Erfolg verholfen. Es war die gleiche, die sich die Nationalsozialisten mit ihrem Bild vom großen Deutschland zunutze machen und in politische Macht ummünzen konnten.

Mary Wigman, 1934.
Foto: I. von Tucholka.

Vision
1930–1942
Dresden

In der Mai-Nummer der Berliner Fachzeitschrift »Der Tanz« erscheint 1929 ein langer Aufsatz des Herausgebers Joseph Lewitan über die Tanzkunst von Mary Wigman. Er bespricht darin nicht nur ihren Tanzabend »Visionen«, sondern gibt zugleich eine kritische Bestandsaufnahme ihrer künstlerischen Position auf dem Höhepunkt ihrer Karriere. Lewitan zieht den Schluß:

Mary Wigman mit ihrer Maske aus dem »Hexentanz«. »...die Hexe, das erdverwurzelte Wesen, in hemmungsloser Triebhaftigkeit, in unersättlicher Lebensgier, Tier und Weib zugleich.«

»Mary Wigman jagt in ihrem tänzerischen Drang einem in Wirklichkeit nicht existierenden Phantom nach: der Illusion einer absoluten, abstrakten Tanzform, eines metaphysischen Tanzes. Wohl sind die künstlerischen Persönlichkeiten, wohl ist Mary Wigman selbst von jener Tiefe und Unergründlichkeit, die das Mysterium der Individualität ausmachen, wohl werden derartige Persönlichkeitswerte in jedem Tanz und in jeder Tanzart zur Geltung kommen und dem Werk den Siegel des Schöpfers aufdrücken, das Werk selbst aber ist ohne die Person ein nichts.«

Lewitan ist zwar ein Anhänger des klassischen Balletts, wo die Choreographie mehr gilt als die, die sie tanzen, aber sein Urteil gilt auch viel in ausdruckstänzerischen Kreisen, denen er prinzipiell mit sachlichem Wohlwollen begegnet. Seine Betrachtung über Mary Wigman gibt eine Stimmung wieder, die sich nach dem Zyklus »Schwingende Landschaft« in der Presse stärker bemerkbar macht. Der Respekt vor der in zehn Jahren vollbrachten künstlerischen Leistung hält angesichts der zwischen 1929 und 1932 choreographierten Werke die Rezensenten immer weniger von negativen Stellungnahmen zurück.

Joseph Lewitan kommt nach Mary Wigmans Rückkehr von der ersten USA-Tournee 1931 zu der unwiderruflichen Ansicht: »Es ist nicht das erstemal, daß in Amerika etwas Mode wird, sobald es in Europa ›passé‹ ist, und man dort ›crazy‹ ist nach Dingen, die hier ihre Rolle ausgespielt haben.«

Effekthascherei gerade bei den Kostümen wirft man ihr vor, übertriebenes Pathos, der in die nüchterne Gegenwart nicht mehr hineinpasse und die geräuschrhythmische Begleitung der Tänze werde seit dem »Totenmal« auch immer unerträglicher.

Giftige Kritik in der »Leipziger Volkszeitung« am 21. 11. 1929: »Die Wigman-Mode ist vorbei. ... Das Instrumentarium verstimmter Glocken und Lärmapparate, das sie diesmal varietéhaft bemühte, ist für empfindliche Sinne noch in der Erinnerung eine Folterkammer. Nur ein zutiefst unmusikalisches Wesen kann zu solcher Barbarei zu tanzen versuchen.«

Kritik, die sich inhaltlich mit ihren Tänzen auseinandersetzt, kommt ohnehin aus dem Kreis der für den Ausdruckstanz aufgeschlossenen Rezensenten. Die linke Presse, die Intellektuellen aus dem politisch fortschrittlichen Lager, nehmen von dieser Tanzkunst in der Weimarer Republik wenig Notiz, haben allenfalls ein paar polemische Äußerungen dafür übrig oder wissen nichts rechtes damit anzufangen. Mary Wigman war in Deutschland keine Tänzerin der linken Avantgarde, wie sie es noch in der Schweiz war, sondern stand mit ihrem lebensphilosophischen Tanzverständnis stets eher dem gebildeten Bürgertum nahe. Der Linken war sie vielmehr suspekt. In der »Weltbühne« heißt es 1924 in einem Bericht von Jan Altenburg:

»Im Programmheft der Tanztruppe Mary Wigman steht etwa Folgendes: ›Was der Besucher unserer Vorstellungen erlebt, ist ziemlich schnuppe. Es kommt uns darauf an, daß er überhaupt irgendetwas erlebt.‹ Die Sätze des Programms, das ich nicht zur Hand habe, lauten pathetischer; aber dem Sinne nach stimmt es. (...) Sicherm Vernehmen nach hat Mary Wigman mit Sachsen überhaupt nichts zu tun, obgleich ihre Anstalt in der Nähe Dresdens liegt. Aber noch viel sichererm Vernehmen nach hat sie und ihr Kreis auch nichts mit den Hakenkreuzern zu tun. Und doch vollführt sie, wofür schon ein erheblicher Bruchteil ihres Wandervogelpublikums zeugt, nicht deutsche, sondern teutsche Tänze. Kaum daß sich der Vorhang gehoben hat, muß man unwillkürlich an kitschige Nibelungenhallen von Hermann Hendrichs denken, man sieht gleichsam im Geiste Johannisfeuer lodern, um welches sinnig-minnige Mädchen mit Kränzen im Haar einen Reigen tanzen, und ringsum sind Standarten aufgepflanzt, die jene durch Werwölfe, Jungdos und andre Mannen schwer kompromittierten urgermanischen Symbole und Runenzeichen tragen.«

»Und wie in Deutschland heute bereits zahllose kleine Wigmännchen und Labanesen herumlaufen, freilich ohne die künstlerische Bedeutung ihrer Meister auch nur ahnungsweise zu erreichen, so wird wohl in Rußland im Tanz eine Art Gertinflation einsetzen, und bei der Eigenart des Russen, sich in eine ihn begeisternde Sache fanatisch zu verbeißen, wird die Zahl der kleinen Gertianerinnen im Osten nicht gering sein.« (Zeitschrift »Singchor und Tanz«, 1929)

Gesellschaftskritik war in den Tänzen von Mary Wigman nicht zu finden, sie gaben keine sozialen Zustandsschilderungen, sondern aus der Persönlichkeit motivierte Erfahrungsbilder. In den tänzerischen Formen, die sie dafür entwickelte, war sie künstlerische Avantgarde in der Gesellschaft der Weimarer Republik, nicht politische. Valeska Gert brachte den Gegensatz ihres eigenen Tanzes zu dem Mary Wigmans polemisch auf den Nenner:

»Eine Tanzdarbietung muß nach saurem Schweiß riechen, ethisch sein, wirrgeistig und langweilig. Genialität ist weniger erwünscht als Solidität. Weil der Durchschnittsdeutsche kein Selbstvertrauen hat, hält er nur die Kunst für groß, die er nicht versteht und die ihn langweilt. Mary Wigman erfüllt als einzige Tänzerin alle diese Bedürfnisse des deutschen, gebildeten Mittelbürgers und ist darum zur Nationaltänzerin geworden. (...) Ich dagegen, Valeska Gert, werde bei allem Ruf, den ich habe, sehr unterschätzt. Ich habe in meinen Tänzen alle Zeiterscheinungen und Auswüchse, die sich durch den Körper darstellen lassen, ausgedrückt. Ich habe Dirnen, Kupplerinnen, Zirkus, Varieté, alle Sportarten komprimiert und im Einminutentempo auf die Bühne gestellt. (...) Meine Ethik aber, die darin besteht, daß ich nicht unter allen Umständen wahr sein will, wird lange nicht so geschätzt wie die bürgerliche Ethik, die vor allen Dingen moralisch sein will.«

Zu welcher politischen oder weltanschaulichen Richtung ihr Publikum gehörte, interessierte Mary Wigman nicht. Sie orientierte sich ja nicht an den Bedürfnissen dieser oder jener Schicht, nicht an dem, was »gesellschaftlich relevant« war, sondern allein an dem, was ihr persönlich wichtig war, ausgedrückt zu werden. Als Ende der zwanziger Jahre von vielen Kritikern der Ausdruckstanz für überlebt erklärt wurde, ärgerte sich Mary Wigman vermutlich darüber, aber beirren ließ sich sich davon nicht.

Unverständige Kritiken hat es in ihrer Laufbahn immer gegeben, warum sollte es jetzt anders sein. Sie ist es gewohnt, ihre choreographische Arbeit selbstkritisch zu betrachten, allerdings setzt sie auch selbst den Maßstab für ihre Beurteilung. Es gibt niemanden, der sich vor der Premiere mit ihr über eine Tanzkomposition auseinandersetzt. Ihre Mitarbeiter sind befangen, Benkert fehlt der künstlerische Blick, und Hanya Holm, die einzige, die künstlerisch selbständig genug wäre, sie ehrlich zu kritisieren, ist ab 1931 nicht mehr da. Mary Wigman ist Einzel-Tänzerin.

»Ja, sogar an den seligen Rudolf Wilke muß man denken. Was hätte sein genialer Stift aus der Szene gemacht, da die Vortänzerin – beinahe hätte ich Vorturnerin geschrieben – forsch an der Front entlangchassiert, die Arme plötzlich hebt, daß man meint, sie wolle militärische Griffe kloppen, und nur noch auf das Kommando warten: In Gruppen rechts schwenkt, marsch!« (Jan Altenburg in »Die Weltbühne« 1924 über Mary Wigmans Tanzgruppe)

Der »Opfer«-Zyklus findet bei ungewöhnlich zahlreichen Rezensenten nur wenig Gegenliebe, der metaphysische Anspruch ist vielen doch zu hoch gesteckt. Mary Wigman weiß, daß das »Opfer« ein inhaltlich komplizierteres Werk ist als die »Schwingende Landschaft« und steht mit ganzer Überzeugung dahinter. Mit diesem Programm will sie die USA bereisen, jetzt muß sich zeigen, ob das amerikanische Publikum in der Lage ist, auch die »dunkle Seite« des deutschen Tanzes aufzunehmen.

Am 11. November 1931 geht sie in Cherbourg an Bord des Cunard Liners »Mauretania«. Diesmal kann sie die Überfahrt genießen. Die Angst vor Amerika ist nicht viel größer als das vertraute Lampenfieber vor jeder Premiere. Ein bißchen mehr Spannung vielleicht, weil die Reise lange dauern wird und so viele Zuschauer zu gewinnen sind, die sie noch nicht vom ersten Besuch her kennen. Aufregung auch wegen des neuen Programms. »Opfer« ist so anders als die »Schwingende Landschaft« – »germanischer« in amerikanischer Sicht. Aber trotz aller Nervosität ist sie zuversichtlich, zu Recht. Wieder gibt es Beifallsstürme nach allen Vorstellungen, wieder sind die Zeitungsspalten voll, wieder wird die »Hohepriesterin« gefeiert, wieder gibt es Angriffe und wieder liegt ihr Amerika zu Füßen. Der Rausch der ersten Tournee wiederholt sich, stärker noch und betäubender, das ununterbrochene Reisen in Pullman-Zug und Greyhound-Bus durch die Weite des Kontinents trägt seinen Teil dazu bei. Für europäische Augen ist alles ungewohnt und faszinierend. Landschaften wechseln in unerwarteten Kontrasten, lärmende Industriestädte, schneebedeckte Steppen im Norden, blühende Felder, fruchtbare Plantagen, Ölfelder und richtige Cowboys im sonnigen Süden. Die Wälder des Nordwestens, die Fülle Kaliforniens, die Wüsten Arizonas – nie gesehenes Licht, unbekannte Farben, jede Landschaft ein neues atemberaubendes Schauspiel.

Dazu die Vielfalt der Menschen, der Rassen und Kulturen. Am beeindruckendsten »*der Geist der wilden Indianer*« im Südwesten. Sie besucht ein Reservat und entdeckt: »*Alles, was die Amerikaner nicht haben, oder besser, das einzige, was sie nicht haben, ist hier: die Fähigkeit, künstlerisch zu gestalten. Im Sinne des Symbols nämlich, also religiös, aus der Vision heraus in die Gestalt.*« Das Urwüchsige, Elementare ist ihr vertraut. Sie findet es in den Landschaften wieder, den Canyons in Colorado und der Sierra Nevada, an den Küsten des Atlantik und Pazifik.

Tausende von Menschen schütteln ihr die Hand, auf unzähligen Empfängen wird sie gefeiert. In Los Angeles kommt Albert Einstein in die Garderobe, bei der Vorstellung sitzen die Stars von Hollywood im Parkett – Greta Garbo und Ramon Novarra, die gerade »Mata Hari« abgedreht haben, Marlene Dietrich und Josef von Sternberg, Marie Dressler, Anna May Wong... Sie wird nach Hollywood eingeladen, durch die Studios von MGM geführt. Das beeindruckt. Kino ist eines ihrer liebsten Vergnügen. An vorstellungsfreien Abenden, manchmal an verregneten Nachmittagen in Tourneestädten geht sie sich Filme ansehen. Garbo liebt sie besonders, und Garbo applaudiert der deutschen Tänzerin, die sich in ihrem Tanz als Opfer ihrer Kunst gibt.

Nach einigen Wochen hat Mary Wigman genug vom Vagabundenleben. Jeden zweiten, spätestens jeden dritten Tag in einer anderen Stadt, einige zigtausend Kilometer Entfernungen bewältigt und vor tausenden von Zuschauern aufgetreten – das genügt langsam. Aber: »*Das verstehen sie hier: einen arbeiten machen! Und da sie selber ebenso schuften, bleibt nichts übrig als sich zu fügen und das Rennen mitzulaufen!*« So schreibt sie an Martha Reuther.

Hurok hat so viele Auftrittsangebote wahrgenommen wie irgend möglich. 4 800 Menschen sitzen in Minneapolis im Zuschauerraum, einige Hundert im Auditorium von Warrensburg/Ohio, wo die ganze Stadt nur 2 000 Einwohner zählt.

Am 27. April 1932 tanzt sie die letzte Vorstellung in New York, die zweiundzwanzigste während dieser Reise in der Metropole und die fünfte in der Carnegie-Hall. Wieder jagt sie nach dem Auftritt zum Schiff, das um Mitternacht den Hafen verläßt. Über Southampton gelangt sie nach Europa, reist von dort gleich nach London weiter, um drei Gastspiele zu geben. Erst dann ist die zweite USA-Tournee zu Ende.

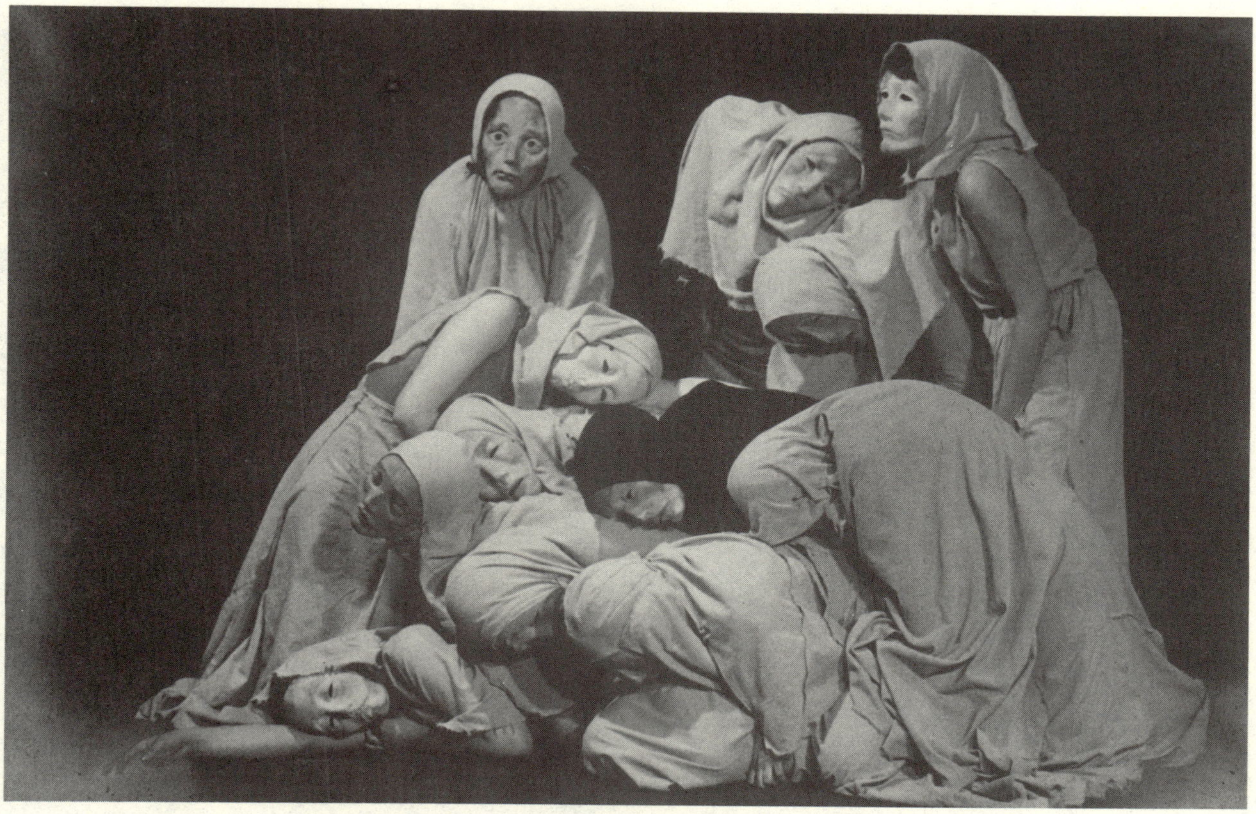

Frauen aus »Totenmal« von Albert Talhoff, 1930. Foto: Charlotte Rudolph.

Unten: Bühnenbildentwurf zu »Totenmal«.

»Schatten« aus dem Zyklus
»Der Weg«, 1932.
Foto: Herbert Volwahsen.

Die verdienten Dollars kann sie jetzt besonders gut gebrauchen. Die Weltwirtschaftskrise, deren Auswirkungen sie in den USA erlebt hat, macht sich inzwischen auch in Deutschland massiv bemerkbar. Die Lage der Schule ist wieder mal katastrophal. Viele der Schüler/innen sind arbeitslos, können die Studiengebühren nicht mehr aufbringen – sie dürfen trotzdem am Unterricht teilnehmen –, die Laienklassen werden immer kleiner und staatliche Hilfe bleibt aus, weil das Geld für andere Zwecke benötigt wird. Mary Wigman muß Angestellte entlassen. Mit ganzer Energie stürzt sie sich in die Schularbeit, gibt zwischendurch Solo-Gastspiele und unterrichtet in den Zweigschulen, denen es wirtschaftlich nicht besser geht als dem Zentralinstitut.

Anfang Juli 1932 kommt Sol Hurok wieder nach Berlin und verhandelt über die nächste USA-Tournee. Mary Wigman hat sich einen ehrgeizigen Plan in den Kopf gesetzt – sie möchte mit den Schülerinnen der Ausbildungsklassen wieder eine Tanzgruppe zusammenstellen und mit ihr dem amerikanischen Publikum die Notwendigkeit moderner Gruppenchoreographie vorführen. Sie denkt an den Eindruck, den ihre erste Tanzgruppe in Deutschland hinterlassen hat, drei Jahre nach ihrer Auflösung spricht man noch immer von den choreographischen Maßstäben, die sie gesetzt hat. Sol Hurok ist einverstanden und organisiert erneut eine Tournee von Küste zu Küste.

»Seit 8 Tagen zurück und im ›Betrieb‹. Es war hart, nach den Wochen reiner Privatexistenz plötzlich wieder so in das Ent-, Über- und Unter-Persönliche zu tauchen. Aber der Sprung mußte ja geschehen, und so wie ich nun mal gebaut bin, habe ich ihn auch ganz und schnell entschlossen getan.« (An Martha Reuther nach dem Urlaub)

Sie ist beglückt, die Schülerinnen sind mit Eifer bei der Sache. Sie verdienen zwar während der Proben kaum Geld, aber die Tournee garantiert ihnen eine Gage – in kostbaren Dollars –, mit der sie sich während der Reise und nach ihrer Rückkehr eine Zeitlang über Wasser halten können. Die soziale Seite spielt bei der Gründung der zweiten Wigman-Tanzgruppe eine wichtige Rolle. Mit Elan macht sich Mary Wigman im September nach der Rückkehr aus den in den südtiroler Bergen verbrachten Sommerferien an die Arbeit. Sie schreibt Martha Reuther:

»Und das allergrößte Problem: die neue Tanzgruppe, die mit einem I a Bühnenprogramm im Dezember beweisen muß, daß ›Wigman‹ nach wie vor ›First‹ ist. Du lieber Gott, wäre ein halbes Jahre Zeit für die Vorbereitungsarbeit, so wäre es einfach, und mir nicht bange. Vorläufig ist es mir ein Rätsel, wie dieses junge Gemüse, mit all seinem guten Willen, und mit seiner völligen Ahnungslosigkeit über die Härten der Berufs*arbeit sich in dieser Kürze zu einer Elitetruppe entwickeln soll. –«*

Als die »Wigman-Tanzgruppe« am 8. Dezember in Dresden und drei Tage später in Berlin das Stück »Der Weg« zur Aufführung bringt, ist zwar der Beifall des Publikums herzlich, aber nicht enthusiastisch wie sonst und in den Zeitungen erscheinen scharfe Kritiken. Fritz Böhme wertet den Abend:

»Für den, der das bisherige Schaffen Mary Wigmans kennt und in dieser Tänzerin eine der stärksten Schöpferinnen auf dem Gebiet der deutschen Tanzkunst und eine ehrlich ringende Künstlerin sieht, wird dieser neue Tanzzyklus schwerlich der Inbegriff einer letzten, zeitentsprechenden, tänzerischen und künstlerischen Höhe sein. Man kann es bedauern, daß sie gerade mit diesem Werk nach Amerika geht. Man wird es dort repräsentativ werten. Das ist es nicht. Es ist nicht einmal bezeichnend für die Wigman der ›Feier‹, geschweige denn für die frühere Mary Wigman, die 1923 in ihren ›Szenen aus einem Tanzdrama‹ wirklich etwas schuf, in dem der richtunggebende Aufbruch einer starken Gestaltungskraft als Zeichen einer inneren Gesundheit des künstlerischen Deutschland zu spüren war.«

»Vom Wesen der früheren und frühen Gruppenkompositionen Mary Wigmans ist nichts mehr übrig geblieben als die Routine, mit der die Dresdnerin im Solo und in der Gruppe ihren Part bringt.... In einem Beitrag hat Mary Wigman den Satz geschrieben: ›Die Zeit schreitet unbarmherzig über jene Formen hinweg, die die Kraft zur Verwandlung und damit zur Erneuerung nicht mehr in sich tragen.‹ Dieser Satz gilt für sie selbst.« (Kritiker Paul J. Bloch über »Der Weg«)

Während die getreuen Anhänger Wigmans, wie Artur Michel, den »Weg« als die Krönung von Mary Wigmans Gruppenwerk feiern, als »eine Überhöhung dessen, was sie bisher geschaffen«, fällen die ihr ohnehin skeptisch gegenüberstehenden Kritiker ein vernichtendes Urteil: sie habe ihre geistige und künstlerische Heimat verlassen.

Wären solche Kritiken Einzelfälle, Mary Wigman könnte unberührt darüber hinwegsehen, aber in zu vielen Rezensionen klingen diese Stimmungen an. Überholt sein, veraltet? Gerade jetzt, wo sie Amerika dem deutschen Tanz erobert hat, sich im vollen Besitz ihrer künstlerischen Schaffenskraft fühlt? *Den* Vorwurf kann sie nicht auf sich sitzen lassen. Sie will es den Zweiflern beweisen. Erst einmal nach Amerika und dann mit aller Kraft wieder in Deutschland in die Arbeit gestürzt! Tatsächlich hat sie ja das deutsche Publikum in den letzten Jahren ein wenig vernachlässigt, die gewohnten Wintertourneen in den USA absolviert; es wird klar, daß man ihr das nicht ganz verzeiht.

Am 13. Dezember 1932 schifft sich Mary Wigman mit ihren zwölf Tänzerinnen und Begleiter Hanns Hasting nach Amerika ein. Der äußere Ablauf ist Routine – Premiere in New York, dann nach Weihnachten im Zug und Bus auf Tour – Cincinnati, Louisville, Chicago, Winnipeg, Calgary, Vancouver, Seattle, San Francisco, Oakland, Los Angeles, Pasadena, San Diego, Salt Lake City, Denver, Kansas City, Tulsa, Denton, St. Louis, Indianapolis... Fünfundvierzig Tanzabende in zweieinhalb Monaten und 246 Stunden auf Rädern verbracht. Der Erfolg steht diesmal weit hinter den beiden vorigen Tourneen zurück. Wo immer Mary Wigman mit einem Solo-Programm auftritt, empfängt sie begeisterter Applaus von Publikum und Presse. Das Gruppenprogramm hingegen erweckt großes Befremden. Manager Sol Hurok in seinen Memoiren: »Eine kompakte Amazone – vorausgesetzt es war die wunderbare Wigman persönlich – war ja in Ordnung, aber eine ganze Gruppe breithüftiger, dickbeiniger deutscher Mädels in Badeanzügen und weiten Röcken, das war zuviel.« Selbst John Martin, der bedingungsloseste Gefolgsmann,

»... zeigen, daß der deutsche Tanz Träger deutscher Kultur ist und den Geist des neuen deutschen Erlebens in sich birgt«, heißt es im Programm der »Deutschen Tanzfestspiele 1934«.

meint in der »New York Times«, daß ihm Wigman alleine lieber sei als Wigman mit Gruppe. Sie selber möchte den gedämpften Enthusiasmus nicht ganz wahrhaben. Gerade am Gruppenwerk liegt ihr doch so viel, wieso haben die Amerikaner damit so große Schwierigkeiten?

Die Tournee zerrt weit stärker an ihren Nerven als die beiden zuvor. Martha Reuther gibt sie Mitte Januar 1933 einen Zwischenbericht:

»Daß es hundertmal mühsamer ist mit dieser Mädchenhorde, als allein, daß man noch mehr seelische und geistige Kräfte braucht, um die Arbeit durchzusetzen und auf der Höhe zu halten, daß alle Initiative von einem selber ausgehen muß. Daß obendrein das ›Geschäft‹ miserabel ist. Ich will nicht stöhnen, da es auch andere Seiten gibt. Und da ich ein fanatischer Lebensfreund bin, halte ich mich an das Positive. (...) In New York (7 mal getanzt), war es im Anfang schwieriger. Reine Star-Einstellung, und man brüllte: Mary Wigman Solo! Ärgerte sich, daß die Gruppe mir den Platz wegnahm etc. Da wurden dann all meine Kampfinstinkte wach, ich habe die Mädels aufgeputscht, daß sie vor Ehrgeiz fast platzten, und habe mir selber das Blut aus den Adern getanzt. Und voilà! Der Sieg kam. Das hat mir Spaß gemacht, wenn ich auch zuerst meine bittersten Verzweiflungstränen geheult habe.«

Der »Sieg«, den die Gruppe mit einer glanzvollen Aufführung in Chicago erringen kann, täuscht. Die Tournee ist insgesamt ein Mißerfolg. Sol Hurok hält es für ratsam, bis zur nächsten Reise etwas Zeit verstreichen zu lassen, 1934 oder '35 mag das Publikum vielleicht wieder aufnahmebereit sein...

Am 16. März 1933 zurück in Berlin, wird sie gleich von einer Hiobsbotschaft überfallen: die Entscheidung über staatliche Subventionen ist zurückgestellt worden. Die zweite Wigman-Tanzgruppe hat über die USA-Tournee hinaus keinen Bestand.

Es ist viel geschehen in den wenigen Wochen seit ihrer Abreise im Dezember. »*Das neue Deutschland – Nicht Regierungswechsel, sondern Revolution – Seltsam!! Wohin geht es?*«, fragt sie sich im Tagebuch.

Die politische Entwicklung der letzten Zeit ist nicht an ihr vorbeigegangen. Wenige Tage bevor sie nach Amerika aufgebrochen war, hatten am 6. November 1932 Reichstagswahlen stattgefunden. Die NSDAP, die 1930 einen sensationellen Stimmengewinn hatte verzeichnen können und eine der größten Parteien des Parlaments geworden war, mußte Verluste einstecken. Die Zahl ihrer Abgeordneten war von 230 auf 196 gesunken. Am Abend, als sie ihr letztes Gastspiel in New York gibt, am 5. März 1933, eine Solo-Vorstellung mit dem Zyklus »Opfer«, finden in Deutschland wieder Wahlen statt. Ein weiterer Rückgang bei diesen Wahlen hätte Hitlers frische Kanzlerschaft schnell wieder beenden können.

Das Ergebnis läßt über die Zukunft keine Zweifel: Die NSDAP hat ihren Stimmenanteil fast verdoppeln können, mit 288 Sitzen ist sie vor den Sozialdemokraten mit 120 und den Kommunisten mit 81 Mandaten stärkste Partei im Reichstag. Als die NSDAP vier Tage nach den Wahlen die Mandate der KPD für ungültig erklärt und die kommunistischen Abgeordneten verhaften läßt – ohne daß die bürgerlichen Parteien sich wirkungsvoll dagegen wehren –, besitzt die NSDAP die absolute Mehrheit im Reichstag.

Bei der Rückkehr nach Deutschland überdecken zunächst die Aufregungen des Wiedersehens in Berlin und Dresden und die notwendig gewordene Auflösung der Tanzgruppe die Beschäftigung mit den politischen Veränderungen im Lande. Aber sehr bald wird deutlich, daß sie sich im »neuen Deutschland« in einer ambivalenten Situation befindet.

»Die Bühne der Zukunft scheint gesichert zu sein, wenn man einfach die letzten 14 Jahre aus der deutschen Theatervergangenheit streicht.« (W. Nufer in »Völkische Kultur«, 1933)

Erste Begegnung mit der Nazi-Politik ist die Boykott-Aktion gegen jüdische Geschäfte am 1. April 1933. Ein Samstag, den Mary Wigman bei Benkert in Berlin verbringt, wie viele Wochenenden in diesen Jahren. Sie fährt mit dem Auto durch alle Stadtviertel und beobachtet, was geschieht, liest die Plakate an den Schaufenstern: »Deutsche wehrt Euch! Kauft nicht bei Juden!« – »Wer hier kauft, ist ein Volksverräter!« – Geschäfte, in denen sie selbst oft genug eingekauft hat, vor denen jetzt SA-Posten die wenigen noch Mutigen, die sich dem Boykott nicht anschließen, beschimpfen und mißhandeln. Keine Äußerung des Entsetzens steht im Tagebuch, nur der lapidare Eintrag, daß sie abends bei Freunden zu Gast ist und es dort über den Boykott »*interessante Auseinandersetzungen*« gibt. Auseinandersetzungen, geführt im großbürgerlichen Milieu Berliner Wirtschaftskreise, dort, wo man sich von Hitler eine Sanierung der Staatsmisere erhofft und überzeugt ist, durch die eigene Wirtschaftsmacht ihn kontrollieren und nach Belieben wieder absetzen zu können. Sollen die Nazis erst mal die Ordnung im Lande herstellen, die sechs Millionen Arbeitslosen von der Straße holen und dem Mittelstand auf die Beine helfen, dann wird man schon weitersehen.

Benkert ist ein leidenschaftlicher Anhänger der »Union der festen Hand«, hält viel von der Zusammenarbeit der deutschen Industrie mit den Nazis, um die verheerenden Auswirkungen der Weltwirtschaftskrise, die Stagnation der Unternehmen und die soziale Not der breiten Bevölkerung zu beheben. Seine pro-nazistische Einstellung beeinflußt Mary Wigman in allen politischen Tagesfragen. Sie hat sich bisher um Parteipolitik nie sonderlich gekümmert, das einzige, was sie an Regierungen interessierte, war, ob man ihr Subventionen gab oder nicht. Und in *der* Beziehung war sie in den letzten Jahren mit dem sozialdemokratischen Innenminister Severing gut gefahren.

Adolf Hitler beeindruckt sie allerdings als Person. Sie findet, daß er eine ganz andere Persönlichkeit ist als von Papen, Brüning, Müller, Marx

Tanzen unterm Hakenkreuz: Kraft durch Freude. »Nicht mehr Ich und Du – nur noch Wir – wir alle . . . «

oder Luther. Nur Stresemann, der hatte auch etwas Hervorstechendes, aber das ist schon zehn Jahre her. Hitler ist zwar ein bißchen laut, wenn er in seinen Ansprachen außer sich gerät, aber was er sagt und wie er es sagt, fesselt ihre Aufmerksamkeit. Sie sieht in ihm keinen Politiker, der ein Programm vertritt, der nur so *tut* als wäre er von der einen oder anderen Verordnung überzeugt, nein, dieser Hitler ist ein Mann ohne Maske, seine Person und das, was er verkündet, sind identisch, aus seinem ganzen Wesen spricht die innere Überzeugung, er stellt nicht dar, er ist. Dem fühlt sie sich verwandt. Die Haltung kennt sie ja von sich selbst gut genug, und die kompromißlose Bereitschaft alles aus dem Weg zu räumen, was den neuen Ideen entgegensteht, das ist ihre eigene, mit der sie dem deutschen Tanz seinen Platz geschaffen hat. Der Enthusiasmus in den Reden des »Führers«, die sie sich im Radio anhört, steckt an. Es wird aufwärts gehen mit Deutschland, die Wirtschaft wird gesunden, das sagt ja auch Benkert, und er hält große Stücke auf die neue Politik. In Amerika hatte sie bei ihrer letzten Tournee den Beginn Franklin D. Roosevelts miterlebt, bei dem es auch um die Wiederaufrichtung der niedergeschlagenen Wirtschaft, um Brot und Arbeit für die Bevölkerung ging. Vielleicht bringen Hitler und seine Leute das ja in Deutschland zustande. Diese Rederei über die Juden, die Ausbürgerung von Schriftstellern, Gelehrten, Künstlern – welch ein Unsinn. Das scheinen nur Maßnahmen zu sein, die den »Pöbel« befriedigen sollen. Das wird sich schon geben, man wird sicher bald erkennen, daß das nicht nötig ist, um die großen Ziele, von denen der »Führer« so aufrichtig spricht, durchzusetzen. Die Hetztiraden im »Völkischen Beobachter« – hatte er München, die »Stadt der Bewegung« nicht anläßlich der »Totenmal«-Aufführung zur »dümmsten Stadt Deutschlands« erklärt? – und die aufstachelnden, den Haß schürenden Propagandareden, darin toben sich doch nur die Fanatiker aus, die es anfangs in jeder neuen Bewegung gibt. Diese Leute werden schon zur Ruhe gebracht werden...

In den Künstler- und Großbürger-Kreisen, in denen sie sich bewegt, trifft man keine schreienden SA-Männer, keine »Juda verrecke« kreischenden Rabauken in knarrenden Stiefeln und brauner Uniform. Hier sind die Parteigenossen und ihre Sympathisanten gebildete Männer in leitenden Positionen, die von der Festigung der deutschen Kultur, von der

»Schicksalslied« aus dem Zyklus »Tanzgesänge«, 1935. Foto: Charlotte Rudolph.

Wiederherstellung nationaler Größe sprechen, vom »Willen zur Tat«, von der Erhebung Deutschlands zu Ehre und Anerkennung als führende Kulturnation der Welt. Schlagworte, für die sie sehr empfänglich ist – bedingungslose Bereitschaft, für Ideale einzutreten, Kampf um der eigenen Überzeugung willen, das entspricht ganz und gar ihrem eigenen Lebensbild. Die Dynamik, mit der die Nationalsozialisten ihre Veränderungen einleiten, imponiert ihr, erinnert sie an die schwärmerische Begeisterung, mit der Jugendbewegte, Expressionisten, Dadaisten für ihre Überzeugungen eingetreten waren, um Neues, Bedeutendes zu schaffen.

Eines fasziniert sie besonders am neuen Staat – seine Selbstinszenierungen. Fackelzüge, Aufmärsche, Paraden, Heldenfeiern – eine einzige große Choreographie. »*Fantastische Disziplin*« und »*fabelhafte Organisation*« notiert sie ins Tagebuch. Ähnelt das nicht den chorischen Händel-Oratorien von Niedecken-Gebhard mit zwei-, dreihundert Mitwirkenden, die er Mitte der zwanziger Jahre in Münster auf die Bühne brachte, kommt nicht das »Totenmal« in seiner Verehrung der Gefallenen dem nahe? Hat nicht die feierliche Reichstagseröffnung in der Potsdamer Garnisonskirche am Grab Friedrichs des Großen etwas zu tun mit dem kultisch-feierlichen Lebensgefühl, das schon die Rituale auf dem Monte Verità erfüllte? Entspricht nicht der neue Staat auf politischer Ebene dem, was sie von tänzerischer Gruppenregie sagt? »*Gesinnung, Bereitschaft zum Kunstwerk, Vertrauen zum Führer, Einbeziehung jedes einzelnen in den schöpferischen Prozeß.*« Ist es nicht genauso die Formel für die »Volksgemeinschaft«? Labans Wunschtraum von einer Festkultur scheint in Erfüllung gegangen, ihre eigene Vorstellung der »Feier« des Lebens verwirklicht.

»Feierlich tanzen heißt: Tempeldienst tun, heißt: ein Amt im Dienst einer übergeordnet anerkannten Idee erfüllen.«

Wie hatte doch John Schikowski 1927 im »Vorwärts« über die Laienarbeit der Wigmanschulen geschrieben: »Ihr Ziel ist es, durch dramatische Ausdrucksbewegung der Massen eine ins Festliche erhobene Arbeitsgemeinschaft zu schaffen. (...) Das Endziel der ganzen Entwicklung ist schon heute klar zu erkennen. Es heißt: Schöpfung einer neuen, volkstümlichen Bühnenkunst. Eines Theaters, in dem die Schranken zwischen Bühnen- und Zuschauerraum gefallen sind. In dem die Masse des Volkes selber nicht nur aufnehmend, sondern schöpferisch mitwirkt. Nicht als ›Dilettantentruppe‹, sondern als Glieder einer großen Festgemeinschaft, die, vom gleichen Geist und beflügelt, ihren Sehnsüchten und Hoffnungen, ihrem Wollen und Wünschen, ihrer Liebe und ihrem Haß, ihren letzten höchsten Idealen in einer künstlerischen Form Ausdruck gibt, die aus tiefstem Herzen fließt und ins Innerste der Seelen dringt.«

Nazi-Deutschland – ein großes Theater für den deutschen Tanz? Mary Wigman, Rudolf von Laban und viele andere Ausdruckstänzer/innen setzen ihre Hoffnungen darauf.

Wiederholt gewann in Mary Wigmans Leben die Auseinandersetzung mit ihrer deutschen Identität große Bedeutung. Sie war die Schöpferin des »deutschen« Tanzes – einer Tanzkunst, in der ihr Selbstverständnis als Teil einer jahrhundertealten kulturellen Geschichte eine wichtige Rolle spielt. Deutsch sein hieß für sie mehr als nur zufällige Zugehörigkeit zu einem Land, bestand für sie nicht in einer bestimmten Staatsangehörigkeit, sondern war ihr eine tiefe, ihr ganzes Denken und Fühlen bestimmende kulturelle Verwurzelung. Nordisch, germanisch, deutsch hießen die Bestimmungsbegriffe, mit denen sie ihre Position in der abendländischen Kulturgeschichte umriß. Nicht zur Kennzeichnung einer rassischen Zugehörigkeit, sondern zur Definition einer geistigen Tradition, in der die germanische Mythologie eine ebenso feste Stellung innehatte wie die Gotik, die Romantik, Goethe oder Rainer Maria Rilke.

»Die neuen religiösen, völkischen und mythischen Inhalte verlangen den neuen Bewegungsstil. ... Es wird wohl auch der Zeitpunkt kommen, wo man jene Künstlerin, mit deren Namen die gesamte Entwicklung der modernen tänzerischen Form unlöslich verbunden ist, ja, die diese eigentlich erst schuf und die den Ruf der neuen deutschen Kunst in der Welt festigen half wie wenig andere, wo man Mary Wigman an die große repräsentative deutsche Bühne rufen wird, wo man ihr die Möglichkeit gibt, in regelmäßigen Darstellungen ihre chorischen Werke vor die deutsche Öffentlichkeit zu bringen.« (W. Nufer in »Völkische Kultur«, 1933)

Ernst Blass, einer der expressionistischen Autoren, die sich früh mit dem neuen Tanz auseinandersetzten, stellte 1922 in seinem Buch »Das Wesen der neuen Tanzkunst« Mary Wigman in den mythischen Zusammenhang altgermanischer Rituale: »Der Weg führt in Nordisch-Vorzeitliches, in wilde Verschlungenheiten mit Drachenköpfen, Pferdeschädeln. Das erscheint als ihre gesuchte seelische Heimat. Etwas Nächtliches, Schwarzes bleibt als ihr Bedeutendstes im Gedächtnis. (...) die Gongschläge können auch Keulenschläge sein, findet ein Menschenopfer statt? Im Tiefsten, Furchtbarsten ist auch das nordisch, wild, zu unvergleichlichem Blühen drängend.«

1914 hatte Rudolf von Delius in seiner ersten Kritik für die Tänzerin Mary Wiegmann davon gesprochen, daß »die germanische, wilde Gefühlseinheit« in ihrer Tanzkunst »zum ersten Male ihre Tanzform gefunden« habe. Was sie selbst unter deutschem Tanz verstand, hat Mary Wigman 1935 in ihrem Buch »Deutsche Tanzkunst« niedergelegt, in dem sie schreibt:

»Die unverkennbaren Merkmale echten deutschen Kunstschaffens lagen und liegen auch heute nicht einzig und allein in Stoff und Thema des gestalteten Kunstwerkes. Sie bilden sich vielmehr auf jener irrationalen Ebene, in die das persönliche Erleben einzugehen hat, auf der es umgeschmolzen wird, um in der gültigen Form überpersönlicher Aussage seinen Weg wieder zu den Menschen zurückzufinden.

Es ist die geistige Grundlage, das hinter den Dingen Wirksame, es ist die Art, das Stoffliche zu meistern, was dem Kunstwerk das Gepräge gibt und es im tieferen Sinne als deutsch kennzeichnet. (...)

Der neue deutsche Tanz ist nicht das Resultat eines vorgefaßten Programms. Er erhielt seine Prägung durch die wenigen schöpferischen Persönlichkeiten, die ihm in unablässigem Ringen die Einheit von Inhalt und Form gaben. In diesem Kampf ging es um das Wesenhafte, um Mensch und

Schicksal, um Ewiges und Vergängliches. Der Weg zu den Quellen, zum Urgrund des Seins wurde wieder frei. Das Tragische, das Heroische – vom Allzuspielerischen bisher verdrängt – brach sich Bahn und gab dem Tanz sein neues, sein deutsches Gesicht. Denn daß dieser Tanz den Bekenntnismut zum Leben als dem ewig geheimnisvoll Webenden und Wirkenden hatte, daß er Gott suchte und mit dem Dämon rang, daß er der uralten, der faustischen Sehnsucht nach Erlösung zu allerletzter Lebenseinheit Gestalt gab , das macht sein Deutschtum aus.«

Dieses Buch, das aus einem 1934 erarbeiteten Vortrag entstand, hat mit nationalsozialistischer Ideologie wenig zu tun. Mary Wigman ging es um die Charakterisierung ihres Selbstverständnisses und das hatte sie bereits auf dem Monte Verità zu formulieren gesucht. Ihr Tanz war für sie Ausdruck des »deutschen Wesens« – der Suche des Menschen nach dem Ursprung, dem Quell allen Seins. »Deutsches Wesen«, das war ihr die »Tiefe«, die Bereitschaft zu irrationalem Welterleben, war der Kampf des Menschen um ethisches Wachstum, sein Streben nach Vollkommenheit in der Rückkehr zur organischen Harmonie mit der Natur, der Wunsch, Körper, Seele und Geist in Einklang zu bringen. Romantik, Klassik und die Lebensphilosophie des ausgehenden 19. Jahrhunderts standen Pate nicht nur für Mary Wigmans Weltbild und ihren daraus resultierenden Tanz, sondern für die gesamte Ideologie des expressionistisch ausgerichteten Ausdruckstanzes.

Zwei Bücher haben ihre Lebens- und Tanzphilosophie entscheidend geformt: Goethes »Urfaust«, den sie sich für ihre Bibliothek »*märchenhaft schön gebunden*« wünschte, »*in Schweinsleder mit etwas pomphafter, hieroglyphenartiger Schrift*« und »*in silber und rot*« Nietzsches »Also sprach Zarathustra«. Beides für sie »*Bücher, die einem etwas wahrhaftig vermittelt haben, die mehr als gelesen oder studiert sind, die einem nicht Buch bedeuten.*« (Tagebuch)

»Der Mensch ist ein Seil, geknüpft zwischen Tier und Übermensch – ein Seil über dem Abgrunde. Ein gefährliches Hinüber, ein gefährliches Auf-dem-Wege, ein gefährliches Zurückblicken, ein gefährliches Schaudern und Stehenbleiben.« (Aus »Zarathustras Vorrede«)

Im »Urfaust« hatte sie das Modell des um Wissen und Erkenntnis ringenden Menschen, bereit, sich zur Erreichung dieses Zieles mit allen Mächten zu verbünden. Der »faustische« Mensch entsprach ganz und gar Mary Wigmans Selbstbild. Genauso der alles Persönliche und letztlich sich selbst überwindende »Übermensch« Nietzsches. Dionysisches Erleben als die dem rationalen, analytischen Denken überlegene Erkenntnisquelle, Erfahrung als einzig wirkliches Mittel der Wahrheitsfindung, damit konnte sich Mary Wigman voll identifizieren.

Goethe und Nietzsche bilden die geistige Basis eines dritten Buches, das ebenfalls bedeutend zu Mary Wigmans Selbstverständnis als einer deutschen Künstlerin beitrug: Oswald Spenglers sogenannte »Morphologie der Weltgeschichte«, »Untergang des Abendlandes.« Spengler sah den politisch-ökonomischen Geschichtsverlauf des Abendlandes als notwendige Erfüllung der kosmisch vorgegebenen, schicksalhaften Bestimmung, sich selbst durch eine extreme Übersteigerung der eigenen wissenschaftlichen Grundlagen aufzulösen. Wenn aus der in der abendländischen Kultur fetischisierten Naturwissenschaft wieder die Naturreligion, aus der allein für gültig erachteten Physik die Metaphysik entstanden sei, habe die abendländische Kultur ihren Endpunkt, den Augenblick ihrer Transformation in ein nachfolgendes Zeitalter auf spiritueller Basis erreicht.

In der Bestimmung zur Irrationalität, zum Seelischen, sah Mary Wigman den »Mythus des deutschen Volkes«, von dem Nietzsche spricht, in der Rückbesinnung auf die in der deutschen Kulturgeschichte »schöpferisch« gewesenen Kräfte, von den Architekten der Romanik angefangen über die Künstler des Mittelalters und der Klassik zu den Meisterwerken der Neuzeit bis hinein in die Gegenwart. Innere Liebe zur Aufgabe, besessener Glaube an das Werk und die kampfbereite Treue zur eigenen Überzeugung, nach diesen Grundsätzen begriff sie sich als deutsche Künstlerin, und von daher waren ihr viele der nationalsozialistischen Schlagworte vertraut. Denn auch die faschistische Ideologie der Nazis enthielt Bestandteile dieser Weltsicht. Ein bißchen umgemodelt allerdings und für die politischen Zielsetzungen passend gemacht. Nietzsches Übermensch wurde aus seinem spirituellen Rahmen herausgelöst und in den Führerkult integriert, die Rassenideologie ließ sich ohnehin einfach übernehmen. Der »Mythus des deutschen Volkes« diente zur Begründung des imperialistischen und rassistischen Machtanspruchs.

Die Nazis verwendeten Symbole, die Mary Wigman aus der Jugend- und Lebensreformbewegung sehr vertraut waren. Rituale, die naturreligiösen Kulten abgeschaut und zusammengemischt waren aus allem, was einen feierlichen, erhabenen und vor allem mächtigen Eindruck geben konnte. Viele äußere Erscheinungsbilder nationalsozialistischer Ästhetik waren lange vor der Parteibildung existent und wurden von den Nazis nur aufgegriffen. Daß bei ihnen andere, die ursprünglichen Bedeutungen dieser Formen, Symbole und Ritualelemente pervertierende Inhalte dahinter standen, das durchschaute Mary Wigman nicht.

So gab es viel in diesem nationalsozialistischen Deutschland, das sie mitriß. Anderes hingegen stieß sie zurück. Am 10. Mai 1933 lodern in Dresden vor der Bismarcksäule die Scheiterhaufen der Bücherverbrennung. Mary Wigman reagiert heftig. Blieb sie beim Boykott der jüdischen Geschäfte distanziert, bezieht sie jetzt Position. Kultur ist betroffen, ihr eigenes Selbstverständnis angegriffen, hat sie doch aus vielen der verbrannten und als »entartet« gestempelten Bücher Anregungen bezogen. Die geistige Kraft und kulturelle Tradition Deutschlands ist in Frage gestellt. Mary Wigman ist entsetzt, aber in ihrer gegenüber der Nazi-Regierung sympathisierenden Haltung unfähig, Zusammenhänge zu erkennen. An Martha Reuther schreibt sie:

»Tief erschrocken bin ich, und, wie du, fassungslos über das Toben der Haßinstinkte, die sich hier entladen. Fast überall ist es das Gleiche. Selten sind es die offiziellen Stellen, die sich dazu hergeben, in illegaler Form etwas zu tun. Neid, Haß, Ressentiments bedienen sich eines Instrumentes, das wohl selber nicht mal verantwortlich gemacht werden kann.

(...) Fantastisch, daß in solchem Fall die Regierung nicht in der Lage ist, die Angelegenheit absolut zu regeln. (...)

Man fragt sich verzweifelt, was das Ganze soll. Das Eine scheint festzustehen, daß in solch revolutionären Zeiten alle unterdrückten, niedrigen Instinkte bloßgelegt werden und sich austoben, wobei dann noch eine völlige Wahllosigkeit der Mittel herrscht.«

Eine Haltung, die viele Deutsche teilen. Das Vertrauen in die Ehrenhaftigkeit der Staatsführung, der traditionelle Autoritätsglaube bleibt unangetastet.

Kopfschüttelnd steht Mary Wigman der kleinbürgerlicher Engstirnigkeit gegenüber, die sich im deutschen Kulturleben ausbreitet. Mittelmäßigkeit – nichts war ihr ärger verhaßt – gewinnt im nationalsozialistischen Deutschland an Macht. Plötzlich kommen Leute zu Einfluß, die sich nicht gerade durch künstlerische Qualitäten auszeichnen, dafür aber verdiente Parteigenossen sind und nicht selten die Gelegenheit ergreifen, sich endlich dafür zu revanchieren, daß sie bislang in zweiter und dritter Reihe hatten zurückstehen müssen. Neid und Mißgunst, die bis zur Denunziation führen, bekommt Mary Wigman gleich nach ihrer Rückkehr aus den USA zu spüren. Im April 1933 wird wegen des Verdachts »kommunistischer Umtriebe« eine Hausdurchsuchung in der Wigman-Schule durchgeführt und im Laufe der folgenden Wochen müssen einzelne Mitarbeiter/innen zu Verhören bei der Gestapo erscheinen.

»Bin ganz platt, daß man uns durchaus zu Kommunisten machen will«, schreibt sie ins Tagebuch. Die Gestapo orientiert sich an den Fakten, die sie über die Wigman-Schule und ihre Leiterin zusammengetragen hat: Zusammenarbeit mit sozialdemokratischen Arbeitervereinen, öffentliche Förderung durch sozialdemokratische Regierungsstellen, Finanzierung des Schulumbaus 1927 durch ausländisches Kapital. Jüdische Tänzerinnen in der Wigman-Tanzgruppe und jüdische Schüler/innen. Diplomierte Wigman-Tänzerinnen, die Agitation für die Kommunistische Partei machen, häufige Auslandsreisen, Kontakte mit Juden – und überhaupt war sie doch eine der prominentesten Künstlerinnen der »Systemzeit«, mitten unter all den »Entarteten« – Expressionisten vor allem und Freimaurern, all den »Schmutzkünstlern« in Zürich während des Weltkrieges.

Die Ermittlungen verlaufen allerdings ergebnislos. Mary Wigman ist über die ganze Angelegenheit äußerst empört. Nicht aus politischen Motiven, sondern: *»Man kommt nicht mehr zum Arbeiten!«* Bei allem, was in Deutschland geschieht, steht für Mary Wigman das eine im Zentrum, hinter dem alles, ob Persönliches oder Politisches zurückzustehen hat: das Werk.

Allein auf die Fortsetzung ihrer tänzerischen und pädagogischen Arbeit gerichtet, getreu der Überzeugung, ihrer Berufung zum Dienst am Tanz folgen zu müssen, gerät sie im nationalsozialistischen Deutschland in den Zwiespalt von Kollaboration und Konflikt, der schließlich zum Ende ihrer Laufbahn führt. Um die tänzerische Arbeit und die Aufrechterhaltung des Lehrbetriebs der Schule zu gewährleisten, ist sie bereit und sieht sie sich manchmal gegen die eigene Überzeugung gezwungen, Konzessionen zu machen. Ob es dabei um die Einführung des Pflichtunterrichts für klassisches Ballett geht oder um die Notwendigkeit nationalsozialistischer Staatsbürger- und Rassenlehre, das macht keinen großen Unterschied. Mary Wigmans Motivation zu möglichst reibungsloser Zusammenarbeit mit den Nazi-Behörden besteht darin, nicht Leuten das Feld überlassen zu müssen, die sie nicht als qualitativ fähige Künstler akzeptiert. Ihrer eigenen Bedeutung in der deutschen Tanzkunst voll bewußt, steht es für sie außer Frage, daß *sie* im deutschen Tanzleben eine führende Rolle spielen muß – nationalsozialistische Regierung hin oder her. Sie will ja nicht Parteiinteressen vertreten, sondern die Interessen des Tanzes. Daher übernimmt sie die Ortsgruppenleitung der Fachschaft »Gymnastik und Tanz« im Nationalsozialistischen Lehrerbund. Wer, wenn nicht sie, die Leiterin der größten Ausbildungsstätte für künstlerischen Tanz in Dresden, sollte denn für die Pädagogen, für die inhaltlichen Besonderheiten der Tanzerziehung sprechen? Es war eine Regierung da, also mußte man mit ihr zusammenarbeiten, um Fehlentscheidungen der Politiker zu verhindern, um zu erwirken, daß Verbesserungen – und davon sprechen die Nazis ja so viel – durchgeführt werden. Daß sie jetzt wegen der Subventionen für ihre Schule und den Anträgen zur Finanzierung einer Tanzgruppe mit einem Beamten im Propagandaministerium sprechen muß, macht rein äußerlich keinen Unterschied zu den Verhandlungen früher, wo es das Innenministerium war und der Leiter ein Sozialdemokrat. Gemeinsam ist beiden ihre Schwerfälligkeit und Zaghaftigkeit, wenn es um Tanzförderung geht. Allerdings werden die Argumentationen für Mary Wigman im Laufe der Jahre immer unverständlicher.

»Es ist Alles sehr schwer und sehr hart geworden und manches sieht beinahe unlösbar aus. ... Ich habe Aufsätze geschrieben, habe das Amt der Ortsgruppenleiterin (Gymnastik – Tanz) im N.S.L.B. übernommen, leite Demonstrationen und halte Vorträge etc. Trotzdem wächst die Schülerzahl nicht. Die Hakenkreuzfahne schreckt die Ausländerinnen ab, da ist gar nichts zu machen. Die Jüdinnen kommen natürlich auch nicht mehr, wenigstens keine neuen, trotz einer ministeriellen Spezialgenehmigung.«

1933, nachdem durch den Regierungswechsel keine Subventionen gewährt wurden und auch die USA-Tournee nicht den erhofften Gewinn gebracht hat, gerät die Wigman-Schule in eine schwere Krise. Statt sich auf choreographische Projekte zu konzentrieren, ist Mary Wigman nach der Rückkehr aus den USA damit ausgelastet, die unerwarteten Probleme zu meistern: Normalerweise beginnt bereits im späten Frühjahr der Zustrom ausländischer Schüler/innen, die für zwei oder drei Monate in Dresden Unterricht nehmen und auch die Sommerkurse besuchen. Vor allem die Amerikanerinnen, für die üblicherweise sogar ein eigener, von ihr in englischer Sprache abgehaltener Kurs eingerichtet wird, kommen nicht in der erwarteten Anzahl. Die Sommerkurse aber sind mit eine der wichtigsten Einnahmequellen der Schule.

Die Hakenkreuzfahne in der Wigman-Schule schreckt nicht nur Ausländerinnen ab, sondern auch Deutsche, die dem Nationalsozialismus ablehnend gegenüberstehen.

Die Aktivitäten zur Stützung der Schule 1933 lassen Mary Wigman keine Zeit für neue künstlerische Arbeiten. So will sie im Winter mit einem Programm älterer Solotänze auf Tournee gehen. Doch nach der Eröffnungsvorstellung, am 6. November in Hamborn, bricht sie sich beim Verlassen des Theaters den Arm und kann erst am 28. Januar wieder auftreten. Das Training war sehr mühsam und qualvoll gewesen, der Arm tut noch immer weh und bei manchen Vorstellungen laufen ihr Tränen übers Gesicht – nicht aus Ergriffenheit, wie das Publikum denkt, sondern vor Schmerzen. Aber die Gastspielreisen sind wichtiger denn je, aus finanziellen Gründen und besonders zu Werbezwecken, um Schüler zu gewinnen. Bis zum 22. April gibt Mary Wigman insgesamt 36 Abende in West- und Ostdeutschland – Danzig, Ratibor, Gleiwitz, Görlitz, Düsseldorf, Münster, Bochum... Drei Auftritte in der Schweiz, Zürich, Lausanne und Genf, kommen hinzu. Bei dieser Tournee ist das Publikum begeistert wie immer, die Einnahmen allerdings niedrig. Wegen des alten Programms kann sie nur in Städten auftreten, wo das Publikum diese Tänze noch gar nicht oder vor längerer Zeit gesehen hat. In den kleinen Theatern dieser Städte sind die Tageskassen daher nicht sehr groß. Trotzdem – jeder Pfennig zählt. Auch taktisch ist die Tournee in der augenblicklichen Situation unerläßlich. Die erste Winter-Tour seit vier Jahren soll den Nazis beweisen, daß mit Mary Wigman unverändert zu rechnen ist.

Andere Tänzerinnen und Tänzer haben 1933 emigrieren müssen oder sehen sich im Lauf der folgenden Jahre gezwungen, Deutschland zu verlassen. Kurt Jooss, dessen drei jüdische Mitarbeiter/innen im März 1933 von der Stadtverwaltung, der das Folkwang-Ballett als städtische Institution unterstellt ist, die Kündigung erhalten haben, ist nicht bereit, das zu akzeptieren oder sich mit den Nationalsozialisten über die inhaltliche Gestaltung seiner choreographischen Arbeit zu arrangieren. Er verläßt Deutschland im September 1933 mit seiner gesamten Kompanie. Die Jüdin Margarete Wallmann, Tänzerin in Mary Wigmans Kompanie während der zwanziger Jahre und bis 1928 Leiterin der Berliner Filialschule, geht 1933 nach Österreich und emigriert schließlich in die USA. Valeska Gert besorgt sich einen englischen Paß, weil sie Deutschland, ihre Heimat, nicht verlassen will und muß sich 1938 doch ins Ausland retten. Jean Weidt, der mit seinen »Roten Tänzern« den Ausdruckstanz für die

Kommunistische Partei eingesetzt hat, flieht mit seinen Tänzern nach Paris, usw. usw. Die meisten, die gehen, sind von den Nazis persönlich unmittelbar bedroht – entweder als Juden, oder weil abzusehen ist, daß sie früher oder später aus politischen Gründen in Gefahr geraten.

Mary Wigman ist davon überzeugt, daß sie selbst vollkommen ungefährdet ist. Sie steht ja nicht in Opposition zu den Nazis, im Gegenteil, sie erhofft sich von einer guten Zusammenarbeit mit den neuen Dienststellen eine Besserstellung und Förderung ihrer Arbeit. Sie fügt sich widerstandslos den ergehenden Anordnungen und geht davon aus, daß ihre Arbeit durch diese Maßnahmen gestützt wird. Daß die Nazis ihren Tanz, ihr persönliches Künstlertum oder gar ihre deutsche Haltung in Frage stellen könnten, kommt ihr nicht in den Sinn. Es ist eine Zeit des Umbruchs, der »Revolution«, da müssen der großen Ideen zuliebe die persönlichen Details zurückgestellt werden. In der »Deutschen Tanzkunst« schreibt sie:

»Schicksal, du sonderbare Weihe über mir, nicht immer kann ich mich so still Dir fügen.
Und oft schreit meines Daseins Not: Revolution!« (Tagebucheintragung 1924)

»Die große Umwälzung und Umstellung – einer Sturmflut gleich, die mit elementarer Kraft über Volk und Land brauste – mußte die Gebiete der Kunst genau so ergreifen, wie sie jede andere Lebensgestaltung beeindruckte und beeinflußte. Daß manches Lebens- und Liebenswerte im ersten Ansturm des gewaltigen Geschehens zu Boden gedrückt, vielleicht zermalmt wurde, ist hart für den einzelnen. Im Zusammenhang mit dem ganz großen Geschehen aber tritt das Einzelschicksal zurück.«

Mary Wigmans Anliegen ist die Stabilisierung der Tanzkunst, und da im nationalsozialistischen Staat alles über Institutionen läuft, sieht sie die Notwendigkeit, in den Verbänden und Behörden für den Tanz einzutreten. Manches davon hält sie weit unter ihrem Niveau, aber was soll's, für den Tanz muß sie auf alle Fälle präsent sein. Hauptgesprächspartner der ersten Jahre sind Ministerialrat von Keudell im Propagandaministerium und Rudolf Bode. Den kennt sie noch aus Hellerau, wo er mit ihr zusammen bei Dalcroze begann. Inzwischen hat er als Parteigenosse aus den ersten Jahren der »Bewegung« Karriere gemacht und steht der Fachgruppe Körperbildung und Tanz in Rosenbergs »Kampfbund für Deutsche Kultur« vor. Auch im Reichsverband des N.S.L.B. führt er die Fachschaft Gymnastik und Tanz an und ist damit Mary Wigmans Vorgesetzter in ihrer Eigenschaft als Ortsgruppenleiterin. Sie kann ihn nicht leiden, wie ihr überhaupt die ehemaligen Weggefährten nicht geheuer sind, die sich ganz auf die Parteiideologie eingestellt haben. Gustaf Jo Vischer-Klamt, der sich jetzt wieder brav Gustav Johannes Fischer-Klamt nennt und früher einmal in der »Tanzgemeinschaft« aktiv war, gibt jetzt Tänzern Unterricht in »Rassenkunde und Erblehre«. Manchmal hat sie das Gefühl, sie müsse den deutschen Tanz vor solchen Leuten schützen. Mit unermüdlichem Einsatz ist sie deshalb in der Verbandsarbeit aktiv.

»Für mich liegt die größte Mühsal in der Tatsache, daß ich nicht auf lange Sicht disponieren kann, daß ich nicht weiß, was wird, daß ich – gefühlsmäßig – sicher bin, aber den Weg der Realisierung nicht vor mir sehe. Geduld – Geduld – Geduld –«

Benkert ist jetzt als Verwaltungsrat der Schule eine wichtige Stütze. Seine Stimme gilt etwas bei den Parteileuten, und er kann nüchtern auf wirtschaftlicher sachlicher, und politischer Ebene diskutieren. Zu allem ist er diplomatisch und dennoch zielbewußt. Er weiß, was man wem sagen darf und was nicht. Mary Wigman findet sich darin überhaupt nicht zurecht.

Der Alltag in dieser Zeit ist noch ein bißchen mehr mit Aufgaben angefüllt als vorher. Ansonsten ein Karussell ohne Stillstand wie immer. Morgens Probe und Unterricht, mittags Besprechungen, Korrespondenz, Berichte, nachmittags Unterricht, abends wieder Proben, spät vielleicht noch der eine oder andere Privatbrief oder ein kurzer Eintrag ins vernachlässigte Tagebuch. Todmüde dann ins Bett, und doch schlaflos für Stunden. Alle Glieder zerschlagen, leer, der Kopf dumpf, die Augen schmerzend. Die Gedanken hellwach, aber ohne Klarheit, die Müdigkeit nur noch vertiefend, angestrengt über den übriggebliebenen Fragen des Tages. Irgendwann endlich einschlafen, mit angespanntem Körper, der am Morgen bleischwer ist und erst nach dem Frühstück langsam auf Touren kommt. Jeden Morgen das gleiche mühsame Zurechtfinden in die Forderungen des Tages. Am Vormittag Probe und Unterricht, Korrespondenz, Besprechungen...

Zunächst zeigt dieser Einsatz ein gutes Resultat. Anerkennung von offizieller Seite erfährt sie im März 1934, als der Oberbürgermeister von Essen ihr die Leitung der Folkwangschule anbietet. Die empfindliche Lücke, die Kurt Jooss hinterlassen hat, soll geschlossen werden. Die Aufgabe reizt wenig, genauso eine Anfrage der Dresdner Staatsoper, ob sie die Stelle der ersten Regisseurin übernehmen möchte. »*Dio mio!*« ist ihr einziger Kommentar. Im März 1934 wird sie von der Lessinghochschule in Berlin zu einem Vortrag über »Die natürliche Bewegung als Grundlage des Tanzes« eingeladen, der bei Presse und Publikum große Beachtung findet, und im Juni besichtigt der Dresdner Oberbürgermeister mit Mitgliedern des Stadtrates die Schule. Im Juli schließlich erhält sie vom Propagandaministerium die Zusage, bei den Internationalen Tanzfestspielen in Berlin im Dezember mitwirken zu können, sie wird zum Jurymitglied des Nachwuchswettbewerbs berufen und erhält Geldmittel zum Aufbau einer Tanzgruppe. Sie ist erleichtert, bleibt aber skeptisch. Der Tanz ist noch nicht gerettet und ihre Schule auch nicht. Die neu erlassene Vorschrift, daß alle in städtischen Theatern angestellten Tänzer und Tänzerinnen eine klassische Ausbildung nachweisen müssen, entsetzt sie. Den Ausdruckstanz sieht sie dadurch ernsthaft in Gefahr, auch wenn ihr nichts anderes übrig bleibt, als selbst an ihrer Schule klassischen Pflichtunterricht einzuführen. Hinter der neuen Vorschrift steht ein klares Ziel: viele Tänzer/innen werden aus dem bisher ausgeübten Beruf gedrängt und geben damit Stellen für bisher arbeitslose Tänzer/innen frei.

Zugleich wird die Unterhaltungsfunktion des Theaterballetts wieder bestärkt und der Ausdruckstanz in seiner Aussagefähigkeit begrenzt, ein weiterer Schritt seiner »Zähmung« zum staatsgenehmen Unterhaltungstanz. Diese Hintergründe sieht sie nicht, versteht nur die ungeheure Aufgabe, die sich ihr stellt.

Die Förderung des Propagandaministeriums reicht aus, um eine Tanzgruppe mit fünfzehn Tänzerinnen zusammenzustellen, jetzt muß ein Programm für sie erarbeitet werden. Ins Tagebuch werden die Ergebnisse geschrieben: »*Gruppenarbeit zum Auswachsen. Schwerfällig – keine Instrumente*«, »*Die Mädchen leisten zu wenig.*« In mühsamer Kleinarbeit wächst ein neuer Gruppenzyklus, die »Frauentänze«. Er ist weit von dem entfernt, was die Tänze der zwanziger Jahre auszeichnete. Kein »Schwertlied« mehr, keine Verherrlichung weiblicher Kraft, stolzen Selbstbewußtseins. Statt dessen: »Hochzeitlicher Tanz«, »Mütterlicher Tanz«, »Totenklage«, »Tanz der stillen Freude« – das Frauenbild der Nazi-Propaganda hat seine Spuren hinterlassen. Selbst den Tänzen »Die Seherin« und »Hexentanz« fehlt die visionäre Eindringlichkeit, die den früheren »dämonischen« Tänzen eigen war. Die »Frauentänze« sind nicht mehr »überpersönlich«, nicht mehr Symbol, sie sind konkret. Die Braut, die Mutter – solche Bilder hat Mary Wigman vorher nie benutzt, die «Hexen« sind nicht mehr die un-menschlichen, herausfordernden, zum Kampf aufreizenden Wesen der früheren Solo-Tänze, sondern sind Mänaden aus harmlosen Gefilden; die »Seherin« ist nicht mehr die Schauende der Gestalten-Reihe »Visionen«, sondern eine maßvolle Wahrsagerin im Kreis ihrer Gefolgschaft. Die Choreographie ist sanft und leise, in schlichten Formationen geschritten, und die Ausbrüche der Solo-Figur werden von der uniformen Gruppe schnell wieder aufgenommen.

Reihung ist das choreographische Prinzip in den Gruppentänzen, den »Hexentanz« ausgenommen, besinnliches Niedersinken, langsames Schreiten das von Mary Wigmans Solo-Partien. Es gibt nicht mehr das dynamisierende Gegenüber von Solofigur und Gruppe, sondern in allen Tänzen dominiert Mary Wigman als Leiterin der Gruppenformationen. Die tänzerische »Führerschaft« liegt bei ihr.

Mary Wigman steht auf einer »breiten volkstümlichen Basis«, wie es in einer Kritik heißt. Wie sie es für ihren tänzerischen Ansatz behauptet, fließt die Gegenwart in ihren Tanz ein. 1933 waren die von Rudolf Bode festgelegten Richtlinien über »die geistigen Grundlagen für Körperbildung und Tanz im Nationalsozialistischen Staat« veröffentlicht worden, und darin heißt es unter anderem:

»1. Grundsatz: Der Tanz ist allseitig als eine Äußerung gesunder Volkskraft zu bewerten. (...)

2. Grundsatz: Diese beiden Äußerungen gesunder Volkskraft – das sich Entladende und das strömende Bindende – geben auch dem Tanz sein

Mary Wigman, 1936.
Portrait zum 50. Geburtstag.
Foto: Charlotte Rudolph.

Charakteristisches. Beim Mann entladet sich die Kraft in tanzenden Bewegungen, wobei einerseits der Stampf- und Schlagrhythmus, (...) andererseits die Kraftentfaltung in der Bezwingung des Körpergewichtes (Springtanz) als widerständlich bevorzugt wird, bei der Frau als Äußerung schwingender Mächte. Ihre tiefere Verankerung im rhythmischen Kreislauf alles Geschehens offenbart sich in der freien, schwebenden Bewegung. (...)

5. Grundsatz: Aller Kunsttanz muß seinen Ursprung und Widerhall in der Bewegungsfreude und in der Bewegungssprache des Volkes haben.«

In den »Frauentänzen« sind diese Forderungen erfüllt. Ohne sich dessen bewußt zu sein, choreographiert Mary Wigman den Beweis, daß sie genauso bodenständig und schlicht sein kann, wie die von den Nationalsozialisten geförderte und verlangte »Körperkultur« – nur eben »künstlerisch« und besser. Sie fordert diesmal die Zuschauer nicht in der gewohnten Weise durch emotional intensive »dämonische« Tänze heraus, sondern bedient sich ausgewogener, sehr oft rein symmetrischer Gliederungen der Frauengruppen, die einen gelösten Eindruck bieten. Vorwürfe, sie würde mit ihrem Tanz in einer intellektuellen Abgehobenheit schwelgen, wie sie viele Künstler der Weimarer Republik treffen, sind bei den »Frauentänzen« fehl am Platz. Das Tanzstück erzielt einen so überwältigenden Publikumserfolg, daß Mary Wigman selig ist vor Glück. Auf diesen Erfolg hatte sie gerade jetzt so inständig gehofft. Sie macht damit allen, die sie kritisieren, klar, daß sie die am meisten gefeierte Choreographin Deutschlands ist und es ohne sie keine Tanzpolitik geben kann. Die alten »Wigmanianer« allerdings bleiben zurückhaltend.

»Wie's weiter geht, ahne ich nicht. Wir werden wohl ein bis zwei, vielleicht auch drei Monate weiter kommen. Und dieses Mal gebe ich nicht nach. Ich weiß, daß die Frauentänze ein Werk sind, das nicht morgen von der Bildfläche verschwinden darf. Und so muß und werde ich die Gruppe durchhalten, wie es auch kommen mag.«

Mary Wigman ist unbeirrt. Mit der choreographischen Leistung zufrieden, ist sie erst recht motiviert, alles zu tun, um ihre Arbeit fortsetzen zu können. Sie geht mit den »Frauentänzen« auf Deutschland-Tournee und gibt zusätzlich im Frühjahr 1935 Solo-Gastspiele mit älteren Tänzen, um die Finanzen aufzubessern und die Popularität des »Wigman-Tanzes« zu erhalten.

»Wie kann ich denn nur Geld genug verdienen, um unabhängig zu sein!!? Solistisch ist halt alles möglich ... Aber mit dem Ballast der Gruppe, der Schule, den vielen Menschen. Es geht nicht – und ich kann es nicht schaffen. Die Erhaltung der Gruppe ist ja nicht nur Ehrensache! Es ist auch – und daran ist nicht zu deuteln! – kulturell notwendig, daß eine Wigman-Gruppe lebensfähig bleibt. (...) Wenn ich wieder gezwungen bin, die Gruppe aufzulösen, ist es für die nächsten 20, vielleicht 50 Jahre aus – mit dem Tanz in Deutschland.« (Tagebuch)

Sie hofft auf staatliche Förderung, pilgert ständig nach Berlin zu Besprechungen, Konferenzen, macht Eingaben im Propagandaministe-

rium und beim »Kampfbund« in Alfred Rosenbergs rassepolitischem Amt. Stunden verbringt sie in Vorzimmern – man läßt sie warten. Beamtenstuben, in denen überall der gleiche abgestandene Geruch von Papier, Tinte und Gehorsam hängt. Die Chefzimmer durchflutet von der Selbstgefälligkeit der Macht. Die Herren: Grinsen in den Mundwinkeln, wenn man sie empfängt. »Verehrte gnädige Frau...« – die ersten von vielen nichtssagenden Worten. Zur Klarheit ist niemand bereit. »Ja, aber«, »zwar gern«, »wenn, dann vielleicht« – die bedeutendsten Errungenschaften des neuen deutschen Sprachgebrauchs. Und wenn tatsächlich das Gespräch einmal am konkreten Punkt angekommen ist, heißt es schnell, »der Minister wird...«, und wieder gibt es keine Entscheidungen. »Der Minister« ist Mary Wigman nicht gewogen.

Einmal hat sie ihn getroffen, beim Vortanzen des Nachwuchses im November 1934. Er hat sich entzückt die Beine der Ballettmädchen angesehen, die langen Röcke der Wigman-Schülerinnen haben ihm nicht gefallen. »Der Minister« ist zuständig für alles. Sie könnte heulen vor Wut und Verzweiflung. Nirgends »tänzerische Menschen« in den Amtszimmern, niemand, der etwas vom tiefen Erleben der freien rhythmischen Bewegung weiß. Und das sind die Männer, die über Wert und Unwert des Tanzes entscheiden. Uniformierte Steifheit, verkrampfte Körper, aneinanderschlagende Hacken und Arme, die wie mit Klappscharnieren zum

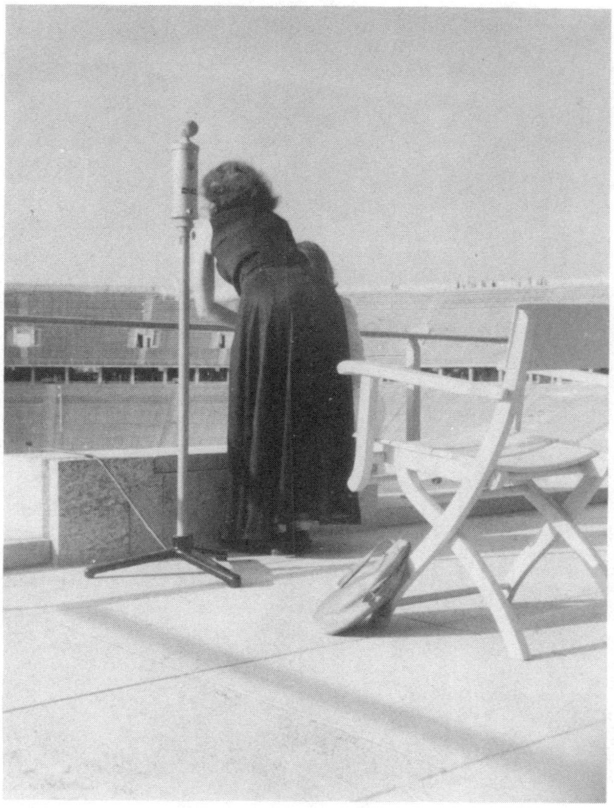

Mary Wigman führt Regie zu »Totenklage« von der Führerloge des Berliner Olympiastadions aus; ganz links: Mary Wigmans Tänzerinnen bei der Probe zu »Totenklage« 1936 im Olympiastadion.

Gruß emporschnellen – Bewegungserfahrungen deprimierender Tage.

Der Kampf ist mühsam. »*Warum sieht man nicht, was los ist? Warum wird so unterschiedslos, so wahllos vorgegangen?*« fragt sie sich. Dabei kann von Wahllosigkeit bei den Nazis keine Rede sein. Mary Wigman ist ihnen nicht geheuer. Ihr Tanz, ihre Pädagogik ist auf den Einzelmenschen gerichtet. Sie pflegt einen Individualismus, den auszutreiben der nationalsozialistische Staat sich zum Ziel gesetzt hat. Mary Wigman ist ein Relikt des Expressionismus und der Weimarer Republik, ihre Philosophie gefährlich. Sie setzt eine übermenschliche Macht an höchste Stelle, stellt den Kosmos, das »Schicksal« über Staat, Partei und »Führer«, spricht von der Verantwortlichkeit des einzelnen für sein Handeln, verantwortlich gegenüber seinem Gewissen, seiner individuellen Überzeugung.

Sie will Empfinden, die Nazis Gehorsam. Sie bestärkt die moralische Unabhängigkeit jedes einzelnen und nutzt nicht ihre Berühmtheit, um ihre Anhängerschar zu getreuen Nazi-Gefolgsleuten zu machen. Sie hat nicht einmal Glanz und Glamour um sich, mit dem die Nazis sich in der Öffentlichkeit schmücken könnten, hat auch nichts von der ehrfürchtigen Ergebenheit anderer Stars, die gut ins Herrscherbild passen. Im Gegenteil, sie macht aus ihrem Stolz und ihrer Stärke keinen Hehl und überstrahlt in ihrer Persönlichkeit manchen Parteigenossen. Als Nazi-Diva ist sie einfach nicht zu gebrauchen.

»Lobgesang« aus dem Zyklus »Tanzgesänge«, 1935; in der Mitte: Mary Wigman.

Fotos: Charlotte Rudolph.

Für sie handelt es sich nicht um politische oder ideologische Auseinandersetzungen, aus denen sich die Schwierigkeiten mit dem Propagandaministerium ergeben, sondern um künstlerische. Sie übersieht dabei die ideologische Grundlage der nationalsozialistischen Kunstpolitik. Beim Nachwuchswettbewerb im November 1934 registriert sie nur »*Musikgedudel und dazu gehüpft*«, und das ist für sie eine künstlerische Angelegenheit. Dabei ist es konkrete Auswirkung der nationalsozialistischen Tanzförderung, die auf das leichte, unterhaltende Ballett und den fröhlich-stimmungsvollen Ausdruckstanz abstellt. Die Nazis brauchen den Tanz zur Regeneration fürs Publikum, als Ablenkung vom Alltag, nicht als Mittel der Konfrontation mit den im Alltag gemachten Erfahrungen. Metaphysisches, Humanistisches, Über-Persönliches ist den Nazis nur genehm, wenn es unmittelbar auf ihre Ideologie zu beziehen ist. Bei Mary Wigman ist das nicht der Fall.

Ausschalten kann man sie aber nicht, zumindest noch nicht, ihre Popularität wiegt zu schwer. Wozu unnötig Aufsehen und Mißmut erregen. Man kann ihre Wirkungsmöglichkeiten beschneiden, sie langsam aber sicher ins Abseits lavieren und dabei das eigene Gesicht wahren. Anfang 1935, im Anschluß an die Uraufführung der »Frauentänze«, erhält Mary Wigman die Mitteilung, daß ihre Gruppe nicht, wie beantragt, eine volle Förderung bekommt, sondern nur einen kleinen Zuschuß. Empört notiert sie ins Tagebuch:

»*Trinkgeld für Gruppe! 2 Monate Existenz. Widerlich. Im Grunde Mißachtung des schaffenden Künstlers. Mein Gott, es kotzt mich an. Dabei der Erfolg.*«

Kurze Zeit später sinniert sie im Tagebuch über ihre Lage und ihre Aufgabe im deutschen Tanzleben:

»*1919 fing ich an zu tanzen in Deutschland, begann der Kampf um die Anerkennung, ein Kampf, der nicht nur um die Anerkennung des Eigenen ging, sondern Kampf um den Tanz als Kunstform überhaupt. – Überwindung der leichtblütigen, leichtfüßigen Spielform. Eroberung der tragischen Werte, der dramatisch-geballten.*

Keiner konnte dies außer mir. Keiner hätte es gewagt. Ich wurde ›Mary Wigman‹ – schwer war das, und schön war es zugleich. Es gab den neuen Tanz, der zum neuen deutschen Tanz wurde. Und es gab ihn nur, weil M.W. ihren Weg ging, unentwegt, durch Höhen und Tiefen, durch den Wechsel der Jahre, der Geschehnisse, – weil Mary Wigman Mary Wigman blieb in all ihren Verwandlungen. (...)

Es ist das erste Mal in meiner langen und weiß Gott – harten Schaffenszeit, daß ich die eigene Leistung vor mich hinstellen muß, um mir Mut zu machen. Manchmal frage ich mich zwar wieder: Wozu? Schicksal ist Schicksal. Wie es auch kommt, nimm es auf Dich. Ist der Moment da, wo es heißt: Abtreten von der Bildfläche? Zurücktreten und anderen Platz machen? Ich habe vor mir selbst so oft geprahlt, die Kraft zu finden, um rechtzeitig die Konsequenz zu ziehen. Ist es so weit? Aber sich jetzt zurückziehen, hieße gleichsam den Schmollwinkel betreten. Das kann ich nicht, das will ich nicht, das darf ich nicht, das werde ich nicht tun.

Stelle ich mich gegen die Zeit, wie man liebeswürdigerweise behauptet? Ich war ihr immer voraus. Und es hat mich in all den vielen, vielen Klettersteig-Jahren niemand eingeholt. Vielleicht liegen meine ganzen Berufsschwierigkeiten nur in der Tatsache, daß ich immer noch zu vielen im Wege bin. Ich werde nicht der einzige unter den schaffenden deutschen Künstlern sein, der seinen Weg mit lastenden Gewichten auf den Schultern wandern muß. Wird es noch einmal eine Zeit geben, in der diese Lasten fallen? Kampf war immer, und ich habe ihn immer geliebt. Nur die Kampfmittel, mit denen ich heute zu tun habe, sind mir nicht recht geläufig.«

Dore Hoyer in »Bittgang« aus dem Zyklus »Tanzgesänge«.

Diese Kampfmittel sind politischer Natur, mit ihnen hatte Mary Wigman nie etwas zu tun. Sie bewegt sich auf künstlerischer Ebene und gerät so ausgerechnet über ihre deutsche Identität mit den neuen ideologischen Anforderungen an die Tanzkunst in Konflikt. Verständnislos schreibt sie: *»Heiter, unbeschwert – schön, gefällig – sei deutsch? Tragisch, dramatisch, schwer und dunkel – sei es nicht? Ich finde mich in dem Wirrwarr nicht zurecht. Ich* bin *deutsch und weiß mich diesem Land verhaftet, liebe es, es ist die Heimat. –«*

Auch Juden, Kommunisten, Künstler etc. verstanden sich als deutsch und mußten dennoch erfahren, daß ihnen dies von den Nazis abgesprochen wurde. Viele, die zum neuen Staat in Widerspruch standen, assimilierte Juden vor allem, begriffen nicht, daß ihnen trotz ihrer deutschen Identität – Nationalstolz und Kriegsteilnahme wurden angeführt – etwas geschehen könnte. Deutschland war ihre Heimat, sie fühlten sich darin trotz der ständigen Angriffe zu Hause und blieben, bis es zu spät war. Mary Wigman fühlt sich in erster Linie in ihrer Berufsehre angegriffen, sie sieht, wie in allen Bereichen des Tanzes die künstlerischen Ideale, an die sie glaubt, verdrängt werden.

»Ich fürchte, wenn es so weiter geht, stirbt langsam und sicher der ›Künstler‹ bei uns aus: Aus Mangel an geeignetem Nährboden – Oder er verwandelt sich, wird zwangsweise zum Einsiedler, – Outsider – prophe-

tisch, weissagend – seine Gesänge in den leeren Raum sendend. Vielleicht soll es so sein – Umwertung aller Werte?

Aber ich glaube nicht recht, daß der Boden des beamteten, in erster Linie staatsverpflichteten Menschen die Nährstoffe liefert, die den künstlerisch ›Begabten‹ gedeihen lassen. (...)

Aber es ist zum Kotzen mit diesen offiziellen Stellen. Ich wünschte, man bräuchte den ganzen Kram nicht. Das hieße aber: Schluß mit jeder Gruppenarbeit -Verzicht auf Auswirkung – Einsiedlertum, Privatleben... Ob ich, wenn ich heute wirtschaftlich unabhängig wäre – d. h. Geld genug verdient hätte um damit zu leben – mich wohl von all dem ›Öffentlichen‹ zurückziehen würde – könnte? *Ich glaube es ja doch nicht!«*

Dennoch ahnt sie, daß ihre Situation aussichtsloser wird: »Ich bin eine Frau, eine selbständig schaffende Frau – wir haben einen Männerstaat, der naturgemäß die Tendenz haben muß, die wenigen schöpferisch begabten Frauen zu überrennen.« (Tagebuch)

»Hinter mir liegen diese 3½ Monate Gruppen-Tournee durch Deutschland. Ich bin so todmüde, so zerschlagen und verbraucht, wie ich es nach 6 Monaten ›coast to coast‹-Tournee in den USA nicht war. Warum ist das so? ... Es ist das erste Mal in all den vielen, vielen Berufsjahren, daß der Organismus sich auflehnt – als wäre etwas zersprungen, irgendwo tief verborgen.«

Vorerst hat sie durch von Keudell noch ein wenig Protektion, und mit Benkerts Unterstützung erhält sie noch einmal einen Zuschuß für ein neues Gruppenprogramm. Am 9. November 1935 bringt sie den Gruppenzyklus »Tanzgesänge« zur Uraufführung. Vom Konkreten der »Frauentänze« kehrt sie wieder zum Mystischen zurück – der ewige Gang der Welt, der Mensch, eingeordnet in den Kreislauf des Lebens, Huldigung der Natur, der Erde, des Kosmos. Ein bißchen »Blut und Boden« ist dabei, aber mehr noch der Glaube an die Vergänglichkeit des Materiellen, an den unantastbaren Fortbestand des Metaphysischen. Einiges paßt allerdings auch gut ins nationalsozialistische Konzept. »*Nicht mehr Ich und Du – nur noch Wir – wir alle...*«, schreibt sie zum Thema des ersten Tanzes, »Lobgesang«. Huldigungen an die Gemeinschaft sind den Nazis immer willkommen.

Die »Tanzgesänge« sind inhaltlich und choreographisch eine Fortsetzung der »Frauentänze«, wenn auch auf anderer Ebene, choreographisch dominieren die gleichen Mittel – Schreiten, Reihen, Verneigen. Demut und Ergebenheit stehen wie im vorigen Zyklus als Thema über den sechs Einzeltänzen »Lobgesang«, »Schicksalslied«, »Bittgang«, »Mondlied«, »Feuertanz«, »Huldigungstanz«. Die Stimmung ist feierlich und getragen. Passend zum »nationalen Gedenktag« für die »Helden« des nationalsozialistischen Putschversuchs 1923 in München.

Die Tanzgruppe wirkt diesmal schon viel besser als beim letztenmal. Von »Laien« ist jetzt nicht mehr die Rede. Mary Wigman konnte Dore Hoyer zur Mitarbeit bewegen, die ausdrucksstärkste und hervorstechendste Tänzerinnenpersönlichkeit aus ihrem Kreis. Dabei ist sie nicht einmal Absolventin ihrer Schule und ihr doch künstlerisch am engsten verwandt. Daneben haben inzwischen einige andere Tänzerinnen unter ihrer Anleitung Profil gewonnen, Drucilla Schroeder, Margret Carter, Gisela Sonntag, Erika Triebsch. Nicht vergleichbar zwar den Tänzerinnen der ersten Tanzgruppe, aber doch von eigener künstlerischer Persönlichkeit. Mit den »Tanzgesängen« geht Mary Wigman wieder auf Tournee. 86 Vorstellungen in fünf Monaten. Jetzt sollen die »Herren da oben« noch einmal bezweifeln, daß sie allein den deutschen Tanz künstlerisch anführt!

Natürlich machen die Tournee-Erfolge Eindruck, nicht aber an den entscheidenden Stellen, bei der Reichstheaterkammer und bei Goebbels persönlich. Laban ist weit besser angesehen, er ist schließlich tatkräftig an der Organisation der deutschen Tänzerschaft beteiligt und feiert in eifrigen Reden die rassischen Grundlagen des deutschen Tanzes. Auch Palucca mögen die Nazis, ihr Tanz ist wenigstens heiter und ausgelassen.

»Wenn ich das täte – wonach mir in ganz müden Momenten manchmal zu Mute ist – nämlich alles hinhauen ... – es wäre nicht richtig – Ich weiß, daß ich es nicht könnte, selbst in den schwächsten Momenten nicht! So einfach im Stich lassen, wofür man sein ganzes Dasein eingesetzt hat – das kann man nicht. Es steckt zuviel Blut, zuviel Kraft, zuviel Liebe und zuviel Leiden darin und dahinter. – Amen.«

Als Labans alte Pläne einer »Tanzhochschule« aktiviert werden und unter Federführung des Propagandaministeriums konkrete Formen annehmen, ist von einer Mitwirkung Mary Wigmans nicht die Rede. Palucca soll die »Meisterklasse« in freiem Tanz unterrichten, die Schülerin der Lehrerin vorgezogen werden. Im April 1936 erfährt Mary Wigman davon und tobt vor Zorn. Daß nicht sie selbst den Tanzaspiranten den letzten Schliff und die richtige, d. h. die Wigmansche Einstellung zum Tanzen vermitteln soll, trifft sie zutiefst. Eine Tanzhochschule in Deutschland, die »Meisterstätten« ohne sie – unmöglich! Privates Intrigenspiel steht für sie dahinter, zweifellos. Wutentbrannt setzt sie alle Hebel in Bewegung, diesen Affront, von dem sie nur durch eine freundschaftliche Indiskretion erfahren hat, zu verhindern.

Gern hätte man Mary Wigman ganz die Mitarbeit an der Elitetanzschule der Nation verwehrt, aber noch verfügt sie über ein wenig Einfluß. Ab 1. Mai 1937 erhält Mary Wigman einen Gastlehrervertrag mit monatlichem Honorar. Keine Festanstellung wie andere. Man duldet sie nur widerwillig.

1936, für die Olympiade in Berlin, vergewissert man sich dagegen gern ihrer Teilnahme. Ihr Name gilt schließlich viel im Ausland, und vor allem gegenüber den USA kann man damit brillieren. Eine offizielle Einladung geht an Martha Graham und ihre Tanzgruppe, an den Tanzwettspielen im Rahmen der Olympischen Feiern teilzunehmen. Daß ihre Kompanie zum Teil aus jüdischen Tänzerinnen besteht, zählt in diesem Fall wenig. Aber Martha Graham lehnt ab. Der Plan der Nazis, zu ihren eigenen Ehren die zwei größten modernen Tänzerinnen zu vereinen, schlägt fehl.

Für den Eröffnungsabend der Olympischen Spiele inszeniert Hanns Niedecken-Gebhard das von Carl Diem verfaßte Festspiel »Olympische Jugend«. Werner Egk und Carl Orff komponieren die musikalische Gestaltung. Es ist ein Massenschauspiel unerreichten Ausmaßes, aufgeführt vor über einhunderttausend Zuschauern im Olympiastadion. Vier Bilder gibt es in dem Spektakel, das abends um 21 Uhr beginnt. »Kindli-

Aus dem Solozyklus »Herbstliche Tänze«, 1937. Links: »Tanz in der Stille«.

Foto: Siegfried Enkelmann.

ches Spiel« nennt sich das erste, an dem unter der künstlerischen Leitung von Dorothee Günther mit Hilfe von Maja Lex 2 500 Mädchen und 900 Knaben von 11 und 12 Jahren »Kinderreigen« aufführen und das Bewegungsbild »Olympische Fahne« stellen. 14 bis 18 Jahre alt sind die 2 300 Mädchen, die sich im zweiten Bild unter dem Titel »Anmut der Mädchen« mit Ball-, Reifen- und Keulenspielen auf dem weiten Rasenfeld des Stadions präsentieren. Dazwischen ein Soloauftritt von Palucca, ein »Walzer« inmitten der Mädchenschar. »Jünglinge in Spiel und Ernst« heißt das dritte Bild, einstudiert von Oberturnrat Rabenhorst, das von 2 300 Knaben, darunter 1 000 Fahnenträgern, gebildet wird. Im vierten Teil folgen ein von Harald Kreutzberg choreographierter »Waffentanz« mit 60 »Kriegern« und – als dramaturgisch logische Folge – die »Totenklage« von Mary Wigman mit 80 Tänzerinnen. Mit Beethovens Neunter folgt der »Olympische Hymnus«, zu dem alle Mitwirkenden gemeinsam sich in der Arena des Sportstadions versammeln. Zum festlichen Glockengeläut flammt an den Rändern des Olympiastadions ein Feuerkranz auf, überwölbt von einem »Lichtdom« aus Flakscheinwerfern. Die gewaltigste Selbstinszenierung nationalsozialistischer Ästhetik, die jene der Reichsparteitage noch in den Schatten stellt.

»Tanz der Erinnerung«. Foto: Charlotte Rudolph.

Mary Wigman sieht im »Olympischen Festspiel« die grandiose Möglichkeit, in repräsentativem Rahmen zu zeigen, daß der ernsthafte künstlerische Tanz in Deutschland durch *sie* vertreten wird. Dafür setzt sie alle Kräfte ein. Wie eine Besessene probt sie wochenlang jeden Tag mit ihren Schülerinnen und Tänzerinnen, steht wieder die gleichen Besetzungsstreitereien durch wie beim »Totenmal« und lebt nach den Niederlagen der letzten Zeit in der Arbeit wieder auf.

Der Erfolg der Aufführung ist wieder einmal Vorspiel zum Ende der Gruppenarbeit. Im Propagandaministerium hat inzwischen ein personeller Wechsel stattgefunden, von Keudell ist abgelöst, und sein Nachfolger hat für die vorsprechende Mary Wigman noch weniger Zeit: *»Mein Gott, mit ein paar Redensarten wird in wenigen Minuten die Arbeit zweier unendlich schwerer Lebensjahre ausgelöscht. Kein Geld für die Wigman-Gruppe. Endgültig aus.«* (Tagebuch)

Im Herbst 1936 choreographiert Mary Wigman zum erstenmal seit 1931 wieder einen Solotanz-Zyklus. Damals war es das »Opfer« gewesen, die Zelebration des sich seiner Kunst selbst opfernden Künstlers. Wie konkret ist in den 5 Jahren das mythische Thema geworden! Sie wird am 13. November 50 Jahre alt und choreographiert die »Herbstlichen Tänze«.

»Eines Tages waren sie da. Nicht die Tänze, nicht einmal eine Einzelvorstellung. Irgend etwas zog, ganz leise, aber unentwegt, mich in eine Richtung. Immer wieder erstand in mir das Herbstwerden der Bergland-

»Wenn ich durchhalte – was macht es dann, daß man sich verausgabt? – Es ist beschwingend, beglückend, so rücksichtslos gegen sich selber zu sein, sich so voll und ganz hineinzuwerfen in die Arbeit. ... Herrlich, wieder einmal so viele Menschen zu haben, zu spüren, daß man stark ist im Geben.«

schaft, das ich selber so stark erlebt hatte. Das Aufstrahlen, die andere Sonne, die Durchsichtigkeiten, die jagenden Wolken, die den ersten Schnee auf die Gipfel brachten. Der Wald und die Tiere ... Dann kam, wohl im Zusammenhang mit dem 50. Geburtstag, die Erkenntnis, daß ich selber ja in den Herbst meines Lebens eingetreten bin. Und daß der Einfall gerade dieses Themas (und seine künstlerische Gestaltung) richtig war – das schönste Geschenk. Beglückend das plötzliche Wissen um diese Richtigkeit, um diese tiefinnerliche Einheit von Leben und Kunstschaffen.« (Tagebuch)

Fünf Tänze umfaßt dieser Zyklus – »Segen«, »Tanz der Erinnerung«, »Das Jagdlied«, »Tanz in der Stille« und »Die Windsbraut«. Ein dramaturgischer Bogen von der transzendenten Klarheit »im Wissen über das Vollendete« des ersten Tanzes zum stillen, dankerfüllten Blick zurück im zweiten Tanz zur Feier der Selbstbehauptung im »Jagdlied«, dem wiederum still nach innen gekehrten besinnlichen »Tanz in der Stille« zur Verherrlichung des Elementes, des Urwüchsigen, Natur- und Triebhaften in der »Windsbraut«.

Was in den Gruppenzyklen verlorengegangen war, ist jetzt wieder da – die Vielschichtigkeit der choreographischen Formen, der Aufbau sich ergänzender Gegensätze in Thema und Stimmung und der metaphysische Bezug. Auch die Kraft kehrt zurück. Das »Jagdlied« ist »*Artemis, die durch die Wälder streift, sich lustvoll Bahn brechend und den herrischen Jagdruf ausstoßend*« gewidmet.

Der zweite Tanz des Zyklus, den sie auch bei ihrem letzten Soloauftritt 1942 im Programm hatte, enthielt eine sehr persönliche Erinnerung – die an die Mutter. Amalie Wiegmann war am 23. August 1936 in Hannover gestorben. Schon lange krank, wollte sie unbedingt noch die Olympischen Spiele erleben, um zu erfahren, wie das Werk ihrer Tochter, die »Totenklage«, aufgenommen würde. Als sie starb, hatte Mary Wigman gerade ihren Sommerurlaub in Karlstein begonnen. Sie kommt in Hannover an, als die Mutter schon tot ist.

»Dann stand ich in der kleinen Wohnung. Kein leises Stöhnen, kein Jammern, kein schweres Anhusten, kein Atemzug, kein zärtlicher Ruf – Schweigen. Kalte Zugluft im Schlafzimmer. Die Jalousien schlugen gegen die offenen Fenster. In ihrem Bett die kleingewordene, stille Gestalt, – schon nicht mehr die Mutter – und doch rief alles in mir nach der Unentwegtheit dieser Mutterliebe. Die Majestät des Todes hat sich über das vertraute Gesicht gebreitet, hat Krampf und Leiden ausgelöscht und es in unendliche Ferne enthoben. Weltenweit, unnahbar, unantastbar, eisig. Liebe, schöne, kleine Frau, meine Mutter – das, was bleibt, ist nun nicht mehr faßbar in einer menschlichen Gestalt, ist nur noch in mir selbst beschlossen, versenkt, lebendig als liebendes Erinnern.« (Tagebuch)

»Verhaltene Tränen, so allein – Schweigen – das Herz tut weh – kein Platz zum Ausruhen – und nie mehr Kind sein dürfen.«

In der Einsamkeit des alleingebliebenen Kindes hat Mary Wigman den »Tanz der Erinnerung« choreographiert. Im vierten Tanz der »Herbstlichen Tänze«, dem »Tanz in der Stille«, ist an die Stelle des Schmerzes über das Alleinsein als Kind eine schon fast zärtliche Huldigung für die erwachsene Einsamkeit getreten, bewußtes Erleben der inneren Stärke und Abgeklärtheit. Ein Tanz des Übergangs, der Transformation, mit dem Mary Wigman beinahe ihre Karriere als Tänzerin beendet hätte.

Gedanken an einen Rücktritt waren ihr schon öfter gekommen, nicht, weil sie die zunehmenden körperlichen Beschwerden bei der Arbeit dazu veranlaßt hätten – die waren durch Willenskraft immer noch zu betäuben –, sondern weil sie sich im ständigen tanzpolitischen Kleinkrieg Ruhe wünscht. Sie ist enttäuscht über die fehlende Wertschätzung ihrer Arbeit von offizieller Seite, möchte sich zurückziehen, um sich nicht im dauernden Nervenkampf zu verschleißen. Außerdem ist die Liebe zu Benkert so stark, daß sie mehr mit ihm zusammensein möchte. Die Beziehung hat über den beruflichen Auseinandersetzungen, die er als Verwaltungsrat der Schule mitzutragen hatte, gelitten. Sie sehen sich ohnehin viel seltener als früher. Er hat im Betrieb alle Hände voll zu tun, und sie wiederum ist durch die Schulmisere so eingespannt, daß sie nur noch seltener zu den gemeinsamen Wochenenden nach Berlin fahren kann. Die wenigen Tage des Zusammenseins – vor allem in seinem Jagdhaus bei Jänickendorf im Spreewald – werden zu hochgeschätzten Kostbarkeiten, Stunden der Entspannung, die sich Mary Wigman sonst kaum noch leisten kann. Dabei sind die Gefühle für Benkert mit jedem Jahr der Beziehung tiefer geworden, und sie sehnt sich danach, mit ihm zu leben.

Nach Berlin überzusiedeln, ist ein verlockender Gedanke. In der Dresdner Schule hat es große Konflikte gegeben, die sie bestärken, dort die Zelte bald abzubrechen. Persönliche Ressentiments unter den Lehrenden und von Schülerinnen hatten Elisabeth Wigmans Position als Ausbildungsleiterin so unerträglich gemacht, daß sie 1935, mit finanzieller Unterstützung ihrer Schwester, nach Leipzig geht und sich dort eine eigene Schule einrichtet. Vor allem der Vorwurf der »Judenfreundlichkeit«, der Elisabeth wegen ihrer – trotz der Nazi-Propaganda nicht abgebrochenen – Freundschaft mit einer jüdischen, ehemaligen Tänzerin der ersten Wigman-Gruppe trifft, empört Mary Wigman. Er ist auch gegen sie selbst erhoben worden, weil sie 1935 bei einem Vortanzabend in der Schule Pola Nirenska, eine der beiden jüdischen Tänzerinnen ihrer zweiten Tanzgruppe, auftreten ließ. Als sie Pola Nirenska auch noch fragte, ob sie im Sommerkurs unterrichten wolle, lehnte diese ab – es wäre für die Schule wohl nicht sehr opportun. Der »Makel« der »Judenfreundlichkeit« wird Mary Wigman 1937 erneut vorgehalten und macht den Wunsch dringlicher, aus Dresden wegzugehen. Sie plant, sich in Berlin eine neue Basis zu schaffen. Der Vertrag mit den »Meisterwerkstätten«

garantiert mit 500 Mark monatlich einen, wenn auch sehr bescheidenen, dafür aber regelmäßigen Beitrag zum Lebensunterhalt, der Verkauf der Dresdner Schule würde einige Rücklagen schaffen, und sie könnte mit diesem Geld eine kleine Schule eröffnen, die sie ernährt. Kein großes Unternehmen mehr wie in Dresden, sondern nur mit einer Mitarbeiterin neben sich. Das wäre der desolaten Schülersituation angepaßt und würde den Aufwand in überschaubarem Rahmen halten. Schließlich muß sie an ihre Alterssicherung denken, jetzt, wo sie die Fünfzig überschritten hat.

Es sind Überlegungen, die in deprimierten Stunden tröstliche Hoffnungen hervorrufen, aber deren Verwirklichung nie angepackt wird. Sie kommt einfach nicht dazu. Die Dresdner Schule nimmt sie ganz in Beschlag, und ständig geht sie auf Gastspielreisen. Das Publikum will sie nach wie vor sehen, und mehr denn je will sie den Kontakt zu den Menschen. Sie ist überzeugt, daß die sie brauchen. Wo bliebe ihnen sonst Gelegenheit, sich für ein paar Stunden aus dem Alltag herauszustellen, sich auf das »Wesentliche« im Leben, auf die inneren Werte, zu besinnen, wenn nicht in der Kunst, in der wirklichen und aufrichtigen. Die »überzeitlichen« Werte sollen die Menschen erreichen, ihnen Kraft und Selbstvertrauen für den Alltag geben. Sie selbst erfährt es ja in den Konzerten, die sie häufig besucht, bei den Schallplatten, die sie hört, am tiefsten in Hindemiths »Mathis der Maler« und bei Beethoven. Wenn Furtwängler die Dresdner Philharmoniker dirigiert, lauscht sie ergriffen, wenn Erich Ponto im Schauspielhaus spielt, spürt sie eine Verbindung künstlerischen Geistes über Text und Inszenierung hinweg. Ihr Tanz soll dem Publikum nicht fröhliche Ablenkung vom Alltag geben, sondern Versenkung, Besinnung und darin Ermutigung. Ihre Kunst hält Mary Wigman für ein der Politik unzugängliches Gebiet. Daß sie mit ihren Auftritten ein Gesellschaftssystem stützt, indem sie den Menschen Kraft zum Durchhalten gibt, ist ihr ein fernliegender Gedanke.

». . . ein lautloses Schreiten, ein Insichhineinhorchen. Zugleich aber auch ein Sichvortasten in das Kommende, vor dem sich der trennende Schleier nur erst leise zu heben begann.«

Sie steht ja auch nicht in Opposition zum Nazi-Regime, nur zu seiner Tanzpolitik. Das weiß sie säuberlich zu trennen. Sie verehrt Hitler nach wie vor, und die Größe Deutschlands ist ihr ein Ziel, für das viele Opfer lohnen. Die »Volksgemeinschaft« ist ein Ideal, dem sie voller Überzeugung anhängt. Schon auf dem Monte Verità war davon die Rede gewesen, eine Gemeinschaft aller Menschen im gleichen Geist zu erstreben. Verbundenheit aller in der Hingabe an eine gemeinsame, über dem Persönlichen stehende Idee – aus ganzem Herzen kann sie sich dazu bekennen!

Sie beteiligt sich, wo immer es verlangt wird. Für die Kleidersammlungen des »Winterhilfswerks« finden sich im Schrank stets ein paar abgelegte Sachen, zum Eintopfessen geht sie mit Benkert in den feinen Berliner »Fürstenhof«, und zum »Tag der nationalen Arbeit« wird die Schule festlich geschmückt. Gemeinschaft ist ihr ein hohes Ziel. Daß es den Ausschluß vieler bedeutet, die da nicht hineinpassen, akzeptiert sie, aber daß dieser so gewaltsam sein muß, versteht sie wiederum nicht. Nach wie vor betrachtet sie viele Maßnahmen der Regierung und Aktionen der Partei als »Auswüchse«.

Gewiß war sie entsetzt über die systematische Judenverfolgung, die Rassengesetze, die Zerstörung der Synagogen, die Entrechtungen, aber nirgends äußert sie sich dazu. Menschlich trifft es sie sehr, als ihre Kostümschneiderin Elis Griebel 1935 aufgrund der neu erlassenen Rassengesetze emigrieren muß. Diese lebt mit ihrem jüdischen Partner zusammen, der gleich nach Erlaß der Gesetze wegen »Rassenschande« verhaftet wird, aber im letzten Moment fliehen kann. Elis Griebel, die vor der gleichen Anklage steht, folgt ihm nach Warschau ins Exil. Über zehn Jahre hat sie mit »der Griebel« zusammengearbeitet, die ein renommiertes Modeatelier in Dresden führte. Viele ihrer Tänze erhielten erst durch das Kostüm ihr besonderes Gesicht. Auf den Programmzetteln darf jetzt der Name nicht mehr erwähnt werden.

Auch in den Zeitungen hat sich manches verändert. Einige der ihr besonders wohlwollenden Kritiker, Artur Michel z. B., sind emigriert oder über Nacht verschwunden, und frühere Zuschauer dürfen als Juden ihre Tanzabende, die ja »deutsche Kulturveranstaltungen« sind, nicht mehr besuchen.

Die Terrorisierung im Alltag nimmt Mary Wigman gewiß zur Kenntnis, aber weder in Tagebüchern noch Briefen schreibt sie von Angst, dem wachsenden Mißtrauen, den Übergriffen. »Judenhetze in Berlin« steht allenfalls mal kommentarlos im Tagebuch. Auch sie ist vorsichtig geworden, man weiß nicht mehr, wie sicher das Private noch ist. Obwohl Hesschen wie ein Zerberus darüber wacht, daß niemand in ihrer Privatwohnung herumschnüffelt, kann sie sich doch nie sicher sein. Hesschen geht schließlich auch mal außer Haus...

Der Freundes- und Bekanntenkreis ist so groß, daß ihr vieles zu Ohren kommt, was mit dem Bild des großen, ehrenhaften Deutschland, das sie sich zu den Reden Hitlers macht, nicht mehr zusammenpaßt. Sie begreift den Sinn der Verbote und Gesetze nicht ganz – entweder ist die Idee der nationalen Größe richtig, dann wird sie sich behaupten, auch ohne Verbot der Opposition, oder sie ist nicht stark genug, dann wird sie eben untergehen und später in neuer Form noch einmal versuchen, sich zu behaupten. Sie selbst hat doch den Ausdruckstanz in Deutschland durchgesetzt, nicht indem sie das klassische Ballett verbieten wollte, sondern indem sie die Überlegenheit ihres Tanzes bewiesen hat. Fehlt den Nazis dieses Selbstbewußtsein, daß sie Maßregelungen brauchen statt Überzeugungskraft?

Freunde und Bekannte haben Deutschland verlassen. Paul Aron, der Komponist, dessen Konzerte sie in den zwanziger Jahren besuchte und der ihre Begleiter Will Goetze und Hanns Hasting ausgebildet hat, Mies van der Rohe, der zuerst nicht glauben wollte, daß die Nazis sich lange an der Macht halten könnten, ihr Freund Carl Zuckmayer, den sie vor dem »Anschluß« Österreichs in seiner »Mühle« bei Salzburg besucht und der ihr sagt, er habe sich von fast allen seinen Freunden innerlich entfernt, denn er könne und wolle nicht hassen. Andernfalls könne er wohl nie in seinem Leben wieder ein lyrisches Gedicht schreiben.

»Ich muß mir Mühe geben, nicht bitter zu werden. Die Unantastbarkeit meiner Arbeit steigert die Feindseligkeit der Kleinen und Kleinsten.«

Daß die Freunde gehen, kann sie verstehen, aber deren Beweggründe haben für sie selbst keine Bedeutung. Ihre Aufgabe sieht sie nach wie vor in Deutschland. Zeigen ihr nicht gerade die Schwierigkeiten, mit denen sie zu kämpfen hat, daß der deutsche Tanz sie braucht, um auf künstlerischem Niveau zu bleiben und nicht zum Parteiballett zu degenerieren? Aber ihre Chancen stehen schlecht. Im Mai 1937 kommt es zum entscheidenden Konflikt zwischen Mary Wigman und der Partei. Im Tagebuch hält sie die Entwicklung fest:

»Um ½11 Uhr kam das Telefongespräch aus Starnberg. Talhoff am Apparat. Überrumpelungsverfahren wie früher. Inhalt des Gespräches schwer verständlich, brockenweise verstand ich: Festspiel, München, Tag der deutschen Kunst, Propagandaleitung, Huldigung für den Führer, 16. Juli, Königsplatz München, ein Name, eine Adresse und Antreten zur Sitzung am Donnerstag Nachmittag um 3 in München. Ausreden, Entschuldigungen, Absagen gäbe es nicht. Aus.

Nach Besprechung mit Hasting am anderen Morgen Telegramm geschickt, daß Hasting als mein Vertreter kommen würde. Daraufhin nachmittags – gestern – dringendes Telefongespräch aus München: Gauleitung Oberbayern, Propagandaleitung. Bayrisch grob die Stimme, diktatorisch der Tonfall. Ich habe selber zu erscheinen. Schluß. Aufruhr bei mir. Kann ich, darf ich ablehnen, soll ich, muß ich annehmen? Schule, Sommerkurse, Arbeitseinteilung, alles über den Haufen werfen. Basis, Fundament zerstören, um der staatsbürgerlichen Pflicht zu genügen. Und die Verzweiflung packte mich aufs Neue, die Erkenntnis, daß es mit diesen gewaltsamen ›Schau-Ereignissen‹, den schaffenden Künstlern aus dem Blut gepreßt, die ganze, die echte, die wahre, die heilige Kunst zertreten wird. Barbarismus – gewiß ... Die griechische Tragödie versank, die römische Pantomime erstand. Wir erleben wohl Ähnliches. Im Tanz ganz gewiß.

Dabei ist es schön, wenn man nicht nur außerhalb der Geschehnisse bleibt, sondern geholt wird zu solchen Aufgaben. – So qualvoll das Festspiel der Olympiade im Kampf um Raum und Gestalt war, so hat es mich doch gefesselt, als Aufgabe.

Auch hier, bei diesem neuen Auftrag, der umso ehrenvoller ist, als er dem Führer der Nation selber gilt. Und gäbe es einen Ausgleich im Schaffen, so wäre es ja gut. Die Verzweiflung liegt bei mir im Erkennen der bitteren Tatsachen, daß für fundamentale Dinge, wie es weiß Gott meine Tanzgruppenarbeit, meine Schule, meine Tänze sind, keine Mittel da sind, keinerlei wirkliche Stützung stattfindet, während für die großen Schaustellungen sofort alles beschafft wird. (...) Ich muß mich zwingen, aus diesem Erregungszustand heraus zu kommen. Muß gesammelt und ganz wach morgen in München zuhören und entscheiden.

Auch nach Hannles Meinung gibt es hier kein ›Nein‹-Sagen. Ich habe das ja auch sofort bei Talhoffs Anruf gewußt.

Sieg des Kollektivismus über das Individuum! Das liegt nicht in der Hand des einzelnen. Das liegt auch nicht im Wollen einer Führergruppe allein. Und die Staatsform, die dieses vertritt, ist über alles Tatsächliche hinaus von einem nicht sichtbaren, nicht greifbaren und doch alles zwingenden Zeitwillen dirigiert. Dem kann sich kein ›lebendiger‹ Mensch entziehen. Er ist in das große Gewebe verstrickt. Es zerreißen zu wollen, hieße Selbstvernichtung.«

Am 6. Mai ist Mary Wigman in München bei den Besprechungen dabei und kehrt am nächsten Tag wieder nach Dresden zurück:

»Verwirrt, kaputt, geschlagen, zerschlagen. Welch' ein Wahnsinn. Ich weiß nicht ein noch aus! Was steht mir bevor? Ich muß in diese Hölle hinein – und niemand fragt nach dem persönlichen Einsatz, niemand fragt nach den Opfern, niemand nach dem Mord, den man an der eigenen Sache begehen muß und wird. Als einzige Frau unter den Männern! Männer, die nur das eine kennen, das Kommando, dem blindlings gefolgt wird. Jeder Einwand, jeder Zweifel beiseite geschoben, als lästig, ja als fragwürdig in der Grundhaltung angesehen.

Das Festspiel ist genehmigt, es wird durchgeführt, es wird das großartigste, das die Welt gesehen hat, die Kosten spielen keine Rolle, es steht alles zur Verfügung, es gibt kein Absagen, es ist Ehrensache für jeden, der zur Mitwirkung herangezogen wird, sich voll dafür einzusetzen, und alles übrige muß davor zurückstehen. Das Spiel selber!? Talhoffsche Erfindung, trotzdem nach außen hin der Dichter Johst dahintersteht. Totenmal und nochmal wieder Totenmal. Auch die Fahnenschwinger fehlen nicht!

Was mich nachdenklich macht, was mich in meinem tiefsten Wesen erschüttert und bestürzt, das ist die Tatsache, daß die sogenannten ›künstlerischen‹ Mittel nur in jenem Teil des Spieles zur Anwendung gelangen, das sich mit den Nachkriegsjahren, den Jahren der ›Zersetzung‹ befaßt – die neue Zeit, das 3. Reich, das symbolisch gefaßt, in Erscheinung treten soll, braucht diese Mittel nicht, da geht es – in diesem Spiel – um die militärisch organisierten Aufzüge der H.J., des B.D.M., der SA, der SS u.s.w.

Mir tut tief drinnen das Herz so weh!«

Mit einem Schlag begreift Mary Wigman, daß sie selbst zur Vergangenheit gerechnet wird, daß ihre Tanzkunst im Dritten Reich keinen Platz hat. Sie gehört der »Zersetzung« an, wie ihre geistigen Zeitgenossen Nolde, Kirchner, Kandinsky, deren Bilder bei der im Juli in München zu eröffnenden Ausstellung »Entartete Kunst« hängen werden. Aus der rhythmisch beschwingten Gemeinschaft aller Menschen, aus der tänzerischen Feier des Lebens ist ein Exerzierfeld für Soldaten geworden. Fassungslos steht sie vor der Ungeheuerlichkeit der Talhoffschen Ideen. Sein Adjutant kommt angereist:
»Mit allen Vollmachten ausgerüstet, rast er durch Deutschland, um das Menschenmaterial für die Bewegungschöre zu sammeln. Befehl: Kein Mitwirkender darf unter 1,68 Meter groß sein! Männlein und Weiblein gleich groß! Ich kann das Grinsen nicht unterdrücken! (...) Der Mann ist ja wahnsinnig. (...) Habe sofort begriffen, daß Talhoff meine Einwände (wegen Schule, persönlicher und sachlicher Bindungen, Geldverluste, ideelle Verluste etc.) als schlechten Willen auffaßt und dementsprechend bei der Prop.Leitung darstellen wird.« (Tagebuch)

Mary Wigman weiß, daß sie nicht ablehnen kann, aber wenn schon mitmachen, dann wenigstens gegen angemessenes Honorar. Sie verlangt das doppelte der angebotenen Summe. Für das »Trinkgeld« von 2 500 Mark ist sie willig, ihre Arbeitskraft nur einen, nicht die verlangten zwei Monate zur Verfügung zu stellen, denn sonst gehen ihr die Einnahmen aus den »Meisterwerkstätten« verloren, und sie muß in München ja eine Wohnung für acht Wochen bezahlen. Sie erläutert ihre Forderung in einem ausführlichen Brief an die Münchner Organisationsleitung und erklärt ihre prinzipielle Bereitschaft zur Mitarbeit. Am selben Tag, als sie diesen Brief zur Post gibt, erhält sie aus München die offizielle Absage. Den Parteileuten hat sie zu lange gezögert.

»Bricht man MW endgültig den Hals, so braucht man ihre Leistung nicht mehr zu fürchten, so braucht man sich auch weniger anzustrengen. ... So kann ich nicht weiter arbeiten. In Dresden.«

Mit diesem Ereignis endet endgültig die Zusammenarbeit der Nazis mit Mary Wigman. Fortan erhält sie keinen Pfennig Subvention mehr, keinerlei offizielle Förderung. Nicht nur das, ab jetzt werden die Anstrengungen größer, sie künstlerisch mundtot zu machen. Öffentlich wagt niemand von »entartet« zu sprechen, aber inoffiziell schon häufiger.

Vor allem die Parteileitung in Dresden will nichts mehr mit ihr zu tun haben. Trotz Einladung erscheint keiner der »offiziellen Herrschaften« zu ihren Vorstellungen, und in den Dresdner Zeitungen werden die Berichte über ihre Tanzabende kürzer und seltener. Wenige Wochen nach dem Münchner Debakel erhält sie einen Brief, der ihren zuvor gestellten Antrag auf eine Übersiedelung nach Berlin – sie hatte sich entschlossen, die Genehmigung einzuholen – definitiv ablehnt. Mary Wigman muß erkennen, daß sie die Unterlegene ist. Es ist das einzige Mal, daß sie ernsthaft an Emigration denkt.

Oben: »Ballade II«, 1937. Foto: Charlotte Rudolph. links und Seite 248/49: Deutsches Erleben, deutsche Verzweiflung? »Tanz der Niobe«, aus Mary Wigmans letztem Soloprogramm 1942. Fotos: Charlotte Rudolph.

10.
11.
22.
9.

24.
25.
29.
32.
37.
39.
40.
42.
45.

»Ruhig bleiben – nicht das nervöse Zittern aufkommen lassen. Nun werde ich mir einmal ganz vernünftig sagen: Beklage Dich nicht – begnüge Dich – Dein reiches Leben kann Dir niemand nehmen, das Geschaffene mag vergehen, man mag dich schnell vergessen. Aber vielleicht hast du ja doch ein paar Keime eingesenkt, vielleicht war an einigen wenigen Stellen der Erdboden fruchtbar – o, ich möchte keine bittere Frau sein – ich möchte mit einem wissenden Lächeln in mein Alter gehen – mein Schicksal will ich auf mich nehmen. Ich habe es immer getan – ich habe auch immer gekämpft. Soll ich, muß ich, darf ich nun kampflos gehen?

Tief drinnen ist ja doch Empörung.

Tief drinnen sitzt ja doch ein großes Leid. Und das Bedauern, nicht mit dem Programm der herbstlichen Tänze Schluß gemacht zu haben. Was habe ich verbrochen, daß der Name Mary Wigman nicht dort hell erglänzt, wo die Bestimmungen über Wirken oder Nichtzugelassensein getroffen werden? (...)

Bon – Konsequenz ziehen! Doch ins Ausland? U.S.A.? Es kommt nicht mehr in Frage, es geht innerlich nicht, und äußerlich ja auch nicht. Ich liebe Deutschland, ich bin sehr deutsch. Man sieht das scheinbar nicht, man glaubt es scheinbar auch nicht. Ich glaube auch, ich habe mich nicht gegen die Heimat versündigt. Boche hat man mich nach dem Kriege im Ausland geschimpft. Der Schöpferin des neuen deutschen Tanzes hat man in den U.S.A. gehuldigt. Ein großes Opfer habe ich gebracht, selbstverständlich, ohne jeden Aufhebens: Verzicht auf den allerletzten, den ganz großen Weltruhm – Mein Land, meine Sprache, mein Fühlen, mein Denken – mein Tanz!« (Tagebuch)

Sie kann nicht anders als weitermachen. Die Tage laufen in vorgezeichneten Bahnen ab – sie *muß* unterrichten, *muß* Gastspielverträge erfüllen, *muß* den täglichen Kleinkram erledigen; alles geht seinen Gang.
Die Ereignisse der letzten Zeit haben viele Eindrücke hinterlassen, die in tänzerische Form gebracht werden sollen. Dunkle, »dämonische« Tänze sind es, der »Tanz der dunklen Königin«, der verhaltene, angstvoll gespannte »Ruf«, die feierliche »Ballade II«. Dazu die Liebesfröhlichkeit der »Zwiesprache« und des »Tanzes der lichten Königin«. Mit diesem Programm geht Mary Wigman 1937/38 wieder auf Deutschland-Tournee, gibt Gastspiele in Belgien, Dänemark, Ungarn, der Tschechoslowakei, der Schweiz. 45 Auftritte bis April 1938.

In diesen Jahren nach 1933 tanzt sie vermehrt auch in den Kleinstädten, um die sie früher einen großen Bogen machen konnte. Jetzt muß sie dort auftreten – um Geld zu verdienen – und um selbst im letzten Dorf den Menschen zu zeigen, daß Tanz etwas wichtigeres, bedeutungsvolleres sein kann als keulenschwingende Mädchen auf einem Sportfeld. Aus Trotz gegen die Tanzpolitik der Nazis will sie durchhalten, will ihre ganze Popularität einsetzen, dem Tanz seine »Ehre« zu bewahren. Liegnitz, Sagan, Hindenburg, Oppeln, Waldenburg – für die Verbreitung des künstlerischen Tanzes ist ihr kein Einsatz zu hoch. Nur manchmal verläßt sie die Kraft. Abends nach der Vorstellung sitzt sie allein im kalten Hotelzimmer: »*Mal ein zertanzter Fuß, der Vorsicht verlangte, ein anderes Mal quälte der verdammte Husten so, daß ich zurückhalten mußte, um nicht dauernd von Hustenanfällen geschüttelt zu werden. Sonst ist es mir in den mühseligsten Situationen gelungen, immer auch der aufkommenden Unlust Herr zu werden – oft war es unvorstellbar schwer und am Schwersten die Traurigkeit zu überwinden, die vor den schrecklichen Kleinstadt-Bühnen wach werden wollte, – Verzweiflung über die Werk-Schändung, die man bewußt treiben mußte, Wissen um die eingeschränkte Wirkung aus Raummangel, Beleuchtungsschäbigkeit, Fußboden-Not.*« (Tagebuch)

»Die Schöpferin des neuen deutschen Tanzes gilt eben nicht viel, das Werk zählt nicht, man kennt es wohl kaum, und wenn, so scheinbar verdunkelt. Den Mittelmäßigen war ich immer ein Dorn im Auge. Nun sind sie dran – und man versucht, die Wigman einzurangieren.«

Für Sommer 1938 richtet sich ihr künstlerisches Interesse auf ein Angebot Niedecken-Gebhards, der auf der Dietrich-Eckhardt-Freilichtbühne in Berlin Glucks »Orpheus« inszenieren will. Mary Wigman soll die Choreographie erarbeiten. Mit Begeisterung stürzt sie sich in die Vorarbeiten, der »Orpheus« ist ihr ein Herzenskind. Dann erhält sie im Mai '38 die Nachricht, daß Goebbels persönlich – ohne Angabe von Gründen – ihre Teilnahme an dieser Inszenierung untersagt hat. Ihre Arbeit ist nicht erwünscht. Allerdings trifft es nicht sie allein, auch die musikalische Leitung und drei der Solosänger werden zurückgewiesen.

In der Schule wachsen die Probleme innerhalb des Lehrkörpers. Mit Hanns Hasting und seiner Frau Gretl Curth, die seit zehn Jahren zu ihren engsten Mitarbeitern gehören, gibt es immer häufiger Auseinandersetzungen. Hasting ist Parteigenosse und Mary Wigman gegenüber immer kritischer eingestellt. Wenn sie doch nur eine Lösung finden könnte. Pläne konkretisieren sich, die Schule zu verkaufen. Von der Stadt Dresden sind Anzeichen da, daß sie die Schule als städtische Ausbildungsstätte übernehmen würde – natürlich ohne Mary Wigmans Mitwirkung. Hasting und seine Frau zeigen Interesse an der Leitung dieser Schule. Aber nichts wird offen ausgesprochen, auch von anderen Mitarbeitern nicht. Der Lehrplan wird sehr freizügig interpretiert, sie hat das Gefühl, als verschweige man ihr schulische Ereignisse, und sie kommt sich zunehmend beobachtet vor. Ist sie denn nicht einmal mehr Herrin im eigenen Haus? Will man, daß sie sich aufs schweigende Altenteil zurückzieht? Nun, dann sollen sie lange warten! Mary Wigman denkt nicht daran, ihren Tanz im Stich zu lassen. Nur Tapetenwechsel wäre ihr recht. Wie ein Geschenk des Himmels kommt da das Angebot, eine Tournee durch die USA zu machen. Für ein paar Wochen mal wieder Freiheit genießen, Anerkennung, die Weite und Schönheit einer nicht an allen Ecken von uniformierten Bürokraten bewachten und verwalteten Welt. Im Sommer 1939 werden die Pläne konkret und die Gastspielreihe für Februar 1940 ins Auge gefaßt, als Programm ein Querschnitt der Solotänze der letzten Jahre gewählt.

»Ich habe den Mund gehalten, habe nicht gejammert, obwohl das Berufsherz blutete, habe versucht, es mit Humor durchzuhalten. Wer weiß um die Momente trostloser Einsamkeit – über die auch das Bewußtsein liebender Freunde nicht hinweghilft? Sie sind irgendwo – weit weg – aber das trübe Hotelzimmer, der Straßenlärm, die feuchte Kälte im Zimmer, der modrige Geruch, der vom Kopfkissen kommt – das ist Wirklichkeit.«

Die Verbindungen zu Amerika sind noch nicht abgerissen. Nach wie vor kommen ein paar Amerikanerinnen zu den Sommerkursen in die Schule und Hanya Holm hat mit ihrer Wigman-Schule in New York dem deutschen Tanz einen Brückenpfeiler gebaut. Allerdings geriet der nach der Machtübernahme der Nazis unter heftigen Beschuß, man assoziierte Mary Wigman eng mit dem neuen Deutschland. Sie bat, die Schule in Hanya Holm-Schule umbenennen zu dürfen. Mary Wigman hatte nichts dagegen. Jetzt freut sie sich auf das Wiedersehen.

Das ganze Frühjahr über war sie ununterbrochen auf Tournee durch die deutsche Provinz. Sie will raus, einmal wieder tief Atem holen können. Sie freut sich darauf und geht nach den Anstrengungen des Sommerkurses und der Diplomprüfungen in der Schule im August in Urlaub. Seit mehreren Jahren erlauben die strengen Devisenbestimmungen keine Auslandsferien mehr, also hat sie sich in Karlstein bei Reichenhall im Berchtesgadener Land einquartiert. Bis nach dem Krieg verbringt sie hier jedes Jahr die sechs, acht Wochen wohlverdiente Ruhepause, wandert über die Bergwiesen und -hänge, liegt vor dem Haus in der Sonne, stickt, malt, schreibt und skizziert zwischendurch neue Tanzideen.

Am 4. September 1939 schreibt sie ins Tagebuch: *»Der Berg ist dunkel, das Schweigen bedrohlich. Schwarze Wolkenmassen stehen seit Stunden unbeweglich.«* Dann folgt die Eintragung: *»Das Unbegreifliche ist Wirklichkeit geworden. Wir haben Krieg.«* Der Krieg ist für sie ein Naturereignis, eine Schicksalsprüfung, fern von menschlicher Handlung.

»Die Völker Europas in Waffen, wieder bereit, sich gegenseitig zu vernichten. Keiner wollte den Krieg, und doch ist er entfesselt – des Todesengels Fittiche überschatten wieder das Leben der jungen Männer – die beste Volkskraft verblutet sich an allen Fronten, bei allen Völkern gleichzeitig, gleichmäßig.«

Die von der Nazi-Propaganda vorgeschützten Probleme um den Danziger Korridor – die zum Deutschen Reich zählenden Gebiete um Danzig waren nach 1918 nur noch über einen Transitweg durch polnisches Gebiet zu erreichen gewesen – akzeptiert Mary Wigman ohne Bedenken. *»Es darf keine Frage mehr geben, es darf keine Kritik mehr geben, es gibt nur das eine: eine anständige, eine deutsche Haltung«*, schreibt sie im Tage-

Studien aus »Tanz der Brunhild« aus Mary Wigmans letztem Soloprogramm 1942. Fotos: Charlotte Rudolph.

buch. Und: »*Reichstagssitzung und Führerrede – Heute! Stark, stolz, groß, getragen von der unantastbaren Liebe zu Deutschland und dem leidenschaftlichen Willen, die Befriedung Europas mitzugestalten.*«

Die Anordnungen der Regierung, die Veränderungen im Alltag – von den Lebensmittelkarten bis zur Requirierung ihres geliebten Autos – nimmt sie geduldig hin. Sie versteht sich voll und ganz als Teil der »Volksgemeinschaft«, der die »Prüfung« eines Krieges auferlegt ist, und das duldet keine Kritik. Nur ein Stöhnen manchmal, einen Stoßseufzer, wenn der Kettenraucherin die Zigaretten ausgehen, wenn es Nachschubschwierigkeiten beim Heizmaterial gibt, wenn Hesschen stundenlang durch die Straßen jagt, um nach Lebensmittelangeboten Ausschau zu halten.

Mit einer Mischung aus Faszination und Schrecken verfolgt sie die Entwicklungen auf den Kriegsschauplätzen. »*An allen Fronten dringt die deutsche Wehrmacht siegreich vor*« – Mary Wigman denkt an die Gefallenen, das Leid der Angehörigen, die Unabänderlichkeit der »Opfer«. Junge Männer gibt es jetzt in der Wigman-Schule kaum noch, und auch die Mädchen werden weniger, seit die Arbeitsdienstpflicht eingeführt ist.

»Ein paar Monate weiter! Vielleicht sieht es dann doch schon ein bißchen anders aus! Nur Kraft, Kraft bräuchte ich.«

Mit dem Lehrpersonal nehmen die Konflikte zu. Mary Wigman hat das Gefühl, als würde sie immer mehr aus der Schule verdrängt, findet, daß der Musikunterricht ein viel zu großes Gewicht erhalten hat, daß die Inhalte der Stunden verändert werden, zuviel Leichtes und Heiteres unterrichtet wird, zu wenig »Tanzerlebnis«.

Im Februar 1941 sitzt sie mit Niedecken-Gebhard zusammen und beratschlagt. Die Hochschule für Kunst in Berlin möchte eine Tanzabteilung einrichten – Mary Wigman rechnet es sich als spannendes Arbeitsfeld aus. Dann *müßte* sie die Zuzugsgenehmigung nach Berlin doch noch erhalten. Um so bitterer das endgültige Begreifen, daß sie keine Chancen mehr hat, mit den Nazis in irgendeiner Weise künstlerisch zusammenzuarbeiten: Vom 17. bis 23. März findet in Leipzig eine Tagung der »Fachschaft Tanz« der Reichstheaterkammer statt. Mary Wigman soll tanzen und einen Vortrag halten. Acht Tage vor Beginn der Veranstaltung erfährt sie, daß auf Weisung des Propagandaministeriums sowohl ihr Vortrag wie auch die Vorführung ihrer Solotänze verboten sind. Überhaupt möchte das Ministerium die Tagung ganz untersagen. Lang schwelende Konflikte zwischen Rosenberg vom rassepolitischen Amt und Goebbels sind der Hintergrund. Weil man die Tagung aber nicht verhindern kann, werden Auflagen gemacht: keine Erwähnung in der Presse und völliges Diskussionsverbot. Das Wort »Ausdruckstanz« darf nicht fallen, das Arbeitsgebiet müsse sich auf »tänzerische Körperbildung« beschränken.

Anfangs will Mary Wigman nach dem Verbot ihrer Aufführungen gar nicht erst hinfahren, aber ihre Neugier ist angestachelt. Die bei der

Tagung gehaltenen Vorträge führen ihr den absurden ideologischen Kampf um die Begründung eines nationalsozialistischen deutschen Tanzes vor Augen. Martha Reuther berichtet sie:

»*Das war einfach eine Farce! Stell Dir vor: der erste Referent (politischer Reichsredner) stellt als eine der Kühnheiten, Freiheiten der N.S. weltanschaulichen Haltung auf: es solle Meinung gegen Meinung stehen, man solle seine Anschauungen, Meinungen bekennen (...). Dann kommt ein anderer Referent und erklärt das Ballett für ein westliches Kulturgut, französisch nationalen Charakters, das als bewußte Überfremdung Deutschlands seinen national-französischen Charakter bis auf den heutigen Tag bewahrt. Es sei also als undeutsch abzulehnen. 3 Tage später hält ein anderer ein Referat über ein ähnliches Thema (dieses Mal im Auftrag des rassepolitischen Amtes) und verkündet: der arisch, nordisch germanische Mensch sei ein Mensch des Sonnengeflechtes – er habe daher nur eine einzige Strebung:* nach oben. *Das Ballett nun sei ausgesprochener ›Hochtanz‹, daher sei es auch seinem* Wesen *nach nicht französisch sondern deutsch. Es werde aus diesem Grunde im N.S. Deutschland befürwortet, während alles übrige abzulehnen sei.*«

Mary Wigman schüttelt über solche haarsträubenden Herleitungen den Kopf. Aber sie weiß, daß dieser letzte Redner, Rudolf Sonner vom rassepolitischen Amt, ein gefährlicher Mann ist. Bevor er seinen Vortrag begonnen hat, ist er ihr vorgestellt worden und sie wollte klären, was sie seit langem beschäftigt:

»*Ich frage ihn, ob er mir sagen kann, warum er sich seinerseits gegen mich, meinen Tanz ausgesprochen hat. Antwort: ›Ich bin der Diener meines Herren.‹ Ich frage: ›Wer ist Ihr Herr?‹ – Seine Antwort: ›Das rassepolitische Amt, Rosenberg.‹ Ich: ›Wollen Sie mir das alles näher erklären?‹ Er: ›Das ist nicht nötig. Sie werden manches aus meinem Vortrag erfahren, den ich im Auftrag meines Herrn hier halten werde.‹ – Der Vortrag stieg: zynisch, tückisch fast – so, als wären die Hörer Verbrecher.*« (Tagebuch)

Nachdem Sonner seine »Sonnengeflechts-Theorie« ausgebreitet hat, wendet er sich dem zeitgenössischen Tanz zu, »*der sich eines amerikanischen Reklametricks bedient habe, um sich als ›new german dance‹ feiern zu lassen. Dabei sei er nachweislich nichts anderes als eine asiatische Überfremdung. Man habe ohne Musik getanzt, was Barbarei, Zersetzung, Entartung sei – man habe zu orientalischen Instrumenten getanzt, man habe sich nicht gescheut, afrikanisches Negergetrommel als Tanzmusik zu bezeichnen etc. etc. Das hagelte nur so!*« (an Martha Reuther)

Es gibt keinen Zweifel, gegen wen sich diese Anklagen richten. Mary Wigman soll gleich im Anschluß an den Vortrag in Anwesenheit von Sonner eine Unterrichtsstunde geben. Als diese Stunde angekündigt wird, *»brach die gesamte Hörerschaft in einen minutenlangen Applaus mit donnerndem Getrampel aus, worauf Herr S. den Saal verließ«*. (Tagebuch)

Die unmißverständliche Sympathie-Demonstration ist für sie Beweis, daß ihr Kampfwille doch die Anerkennung für ihren Tanz hat aufrechterhalten können, zumindest in der Tänzerschaft. Dennoch beunruhigt sie das Ereignis auch: *»Es könnte alles noch Folgen haben, für den Tanz (meinen Tanz!) und für mich (als Tänzerin und Tanzpädagogin).«*

Es hat Folgen. Auf unerwartete Weise allerdings. In Leipzig hat sie spontane Zuneigung gefunden, die ihr kaum ein Jahr später zu einer neuen Existenzgrundlage verhilft. Beim offiziellen Empfang für die Fachschaftsteilnehmer ist sie die Tischdame des Oberbürgermeisters und plaudert mit ihm ausführlich über tänzerische Belange. »*Zum Schießen!*« findet sie, daß er ihr nicht nur aufmerksam zuhört, sondern sie auch zu Walzer und Foxtrott aufs Parkett bittet. Er behält sie als charmante Partnerin in guter Erinnerung. Auch Hans Schüler, Generalintendant der Leipziger Theater, der mit Niedecken-Gebhard die Sparte Tanz am Opernhaus ausbauen will, wird auf sie zurückkommen.

Gute Aussichten also, die ihr ein wenig Standfestigkeit geben, als ein Freund, einer »*der es wissen muß*«, ihr vertraulich mitteilt: »*Natürlich gehören Sie zu den ›Entarteten‹ Mary! Und natürlich stehen Sie auf der schwarzen Liste!*« (Tagebuch)

Sie will mutig sein und den Tanzfunktionären wenigstens ihren Trotz und ihre ungebrochene Popularität entgegenstellen. Den Mut und die Vitalität dazu spürt sie noch.

Im Mai reist sie nach Berlin, um an den »Meisterwerkstätten« ihren Kurs zu unterrichten. Wie üblich will sie bei Benkert wohnen. Als sie mit dem Koffer in der Hand vor der Tür steht, wird sie von seiner Wirtschafterin empfangen. Sie hat den Auftrag mitzuteilen, daß Benkert in wenigen Wochen heiraten wird. Eine Welt bricht zusammen.

»Hannle –
Ich glaubte Du wärest das Leben,
nun bist Du worden der Tod.
Und ich hab' Dir nichts mehr zu geben
als meine verzweifelte Not.

(...) Daß dieses so schwer zu tragen sein würde, habe ich nicht gewußt, nicht einmal geahnt. Es tut so maßlos weh. Die verdrängten Tränen brennen, überall, am ganzen Körper. Ich wollte arbeiten, mich auf den Kursus hier vorbereiten. Kein Gedanke will kommen.«

Tagelang, wochenlang, monatelang Tagebucheintragungen – jedes Ereignis wird zum Verlust des Geliebten in Beziehung gesetzt. Die einzige Wunde in Mary Wigmans Leben, die nie verheilen wird.

Die Partnerschaft mit Benkert hat ihr in den zwölf Jahren seit 1929 emotionale Stabilität gegeben. Er war ihr Heimat und Halt. Mit ihm hat sie alles besprechen, sich an seiner Seite einmal von der Alltagshetze ausruhen können. Mit ihm hat sie ihre Siege geteilt, und er war in ihren Niederlagen tröstender Ratgeber. Sein politischer Einfluß auf sie war enorm. Etwas, für das er sich begeistert einsetzt, wird schon das Richtige und Notwendige sein, mag sie gedacht haben.

Benkert hat Karriere gemacht, ist mit Kriegsbeginn Verteidigungsdirektor der Siemens-Werke geworden, zuständig für die innere Sicherheit im Werk – Personalkontrolle – und vor allem für den Luftschutz. Im Dezember 1941 avanciert er zum Leiter des Hauptausschusses Maschinen in der von Fritz Todt geführten Selbstverwaltung der Industrie, ist damit einer der fünf leitenden Wirtschaftsfunktionäre für die Rüstungsproduktion in Deutschland. Eine Stellung, in der eine inzwischen als »entartet« geltende Künstlerin aus der »Systemzeit« als Geliebte sicher nicht förderlich gewesen wäre. Eine – noch dazu erheblich jüngere – attraktive Gattin macht sich da schon besser.

Mit Benkert hat Mary Wigman ihren moralischen Rückhalt verloren. Sie hält es in Dresden nicht mehr aus, nicht in dem Haus, wo so vieles an ihr glückliches Zusammensein erinnert. Im Juni teilt sie Hasting mit, daß sie sich zur Aufgabe der Schule entschlossen habe. Ein Ereignis jagt das nächste.

Eine Tänzerin von der Staatsoper, die mit einem SS-Führer verlobt ist, möchte eine Ballettschule aufmachen – das Haus der Wigman wäre gerade das richtige. Ein Vertreter der Stadt meldet sich bei Mary Wigman und bekundet das generelle Interesse zur Übernahme des Hauses. Die beiden Hastings wehren sich erfolgreich. Die lang vorbereiteten Pläne, die Schule in eine städtische Tanzakademie umzuwandeln, werden realisiert.

Auch in Leipzig will man eine Akademie der darstellenden Künste gründen und der Hochschule für Musik angliedern. Niedecken-Gebhard soll sie aufbauen, und Mary Wigman soll natürlich mitmachen. Die kann daran nicht mehr so recht glauben:

»Ich habe zuviel auf den Kopf gekriegt in der letzten Zeit – ›entartet‹, nicht tragbar, unerwünscht – etc. – Tant pis – stolz bin ich trotzdem auf mein Leben, Wirken, Schaffen. Und von nun an ist die Zeit der Rücksichtnahmen für mich vorbei.« (Tagebuch)

Am 23. Juli 1941 bietet ihr der Oberbürgermeister von Leipzig die Leitung der Abteilung Tanz in der vor der Gründung stehenden Hochschule für dramatische Kunst an. Sie sagt Ja. Sie bleibt dabei, auch als der Rückschlag kommt. Die Partei erkennt ihre Berufung als Leiterin der Tanzabteilung nicht an, aber sie gibt nicht auf. Im Tagebuch macht sie sich Mut:

»Soll nun mein Schaffen, mein Lebenswerk, soll alles was sich an den Namen M.W. knüpft, auf diese Weise vergehen, mit allen Mitteln ausgelöscht werden? Ich darf das doch nicht zulassen! (...) Ich will mich nicht kleinkriegen lassen!«

Sie wird zur Kreisleitung der Partei bestellt. Hesschen zittert, ob sie auch wieder heil nach Hause kommt. Mit der Ermahnung: »Besinnen Sie sich!« darf sie wieder gehen.

Nach langem Hin und Her, bei dem es letztlich um den Konkurrenzkampf der Städte Leipzig und Dresden geht, erhält Mary Wigman die Erlaubnis, in Leipzig Gastkurse und eine nebenamtliche Tätigkeit zu übernehmen. Damit kann sie ihren Lebensunterhalt verdienen. Das Dresdner Haus wird von der Stadt gekauft, das Geld anstandslos auf ihr Konto überwiesen. Am 31. März 1942 hört die Wigman-Schule auf zu existieren.

Am 6. April 1942 schreibt Mary Wigman ins Tagebuch:

»Heute haben sie das große Glasschild mit der Aufschrift Wigman-Schule entfernt.
Ich wußte es nicht, saß am Schreibtisch – plötzlich fiel der erste Schlag gegen das Fenster mir gegenüber und – gegen das Herz. Einen Augenblick lang das Erschrecken: um Gotteswillen, was ist passiert. Und dann ein Blick aus dem Fenster: Der Name Wigman war herausgebrochen.«

Wenig später geht auch ihre Laufbahn als Bühnentänzerin zu Ende. Zum Jahreswechsel 1941/42 hatte sie wieder angefangen zu choreographieren. Der »Tanz der Brunhild« entstand als erster. In ihn hat sie all die Verzweiflung, die Kränkungen, den nicht enden wollenden Schmerz des letzten halben Jahres eingebracht und auch die Kraft und die Würde, derer sie sich nach wie vor bewußt ist. In diesem Tanz gestaltet Mary Wigman ihre ganz eigene Geschichte:

»Das großartige Weib, das königliche, das im Überwundensein gedemütigte und sich doch nicht demütigen lassend – Das höfische Milieu, das sie umschwebt, das ihr fremd ist und das sie trotzdem beherrscht. Das Liebessehnsüchtige, das aufkeimen will und nicht zur Entfaltung gelangt.« (Tagebuch)

Eine Königin, eine Herrscherin, die durch Betrug besiegt wird, die sich dem Wort, das sie gegeben hat, beugt, alles Fremde des anderen Landes auf sich nimmt, einen Kompromiß schließt zwischen ihrer freien Überzeugung und der äußeren Situation, die sich manchmal der Kraft und Freiheit erinnert, sich fügt, in das, was sie als »Schicksal« erkennt.

Neben der »Brunhild« steht die »Niobe« als die zweite stolze Frauenfigur, mit denen Mary Wigman ihre Karriere beendet. Anders als Brunhild aber ist sie aktiv, fordert sie das Schicksal heraus, ist übersteigerter Stolz, Hochmut, Versündigung an den Göttern, der Mensch, der nach dem greift, was ihm nicht zusteht, die Rache der Götter, abgrundtiefe Verzweiflung, grenzenlose Niederlage im Schmerz.

»Ich bin so ausgepumpt, daß ich nicht begreife, wieso ich so gut, so gelöst habe tanzen können. Und das muß man halt auch bezahlen! Der Körper muß es büßen, die Seele auch – und der Kopf ist wirr ... Welch ein Dasein! So über jede Beschreibung blödsinnig war es noch nie.«

Im »Tanz der Brundhild« hat Mary Wigman ihr privates Erleben tänzerisch geformt, im »Tanz der Niobe« ist es das der Deutschen, vor allem das der Frauen. Im Tagebuch von Mary Wigman kleben die ersten Todesanzeigen von Gefallenen – Freunde, Schüler. Auf der Fahrt nach Hamburg – zur Premiere des Tanzabends, der den »Tanz der Niobe« enthält, teilt sie das Abteil mit Soldaten, die auf Urlaub von der Ostfront kommen, sieht die Angst in den Gesichtern, als sie von russischen Panzerattacken, von Greueltaten an Zivilisten berichten. Mary Wigman begreift *»zum ersten Mal, als Frau, daß in diesem Krieg weder Ritterlichkeit noch soldatischer Anstand am Platz ist«*. (Tagebuch) Der »Tanz der Niobe« enthält die Verzweiflung, die sie empfindet.

Das Programm schließt mit dem Tanz »Abschied und Dank«, eine stille, leise Melodie, ein Verbeugen, nach oben Sehen, dann ein spielerisch scheues Zurückweichen und wieder nach oben sich hingeben, wie sie in »Die Sprache des Tanzes« schreibt:

»Ein Lächeln war darüber hingebreitet, ein wissendes. Oder war es ein verzichtendes? (...) Eigentlich war es wie ein Vogelruf. So wie er einen am Abend treffen kann, bevor die Dämmerung einbricht. Voll aufklingend, aber eben doch ein Ruf des Abends.«

In Hamburg, der Stadt ihres ersten Erfolges 1919, tritt sie mit diesem Programm, zu dem noch u. a. der »Tanz der Erinnerung« und die »Klage« aus dem »Opfer«-Zyklus hinzukommen, am 14. Februar noch einmal auf, dann in Berlin, der zweiten Stadt, in der sich viele ihrer Erfolge abspielten, in der sie ihr größtes privates Glück gelebt und auch die bitterste Verletzung erlitten hat. Gastspiele in Dresden folgen, das 22 Jahre lang das Mekka des modernen Tanzes war, und in Leipzig, der Stadt, in der ihre nächste Lebensphase beginnt, steht Mary Wigman am 27. April 1942 zum letztenmal als Solotänzerin auf der Bühne.

»Abschied und Dank« – am Ende des letzten Soloprogramms 1942. Foto: Charlotte Rudolph.

Begegnung
1943–1961
Leipzig, Berlin

Der Krieg tritt in seine entscheidende Phase. Am 2. Februar 1943 werden die Kämpfe um Stalingrad beendet, einhunderttausend deutsche Soldaten sind gefallen; im Mai kapituliert die Wehrmacht in Tunis vor den in Nordafrika gelandeten alliierten Truppen, im Juli bilden die Alliierten einen Brückenkopf auf Sizilien, im August wird Hamburg in einer Welle von Bombenangriffen fast völlig zerstört, im November gibt es in Berlin schwere Schäden durch Fliegerangriffe, über vier Millionen Soldaten der deutschen Wehrmacht sind bereits gefallen oder in Gefangenschaft, zwischen April und Juni verlieren 50 000 Juden im Warschauer Ghetto ihr Leben, in den Konzentrationslagern hat nach der Wannsee-Konferenz im Januar 1942 die planmäßige Ermordung der Juden eingesetzt, aus allen Teilen des von der Wehrmacht besetzten Europas rollen Transporte in die Vernichtungslager. 1944 betragen die Rüstungs- und Kriegsausgaben des Deutschen Reiches 68% des Volkseinkommens, 14,9 Millionen deutsche Frauen und 2 Millionen verschleppte Zwangsarbeiterinnen sind in der Rüstungsindustrie tätig. Am 6. Juni landen die Alliierten in Nordfrankreich.

»Das Solistische tritt zurück und ordnet sich.«

Mary Wigman versäumt keine »Führerrede« im Radio, geht regelmäßig zu den Wochenschauberichten ins Kino. Der Krieg hat sein Gesicht verändert. Man spürt jetzt nicht mehr nur die Auswirkungen auf den häuslichen Lebensstandard, man erfährt ihn unmittelbar. Die Ideale bröckeln ab: *»Das Bewußtsein, in einer ›großen Zeit‹ zu leben, macht es nicht leichter, sie zu ertragen und nimmt das Grauen nicht von kämpfenden, mordenden Armeen und hungernden Völkern«*, schreibt sie ins Tagebuch am 14. 8. 1942.

Das Grauen erlebt sie in nie geahntem Maße am 4. Dezember 1943, als Leipzig durch alliierte Bomben in Schutt und Asche sinkt. Die Mozartstraße, in der sie mit Hesschen eine Wohnung gefunden hat, wird schwer getroffen, Haus Nr. 17 bleibt nur leicht beschädigt stehen, die beiden Nachbarhäuser brennen aus. Obdachlosigkeit ist die größte Angst.
Die Stadt brennt mehrere Tage. Kurz nach dem Angriff, bei der Brandwa-

»Verbrannt von mir: in der Oper meine 3 geliebten wunderbaren großen Gongs – addio! – ferner: ein paar Krokodillederschuhe, ein Paar Strümpfe, ein Kamm, eine Dose Trockenrouge, eine Dose Taschenpuder, ein Lippenstift, ein Waschlappen, ein Stück Seife. Ferner: in der Wäscherei ¾ meiner hier noch vorhandenen Bett- und Tischwäsche ... Ferner: das Manuskript meiner Arbeit über den Tanz bei den primitiven Völkern. Das ist mir am schmerzlichsten.«

che in der eigenen Wohnung, starrt Mary Wigman fassungslos auf das Feuermeer der Stadt:

»Keine visionäre Schau, keine dichterische Fantasie, nicht die Ausgeburt eines wahnsinnigen Gehirns kann der dämonischen Großartigkeit dieser Zerstörungswollust, die Wirklichkeit *ist, auch nur annähernd gerecht werden«*, schreibt sie an Martha Reuther und hält im Tagebuch fest: *»Ich bin über mich selbst erschrocken, daß sich mitten in der fürchterlichen Wirklichkeit die künstlerische Erlebniskraft regen wollte. (...) Feuer, Feuer soweit das Auge reichte. (...) Keine Farbe habe ich so geliebt wie das leuchtende, das flammende, das blutig lebendige Rot. Ob man es je wieder ohne Erschauern sehen oder gar tragen könnte?«* (7. 12. 1943)

Die Arbeit, der »Dienst am Werk«, geht ohne Unterbrechung weiter. Sie hatte den Unterricht in der neu eingerichteten Hochschule übernommen und sich über die Begeisterung der jungen Mädchen, die in ihre Klassen kommen, gefreut. Ein paar der Dresdner Schülerinnen sind mit ihr gezogen, und so hat sie bald schon wieder ein Gruppe begabter und lernwilliger Tänzerinnen beisammen. Mit ihnen studiert sie zur Hundertjahrfeier der Leipziger Musikhochschule Szenen aus Glucks »Orpheus« ein – das erstemal, daß sie zumindest einen Teil dieses Werkes, mit dem sie sich immer wieder beschäftigt hat, auf die Bühne bringt. In Leipzig kann sie ungestört arbeiten. Von der Partei gibt es keine Schikanen mehr, aber der Krieg macht sich auch im Arbeitsbereich bemerkbar. Die Schülerinnen sind ausgezehrt, von den Arbeitsverpflichtungen neben dem Studium erschöpft, flüchten vor der näherrückenden Front.

Am 6. Juli 1943 tritt Mary Wigman noch einmal an die Öffentlichkeit. Hans Schüler bietet ihr die Choreographie zu Carl Orffs »Carmina Burana« an, die Niedecken-Gebhard inszeniert. Sie freut sich über die Zusammenarbeit mit Niedecken-Gebhard, der ihr inzwischen wie »ein großer Bruder« ist, aber bei der Arbeit mit den Ballettleuten des Leipziger Opernhauses droht sie manchmal zu verzweifeln. Der »Ausdruckstanz« ist für diese Leute sehr weit weg. Der Erfolg der Aufführung entschädigt sie für die durchgestandenen Qualen.

Sie lebt nur noch für den Beruf. Daraus nimmt sie Kraft und Mut, den wachsenden Schrecken des Krieges zu begegnen. Auch sie ist im Luftschutzeinsatz in der Hochschule.

»Nachtwache in der Seb.Bachstr. am 9. 1. – Abmarsch kurz vor 18 Uhr – es ist stockdunkel, und es regnet in Strömen. Aufmachung von Kopf bis Fuß: der Luftschutzanzug – darunter, was an Wolle vorhanden ist. Darüber der Nerzmantel, ein Halstuch mit dem ›Erbstück‹ zusammengehalten.

Und darüber, Asbach Uralt, die jammervolle grüne Regenhaut.
Um die Haare ein Kopftuch, oben drauf der braune Filzhut, ›Marke Bismarck‹ –
an den Händen Fausthandschuhe – in den Händen rechts der schwarze Sack mit Daunendecke und Kissen – links die Aktenmappe mit Abendbrot und Luftschutzbedarf. (...) Das Haus dunkel, noch kein elektrisches Licht – der Wachraum im ersten Stock – eine *Kerze – trübe Gesichter, unbekannte Menschen, Unterhaltung vergeblich – aber wenigstens warm –.*

Im Nebenraum klatscht das Wasser durch die Decke, dringt bereits durch die Türen. Zuerst wollte keiner, dann mußten sie alle, weil ich nicht locker ließ und den Anfang machte. Von oben wurde man berieselt, unten stand man bis über die Knöchel im Wasser.
Zwei Stunden Schwerarbeit, in denen der See beseitigt wurde. Vergeblicher Versuch, auf den hölzernen Betten zu schlafen. Ein Liebespaar macht sich unangenehm bemerkbar.

Die Luftschutzkontrolle erscheint in Gestalt eines 17jährigen Flegels, der nichts weiter tut als stören.

Wieder 2 Stunden Schwerarbeit, um den inzwischen gestiegenen See ein zweites Mal zu beseitigen. Dann endlich Schweigen – das Liebespaar macht sich – dieses Mal verstärkt – bemerkbar. Von ½5–½7 morgens ein drittes Mal der Kampf mit dem Wasser.

Dann nach Hause, triefnaß, erledigt und von neuem erkältet, erkältet, erkältet.« (10. 1. 1944)

Sechs Wochen später, nach dem Angriff am 20. Februar 1944, ist das Haus der Hochschule ein Trümmerhaufen: »*Noch im Dunkel quäle ich mich durch den rauchgeschwärzten Schnee und stehe eine Weile vor dem vertrauten Haus – sehe es, unirdisch, unheimlich in großartiger Schönheit seinen Flammentod sterben. Im Keller der U.S.A.-Gruppenschrankkoffer mit meinen Solokostümen von 1922–42. Wieder ein Stück gelebtes Leben weggebrochen.*«

Mittlerweile zählt nur das Überleben. Hesschen ist den ganzen Tag auf Tour, um etwas Eßbares zu organisieren. Sie muß nicht nur Mary Wigman versorgen, auch die unzähligen gebetenen und ungebetenen Gäste. Die Mozartstraße 17 ist für viele ausgebombte und flüchtende Schülerinnen und deren Familien zur Zwischenstation geworden. Dauernd kampiert jemand auf der Couch oder dem mit Decken ausgelegten Fußboden, die Angst sitzt allen im Genick, und Mary Wigman muß wie in alten Zeiten die sorgende, verständnisvoll zuhörende »Meisterin« spielen. Beinahe täglich gibt es Alarm, aber der Schulbetrieb geht weiter; jetzt, wo die Hochschule nicht mehr existiert, eben bei Mary Wigman zu Hause. Manchmal kommen nur zwei oder drei Schülerinnen, die es geschafft haben, von ihren Einsätzen in Fabrik und Lazarett wegzukommen. Täglich treffen Karten und Briefe von Freunden und Bekannten ein, die über ihr Schicksal Auskunft geben – auf der Flucht die meisten, die anderen noch zu Hause, in Frontnähe, nach einem Angriff. Das einzige was noch Bedeutung hat, ist die Mitteilung, daß man lebt.

In der Nacht vom 13. auf den 14. Februar 1945 geht Dresden im Bombenregen unter. Im Tagebuch sind die Seiten voll mit angstvollen Fragen nach all den Menschen, die sie in dieser Stadt kannte. Dann kommen die ersten Überlebenden an, berichten vom Unvorstellbaren.

Die ehemalige Wigman-Schule ist beschädigt, der Anbau mit den Übungssälen total zerstört. Wieder ein Abschied:

»*Ich will einen stillen Grabgesang anstimmen. Er gilt dem ›gelben Saal‹, der nun nicht mehr ist. 20 Brandbomben waren sein Tod. Wie habe ich diesen Raum geliebt, der so schön in seinen Proportionen war, so warm im Licht des Tages und im Schein der Deckenbeleuchtung, so ruhig, so sachlich und doch so beschwingend und festlich, in dem was er ausstrahlte.*

Wie viele Programme – solistische Tänze und Gruppenwerke – habe ich dort gearbeitet. Und all die vielen Unterrichtsstunden, die ich dort gegeben habe. (...)

So vieles habe ich hineingetanzt, hineingeträumt, hineingelebt in ›meinen‹ gelben Saal. Nun stehen nur noch ein paar rauchgeschwärzte Mauern.« (23.2.1945)

Viel mehr gibt es von der ganzen Stadt Dresden nicht mehr und am 27. Februar 1945 auch von Leipzig nicht. Ein Angriff zerstört, was bisher noch stehengeblieben war. In der Mozartstraße fallen alle Häuser zusammen. Nur die Nr. 17 hält stand. Das Haus hat zwar keine Scheiben mehr in den Fenstern, aber die Wohnung steht. Ein kostbarer Besitz. Der andere: die Arbeit. Im März 1945 schreibt sie ins Tagebuch: »*Mitten in all dem Elend Proben für einen Tanzabend. (...) Zwiespältig. Aber das Theaterblut siegt. Man probt, schafft Kostüme, nimmt das Beleuchtungsproblem so wichtig, als gälte es einer Premiere großen Stils. Ich habe einen kleinen Ländler dafür gearbeitet, nicht schlecht, aber belanglos. (...) Wäre man nur leistungsfähiger!*« (4.3.1945)

Sie hört keine Reden mehr im Radio, nur die Meldungen zur Kriegslage. Das Ende ist absehbar, die letzte Kraft verbraucht. Der Hunger macht sich bemerkbar, selbst Hesschens unübertreffliches Talent findet in der desolaten Trümmerlandschaft kaum noch Lebensmittelquellen. Die Ideale von der »Volksgemeinschaft« sind begraben, viele Träume vorbei. Die Russen rücken näher, die Amerikaner haben den Rhein überschritten, und täglich fliegen die Bomber.

»*Das Grauen wächst. Eiskalt und klebrig kriecht es langsam höher und packt uns schon am Hals. Die Bomben sausen, fauchen, pfeifen, zischen – Inferno – und der Mensch steht qualgeschüttelt im Keller, der kein Schutz mehr für ihn ist. Der Würgeengel macht die Runde und greift sein Opfer wahllos aus dem Volke der Verdammten. Zum Schlachtvieh ward der Mensch, dem nun kein Gott das Schicksal mehr bestimmt. Des Todes* Majestät *ist abgesetzt. Man stirbt nicht mehr, man geht zu Grunde, man verreckt – und wird nicht einmal mehr begraben.*« (9.4.1945)

Angst, Elend, Hunger und dahinter die Einsamkeit:

»*Es stirbt das Land, das einmal Deutschland hieß und das ich mehr geliebt als Worte sagen können.*
Das Land, das meine Wesensart bestimmte, das Wurzel mir und Quell und Nahrung war.
Das Land, das blühend einst nun hingerichtet ist,
zertrümmert und verwüstet.
Was deutsche Menschen in Jahrtausenden
gelebt, geliebt, geträumt, gebaut, gedacht,
was sie verwirklicht und gestaltet haben,
das liegt in Schutt und Asche. –
Und unsere Kinder werden nie mehr wissen
was einmal Deutschland war.« (6.4.1945)

Am Nachmittag des 18. April ist für Leipzig der Kampf vorbei: amerikanische Panzer rollen in die Stadt.

»... letztes Kapitel des II. Bandes ›Untergang des Abendlandes‹ – Sinn: für den deutschen Menschen gibt es nur eine Haltung, an seinem Platz zu stehen und zu bleiben – bis zum Schluß. – Ja.«

»*Und tief, tief im Verborgenen weint es ununterbrochen, weint um Deutschland! Nicht um den verlorenen Krieg.* Diesen *Krieg habe ich immer gehaßt, denn er war niemals ein Krieg des Deutschen. Er war vom ersten Augenblick an das herausfordernde Symbol einer bis ins Grenzenlose gesteigerten Vermessenheit, die mit dem Schicksal eines Volkes va banque spielte. (...)* O, *dieser verzweifelte Kampf mit dem Alltag, der frißt und frißt, der die letzten armseligen Kräfte bindet und keinen Raum mehr läßt für jenes ureigentliche Element, aus dem heraus man gelebt hat, das künstlerische, das geistige, das seelische Gut.*« (22.4.1945)

Als der Friede in Europa verkündet wird, schreibt sie ins Tagebuch:

»*Wer gedenkt in dieser Stunde der Tapferkeit unserer deutschen Soldaten, wer ehrt* ihr *Opfer, das, an allem verzweifelnd, sinnlos wurde und umsonst gebracht. Von nun an werden wir Sklavenvolk sein. Daß wir kein Herrenvolk waren, haben die letzten 12 Jahre gezeigt. Aber wir waren einmal ein Kulturvolk. Nun gelten wir wohl auch als das nicht mehr. Wird die klein gewordene Schicht der Kulturschaffenden stark genug sein – Auslese! – um den deutschen Wesenskern zu bewahren und zum Wiederaufkeimen zu bringen?«*

Einzige Orientierung in dieser richtungs- und ziellosen Zeit ist die eigene moralische Position: »*Nicht denken – es hilft nur noch das Standhalten und Weiterschaffen, ehrlich, inbrünstig, bis man auch das nicht mehr kann.*« (Tagebuch)

»Armes, geschlagenes Deutschland – wie soll es sich je wieder aufrichten – und ist in sich selbst schon jetzt zerstückelt.«

Ihre deutsche Identität, ihr Begriff von Ehre und Würde sind ihr unzerstörbar. Mit unnachsichtiger Abscheu begegnet sie denen, die jetzt schnell die Lager wechseln, ›fraternisieren‹. Nichts ist ihr mehr zuwider als der freiwillige Verzicht auf den eigenen Stolz:

»*Die ausgebombten Weiber im Souterrain soffen mit Franzosen und U.S.A.-Soldaten – die ganze Nacht ging das Gejohle und Gesinge, das ekelhafte Duett von Männer- und Frauenstimmen, die jede Selbstkontrolle verloren hatten. Ich habe mich so geschämt für diese Frauenzimmer, die es nicht verdienen, als ›deutsche Frauen‹ angesprochen zu werden. O, ich habe Verständnis für das ausgehungerte Geschlecht, das – ob Freund oder Feind – aufeinanderprallt in seiner Not und Vereinsamung. Aber es gibt noch so etwas wie eine letzte Würde, selbst in der tiefsten Demütigung.*« (Tagebuch)

Da ist ihr Respekt größer für den Oberbürgermeister von Leipzig, jenen kulturinteressierten, gebildeten Mann, der ihr bei der Übersiedelung nach Leipzig 1942 mit so viel Verehrung und tatkräftiger Hilfe, trotz aller sie »belastenden« Fakten, entgegengekommen war. Beim Einmarsch der amerikanischen Truppen in Leipzig erschießt er seine Frau, seine Tochter und sich selbst. Im Tagebuch notiert sie:

»*Man darf innerlich vor ihm den Hut abnehmen. Einer der wenigen, die nicht rechtzeitig davonliefen, sondern bis zuletzt auf ihrem Posten standen und die Konsequenz ihres Handelns und ihrer Überzeugung vor sich selber zogen.*« (19. 4. 1945)

Sie zollt ihm Respekt für die Bereitschaft, die Verantwortung für seine Taten zu übernehmen, sie ehrt den »Menschen« in ihm, nicht den Politiker, der an Mord und Terror Mitschuld trägt. Als im Juni 1945 die Amerikaner Leipzig verlassen und sowjetische Truppen nachrücken, folgt sie nicht dem Flüchtlingsstrom im Troß der amerikanischen Soldaten, sondern entschließt sich, in Leipzig zu bleiben, auch wenn die Angst vor der Roten Armee zittern macht. Die anti-bolschewistische Propaganda der Nazis sitzt tief in den Knochen. Aber eine Faszination liegt für sie auch in dem Gedanken, daß mit der Besetzung durch den »Osten« Spenglers Vision vom Untergang des Abendlands greifbar würde.

»*Faschismus, Nationalsozialismus, – ja, selbst Bolschewismus, sie sind wohl alle nur Wegbereiter für etwas, das erst noch geboren werden soll, für die kommende Kultur, die keine Abendländische sein kann. Wird es der Osten sein, der die Blüte als Keim schon in sich trägt? Ich glaube es.*

Das Aufbrechen der Blüte werden wir nicht erleben. Uns ist es bestimmt, dem schmerzhaften Zugriff standzuhalten, der – wie die Natur – wahllos, triebhaft, orgiastisch bis zur Zerstörung sich einsenkt, um sich den Boden zu bereiten, um sich vollzusaugen mit den Kräften, die das Abendland – auch heute noch! – abgeben kann.« (10.6.1945)

In den radikalen gesellschaftlichen Maßnahmen, die die Verwaltung der sowjetischen Besatzungszone ergreift, sieht sie »*die Pfeiler der abendländischen Kultur stürzen, einer nach dem anderen. Die Zeit ist reif dafür, sonst könnte es wohl nicht geschehen. (...) Stehen wir zwischen Alt und Neu?*« Für sie ist es wieder das Prinzip von »*stirb und werde*«, verbunden mit der Unsicherheit, was den eigenen Platz in diesem unbekannten Neuen betrifft. »*Immer wieder die Frage, wohin gehöre ich? Bin ich meiner Anlage nach ›ostisch‹ genug, um ganz im nur russisch Orientierten aufgehen zu können?*« (Tagebuch)

»*Ist man den zweitausend Jahren abendländischer Kultur so tief verwurzelt, daß es kein Wurzelfassen in einem anderen Boden mehr gibt?*«

Die ersten Monate nach Kriegsende zählen zu den deprimierendsten in Mary Wigmans Leben. Lebensmittelbeschaffung, die tägliche Angst vor Überfällen der Besatzungssoldaten, vor Zwangsausweisung aus der Wohnung, das Elend der Flüchtlinge um sie herum, die Sorge um all die Freunde und Verwandten, von denen sie keine Lebenszeichen mehr hat, das Vegetieren in Kälte, ohne Strom und Wasser – es zehrt an den wenigen Kräften. Sie sinkt in tiefe Depressionen, verzweifelt an sich selbst. So unfaßbar weit scheint im täglichen Überlebenskampf das Künstlerische entfernt. Neben ihrer Trauer über Deutschland – »*gehaßt, getreten, verwüstet, zerschlagen*« – steht die Trauer über die verlorengegangene eigene Kraft:

»*Die vielbesungenen Hände einer Tänzerin – ich muß lachen, wenn ich sie anschaue. Verarbeitete Frauenhände, breit und schwer geworden, blaurot, häßlich und niemals mehr sauber. ›Hände, die weinen können...‹ sie können es nicht mehr, wollen nichts mehr wissen von der Verwandlungsfähigkeit, in der sie einst Meister waren.*« (Tagebuch)

Während der Proben zu »Orpheus und Eurydike«, Leipzig 1947, mit dem musikalischen Leiter Heinz Bongartz und H. Haug.

Verzweiflung, die nicht andauert. Plötzlich tauchen wieder Schülerinnen in der Mozartstraße auf, abgemagert, krank, verängstigt, aber mit der Sehnsucht nach dem Erleben des Tanzens, das aus der Realität in eine andere Welt führt. Mary Wigman nimmt wieder den Unterricht auf, drei Schülerinnen sind da, bald kommen wieder über zwanzig zusammen. Tag für Tag geht sie in die Bismarckstraße, das Notquartier der Hochschule, studiert mit den Mädchen das »Wiegenlied« aus Orffs »Carmina Burana« ein und das Gruppenstück »Klage« vom Sommer 1944. Während Hesschen das Überleben organisiert, nimmt sie ihre Arbeit an theoretischen Überlegungen zu einer europäischen Tanzgeschichte wieder auf, schreibt über die Grundlagen des indischen Tanzes. Der Gedanke an den Tanz, an die Fortführung des »Werks«, an ihre Verpflichtung, dem Tanz zu dienen solange sie lebt, das garantiert jetzt psychisches Überleben.

Im September 1945 festigen sich die Verhältnisse. Mary Wigman hat vom Kulturamt in Leipzig die Genehmigung erhalten, ihre »Wigman-Schule« wieder zu eröffnen. Vielversprechend ist ein Schreiben, das sie aus Berlin, vom Bürgermeister von Wilmersdorf, erhält. Er bietet ihr an, nach Berlin zu kommen, Wohnung und »jede Hilfe auf beruflichem Gebiet« stünden zu ihrer Verfügung. Ein verlockendes Angebot:

»Wären nicht die augenblicklichen Lebensumstände so entsetzlich schwierig, ich hätte die größte Lust, hier alles liegen und stehen zu lassen. Raus aus Sachsen! Endlich! Nachdem ich 25 Jahre vergeblich versucht habe, mit der Mentalität dieses Volksstammes fertig zu werden.« (22.9.1945)

Der Reiz des Berliner Angebots liegt natürlich nicht nur in der Flucht vor den Sachsen. Wilmersdorf gehört zum westlichen Sektor, von der Alltagsversorgung bis hin zum großen Interesse von offizieller Seite bietet Berlin weit bessere Lebens- und Arbeitsmöglichkeiten als Leipzig. Und es ist die alte Faszination für das Flair dieser Stadt. Ende Oktober 1945 reist Mary Wigman zu Besprechungen in die völlig zerstörte ehemalige Reichshauptstadt, eine Wiederbegegnung nach langer Zeit. In Flüchtlingszügen eingepfercht, braucht sie 17 Stunden, um die knapp 200 km Distanz zu überwinden.

»Das furchtbar zugerichtete Berlin atmet, lebt – am Rande des Abgrunds wahrscheinlich – aber man spürt den Pulsschlag. Und ich würde ganz gerne hingehen, wenn es so ohne weiteres möglich wäre.« (Tagebuch)

»Furienszene« aus »Orpheus und Eurydike«, 1947.

Unmittelbar nach dem Krieg kommen die ersten Schülerinnen in die Leipziger Wohnung; die Meisterin gibt Tanzunterricht, erste Tänze werden einstudiert.

Sie genießt die 14 Tage, geht ins Kino, schaut sich amerikanische Spielfilme an, besucht die Inszenierung von Jürgen Fehlings »Urfaust«, mit der sie künstlerisch ganz und gar nicht einverstanden ist, verhandelt mit dem Kulturdezernenten des Berliner Magistrats, mit dem Wilmersdorfer Bürgermeister, dem Bauamt des Bezirks, besichtigt die ehemalige Villa von Leni Riefenstahl, die ihr als Domizil angeboten wird, und kehrt nach Leipzig zurück, ohne eine Entscheidung getroffen zu haben.

Der Begegnung mit dem Nachkriegs-Berlin folgt am 30. März 1946 das Wiedersehen mit Dresden. Ganz allein geht sie durch die Stadt, auf den schmalen Pfaden zwischen den Trümmerbergen, die sich mehrere Stockwerke hoch auftürmen. Sie versucht sich vorzustellen, wie es einmal ausgesehen hat, aber die Erinnerung bringt angesichts der Schutthalden nicht die strahlende Pracht der Bauten zurück. Die Stadt, in der sie 22 Jahre lang gelebt und gearbeitet hat, gibt es einfach nicht mehr, die Namen der vertrauten Plätze und Straßen sind leere Formeln geworden, Fassaden wie die der rauchgeschwärzten Ruinen. Erschüttert schreibt sie ins Tagebuch:

»An ihr dürfte sich niemand mehr vergreifen. Sie sollte ein Denkmal bleiben, ein Mahnmal. Und wenn man nicht die ganze zertrümmerte Stadt ihrem Tod überlassen kann, so sollte wenigstens der Neumarkt

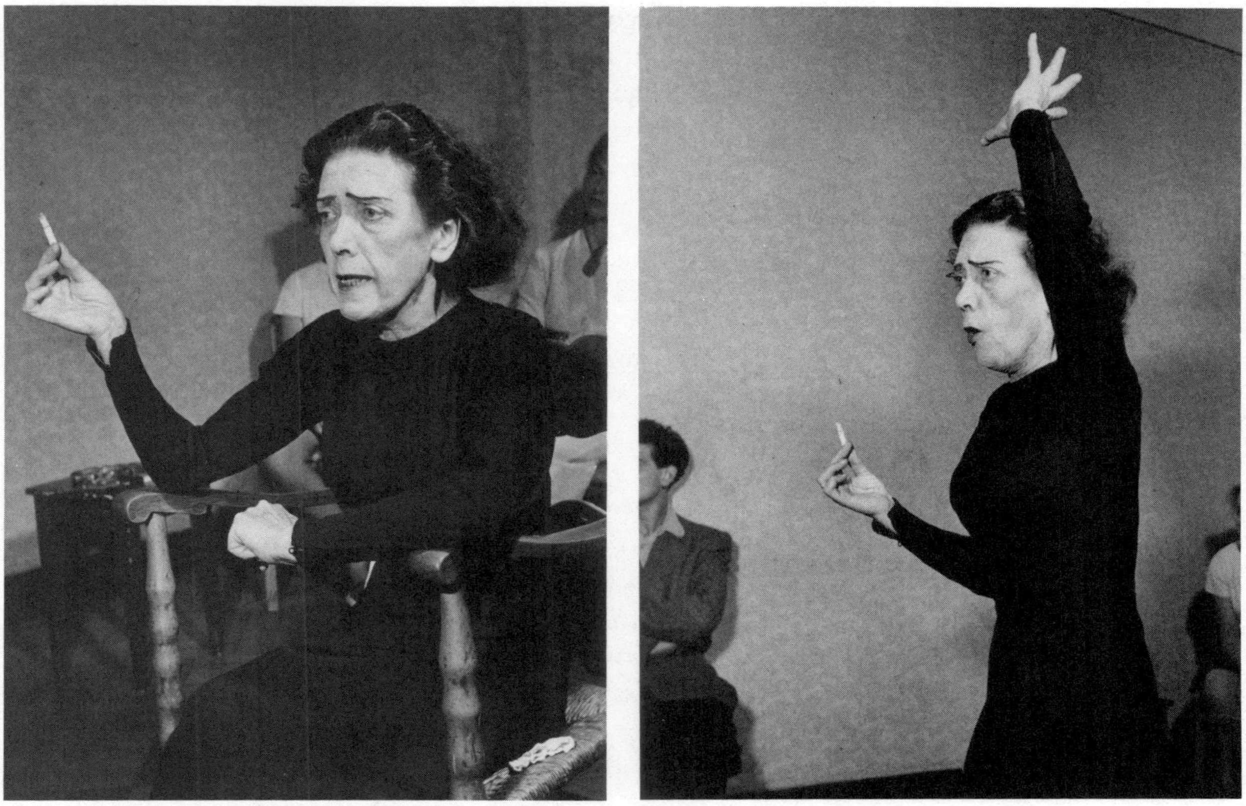

Bei Proben, 1952.

unangerührt bleiben, dieser Platz mit dem unbeschreiblichen Trümmerhaufen, der einmal die Frauenkirche war.«

Leipzig ist ihr zwar nicht Heimat geworden, aber sie hat dort einen Platz zum Leben und Arbeiten. Es gibt keinen Gedanken daran, nach Dresden zurückzukehren, obwohl die alte Schule noch steht und in Betrieb ist, selbst das »rosa Zimmer« ist noch in der alten Farbe, und im früheren »goldenen Zimmer«, ihrem Wohnraum, sind immerhin noch die goldfarbenen Türen vorhanden.

In Leipzig nimmt es einen mühseligen, aber vielversprechenden Anfang. Am 16. Juli 1946 veranstaltet sie mit ihren Schülerinnen bereits wieder den ersten Schulabend. Persönliches Erleben – in den Trümmern wird es wieder wichtig. »Aus der Not der Zeit« heißt das Programm, und niemand ist unter den Zuschauern, der es nicht verstehen könnte. Die Stadt ist sich der Anwesenheit der noch immer berühmten Künstlerin bewußt. Sie wird zur Gründungsfeier des »Kulturbundes« eingeladen, und die Kulturabteilung der KPD bittet um eine Unterredung. »*Man braucht ein Aushängeschild, voilà tout!*« Aus Berlin kommt der Dramatiker Friedrich Wolf angereist, führender kommunistischer Autor der zwanziger Jahre und jetzt als Mitbegründer des Nationalkomitees »Freies Deutschland« beim sozialistischen Aufbau Berlins aktiv. Er berichtet, daß

DEUTSCHE ZENTRALVERWALTUNG FÜR VOLKSBILDUNG IN DER SOWJETISCHEN BESATZUNGSZONE

ZU NEUEN UFERN

KUNDGEBUNG

AM 4. MÄRZ 1946 IN DER STAATSOPER BERLIN

man sich dort »einhellig und begeistert« dafür ausgesprochen habe, Mary Wigman nach Berlin zu engagieren. Wenig später kommt die Einladung, bei einer großen Kundgebung der Deutschen Zentralverwaltung für Volksbildung in der Sowjetischen Besatzungszone zu sprechen. Ihr erster Gedanke:» *Nein!*« Aber wieder ist es die Überzeugung, für ihr »Werk«, für den Tanz alles tun zu müssen; sie sagt: *Ja.*

Sie hat kurz vorher einen Brief von einem Solotänzer der ehemaligen »Meisterwerkstätten« erhalten, der ihr stolz berichtet, daß er jetzt »Shows« arrangiere, amerikanische Verpflegung bekomme und dreimal soviel Gage wie zuvor.

»*Wäre er der einzige, es würde mich nicht grämen. Aber es sind ihrer zu viele, die sich so begnügen und glauben, daß sie trotzdem noch ein Anrecht auf ›Kunst‹ haben. (...) Weil Mayer kein Einzelfall, sondern Ausdruck einer typischen, allgemeinen Haltung ist, darum werde ich nach Berlin fahren, darum werde ich mich noch einmal auf den Weg machen und werde immer wieder dasselbe sagen: Ehrfurcht und Dienst, wachsen und reifen, arbeiten und schaffen. Alles das müßt Ihr nun erst wieder lernen. (...) Ich habe mich mehr als einmal in meinem Leben meinem Dämon zu Füßen geworfen und um Kraft gefleht. Ich tue es wieder, noch einmal, das letzte Mal. Man soll es nun wissen, daß die* Wigman *da ist und für den Tanz kämpft.*« (8.2.1946)

Das »Werk« bringt sie in die Öffentlichkeit zurück. Bei der Kundgebung in der Berliner Staatsoper am 4. März 1946 steht sie in einer illustren Reihe von Rednern. Der Schauspieler Paul Wegener spricht, Friedrich Wolf, der ehemalige »Brücke«-Maler Max Pechstein, der Lyriker Johannes R. Becher, der Regisseur Jürgen Fehling und andere. Viereinhalb Stunden lang bekennen sich die Künstlerinnen und Künstler zu ihrer Arbeit und zu der Hoffnung, in einem freien Deutschland ihrer Kunst zu dienen.

Mary Wigmans Gedanken schweifen während der Vorträge oft genug ab – sie führt Verhandlungen im Westen, in Wilmersdorf steht eine große repräsentative, relativ unversehrte Villa, die man ihr als künftige Wigman-Schule angeboten hat. Es gibt viel zu bedenken. Ein Interzonen-Umzug ist zur Zeit nicht denkbar, und Flucht aus der SBZ, die Aufgabe ihres so mühsam durch den Krieg geretteten Hab und Guts kommt nicht in Frage.

Außerdem hat sich die Hochschule in Leipzig inzwischen gerührt und bemüht sich nun, Mary Wigman als Lehrkraft an sich zu binden. Sie sitzt zwischen den Stühlen und weiß nicht recht, wofür sie sich entscheiden soll. Die Taube auf dem Dach – der Spatz in der Hand? Einerseits der

Reiz der noch immer lebendigen Hauptstadt mit ihren vielen Möglichkeiten der Arbeit, andererseits die Fortsetzung der in Leipzig begonnenen Aufbauarbeit seit 1942. Sie scheut die Verantwortung, in ihrem Alter noch einmal mit einer privaten Schule ganz von vorne anzufangen, den finanziellen Problemen sich stellen zu müssen, die der Aufbau einer Schule mit sich bringen würde. Im Mai 1946 aber trifft sie die Entscheidung: Berlin soll es sein, die eigene Schule.

Sie lehnt den Antrag der Leipziger Hochschule für Musik ab, als Lehrkraft wieder mitzuarbeiten.

»*Soll ich wieder als brave Lehrerin unterkriechen und mich von dem Behördenkrempel quälen lassen, den Namen der ›Wigman-Schule‹ wieder sterben lassen?*« schreibt sie an Martha Reuther.

Das kommt nicht in Frage – in den drei letzten Kriegsjahren war das »Unterkriechen« lebensnotwendig, hatte die Wigman-Schule nicht mehr existiert. Jetzt sollte sie als Zentrum tänzerischen Neubeginns wieder aufleben. Das Angebot aus Wilmersdorf macht es möglich: Aber die Verhandlungen und Baumaßnahmen ziehen sich hin, Rechtsanwälte brüten über der juristischen Form des ganzen Unternehmens, und an eine praktische Realisierung der Pläne ist vorerst nicht zu denken. Sie konzentriert sich also ganz auf die Arbeit der »Wigman-Schule Leipzig« und läßt sich von der Verwaltung der SBZ hofieren. Man bemüht sich um ihre Mitarbeit beim Aufbau einer neuen Gesellschaft. Eine prominente Persönlichkeit, deren Mitarbeit Beispielcharakter haben soll. Mary Wigman wird zur »beratenden Versammlung der Landesverwaltung« gebeten, ein vorparlamentarisches Gremium, das die politische und soziale Ordnung der sächsischen Landesteile in deutscher Regie übernommen hat.

Unversehens gerät sie in die Kommunalpolitik hinein, neun Stunden lang wird diskutiert und beraten:

»*Gemeindewahlen, Finanzprobleme, Seuchenbekämpfung. Gott, ich verstehe so wenig davon.*« Aber was sie versteht, ist die menschliche Seite: »*100 000 Särge mehr als Wiegen. Geschlechtskrankheiten und TB weiter im Steigen begriffen. Armes, armes Deutschland.*«(Tagebuch)

Ein weiteres Amt bekommt sie übertragen, übernimmt gemeinsam mit der Schriftstellerin Ricarda Huch das Ehrenpräsidium der Frauenausschüsse der gesamten sowjetisch besetzten Zone, hält im Rundfunk eine Rede über die Einheit Deutschlands. Ende August setzt man sie sogar auf die Liste des Kulturbundes für die Gemeindewahlen in der SBZ, zusammen mit dem – von ihr sehr verehrten – Schauspieler Peter Lühr. Als ihr Name dabei auch noch als Wahlrednerin auf den Plakaten prangt, streikt sie:

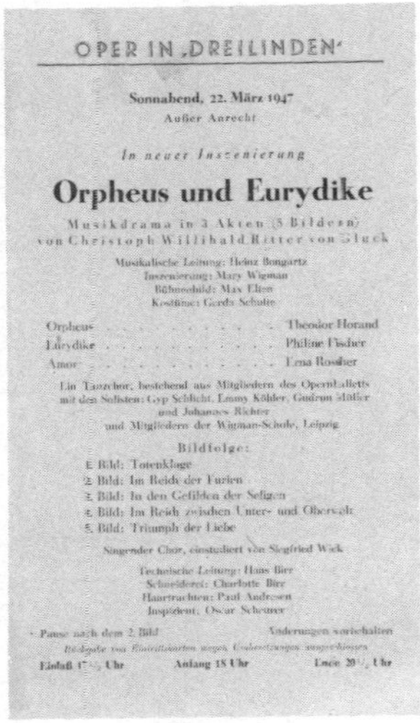
OPER IN „DREILINDEN"

Sonnabend, 22. März 1947
Außer Anrecht

In neuer Inszenierung

Orpheus und Eurydike

Musikdrama in 3 Akten (5 Bildern)
von Christoph Willibald Ritter von Gluck

Musikalische Leitung: Heinz Bongartz
Inszenierung: Mary Wigman
Bühnenbild: Max Elten
Kostüme: Gerda Schulte

Orpheus . . . . Theodor Horand
Eurydike . . . . Philine Fischer
Amor . . . . Lena Rossber

Ein Tanzchor, bestehend aus Mitgliedern des Opernballetts
mit den Solisten: Gyp Schlicht, Emmy Köhler, Gudrun Müller
und Johannes Richter
und Mitgliedern der Wigman-Schule, Leipzig

Bildfolge:
1. Bild: Totenklage
2. Bild: Im Reich der Furien
3. Bild: In den Gefilden der Seligen
4. Bild: Im Reich zwischen Unter- und Oberwelt
5. Bild: Triumph der Liebe

Singender Chor, einstudiert von Siegfried Wick

Technische Leitung: Hans Birr
Schneiderei: Charlotte Birr
Haartrachten: Paul Andresen
Inspizient: Oscar Scheurer

Pause nach dem 2. Bild — Änderungen vorbehalten

Einlaß 17½ Uhr — Anfang 18 Uhr — Ende 20½ Uhr

»Dumm genug war ich schon, daß ich mich nochmal breitschlagen ließ, meinen Namen auf die Liste der Kulturbund-Kandidaten setzen zu lassen. Und wenn sie mich mit der Feuerwehr holen, ich gehe nicht und spreche auch nicht.« (15. 10. 1946)

Die Landesverwaltung bleibt ihr trotzdem wohlgesonnen und verleiht ihr den Titel einer Professorin. Ihre Schule gilt als die bedeutendste Schul- und Pflegestätte des modernen Kunsttanzes. Sie ist von der Ehrung alles andere als begeistert:

»Professor! – Das hat noch gerade gefehlt. – Wie ich solche ›ehrenvollen‹ Titel hasse! Mein eigener Name genügt mir und vermutlich anderen Menschen auch. Ich komme mir geradezu geschändet vor.« (9. 11. 1946)

Nun, sie gewöhnte sich an den Titel, und in den folgenden Jahrzehnten wird er im offiziellen Leben Berlins so etwas wie ein Teil ihres Namens. Jetzt aber meint sie noch in einem Brief, *»ein Waggon Kohlen wäre besser.«*

Am 13. November 1946 wird Mary Wigman sechzig Jahre alt. Aber sie kann mit dem Alter noch nichts anfangen. Erschöpft ist sie zwar von den Entbehrungen der Kriegsjahre, der Körper leistet oft genug Widerstand gegen unnachsichtig gestellte Forderungen, aber mittlerweile hat die Arbeit sie wieder so aufgerichtet, daß von der Depression der letzten Jahre nichts mehr zu spüren ist.

Auch wenn noch alles sehr mühsam ist, wird doch vieles wieder möglich. Die Schülerinnen sind mit Begeisterung bei der Sache, und ganz unbegabt sind sie ja auch nicht. Es geht weiter, soviel steht fest.

In der Leipziger Oper inszeniert sie 1947 Glucks »Orpheus und Eurydike«. Das erste Mal seit 1943, daß sie wieder mit einem Ballettensemble zusammenarbeitet. Wieder bestätigt sich die Erfahrung, daß ihre tänzerischen Prinzipien mit denen einer klassisch geschulten Kompanie schwer zu vereinbaren sind. Sie schreibt ins Tagesbuch:

»Muß das Theater immer diese demoralisierende Wirkung auf die Tänzer haben? Man sollte die ›Rangunterschiede‹ abschaffen. Solotänzer – Gruppentänzer mit Soloverpflichtung – Gruppentänzer, Eleven... Gräßlich! Sie verbeamten alle *und kennen keinen* Werkeinsatz *mehr.«* (Tagebuch)

Da lobt sie sich doch die eigenen Schülerinnen! Dennoch wird ihr das Theater in Zukunft ein wichtiges Wirkungsfeld. Und das, obwohl sie schon bei der »Orpheus«-Inszenierung weiß:

»Ich bin kein Opernregisseur. Eigentlich wußte ich das ja immer. Aber den Beweis dafür bringt mir die Arbeit mit den Sängern. Ich gebe mir Mühe, sie tun das auch. Aber im Grunde interessiert, fasziniert und intensiviert es mich nicht. Was der Tanz immer tut.« (Tagebuch)

Ein Auftrag, den sie im Herbst 1947 erhält, ist zwar »ehrenvoll«, aber er wird sich in den nächsten Jahren immer dann sehr negativ auswirken, wenn sie versucht, für die USA ein Visum zu bekommen. Seit Dezember 1947 ist sie nämlich den amerikanischen Militärbehörden als »Kommunistin« verdächtig, weil sie von der Künstlerschaft Leipzigs als Delegierte nominiert wird zum »Ersten Deutschen Volkskongreß für Einheit und gerechten Frieden im sowjetischen Sektor«.

Ein von der SED veranstalteter Kongreß, verkündet als ein »überpolitisches« Treffen aller für die Einheit Deutschlands eintretenden Menschen in der SBZ. Mit dem politischen Hintergrund des Kongresses befaßt sich Mary Wigman nicht, sie sieht die Fragestellung »Sind Sie für die Einheit Deutschlands?« und findet keinen Grund, ihr rückhaltloses »Ja« zu dieser Frage beim Volkskongreß nicht laut auszusprechen. Sie will ihrer Heimat dienen, nicht einer Partei. Im Tagebuch erzählt sie:

»Und dann war ich mit einem Male ›Delegierte‹ der Künstlerschaft Leipzigs für den Volkskongreß in Berlin. Saß tags darauf in einem Auto, fuhr über die Autobahn durch das leicht berauhreifte Land und merkte eigentlich erst in Berlin, daß dieses ganze Unternehmen nicht so überpolitisch war, als man es dem ahnungslosen Idealisten dargestellt hatte. Mitgegangen – mitgehangen! Wenn schon! Ich bin für die Einheit Deutschlands. Und ich lebe in der russischen Zone, in der vieles ganz anders ansieht und sich auswirkt als zum Beispiel in Berlin, wo man zwar auch russische Zone ist, aber im britischen oder im US-Sektor wohnt, wo man auf die Westmächte schimpft, aber in ihrem Schutz mit dem Osten liebäugelt, wo Praxis und Theorie zweierlei sind.

Ich weiß nicht – aber eines spüre ich bis in die Wurzeln meines Seins: daß die Trennung des Westens vom Osten das Ende Deutschlands ist. Es gäbe dann kein »Deutschland« mehr. (...) Der Westen gibt den Osten auf – warum kämpft man dort nicht für die Einheit?«

Und nichts wäre ihr schlimmer, als den Boden zu verlieren, auf dem ihr ganzes Selbstverständnis beruht: die Kulturnation Deutschland. Beim Kongreß sitzt sie neben Walter Ulbricht und Otto Grotewohl und ist mit ihnen gleicher Meinung: die vier Zonen dürfen nicht getrennt werden.

Ihre Entscheidung, am Volkskongreß teilzunehmen, begründet sie in einer Rundfunkrede am 30. 1. 1948:

»Ich bin so selbstverständlich gegangen, wie ich das tun würde, wenn mich ein Mensch ruft, der mich braucht, oder wenn ich ein Bekenntnis über meine eigene künstlerische Arbeit ablegen sollte. Denn für mich ist dieses keine politische – und erst recht keine parteipolitische Angelegenheit – ich gehöre selber übrigens auch keiner Partei an – für mich ist dieses eine Sache des Herzens, des Glaubens, der menschlichen und künstlerischen Überzeugung, der tiefsten, innerlichen Lebensnotwendigkeit.

Ich liebe mein Heimatland mehr, als ich mit Worten sagen kann. Ich liebe es in seiner Verelendung und Zertrümmerung vielleicht noch inniger als früher. Und Heimat ist mir nicht nur die Stadt, der Ort, der Raum, wo ich lebe und schaffe. Das ganze Deutschland ist mir Heimat geworden. Fast 25 Jahre lang bin ich durch Deutschland gereist, wochen- und monatelang unterwegs auf Gastspielreisen im Norden und Süden, im Osten und Westen.

Ich habe sie alle kennengelernt, die großen und die kleinen Städte – bin mit ihrem lebendig pulsierenden Rhythmus genau so vertraut geworden, wie mit den charakteristischen Bildern ihrer Straßen und Plätze, ihrer Häuser und Denkmäler.

Die deutschen Landschaften in ihrer Schwermut und Heiterkeit, in ihrer Fruchtbarkeit und Ärmlichkeit, ihrer Herbheit und Lieblichkeit sind mir so nahe als wären sie Teil meines Wesens. Und den Menschen dieser Landschaften fühle ich mich verwandt. (...) Ich liebe Deutschland, und ich leide um Deutschland. Ich weiß um Schuld, und ich weiß um Sühne. Aber einmal muß es Friede werden, auch für Deutschland! Wir wollen unser Schicksal auf uns nehmen! Aber tragen können wir es wohl nur als ein gemeinsames, als ein deutsches und nicht als ein Zonenschicksal. Ich möchte bitten können und bitten dürfen: Zerreißt es uns nicht, dieses über alles geliebte Land!«

Emotionaler persönlicher Appell gegen politische Macht. Die Teilung Deutschlands ist längst beschlossene Sache. Die Londoner Sechsmächtekonferenz im Februar und März 1948 legt endgültig den Bruch zwischen den Westalliierten und der Sowjetunion offen. Die einseitige Währungsreform in den alliierten Besatzungszonen am 20. Juni 1948, dem die SBZ mit einer eigenen Währungsreform drei Tage später folgt, macht aus der Trennung der Einflußsphären in Deutschland eine ökonomische Tatsache. Wann die politische Teilung in Kraft treten wird, ist nur noch eine Frage der Zeit.

Mary Wigman schmiedet eifrig Umzugspläne, sie weiß nur noch nicht wohin. Der Magistrat der Stadt ist dabei, geeignete Räume für eine neu einzurichtende »Hochschule der darstellenden Künste« zu finden, an der sie mitwirken soll. Wie, das ist unklar, ständige Verhandlungen, Besprechungen, Sitzungen machen sie langsam zur Pendlerin zwischen Leipzig und Berlin. Zugleich erhält sie von Hans Schüler, dem ehemaligen Leipziger Generalintendanten, der inzwischen nach Wiesbaden übergesiedelt ist, das Angebot, am Wiesbadener Theater weiterzuarbeiten. Fort möchte sie aus Leipzig schon, die Stadt wird immer einsamer, und die bevorstehende Abtrennung der sowjetischen Zone von den westlichen heißt für sie »*Verzicht auf jeden Kontakt mit dem, was man vielleicht noch abendländisch nennen könnte*«.

Leipzig wird immer einsamer. Freunde ziehen nach Westen, Niedekken-Gebhard, Hans Schüler. Sie will ja auch gehen, aber kann sich nicht aufraffen.

Die Mitteilung, daß die »Wigman-Schule«, die im ehemaligen Wohnzimmer in der Mozartstraße 17 ihre Residenz hat, zum 1. Mai 1949 verstaatlicht werden soll, zwingt sie zum Handeln. Ihr Ausreiseantrag wird genehmigt, und so wandern die alten, schwarzen Möbel aus dem Dresdner Haus nach West-Berlin weiter. Am 4. Juli 1949 nimmt Mary Wigman leichten Herzens Abschied von Leipzig, ein neues Leben liegt nach den Depressionen und der Hoffnungslosigkeit der Leipziger Jahre vor ihr.

Sie ist zuversichtlich, daß sie in Berlin genügend Schüler/innen für den Erhalt einer Schule finden wird. Im November 1948 hatte sie schon einen Kurs in Berlin angeboten und unerwartet große Resonanz erfahren. Viele ehemalige Wigman-Schülerinnen aus Dresden haben inzwischen Töchter, die sie in die Schule schicken, kommen selbst noch einmal zu Unterrichtsstunden, und es finden sich junge Leute, die modernen Tanz lernen wollen. Und wo, wenn nicht bei Mary Wigman?

Berlin. Amerikanischer Sektor. Zwischen Coca-Cola und Persilscheinen lebt der Ausdruckstanz wieder auf. Mary Wigman hat in der Rheinbabenallee 35 ein Haus gefunden, das für den Schulbetrieb geeignet ist. Ironie des Schicksals – die Adresse ist ihr nicht unbekannt. Die Fachschaft »Bühne« der Reichstheaterkammer hatte zeitweilig hier ihren Sitz.

In der Warnemünder Straße, gleich um die Ecke, mietet sie eine Wohnung für sich und Hesschen. Wenigstens äußerlich soll diesmal ein bißchen Abstand zwischen Privatleben und Arbeit sein. Aber nur äußerlich. Mit Leidenschaft stürzt sie sich in die Arbeit, fühlt längst verloren geglaubte Kräfte wiederkehren.

Mit Marianne Vogelsang, einer ehemaligen Schülerin von Gret Palucca, die jetzt die Schule mit ihr gemeinsam leitet, beginnt sie von vorn, wie 1920. Nur sie selbst kann sich nun nicht mehr als Tänzerin dem Publikum vermitteln, also muß sie die Schüler/innen so erziehen, daß sie zu adäquaten »Instrumenten« werden. Sie lebt durch ihre Pädagogik als Tänzerin weiter. Und doch: manchmal kommt es ihr schon merkwürdig vor, daß sie nicht mehr selbst auf der Bühne steht.

Im November 1949 sind schon 32 Ausbildungsschüler/innen eingeschrieben, etwa die Hälfte davon kommt aus dem Ostsektor Berlins. Dort ist Mary Wigman noch immer eine bekannte Persönlichkeit, ihr Engagement in Leipzig und der legale Umzug nach West-Berlin haben sie nicht zu einer Verfemten werden lassen. Im Dezember 1949 überbringt sogar Regisseur Peter Palitzsch die persönliche Einladung von Helene Weigel, beim Brecht-Ensemble einen Vortrag über Choreographie zu halten. Ein Angebot, das sie gerne annimmt. Wie sie ohnehin keine Gelegenheit versäumt, mit Vorträgen die Sache des Tanzes zu vertreten, zur Situation der Tanzkunst in der Gegenwart Stellung zu nehmen. Für sie ist es »*immer wieder ertönender Mahnruf*«.

Vom Ausdruckstanz ist nicht mehr so gern die Rede. Irrationalität ist verpönt, hat sie nicht zu der fatalen Gläubigkeit an Hitlers Propaganda geführt? Nein, mit Emotion, Innerlichkeit, Selbstverwirklichung will man im Nachkriegsdeutschland nicht so viel zu tun haben. Der Körper hat überlebt, jetzt soll er funktionieren. Das klassische Ballett wird wieder beliebt.

Mary Wigman nimmt an allen künstlerischen Ereignissen wie schon in Leipzig regen Anteil. Sie will wissen, wo die Jüngeren heute stehen und was sie leisten und will auch wissen:

»*Wie sehen mich die jungen Menschen – wie sehen sie mich heute? Ich bin ja eigentlich eine alte Frau, vergesse es manchmal, spüre es manchmal an dem größeren Kräfteaufwand, den ich für manches brauche, was noch vor 2, 3 Jahren spielend ging. Trotzdem, trotzdem: es tut gut etwas zu arbeiten, lebendig zu sein.*« (Tagebuch)

Es gilt ja, den durch die Vereinnahmung in der Nazi-Zeit kompromittierten Ausdruckstanz wieder dem Publikum nahezubringen. Die »Alten« sind noch da: Dore Hoyer vor allem, die für sie »*die einzige ist, von der man etwas erwarten kann*«, und Harald Kreutzberg, den sie so gerne mag.

Die Anerkennung von außen ist auch da. 1948 war sie in die Schweiz gereist, wieder nach Zürich, wo sie die ersten Erfolge ihrer tänzerischen Laufbahn hatte. Im Juli/August unterrichtet sie mit Kreutzberg zusammen bei einem internationalen Fortbildungskurs für Gymnastik und Tanz und trifft viele ihrer alten Schülerinnen wieder. Amerikanerinnen sind gekommen, die schon in Dresden bei Sommerkursen dabei waren. Die Begegnung mit Freunden tut wohl, nach den Kriegsjahren hat man sich viel zu erzählen. Sogar mit Sol Hurok gibt es ein Wiedersehen. Die Schweizer Kurse werden zu einer langjährigen, liebgewonnenen Sommerbeschäftigung, 1949 sind auch Kurt Jooss dabei, Rosalia Chladek, Hans Züllig und wieder Kreutzberg.

In der Berliner Schule beginnen die Probleme – ganz wie einst in Dresden – gleich nach der Gründung. Zum 1. Oktober 1950 verläßt Marianne Vogelsang die Schule und geht in den Berliner Ost-Sektor. Mary Wigman fühlt sich wieder einmal ein bißchen verraten. Fast ein Drittel der Ausbildungsschüler/innen wechselt mit ihr, und damit ist die ökonomische Basis der neuen Schule sehr klein geworden. Bleibt der Gang zu den staatlichen Stellen, aber wie seinerzeit in Dresden erweisen sich auch in Berlin die Versprechungen der Stadtbehörden als nicht sehr zuverlässig. Zwar steht ihr die Villa in der Rheinbabenallee zur Verfügung, aber um die in Aussicht gestellte Mietkostenübernahme muß sie jedes Haushaltsjahr aufs Neue kämpfen, genauso wie um ihre Subventionen zur Aufrechterhaltung des Schulbetriebs. Anfangs kann sie Kurse für die städtische Jugendfürsorge anbieten, aber die werden schon 1950 wieder gestrichen, dann will man, um Geld zu sparen, die Schule mit der Theaterschule des Hebbel-Theaters verquicken, ein Plan, an dem sie überhaupt nichts Reizvolles finden kann.

Sie pilgert zu den Behörden, schreibt Eingaben, stellt Anträge, füllt Fragebögen aus und redet auf Beamtenköpfe ein. Das kulturelle Leben Berlins beginnt ringsum wieder zu florieren, überall stehen die Künstler nach Subventionen an, der Magistrat bzw. der ab 1951 zuständige Senat versucht, die zur Verfügung stehenden Gelder auf viele zu verteilen. Zu wenig zum Leben, zu viel zum Aufgeben. Mary Wigman fährt aus der Haut. Nach einer Finanzsitzung des Senats schreibt sie am 26. 1. 1952 Martha Reuther:

»Und dann stieg die Sitzung. Sieben Männer und ich als einziges Weibsbild. Und ich schwieg. Jeder der Männer versuchte, den anderen zum Reden zu bringen, aber keiner mochte den Anfang machen. Sie stierten bloß in ihre Akten und krochen vorsichtig ums Thema herum. Nach und nach kam heraus, daß es darum ging, mit allen Mitteln zu versuchen, eine Kündigung meiner Subvention herbeizuführen. Und da packte mich dann doch die rote Wut. Ich sprang auf, donnerte mit den Fäusten auf den Tisch und brüllte: ›Meine Herren, wenn Sie beabsichtigen, einen Mord zu begehen, dann, bitte, hier auf der Stelle und komplett, aber schlachten Sie uns nicht stückweise ab...‹ Tableau ... Es hat geholfen. Und ich ließ buchstäblich die ganze Skala vom Furioso bis zum schmeichelkatzenhaften Pianissimo spielen, bis ich sie so weit hatte, daß, nun eben, alles so blieb wie es war – für ein Jahr wenigstens.«

Ein Jahr, das ist der längste Zeitraum, für den Mary Wigman planen kann. Meistens sind es aber nur wenige Monate, denn auch diese Schule steht ständig kurz vor dem Ruin. Wären nicht die großzügigen Spenden und regelmäßigen kleinen Zuwendungen der Freunde, ginge es nicht weiter. Auch das Privatleben sähe eher kärglich aus ohne die Geschenke von Freunden aus der ganzen Welt, ohne die zum Teil von Freundinnen und ehemaligen amerikanischen Schülerinnen finanzierten Reisen, ohne die Lebensmittelpakete und kleinen Aufmerksamkeiten der Vertrauten. Als sie 1955 einen Plattenspieler geschenkt bekommt, ist sie selig, kann sie nun wenigstens für die Orff-Inszenierungen sich die Musik vorspielen, muß nicht wie bei den Inszenierungen der vorangegangenen Jahre sich aus Erinnerung und Partitur die Musik vorstellen.

Viele Lebensmittelgeschenke und Freundesgaben wandern gar nicht erst in den Wigmanschen Haushalt, sondern werden neu verpackt und in die DDR weitergeschickt, zu Elisabeth, zu alten Bekannten, ehemaligen Schüler/innen oder finden ihren Weg in die Taschen der Berliner Schüler/innen, vor allem aus dem Ost-Sektor, an deren Ärmlichkeit sie manchmal verzweifelt. Selbst wenn sie selbst kaum etwas übrig hat, ist ihre Großzügigkeit anderen gegenüber ungetrübt.

In Berlin lebt sie sich schnell ein. Die Stadt bedeutet ihr viel. Nicht nur in Erinnerung an erfolgreiche Premierentage, an den Glanz vergangener Zeiten, an die glücklichen Jahre mit Benkert. Berlin ist zwar Teil ihrer Geschichte, aber auch Symbol. Sinnbild des zerrissenen Deutschlands, der zerteilten Geschichte, Tradition, Kultur, den auseinandergezerrten Grundfesten ihres Selbstverständnisses. Die »Ostzone« ist täglich gegenwärtig.

Mary Wigman entwickelt Gefühle der Solidarität mit den West-Berliner Behörden, mit dem »Schicksal« einer Stadt, das für sie danach verlangt, wieder einmal das Gemeinwohl über private Interessen zu stellen. Martha Reuther erklärt sie:

»*Meine sogenannten* Freunde *hier peinigen mich, ich müsse dem Senator für Volksbildung die Gelder zum Unterhalt einer ›Tanzgruppe‹ abverlangen. Und ich kann das nicht! Einmal, weil ich so etwas nie gekonnt habe und heute schon gar nicht, weil ich ja an allen Ecken sehe, spüre, feststelle, in welch verteufelter Situation diese Stadt sich befindet. Man braucht sich nur die tägliche Ost-Flüchtlingsziffer anzusehen, um Bescheid zu wissen. Und wenn man die Auswirkungen in der eigenen Schule und im Privatleben dazu tagtäglich zu spüren und mitzutragen hat, wird man sehr bescheiden.*«

Ihr Mitgefühl verhindert nicht, daß sie auch eine gehörige Wut auf die West-Berliner Behörden hat. Schon nach einem Jahr, 1950, ist klar, daß die zugesagte Förderung ein Trugbild war, daß die Schule einzig und allein sich durch die Zahl der Schüler/innen wird tragen können und durch die Attraktivität, die der Name Mary Wigman noch besitzt.

Der hat im emsigen Aufbaufieber der 50er Jahre Patina angesetzt und muß frisch poliert werden. Mary Wigman macht sich da nichts vor. Sie muß sich mehr in der Öffentlichkeit zeigen, sich ins Gespräch bringen, »dabei« sein. Sie bringt ihre Garderobe auf Vordermann, rangiert die letzten alten Sachen aus Leipzig aus und kleidet sich westlich chic. Die beste Reklame für die Schule ist immer noch sie selber, wenn nicht mehr vor, so wenigstens hinter den Kulissen. Bei allen Kulturveranstaltungen ist sie dabei, wird in den Vorstand eines britischen Theaterclubs gewählt, hält Vorträge, gibt Rundfunkinterviews und begrüßt den einen und anderen gastierenden Künstler mit einer Willkommensrede. Wie stets läuft der Alltag pausenlos: vormittags Unterricht, danach Büroarbeit, die eine oder andere Solostunde, Unterredungen mit Schüler/inne/n, Eltern, Besuchern, Termine, Verpflichtungen – und zwischendurch immer wieder zum Arzt, um die wachsenden körperlichen Beschwerden, beim Gehen besonders, zu lindern.

Im amerikanischen »Women's Club« spricht sie in nach wie vor makellosem Englisch über den freien Tanz und erzählt von ihren Erinnerungen an die USA-Tourneen. Überhaupt fragt man sie mehr nach der Vergangenheit als nach der Gegenwart. Es ärgert sie ein wenig und macht doch sehr stolz. Ja, man weiß noch, wer Mary Wigman ist. Aber wer weiß noch, was ihr Tanz ist? Ein bißchen tut es weh, daß in zehn Jahren so vieles vergessen wurde. Also will sie erst recht der jungen Generation zeigen, was Tanzen bedeutet, was der Dienst am Kunstwerk heißt. Sie hat ein paar »Dauerschülerinnen«, die von auswärts zugereist sind und sie als Ersatzmutter betrachten; begabte Tänzerinnen wie Nahami Abbell, bei denen der über das Berufliche gehende Einsatz lohnt.

Weniger wegen des künstlerischen als wegen des finanziellen Potentials schätzt sie die amerikanische Kolonie in Dahlem besonders. Mit den Ausbildungsschülerinnen choreographiert sie Gruppentänze für »garden-parties« der Offiziersfrauen, und viele von ihnen kommen in die Laienkurse, ebenso wie deren Kinder.

»*Manchmal muß ich grinsen, wenn 10 bis 12 elegante Limousinen vor dem Schulhaus parken und die Meesterin kümmerlich hinkend zu Fuß daher kommt*«, schreibt sie an Martha Reuther.

Die Kinder werden von Assistentin Till Thiele in einer eigens eingerichteten amerikanischen Klasse unterrichtet. »Die Thiele« ist ihr überhaupt eine unersetzliche Stütze, was auch bedeutet, daß sie mit ihr herzhafte Auseinandersetzungen ausfechten kann. Zweite im Bunde ist Nora Friedrich, Sekretärin und Verwaltungsangestellte, die sich mit festem, sicherem Griff um die Organisation kümmert.

Soloschüler/innen, selbst wenn sie nicht gerade zu den begabtesten

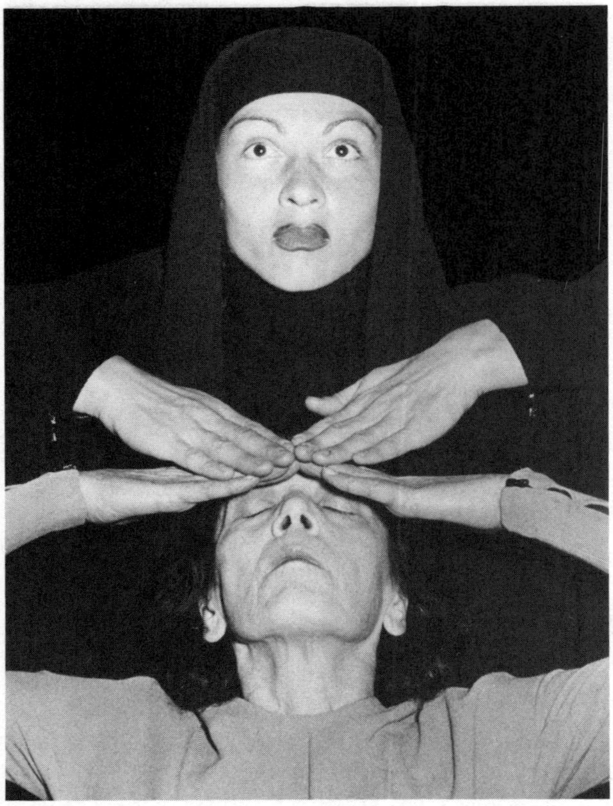

Oben und rechte Seite: »Die Seherin« aus dem Zyklus »Chorische Studien«, 1953. Weil eine Tänzerin absagt, geht die 67jährige Mary Wigman noch einmal auf die Bühne – kein bewegungsreicher Auftritt, aber von unnachahmlicher Intensität. Fotos: Enkelmann und Eckelt.

Tanznaturen zählen, werden gerne gesehen. Solostunden bringen mehr Geld, und damit hat die Mühe wenigstens einen ökonomischen Effekt. Wenn Mary Wigman manchmal nach anstrengenden Solostunden zu ihrem Begleiter Ullrich Kessler hinüberblickt, der mit stoischer Gelassenheit am Klavier sitzt, brauchen sie beide keine Miene zu verziehen um zu wissen, daß es wieder hart verdientes Geld war.

Über mangelnde Aufmerksamkeit braucht sich Mary Wigman privat nicht zu beklagen. Täglich gehen Besucher ein und aus, Ausländerinnen, die irgendwann einmal an einem Sommerkurs teilgenommen oder Mary Wigman bei irgendeiner Gelegenheit kennengelernt haben und jetzt begeistert »die alte Freundschaft« wieder auffrischen wollen. »Mary, Sie haben doch Zeit...?« Sie hat. Manchmal stöhnend, manchmal mit Vergnügen.

»*Gottseidank habe ich immer noch Humor genug, um mir der freiwilligen oder unfreiwilligen Komik mancher Situationen bewußt zu sein! An einem Bein schleppe ich meine verzogene und stinkfaule amerikanische Schülerin mit, die sich als ›Baby‹ dem Leben gegenüber fühlt und es in Wirklichkeit keineswegs ist. Am anderen Bein Mrs. E. aus Boston, die direkt von dort hierher flog, um mich 14 Tage zu besuchen. Bei aller Herzlichkeit auch eine schwere Belastung, da sie sich weder für die Stadt noch für die Menschen, noch für die Kunst besonders interessiert. Und auf jede diesbezügliche Anregung mit: I came* for you, *Darling..., reagiert. Als dritte im Bunde kam kürzlich eine ältliche physical-education Lehrerin aus dem Westen der Staaten an, die so künstlich spricht, daß man automatisch mit dem eigenen Mund mittut. (...) Und die zwei ›ständigen‹ Schülerinnen mögen sich nicht, wohnen aber in der gleichen Pension. Dazu gesellt sich gelegentlich ein ganz junger amerikanischer Soldat, der in seinen wenigen Freistunden mittanzt. Er ist reizend, todunglücklich in der Army, selig über das ›Tänzer-Milieu‹ bei uns, selber sehr begabt. (...) Aber auch hier muß ich ausgleichen, schlichten und Unheil verhüten.*« (An Martha Reuther)

Mehr denn je ist Mary Wigman ›Mutter‹ ihrer Schüler/innen, spricht in Briefen und Tagebuchnotizen nur von ihren »Kindern«, die sie nicht nur künstlerisch leitet. Auch deren seelische Probleme werden ihr vorgetragen, oder sie findet sie selbst heraus, um helfen zu können. Da sind vor

allem die Schüler/innen aus dem Ostsektor der Stadt, die über die noch offene Grenze täglich zu ihrem Unterricht fahren. Sie zahlen bestenfalls in Ostwährung, aber meistens haben sie überhaupt kein Geld. Mary Wigman richtet ihnen »Freistellen« ein, steckt hier und da sogar mal ein Fünfmarkstück zu, und Kranke werden auf ihre Rechnung von ihrem Arzt behandelt. Die Mangelerscheinungen der schlechten Ernährung aus Kriegs- und Nachkriegsjahren machen sich an den jungen Schüler/inne/n bemerkbar. Mary Wigman an Martha Reuther:

»*Und was ist es nur, daß bestimmte Krankheiten, die* Jugend *befällt? Immer wieder TB und Schilddrüse. Und nicht helfen kann man bei diesem Elend. Die meisten haben auch heute noch nicht genug zu essen, oder kein nahrhaftes Essen. Du wirst lachen, wenn ich Dir erzähle, daß ich täglich 2 Eier in die Schultasche stecke, um sie heimlich in der Schule zu schlagen und sie zweien meiner Unterernährtesten einzuflössen.*«

Vor jedem Auftritt wird die Schülerschar von Hesschen mit einer kräftigen Mahlzeit versorgt, und immer wieder sind die einen oder anderen zum Mittag- oder Abendessen zu Gast. Ab 1. Dezember 1950 gelingt es ihr, daß vom Magistrat in ihrer Schule eine tägliche Schulspeisung durchgeführt wird, für viele der Schüler/innen die einzige richtige Mahlzeit am Tag. Dann füllt Mary Wigman wieder Anträge aus und läuft zu Behörden, damit ihre Schüler städtische Butter-Zuteilungen erhalten.

Ununterbrochen arbeitet sie an tänzerischen Aufgaben. Schon im November 1949 hatte sie für eine Aufführung des Jugendamtes mit den Schüler/inne/n einige chorische Szenen erarbeitet, im Juni 1950 folgen drei neue chorische Studien für eine Vorstellung in der Landesbildstelle, und zum Sommerfest der Volkshochschule kreiert sie Tänze zu Chorgesang u. a. zum Lied »Der Mond ist aufgegangen«. Kein hoher künstlerischer Anspruch steht hinter diesen Tänzen und Aufführungen, wohl aber das Wissen um eine solide Arbeit, die es den Schüler/inne/n ermöglicht, sich unter professionellen Bedingungen zu erproben. Die Wigman-Schule ist überall präsent, alle Gelegenheiten werden wahrgenommen, Vorstellungen für die Schülergruppe zu arrangieren, aus Notwendigkeit für die Schule und die Schüler, aber vor allem aus Notwendigkeit für den Tanz:

»*Vor 2 Tagen hatten wir j. w. d. (janz weit draußen) noch eine Aufführung veranstaltet vom Kulturamt Tegel. Mühsam, da das breite, aber nicht tiefe Podium weder einen Vorhang noch eine richtige Beleuchtungsanlage hatte. Ein komisches Publikum, kleinster Spieß sozusagen – und dabei ausverkauft, und die Menge war begeistert und reagierte ganz richtig. Meine eigenen Mitarbeiter und ›Freunde‹ beschimpfen mich: es sei unserer unwürdig, an diesen Plätzen aufzutreten. Aber ich weiß sehr genau, was ich tue! Und nur* so *schafft man wieder ein Tanzpublikum.«* (An Martha Reuther)

Und das Publikum ist notwendig, damit auch die Schule als lebendige Keimzelle des freien Tanzes weiter existieren kann, während ringsum an Theatern und in den Tanzschulen das Ballett seine ohnehin starke Position weiter festigt. Für Mary Wigman besteht kein Zweifel: die Wigman-Schule muß leben, um des Tanzes willen.

Also widmet sie sich unverdrossen der Kleinarbeit. »*Am 17. 2. im Kurfürstendammtheater, und am 28. 2. auf einer kümmerlichen Bühne des Bezirksamtes Wilmersdorf. Die nackten Unkosten, für Proben (Pianisten), Kostüme, Transport betragen für uns rund 2000 Mark – die Netto-Einnahme dieser 1. Aufführung 250 Mark. Für die weiteren Aufführungen bezahlen die verschiedenen Kulturämter jedesmal zwischen 150 und 200 M. So sehen die Dinge heute aus!! Und doch reut mich nichts, nichts, nichts!«* (An Martha Reuther)

Die Schulsituation ändert sich während der fünfziger Jahre nicht, es gibt höchstens mal ein paar aufregende Abwechslungen. Ein Disput mit einer Lehrerin, die ihre Sachen packt und alles im Stich läßt. Aufregung um einen »Ost-Schüler«, dem sie Geld zugesteckt hat und der an der Sektorengrenze erwischt und für zwei Tage ins Gefängnis gesteckt wird. Solo-Schülerinnen, die Nervenzusammenbrüche kriegen oder eifersüchtige Attacken und Intrigen untereinander austragen. Nichts Neues, alles aus langen Dresdner Erfahrungsjahren vertraut. Die »Meisterin« ist nicht mehr wirklich zu irritieren. Auch nicht, als der Senat 1954 auf die Idee kommt, die Wigman-Schule mit der Ballettschule von Tatjana Gsovsky zu vereinigen.

Der Plan kommt zum Glück nicht zustande. Mary Wigman ist froh, diesen Kampf nicht führen zu müssen. Vielleicht hätte sie sogar Berlin verlassen, denn aus Mannheim ist zur gleichen Zeit ein Angebot eingetroffen, an der dort neu zu gründenden Hochschule für darstellende Kunst die Leitung der Tanzabteilung zu übernehmen. Später stellt sich heraus, daß die Idee nicht realisierbar ist, aber Mary Wigman ist nicht allzusehr enttäuscht. Unverdrossen setzt sie ihre Arbeit in Berlin fort.

Mit der Schule geht es mal gut, meistens aber schlecht. Immer sind zu wenig Schüler/innen da, immer fehlt hier was und dort was. Auch die Arbeit mit den Schüler/innen ist wechselhaft. Mal schimpft sie über die schlechte Arbeitsmoral, mal könnte sie heulen vor Verzweiflung, weil den »jungen Dingern« weder »Vibrato« noch schöne »Schwünge« beizubringen sind und ihre Improvisationen einem die Tränen in die Augen treiben. Aber immer liebt sie sie. Tagein, tagaus steht sie vor ihnen und fühlt sich in diesen Stunden lebendig. Die Schüler/innen sind ihre Verbindung zur Gegenwart und vor allem zur Zukunft. Denn fortwirken will sie ja mit ihrem Tanz, will, daß ihre Schüler/innen im Bewußtsein des freien künstlerischen Tanzes sich weiterentwickeln.

1953 tritt sie nach den kleineren Veranstaltungen mit der Schülertruppe in Berlin wieder mit einer abendfüllenden Gruppenarbeit hervor, wagt sich zum letztenmal in ihrem Leben noch einmal selbst auf die Bühne. Das Thema der »Chorischen Studien« hat schon eine ganze Weile in ihrem Kopf *»herumgegeistert«*. Schon 1951 spielte sie mit dem Gedanken an eine »größere Arbeit« und studierte im Januar 1952 für eine Aufführung zwei chorische Werke ein, das eine, »Die Heimatlosen«, mit dreiundzwanzig, das andere, »Anklage«, mit achtundzwanzig Mitwirkenden. Zwei Stücke, die die Reihe der Nachkriegsbilder fortsetzen, die sie mit der Choreographie zu »Auf der Flucht« von 1946 und dem Stück »Auf der Suche« von 1947 begonnen hatte.

Die Aufführung von »Die Heimatlosen« und »Anklage« fand im neu errichteten Konzertsaal des Esplanade-Hotels statt, und allein dieser Ort war schon so etwas wie ein Kommentar zu den Tänzen:

»Schon die Fahrt dahin, durch das so völlig zerstörte Tiergartenviertel am nicht mehr vorhandenen Tiergarten entlang war seltsam bedrückend. Mitten in die Trümmer des ehemaligen Esplanade Hotels haben sie den großen Konzertsaal aufgebaut, sehr schön innen. *Von schräg gegenüber glotzt der schwerfällige Bau des großen H.O. Hauses (Handelsorganisation) herüber, vor dem sich die langen Schlangen der Einkaufshungrigen gebildet hatten. Die Sektorengrenze läuft mitten durch die Straßen und schon an der nächsten Ecke beginnt das Flüstern: Ost gegen West – Schokolade – Kaffee – Cigaretten.«* (An Martha Reuther)

Im Sommer 1952 erweitert Mary Wigman diese Arbeiten zu einem Zyklus, der ein Bild des Menschen zwischen Verzweiflung und Hoffnung in der Realität der Nachkriegsjahre zeichnen soll. Geplant ist die Premiere der »Chorischen Studien« für die Berliner Festspiele im September, aber Mary Wigman verschiebt den Termin. Aus Scheu vor den ausländischen Tänzern.

Ursprünglich hatte sie für den Part der Seherin Dore Hoyer ausersehen, aber die muß absagen, und so weiß Mary Wigman niemanden, der für diese Rolle in Betracht kommt, außer natürlich...

»Ich bin der Tanz, ich bin die Priesterin des Tanzes...«

»Die Versuchung: Tue es selber. Keiner könnte es wie Du.... Ich habe es versucht, heute morgen, 2 Stunden lang. Die Beine taten weh, aber es wurde die Besessenheit wach und mit ihr die Beglückung einer Bestätigung. Trotzdem bleibt die Frage: tust Du recht daran – und die Tatsache, daß ich für die Gestalt niemand anderen weiß, bleibt Entschuldigung.« (Tagebuch)

Proben zu »Der Tempel« aus »Chorische Studien«. Foto: Orgel-Köhne.

Mary Wigman beschließt, noch einmal auf die Bühne zu treten. Bei der Premiere holt die Vergangenheit sie wieder ein:

»*Es war schön, wie mit einem Mal das vergessen geglaubte Lampenfieber über mich kam. Das Rauschen des Vorhangs wieder zu hören, der verstohlene Blick in den dunklen Zuschauerraum, und hinauf in den Schnürboden. Nicht einmal die Augen blinzelten, als das scharfe Licht der Scheinwerfer sie traf.*
Bühne!...........

Ich habe nicht gezittert, nicht gewackelt, war ganz da, die gesteigerte Welt des Darstellerischen nahm Besitz von mir, uneingeschränkt.« (Tagebuch)

Kein bewegungsreicher tänzerischer Auftritt, mehr ein darstellerischer, in der zurückhaltenden Gestik von alter, unnachahmlicher Intensität, geboren fast mehr aus dem Wiedererleben der Bühne denn aus dem Inhalt des Werkes:

»Alkestis« im Nationaltheater Mannheim, 1958.
Gladys Spector als Alkestis.

Linke Seite: »Le Sacre du Printemps«, 1957.
Unten: Dore Hoyer und Majid Kashef.
Fotos: Siegfried Enkelmann.

»Als ich nachmittags um 3 im Theater meine zwei *bescheidenen Kostüme auspackte und den provisorischen Schminktisch zurechtmachte, da kam mir plötzlich zum Bewußtsein, daß ich mich – seit 11 Jahren – tatsächlich für die* Bühne *zurecht machte. Und plötzlich war alles wieder da, die Schminktechnik, die Sorge um die eigene Erscheinung und natürlich auch das Lampenfieber. Bis dahin schien alles, was mit meiner Person verknüpft war, noch völlig unwichtig. Die Sorge galt den anderen, galt »dem Werk« sozusagen. (...)*

›Seherin‹ – das Bild allein, farbig und räumlich sehr eindrucksvoll. Und da saß ich dann im graublauen Gewand im Schoß einer großen, schwarzen, schicksalhaften Gestalt (Stufen-Podest) und ließ mich langsam zum Gesicht der vorgeahnten Zerstörung erwecken.
Im Hintergrund reagierten die 2 Halbchöre, die sich allmählich zu einem *Chor zusammenschlossen, um auf den wiederholten Anruf mit der endgültigen Ablehnung zu antworten.*

Es ging wunderbar, ich selber war so sicher, als hätte ich die ganzen Jahre auf der Bühne zugebracht.« (An Martha Reuther)

Das Publikum tobt, durch den Zuschauerraum hallt wie in früheren Zeiten das »Mary-Mary-Gebrüll«.

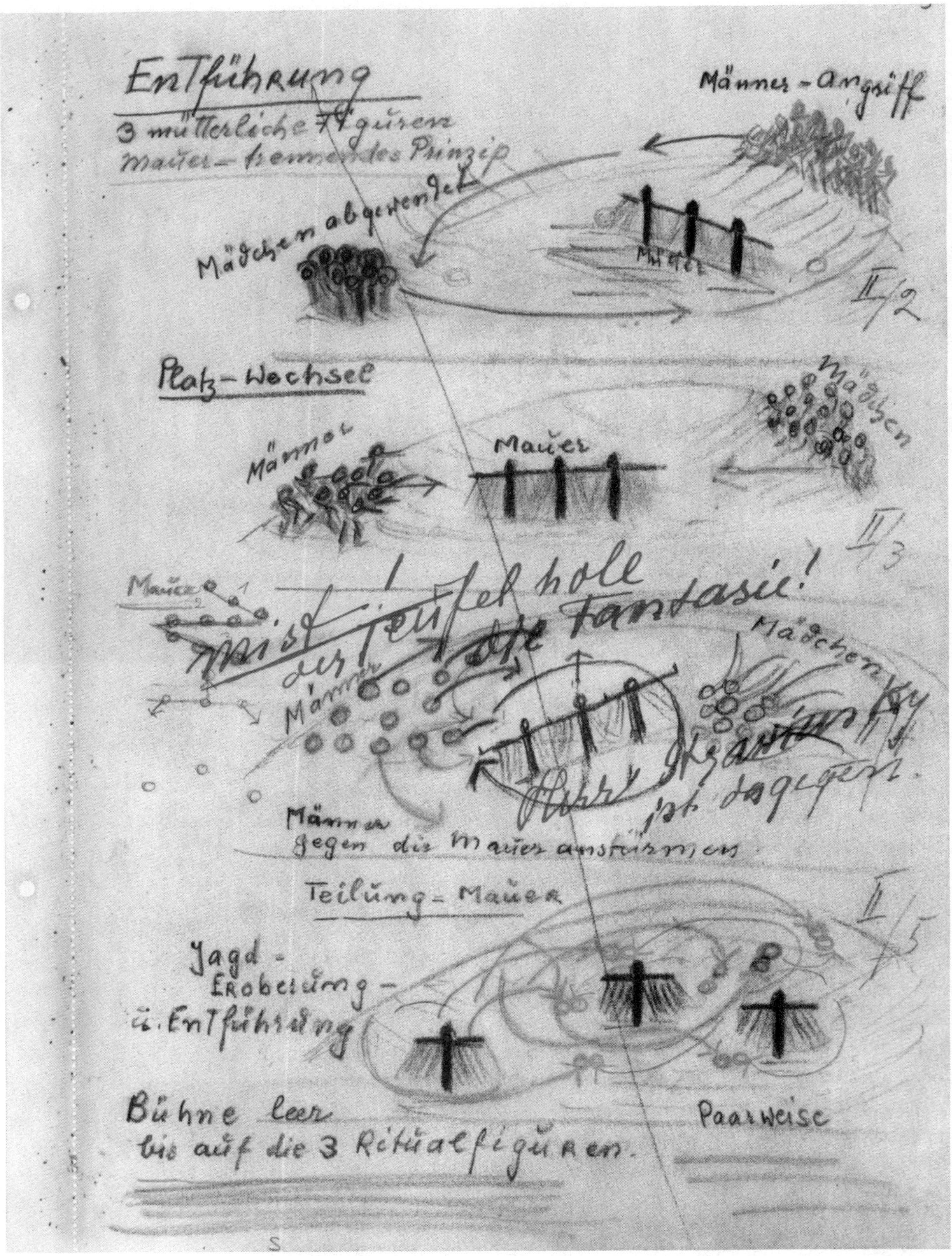

Choreographische Skizzen zu »Le Sacre du Printemps« von Igor Strawinsky.

Thema des Stückes ist das zentrale Thema des gesamten eigenen Tanz-Werks:

Opfer zu sein im Dienst einer über allem Persönlichen stehenden Idee.

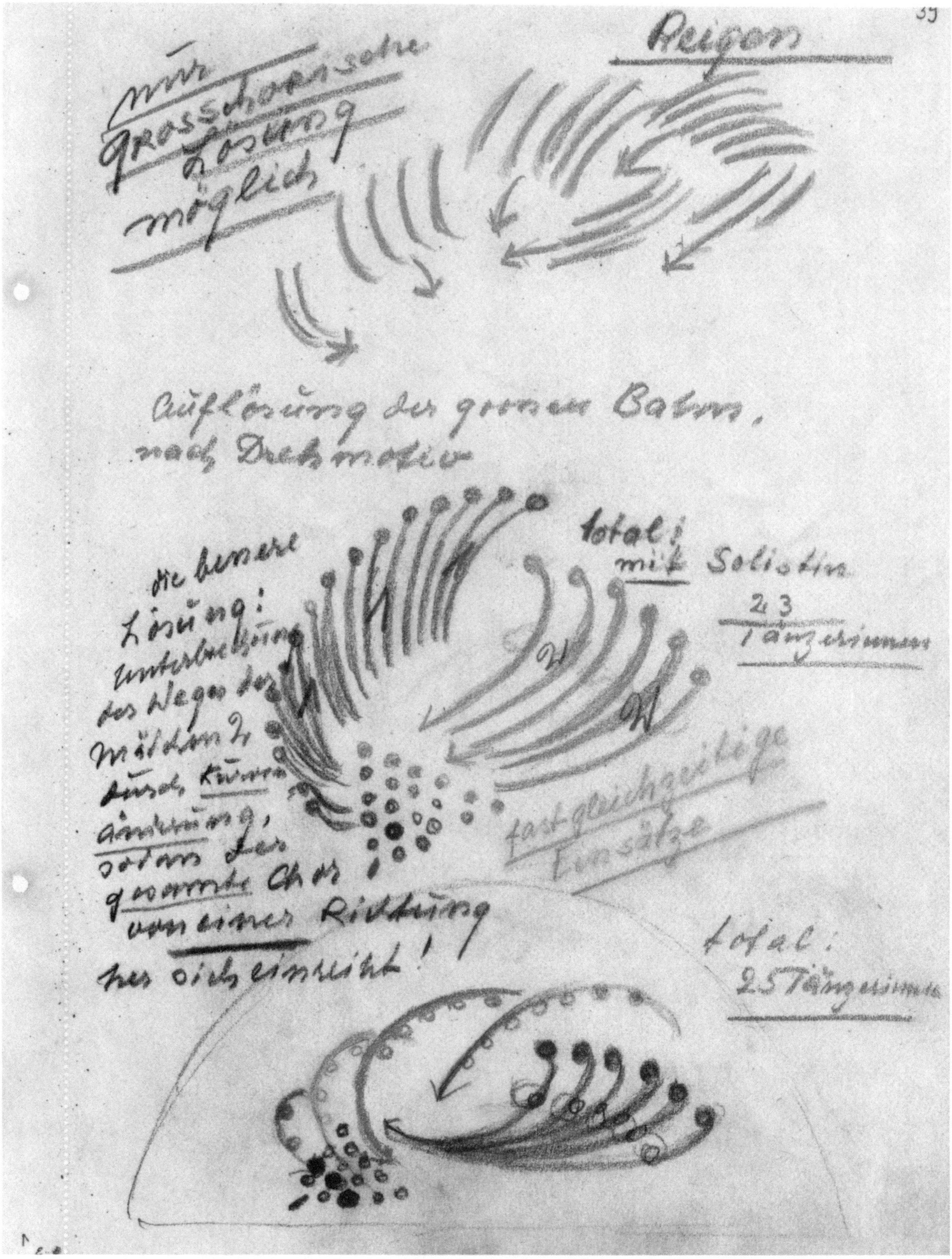
Reigen
nur grosschorische Lösung möglich
Auflösung der grossen Bahn, nach Drehmotiv
total: mit Solistin
23 Tänzerinnen
fast gleichzeitige Einsätze
total: 25 Tänzerinnen

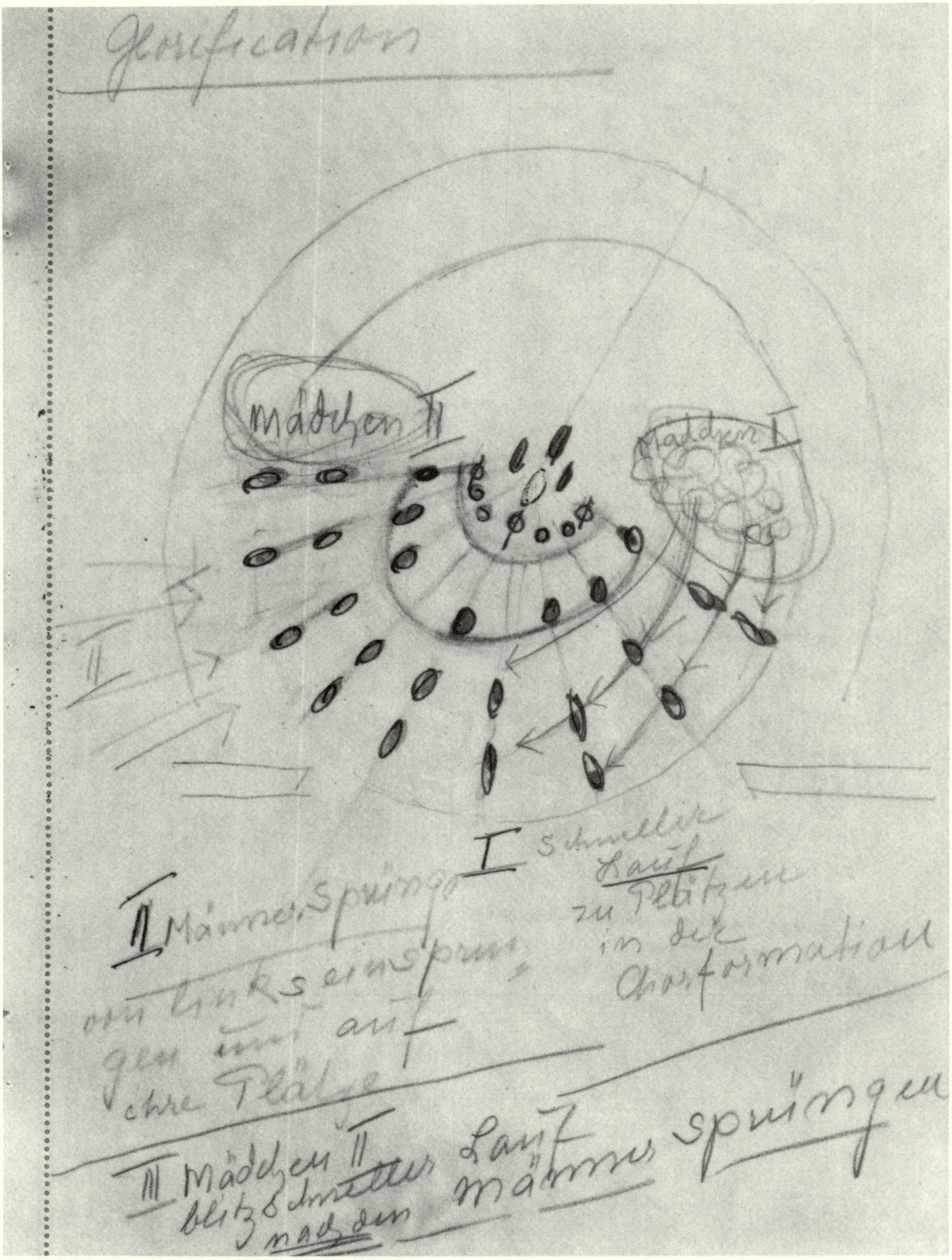
Glorification
Mädchen II
Mädchen I

glorification
Männer Einsatz nicht von hinten!
Mädchen rechts und links bleiben
Männer müssen hinten weg
Männer
RF I
RF II
RF III
Mädchen
Mädchen
Männer
Männer Einsatz
eventuell 2 Männer von hinten einspringen lassen
Gruppierungen des Chores hinter und neben Centralgruppe

Getreu der Überzeugung, daß ein Tanz immer aus der Lebenssituation des Tanzenden herauswächst, zeigt auch die eigene Rolle in diesen »Chorischen Studien« den persönlichen Zusammenhang. In einem Manuskript steht über die Figur, die Mary Wigman im Schlußstück des dritten Programmteils »Die Straße« verkörpert: »Der Weg. Mary Wigman ist die Hauptfigur, hilft den todmüden Menschen aus ihrer Resignation und zieht sich dann in den Hintergrund zurück und gibt die Führerschaft an die Jungen weiter.« Es ist die Rolle der *»ewig Wandernden«*, wie sie es selbst nennt.

Noch fehlen die Jungen, denen Mary Wigman ihr künstlerisches ›Vermächtnis‹ übergeben könnte. Die begabteren Schüler/innen suchen nach Ende der Ausbildung eine Anstellung in den Theaterkompanien, werden Mitglieder von Ballettensembles; den freien künstlerischen Tanz, wie sie ihn kreiert hat, führt niemand weiter. Selbst Dore Hoyer, die mit ihren 43 Jahren auch nicht mehr zu den ›Jungen‹ zählt, ist nicht in der Lage, den modernen Tanz ›alten‹ Stils weiterzutragen. Sie ist ganz und gar selbstkonzentrierte Solistin, scheitert als Ballettmeisterin in Hamburg und reist wieder als freie Solistin durch die Lande. So ist die Rolle der »Seherin« aus dem ersten Teil des Programms für Mary Wigmans künstlerische Zukunft wie eine Vorhersage, ist Ahnung der eigenen zunehmenden Isolation:

»Wo ist eine zweite Stätte, an der so positiv gearbeitet wird. Aber wer weiß darum?« (Tagebuch)

Museumsstück, lebendes Denkmal, gefeiert, verehrt, dekoriert, wo immer sie auftaucht.

Der Chor im Hintergrund ist die Tanzwelt, die von den Zielen des Ausdruckstanzes weit entfernt ist und *»auf den wiederholten Anruf mit der endgültigen Ablehnung antwortet«*. Das Werk fällt in Dunkelheit, der Person aber werden Ehrungen zuteil, ihre Leistungen gewürdigt – nach der Vorstellung der »Chorischen Studien« erhält sie am 11. Januar 1953 das Verdienstkreuz des Verdienstordens der Bundesrepublik Deutschland überreicht –, aber sie wird immer mehr zu einer Einzelerscheinung ohne jegliches künstlerisches Umfeld. Museumsstück, lebendes Denkmal. Gefeiert, verehrt, dekoriert, wo immer sie auftaucht. Als sie in Hamburg bei einer Vorstellung von Dore Hoyer im Parkett sitzt, tritt der Intendant der Staatsoper vor den Vorhang und bittet das Publikum, sich zu Ehren der anwesenden Mary Wigman von den Plätzen zu erheben. Stehende Ovation für eine Zuschauerin.

Ihre Art zu denken, zu fühlen, zu tanzen gerät in der schnellebigen Nachkriegszeit an den Rand des Geschehens. »Kosmos« – »Schicksal« – das »Über-Persönliche« – Schlagworte, die zum deutschen Wirtschaftswunder nicht so recht passen wollen. Sie lehrt ihre Schüler/innen »heroische Klage« – aber heroisch ist nichts mehr an dieser Nachkriegsgegenwart. Sie gerät mit ihrem Anspruch, Ausdruck ihrer Zeit zu sein, ein bißchen aus dem Rhythmus dieser Gegenwart. Das Tempo stimmt nicht mehr. Noch 1946 hatte sie betont, daß ein Tanzstudium etwa sieben Jahre intensivster Arbeit bedeute, um die Voraussetzungen zu einem öffentlichen Auftreten zu schaffen. Das ist nicht mehr der Zeitbegriff der fünfziger und sechziger Jahre. Schnell, billig, viel – so muß es nach den Entbehrungen der jüngsten Vergangenheit gehen. Wer tanzen lernt, will schnell auf die Bühne, Karriere machen. Bei Mary Wigman geht alles einen anderen Gang. Dennoch ist sie brennend an allem Neuen interessiert und versäumt kaum ein Tanzgastspiel in Berlin. Auch Schauspielaufführungen besucht sie mit Leidenschaft, etwa Piscators Inszenierung am Schiller-Theater, Brechts »Kaukasischen Kreidekreis« beim Berliner Ensemble.

Im Herbst 1957 kommt es während der Berliner Festwochen zu einer besonderen Begegnung. Martha Graham gastiert als Solistin und zeigt ihre 1950 entstandene Choreographie »Judith«, die vom Publikum zunächst mit großem Befremden aufgenommen wird. Erst als Mary Wigman aus dem Parkett und Martha Graham von der Bühne aufeinanderzugehen und sich in die Arme schließen, spendet das Publikum ›standing ovation‹. Martha Graham hatte sie schon vor einem für 1948/49 in Deutschland geplanten, dann abgesagten Gastspiel gebeten, ihr Debüt zu unterstützen, jetzt trägt Mary Wigmans Geste zum Erfolg des amerikanischen Modern Dance bei.

Obwohl Mary Wigman das siebzigste Lebensjahr längst überschritten hat und der Körper mit beinahe täglichen Schmerzen auf sein Alter aufmerksam macht, ist die Reiselust unverändert. In Hannover war es der Geruch der Eisenbahn, der ihre Sehnsucht in die Ferne steigerte, in Berlin ist es das Brummen der Flugzeuge, sind es die Briefe, die täglich von überall eintreffen. Viele Einladungen muß sie abschlagen – nach Brasilien zu einem Sommerkurs würde sie gerne fahren, auch nach »Abessinien« und Japan, aber die labile Gesundheit läßt solche Abenteuer nicht mehr zu. Dafür nimmt sie gern die Angebote an, Freunde und ehemalige Schüler/innen zu besuchen, in Griechenland, auf Elba, Ischia, an der Costa del Sol. Häufiger stehen auch wieder der Lago Maggiore auf dem Reiseplan und die Schweiz, wo sie nach wie vor regelmäßig Gastkurse, manchmal allein für zwanzig angereiste Amerikanerinnen, gibt.

1958 reist Mary Wigman zum erstenmal wieder nach dem Krieg in die Vereinigten Staaten. Amerikanische Schülerinnen haben die Reise finanziert und durch Beziehungen dafür gesorgt, daß Mary Wigman endlich ein Einreisevisum erhält, nachdem jahrelang entsprechende Gesuche mit Verweis auf ihre »politische Vergangenheit« in der Sowjetischen Besatzungszone zurückgewiesen wurden. Zwei Monate lang ist sie im Frühjahr 1958 auf »USA-Tournee«, hält Vorträge an Universitäten und Colleges, gibt Unterricht, besucht Tanzvorstellungen. Martha Graham trifft sie wieder und sogar Ruth St. Denis, die dreißig Jahre vorher den »Tanzkrieg« gegen sie angeführt hatte. Die »alten Zeiten« stehen bei dieser Reise im Mittelpunkt, obwohl sich Mary Wigman mit dem Gestern gar nicht so intensiv auseinandersetzen will. Noch halten sie die künstlerischen Aufgaben der Gegenwart in Aufregung.

Hans Schüler, der Intendant am Mannheimer Nationaltheater geworden ist, bietet ihr an, zusammen mit Niedecken-Gebhard Händels Oratorium »Saul« auf die Bühne zu bringen. Begeistert sagt Mary Wigman zu. Das Theater lockt. Nach »Saul« – 1954 – stellen in den folgenden Jahren vier Operninszenierungen wichtige künstlerische Herausforderungen dar: »Catulli Carmina« und »Carmina Burana« von Carl Orff – 1955 – »Alkestis« – 1958 –, alle drei Aufführungen in Mannheim, und – 1961 – an der neueröffneten Deutschen Oper in Berlin die Choreographie in der Inszenierung von Gustav Rudolf Sellner »Orpheus und Eurydike« von Gluck. Die Arbeit mit den klassisch geschulten Tanzensembles fällt ihr dabei am schwersten. Sie will sich mit den Darstellungsmitteln eines Ballettensembles einfach nicht zufriedengeben, will mit aller Gewalt bei den mit Ausdruckstanz ganz unerfahrenen Tänzerinnen und Tänzern doch noch das Persönliche, Emotionale hervorlocken und ihnen die Besessenheit für ballettöse Virtuosität austreiben. Entnervt schreibt sie nach einer Probe an Martha Reuther:

»Mein schöner Trauermarsch! Ich möchte jedes einzelne dieser blöden Gänschen schütteln, wenn sie hintereinander herwatscheln und aussehen, als ob sie Unterleibsbeschwerden hätten, anstatt von tiefem Schmerz gebeugt feierlich zu schreiten.« Jedesmal der gleiche Kampf, mit Wutausbrüchen und Tränen auf beiden Seiten, und jedesmal die gleiche Erkenntnis, daß es nicht möglich ist. *»Der Teufel soll das Theater holen!«*, schreibt sie nach einer »Saul«-Probe ins Tagebuch und fügt doch gleich danach hinzu: *»Nein – um Gottes Willen nicht!«*

Die Regieprinzipien, nach denen sie die Musikwerke inszeniert bzw. deren Choreographie erarbeitet, sind für alle Opern ähnlich: die Musik dominiert über den szenischen Ablauf, die Tänzer/innen haben die Funktion, durch Bewegungsformationen Atmosphäre zu schaffen, den Charakter des Raumes zu bestimmen, in dem das dramatische, von den Sänger/inne/n getragene Geschehen stattfindet. Sowohl in »Saul« wie in »Alkestis« verbannt sie den singenden Chor ins Orchester, überläßt die Bühne den tänzerischen Gruppen, zwischen denen, ähnlich wie im »Orpheus« 1947, die Sänger/innen weitgehend statuarisch agieren. Besonders wegen der eigenartigen, im Musiktheater unüblichen, bewegungschorischen Bühnenpräsentationen erzielen die Operninszenierungen bei der Mehrheit von Publikum und Presse anfangs Erfolge. Nach »Saul«

schreibt ein Kritiker: »Für sich allein besehen ist die Aufführung von einer so eigentümlichen, ja zwingenden Besonderheit, daß sie in den Theaterkreisen ganz Deutschlands, und, was die Händel-Forschung angeht, wahrscheinlich sogar auch auf internationaler Basis diskutiert werden wird.«

Auch nach dem Orff-Abend 1955 sprechen die Kritiker noch von einem »strahlenden Sieg« der Choreographin, doch dann läßt die Begeisterung nach. Zu gewaltig und monumental erscheinen den Rezensenten die Bildwelten von »Alkestis« und »Orpheus«. Im pragmatischen Wirtschaftswunderland scheinen die von Mary Wigmans Bewegungsgruppen getragenen »menschlichen Ur-Gebärden« nicht mehr am Platz. Psychologische Analyse, sozialkritische Schärfe findet Eingang ins Theater der späten fünfziger, der frühen sechziger Jahre. Nach »Alkestis« steht in der »Frankfurter Abendpost«: »Es läßt uns 1958er sehr ungerührt, wenn ein Oberpriester die allzu menschlich tönende Stimme eines Orakels beschwört, das dann mit plötzlich eintretender Dunkelheit, elektrisch fabrizierten Blitzen und durchscheinend-werdenden, als wackelnd-wehende Stoffwürste sich entpuppende ›Säulen‹ seine prophetischen Weisheiten von sich gibt. (...) So blieb der ganze Abend ein zwischen den Stühlen des Wollens und des Vollbringens placiertes Experiment, das noch dazu mit einer Verspätung von etwa einem Vierteljahrhundert durchexerziert wurde.«

Trotz des Publikumserfolgs und dem von den Kritikern gegen alle Einwände gezollten Respekts vor der choreographischen Ideenvielfalt bleibt das Verdikt des Angestaubten hängen. Auch der Erfolg der Choreographie zu Sellners »Orpheus«-Inszenierung täuscht nicht darüber hinweg, daß sie im Theaterleben und in der Tanzwelt zur Repräsentantin einer vergangenen Zeit geworden ist.

Sie ist sich dessen bewußt, und doch stärkt es ihre Hartnäckigkeit, an der eigenen Schule die künstlerischen Errungenschaften »ihrer« Zeit lebendig zu halten. Unverfälscht und ohne Zugeständnisse, auch wenn die Schülerinnen statt in den früheren weitschwingenden Tanzkleidern in hautengen Trikots zum Unterricht kommen und auf dem guten Parkettboden in den Pausen heimlich Boogie-Woogie und später Twist üben. Vom »Dienst« begreifen sie nichts mehr, aber ahnen sollen sie wenigstens etwas davon. Darin bleibt die Meisterin unnachsichtig. Und so, wie sie in den ersten Nachkriegsjahren ihren Schülerinnen vom »Gestaltwandel der Götter« berichtete oder ihnen Märchen vorlas, damit sie überhaupt wieder Mythisches und Mystisches aus der deutschen Kulturgeschichte kennenlernten, so setzt Mary Wigman inhaltlich ihre Arbeit auch in den fünfziger und sechziger Jahren fort. Noch immer stehen »Mänadische Studie« und »Heroische Klage« auf dem Improvisationsprogramm und werden bei Prüfungen als Bewegungsstudien verlangt.

Mary Wigmans letztes Tanzwerk, das sie auf die Bühne bringt und mit dem sie von Publikum und Presse als Choreographin umjubelt wird, ist 1957 die Choreographie zu Strawinskys »Le Sacre du Printemps«. Darin zeigt sie noch einmal ganz kompromißlos *ihren* Tanz und zelebriert ihr philosophisches Lebens- und Tanzverständnis.

Die Choreographie ging ihr nicht leicht von der Hand, ihre Regiebücher sind voll von Zeichnungen und Notizen, mal mit dickem Stift durchgestrichen, manchmal mit dem Vermerk versehen: »*Die verdammte Musik läßt es nicht zu.*« Die Komposition schien ihr kaum tanzbar, zu vielfarbig und grandios, um sie in tänzerische Bewegung umzusetzen. Noch einmal wurde die alte Auseinandersetzung um Tanz und Musik geführt, bis Mary Wigman sich endgültig entschied, der Musik die Führung zu überlassen und die musikalischen Inhalte und Vorgänge »*in großen Linien zu versinnbildlichen*«.

Das Thema des Stücks, dem sie den Titel »Frühlingsweihe« gab, war das zentrale Thema ihres ganzen Werks: Opfer zu sein im Dienst einer über allem Persönlichen stehenden Idee. Für die Inszenierung hatte sie das Berliner Ballettensemble der damals noch »Städtischen Oper« zur Verfügung, das sie durch Schüler/innen ihrer eigenen Schule ergänzte. Mit einer klassisch geschulten Kompanie zu arbeiten, war ihr ja nach den Leipziger und Mannheimer Erfahrungen vertraut, aber diesmal stand sie vor einem besonderen Besetzungsproblem.

Der Gedanke, daß eine klassische Ballerina die Rolle des Opfers tanzen sollte, erfüllte sie mit tiefem Grauen. Ihre genaue Vorstellung davon, wie der Opfertod der Tänzerin auszusehen hatte, ließ keinen Gedanken an eine Ballerina zu, und wenn es Anna Pawlowa gewesen wäre:

»*Unter den rhythmischen Stößen, den aufpeitschenden Zuckungen scheint der tanzende Körper zerbrechen zu wollen, um immer wieder von Neuem der Anziehungskraft der Erde zu trotzen und sich Schritt für Schritt durch die verschiedenen Phasen des Opfertanzes hindurchzukämpfen. In wollüstiger Raserei über den Erdboden gejagt, überwältigt und wie ans Kreuz geschlagen, in schwerelosem Fliegen und triumphaler Entrücktheit aufwärts getrieben bis zu den letzten verzückten Gebärden des körperlichen Sich-Auslöschens, in denen der symbolische Opfertod gipfelte.*«

Wie oft hatte sie in ihrem Leben solche Tänze getanzt, und deshalb kam nur die einzige Tänzerin in Frage, deren Leidenschaft und Besessenheit für den Ausdruckstanz ihr ähnlich war – Dore Hoyer. Die einzige Tänzerin, die, wie sie fand, »*noch etwas zu geben*« hatte und die das Erbe des Ausdruckstanzes am reinsten weiterführte. In zwei Teile gliederte Mary Wigman die Choreographie. Zuerst eine kultische Feier des Lebens in den Szenen »Weihe des Festplatzes«, »Die Entführung«, »Feierlicher Reigen«, »Männertanz«, »Die Bahn des Weisen«, »Der Kuß für die Erde« und »Tanz für die Erde«. Dem Ritual der Weihe des Lebens folgte die Feier des Todes im Opferritual. Dore Hoyers Interpretation der »Auserwählten« gab dem Stück einen atemberaubenden Höhepunkt und Abschluß.

Die Choreographie war Mary Wigmans letzter uneingeschränkter Erfolg ihrer künstlerischen Laufbahn. Dem Kreislauf von Leben und Tod hat sie darin noch einmal tänzerisch Reverenz erwiesen, die »Frühlingsweihe« als, wie sie sagt, »*Apotheose schöpferischen Schmerzes*« choreographiert, dem »göttlichen« Prinzip des Lebens, dem Weg des unbewußten Menschen zur Erkenntnis gehuldigt. »Feierlicher« und »dämonischer« Tanz zugleich, über den sie in einem Manuskript schrieb:

»*Das Menschenopfer ist Sinnbild des Opfers, das jeder einzelne Mensch durch seinen Tod dem Leben bringen muß, auf daß es in seinem Fluß nicht gehemmt wird.*«

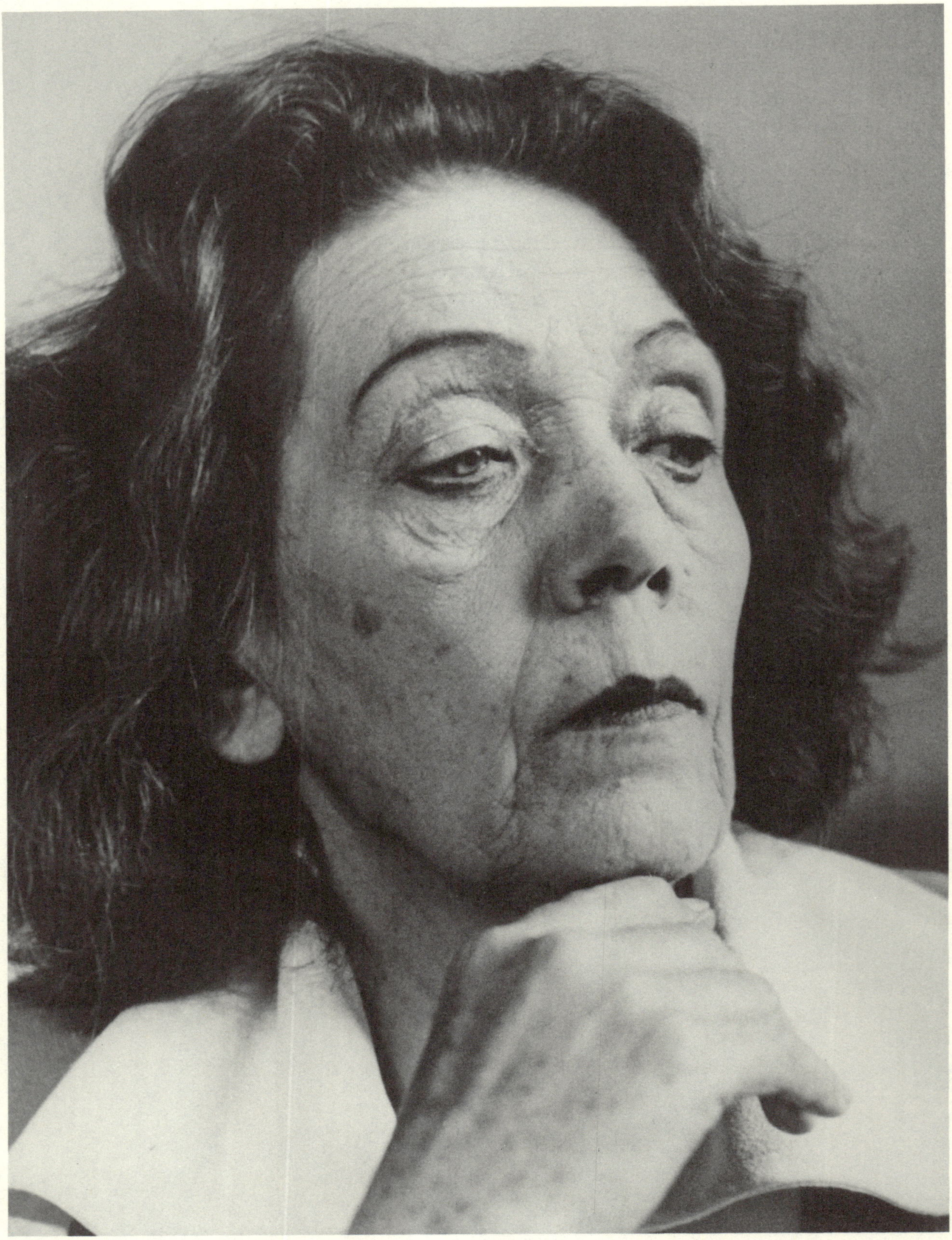

Gruß
1961–1973
Berlin

Mary Wigman Anfang der sechziger Jahre beim Unterricht in ihrem Berliner Studio in der Rheinbabenallee 35.

Mary Wigman stirbt am 18. September 1973 im 87. Lebensjahr. Bei den Vorbereitungen zu ihrem Sommerurlaub auf dem Monte Verità ist sie in ihrer Wohnung gestürzt. Drei Wochen liegt sie unter großen Schmerzen im Krankenhaus und weiß, daß sie es nicht mehr verlassen wird.

In den beiden zurückliegenden Jahren war der Alltag zu einer immer schwerer ertragbaren körperlichen Last geworden, mehrfach hatte sie sich bei Stürzen Brüche zugezogen und war ins Krankenhaus eingeliefert worden. Das Gehen bereitete große Mühe, ärztliche Behandlung war beinahe täglich erforderlich. Am schlimmsten empfand sie, daß sich seit 1971 die Sehkraft rapide verschlechterte und zur fast völligen Erblindung führte. Der Körper begann, den Lebenswillen einzuschränken.

Eine Rose, die man ihr ans Krankenbett bringt, ist das letzte Bild, das sie vor ihrem Tod bewußt wahrnimmt.

Auch im letzten Lebensjahrzehnt hat sie sich wenig Ruhe gegönnt, war täglich von neuen Aufgaben in Anspruch genommen.

Nachdem sie 1961 mit der Choreographie zur »Orpheus«-Inszenierung zum letztenmal eine Bühnenarbeit beendet hat, ist allein der Unterricht in ihrer Schule künstlerischer Lebensinhalt. Kaum ist die Premiere vorüber, gibt es wieder eine Existenzkrise zu bewältigen, die durch den Bau der Berliner Mauer ausgelöst wird. Das Ereignis selbst erschüttert sie tief, das Herz Deutschlands, die Stadt, die für sie noch immer die Einheit der deutschen Geschichte repräsentiert, weil hier der Austausch zwischen Ost und West noch möglich ist, bricht auseinander. Als am 1. September im Wigman-Studio der Unterricht beginnt, erscheinen von den 30 Ausbildungsschüler/innen zwölf, von den sieben neu angemeldeten ein einziger. Die Schüler/innen aus dem Ostsektor können nicht mehr wie gewohnt nach Dahlem kommen, und Auswärtige sagen ab, weil die politische Lage zu instabil ist. Mary Wigman steht vor der finanziellen Katastrophe. Die Zuwendungen der Freunde fließen in die Schulkasse weiter und helfen, das Schlimmste abzuwenden. Als »Mutter« ihrer Schüler/innen ist Mary Wigman mehr denn je im Einsatz, ein Flüchtling muß mit Geld und

Wohnung, andere mit Zusprechungen über das Heimweh hinweggetröstet werden. Die »Einsamen« werden mit Einladungen zum Sonntagsessen betreut und für viele ist der Heiligabend bei »Frau Mary« und »Hesschen« das einzige »Familienerlebnis« des Jahres.

1962 widmet sich Mary Wigman über ein Jahr lang der tänzerischen Vergangenheit und verfaßt »Die Sprache des Tanzes«, eine Erinnerung an die wichtigsten Solotänze und Gruppenzyklen. Darin schreibt sie:

»*Man hat mich oft gefragt, ob die Vergänglichkeit meiner eigenen Tanzwerke mir nicht sehr schmerzlich sei. Nun, ich kann immerhin auf eine stattliche Anzahl von selbst komponierten und erfolgreich aufgeführten Solotänzen, Tanzzyklen, Gruppentänzen, theatralischen Tanzgestaltungen und chorischen Tanzwerken zurückblicken, aber ich darf bekennen, daß ich über ihren Verlust nie wirklich getrauert habe. Sie wurden einfach Vergangenheit! Die flüchtige Einmaligkeit, die sie in der Gestaltung empfingen, ihre Vergänglichkeit, die im Wesen des Tanzes selber begründet liegt, erschien mir stets als etwas Naturbedingtes und Naturgewolltes. So hätte ich zum Beispiel die Tänze meiner Jugend später nie wieder tanzen mögen und wahrscheinlich auch nie wieder tanzen können. Denn es war anderes und für die jeweilige Jahreszeit meines Lebens Wesentlicheres an ihre Stelle getreten, das den Rückgriff auf das Vergangene unnötig, ja überflüssig machte.*«

1962 faßt sie einen Entschluß: Sie will das Studio aufgeben, weil sie sich körperlich den täglichen Anforderungen kaum noch gewachsen fühlt. Aber das Verantwortungsgefühl für die Schüler/innen, die mitten in ihrer Ausbildung stecken, und für die Mitarbeiter/innen, denen der Senat keine finanzielle Stütze bieten will, halten sie vorerst von der Durchführung des Entschlusses ab. Zudem ist ihr die Schule ein wichtiger Lebensinhalt. Der Kontakt mit den jungen Menschen, die Möglichkeit, ihnen helfen zu können, eine eigene tänzerische Ausdrucksform zu finden, den freien Tanz in ihnen zu erhalten, dies bedeutet ihr viel, bedeutet ihr alles. In langen Briefen berichtet sie von den »*glücklichsten Momenten*«, wenn die Schüler/innen ihre eigenen Choreographien präsentieren. Sie ist selig, an solchen Tagen feststellen zu können, daß ihre »Besten« selbständig arbeiten und »gestalten« gelernt haben und daß sie in ihrer künstlerischen Aufgabe sehr ernsthaft sind.

Aber es gibt auch Probleme mit dem, was die Jungen zu bieten haben. Nach Merce Cunninghams erstem Berlin-Gastspiel kommt auch im Wigman-Studio Abstraktes in Mode, was Mary Wigman überhaupt nicht gefällt, so sehr sie Cunningham als Choreographen schätzt. 1962 gründen Gitta Herrmann, Helmut Fricke-Gottschild und Inge Katherine Sehnert die freie Tanzgruppe »Motion«, die bis 1969 bestehen bleibt. Mary

Wigman ist von der Aktivität und dem Unternehmergeist der jungen Leute angetan, aber inhaltlich bleibt sie distanziert – zuviel Bewegung, zuwenig Emotion. Stolz ist die dennoch auf »ihre Kinder«.

Aus der ganzen Welt treffen Einladungen und Bitten von ehemaligen Schüler/innen ein, sie möge doch kommen und sich ihre Arbeiten ansehen. Von den »Alten« angefangen, Margarete Wallmann, deren Operninszenierung sie 1965 an der Mailänder Scala besucht, über Yvonne Georgi in Hannover bis zu den Sommerkurs-Schülerinnen und -Schülern aus den USA, Japan, Frankreich, Skandinavien, Spanien – alle sind sie ihrer Lehrerin und einstigen Meisterin noch immer innig verbunden. Eine griechische Schülerin bringt sie 1965 noch einmal zum ersten Kapitel ihrer künstlerischen Geschichte zurück: in Genf besucht sie den Dalcroze-Kongreß und findet dort alles – nur nicht die Aufführung ihrer Schülerin – reichlich langweilig.

Ehrungen und Verehrungen: mit Paul Hindemith 1961 in der Berliner Akademie der Künste (oben); während einer USA-Reise mit Martha Graham und José Limón (unten).

Amerikanische »Ehemalige« ermöglichen ihr 1964 eine zweite USA-Reise, wiederum mit Vorträgen, Gastlehrstunden, und Besuchen. Reisen bleibt die liebste Abwechslung vom Schulalltag. Doch nach einem schweren Herzanfall, Ostern 1965 auf Teneriffa, wird die Schulauflösung endgültig beschlossen. Aber es ist nicht nur die gesundheitliche Verfassung; in den letzten Jahren sind nur wenige neue Ausbildungsschüler/innen hinzugekommen. Ein letztes Mal steht Mary Wigman Kämpfe mit dem Senat aus, um für die arbeitslosen Mitarbeiter/innen eine soziale Übergangsregelung zu finden, und am 16. Juli 1967 schreibt sie in einem Brief:

»Gestern morgen habe ich die letzte Stunde gegeben und dafür gesorgt, daß der Abschied kein tränenreiches Begräbnis wurde. Es war schön, noch einmal die Lachkaskaden der jungen Menschen durch das Haus schallen zu hören, und wir haben fröhlich miteinander bei belegten Broten und Sekt gefeiert. – Noch einmal wieder darf ich damit ein Kapitel meines Lebens beschließen. Morgen beginnt das Räumen des Hauses. Das Inventar, soweit es mein Eigentum ist, wurde verschenkt. Aber Ihr ahnt nicht, welche Unmengen Papier ich in die Taubertstraße holen muß. Tausende von Fotos aus allen Epochen meines Lebens, Koffer voll von Aufsätzen, Vorträgen, Notizen über Tanz, Kritiken, Prospekte, Drucksachen – grauenhaft! Ich kann diese meine eigene Vergangenheit gar nicht fassen.«

Es ist diese Vergangenheit, die die Menschen an sie bindet. Kaum ein Tag vergeht ohne Besuch von »Ehemaligen«, die mal nur plaudern wollen oder mal Hilfe bei eigenen choreographischen Problemen suchen. Zu den Geburtstagsfeiern kommen die Wigman-Schüler/innen aus vier Generationen und aus der ganzen Welt in Berlin zusammen. Daß auch Hanya Holm und Gret Palucca manchmal dabei sind, freut Mary Wigman besonders. Im Lauf der Jahre stehen immer weniger der alten, vertrauten Namen im Besuchskalender. Dore Hoyer, für Mary Wigman *»die letzte große moderne Tänzerin in Europa«*, nimmt sich am Jahreswechsel 1967/1968 das Leben, vier Monate später erliegt Harald Kreutzberg seiner Krankheit, und im Mai stirbt Will Grohmann. *»Nicht nur, daß es mir nahegegangen ist«*, schreibt sie einer Freundin, *»es ist ja jedesmal, als würde ein Stück des eigenen Lebens mit fortgerissen«* – ein Stück des eigenen Lebenswerks.

Ständige Krankheiten zwingen Stille in Mary Wigmans Leben. Mit unendlicher Fürsorge kümmert sich »Hesschen«, die mittlerweile auch schon die Mitte der Siebziger erreicht hat, um sie. Fast fünfzig Jahre haben die beiden Frauen ihr Leben gemeinsam verbracht – »Chefin«, wie »Hesschen« sagt, die eine, Haushälterin, Köchin, Krankenschwester, Chauffeuse, Reisebegleiterin die andere. »Hesschen« ist für alles zuständig, was den privaten Bereich angeht, und hat in all den Jahren mit aufopfernder Anhänglichkeit für einen Schutz vor den »Banalitäten« des täglichen Lebens gesorgt, damit die »Chefin« ihre ganze Kraft auf die künstlerische Arbeit konzentrieren konnte. Und weiterhin werden Flugkarten bestellt und die Erholungsquartiere unter südlicher Sonne bezogen. Im Tessin, am Lago Maggiore, ist Mary Wigman in den letzten Lebensjahren regelmäßig Gast, vor allem, wenn im Frühjahr die Blütenpracht der Landschaft sich um den See herum entfaltet. Immer schaut sie dann auch bei Berthe Trümpy herein, die in der Nähe lebt. Herbert Binswanger, zu dem seit über vierzig Jahren eine vertrauensvolle Freundschaft besteht, kutschiert sie im Auto durch die Schweizer Bergwelt und begleitet sie 1969 auf der letzten Übersee-Reise – nach Israel. Danach nur noch Ascona, Monte Verità, dem alle Liebe der Erinnerung gilt.

Kein Schmerz darüber, daß das tänzerische Werk, das 1913 dort seinen Anfang nahm, längst vergangen ist. Sie war in ihrer Pädagogik darauf bedacht, die Schülerinnen und Schüler zu selbständigen Tänzer/inne/n zu entwickeln, die einen eigenen choreographischen Ausdruck finden sollten. Eine »Technik«, wie sie sie bei Martha Graham sieht, hat sie nie gelehrt, ihr ging es um einen »Stil«, der den Schüler/inne/n als Ausgangspunkt der eigenen Entfaltung diente. Und dieser Stil, die Grundzüge des freien, expressiven Tanzes, hat seinen Einfluß geltend gemacht. Auch wenn Ende der sechziger Jahre die Vormacht des klassischen Balletts im deutschen Tanzleben unangefochten ist, weiß Mary Wigman, daß es ohne ihren Tanz und ohne die ganze Bewegung des Ausdruckstanzes dieses moderne Ballett nicht gäbe. Daß junge Tänzerinnen und Tänzer, die dem Technikzwang des klassischen Balletts entfliehen, wieder nach einer tänzerischen Form für persönliches Befinden suchen und daß im Zuge dieser Suche eine neue Epoche des deutschen Tanzes heraufzieht, erlebt Mary Wigman nicht mehr. Im Herbst 1973, als sie stirbt, übernimmt gerade Pina Bausch die Leitung des Wuppertaler Tanztheaters. Wieder beginnt der Kampf um einen neuen tänzerischen Ausdruck. Und es wird gelten, was Mary Wigman nicht lange zuvor in einem Manuskript geschrieben hat:

»Das spontan Erfundene läßt sich in der gleichen Form nicht wiederholen, und kein Rekonstruktionsversuch hat noch je etwas getaugt. Hat es sich aber um einen echten schöpferischen Einfall gehandelt, so steigt das scheinbar Verlorene doch wieder aus der Versenkung herauf, um sich, vom Ballast seiner Schlacken befreit, zur richtigen Stunde am richtigen Platz zu behaupten.«

»Ich war,
ich bin,
ich werde sein,
vor Dir,
mit Dir,
nach Dir,
unvergänglich . . «

»Gruß«, 1924.

Quellennachweise

Zitate von Mary Wigman stammen, sofern sie nicht einzeln durch eine Quellenangabe nachgewiesen werden, aus persönlichen Aufzeichnungen der Künstlerin, die sich im Mary Wigman-Archiv der Akademie der Künste (MWA) in Berlin befinden. Neben Tagebüchern und theoretischen Aufsätzen in Tage- und Notizbüchern handelt es sich um autobiographische Manuskripte, Programmhefte und Aufzeichnungen zu Aufführungen, Manuskripte zu Tänzen, um Vortrags- und Artikelmanuskripte u. ä. Zitate aus diesen Unterlagen sind nicht bibliographisch aufgelistet. Dies gilt ebenso für Textmaterialien, die im Mary Wigman-Archiv vorhanden sind und keinen Quellennachweis tragen. Bei den Texten von Mary Wigman wurde – soweit vorhanden – immer dem Originalmanuskript gegenüber einer eventuellen Veröffentlichung der Vorzug gegeben, weil vor allem publizierte autobiographische Texte redaktionelle Eingriffe aufweisen.

Nicht im einzelnen nachgewiesen sind die Briefe von Mary Wigman an Martha Reuther, die sich in Privatbesitz befinden.

Wanderung

Karl Storck, E. Jaques-Dalcroze. Seine Stellung und Aufgabe in unserer Zeit. Stuttgart 1912, S. 91, S. 90, S. 32, S. 24, S. 57, S. 29

Camill Hoffmann, »Die Tänzerinnen von Hellerau«. *Neue Freie Presse,* o. J. (ca. Juni 1912)

Gespräch mit Mary Wigman im November 1972 und März 1973, geführt von Gerhard Schumann. In: *Arbeitshefte.* Positionen zur Vergangenheit und Gegenwart des modernen Tanzes. Schriftenreihe des Präsidiums der Akademie der Künste der Deutschen Demokratischen Republik, Nr. 36, Berlin 1982 (darin auch Mary Wigmans Bemerkung über S. Perrottet, Monte Verità) S. 39, S. 40, S. 41

Emil Nolde, Mein Leben, Köln 1976, S. 208

Hugo Ball und Emmy Hennings, Damals in Zürich. Briefe aus den Jahren 1915–1917. Zürich 1978, S. 106

Schulprospekt: In: Monte Verità, Berg der Wahrheit. Lokale Anthropologie als Beitrag zur Wiederentdeckung einer neuzeitlichen sakralen Topographie. Katalog zur Ausstellung in Ascona/Brissagoinseln 8. 7. – 27. 8. 1978 hrsg. v. Agentur für geistige Gastarbeit, Harald Szeemann. Civitanova Marche und Tegna, und Electa Editrice. Mailand 1978

Rudolf von Laban, Die Welt des Tänzers. Fünf Gedankenreigen. Stuttgart 1920, S. 181, S. 185, S. 3, S. 8

Hans Brandenburg, München leuchtete. Jugenderinnerungen. München 1953, S. 444, S. 488

Münchner Neueste Nachrichten, 13. 2. 1914

Rudolf von Delius, »Eine neue Tänzerin«. In: *Die Propyläen,* Wochenschrift der Münchner Zeitung, Jg. 11, 1913/14, Nr. 29, S. 454

Hugo Ball, Die Flucht aus der Zeit. München/Leipzig 1927, S. 105, S. 151 (Tagebücher)

Berner Tagblatt, 1. 3. 1916

Berthe Trümpy, (Manuskript zum Tanzabend), MWA

Mary Wigman, »Mein erster Erfolg«. In: *Die schöne Frau,* Jg. 7, H. 9, 1931/32

Fremdenblatt Arosa, 13. 12. 1919

Zitate zu Annaberg aus Gespräch mit G. Schumann und aus autobiographischem Manuskript

Berthe Trümpy, »Die Anfänge der Wigman-Schule«. In: *Tanzgemeinschaft,* Vierteljahresschrift für tänzerische Kultur, Jg. 2, 2. Vierteljahr 1930

Rudolf Bach, Das Mary Wigman-Werk. Dresden 1933, S. 33f.

Mary Wigman, Die Sprache des Tanzes. Stuttgart 1963, S. 107ff.

Kreis – Dreieck – Chaos

Elisabeth Wigmans Schreibheft befindet sich in Privatbesitz.

Berthe Trümpy, »Die Anfänge der Wigman-Schule«. In: *Tanzgemeinschaft,* Vierteljahresschrift für tänzerische Kultur, Jg. 2, 2. Vierteljahr 1930

Mary Wigman zu Tanz und Musik, Schlaginstrumenten, Gruppenwerk. In: Rudolf Bach, Das Mary Wigman-Werk. Dresden 1933, S. 25f., S. 46f.

Münchner Neueste Nachrichten, 27. 1. 1914

Wolfgang Schumann, »Die Geburt des Tanzes«. In: *Kunstwart und Kulturwart* Jg. 38, H. 5, Februar 1925, S. 228 u. 229

Rudolf von Delius, »Eine neue Tänzerin«. In: *Die Propyläen,* Wochenschrift der Münchner Zeitung, Jg. 11, 1913/14, Nr. 29, S. 454

Ernst Blass, Das Wesen der neuen Tanzkunst. Weimar 1922, S. 48

Mary Wigman zu existierenden Musikwerken und zu Mozart in ihrem Artikel »Der Tanz in seiner Beziehung zu den übrigen Künsten«. In: Hamburger Jahrbuch für Theater und Musik, 1947/48, hrsg. v. Paul Th. Hoffmann. Hamburg 1947, S. 163f.

Hildebrand Gurlitt, *Deutsche Allgemeine Zeitung,* 22. 12. 1921

Frankfurter Zeitung, 15. 12. 1921

Friedrich Ege, »Die Mary Wigman-Tanzschule«. In: Deutsches Musikjahrbuch 1924/25, hrsg. v. Rolf Cunz. Essen 1925

Oswald Pander, »Mary Wigman und die neue Choreographie«. In: *Der Kreis,* Zeitschrift für künstlerische Kultur, Jg. 2, H. 2, Februar 1925, S. 5

Felix Emmel, »Mary Wigmans Revolution des Tanzes«. In: *Bremer Bühnen-Rundschau,* Jg. 2, Nr. 6 (26), 8. 2. 1925, S. 7

Mary Wigman, Die Sprache des Tanzes. Stuttgart 1963, S. 94, S. 60, S. 67

R. Windeck, »Zum Mary Wigman-Abend«. Gedanken über Magie und Kultur, Tanz und Schicksal, in: *Bremer Bühnen-Rundschau,* a. a. O., S. 3f.

Artur Michel, »Tanzabend Mary Wigman« (Visionen). In: *Musik und Theater,* Jg. 3, 2. Dezemberheft 1928, S. 9

Brief Mary Wigman an Oskar Schlemmer. In: Oskar Schlemmer – Das Triadische Ballett, hrsg. v. Akademie der Künste, Dokumentation Nr. 5, Berlin 1977, S. 27

Will Goetze, »Über das neue Gruppenprogramm von Mary Wigman«. Manuskript. MAW

Montag, 5. 3. 1928 (»Die Feier«)

Mary Wigman, »Der neue künstlerische Tanz und das Theater«. In: *Tanzgemeinschaft,* Vierteljahresschrift für tänzerische Kultur, Januar 1929, S. 4

Berliner Tageblatt, 26. 6. 1928

»Sitzungsbericht der Deutschen Tanzgemeinschaft«. In: *Tanzgemeinschaft,* a. a. O., S. 14

Protokoll vom 7. 12. 1928. In: *Schrifttanz,* Jg. 2, H.1, Januar 1929, S. 17

»Tanzhochschule«. In: *Tanzgemeinschaft,* Vierteljahresschrift für tänzerische Kultur, April 1929, S. 13

Mary Wigman, »Wie stehe ich zu Albert Talhoffs ›Totenmal‹«. In: *Singchor und Tanz,* Fachblatt für Theatersingchor und Kunsttanz, Jg. 47, H. 12, 15. 6. 1930, S. 180f.

John Martin, »Mary Wigman's Art«. In: *The New York Times,* 3. 8. 1930

Sol Hurok und Ruth Goode, Impresario. A Memoir. New York 1946, S. 161

Wende

Rudolf Bach, Das Mary Wigman-Werk. Dresden 1933, S. 19, S. 22f.

Mary Wigman, Die Sprache des Tanzes. Stuttgart 1963, S. 7, S. 74, S. 40f.

Mary Wigman, Komposition. Dresden o. J. (1925)

Fritz Böhme, »Mary Wigman«. In: *Bremer Bühnen-Rundschau,* Jg. 2, Nr. 6 (26), 8. 2. 1925, S. 7

Vision

Joseph Lewitan, *Der Tanz.* Juni 1931, S. 15

Jan Altenburg, »Das Erlebnis Mary Wigman«. In: *Die Weltbühne,* Jg. 20, Nr. 20, 2. 10. 1924

Valeska Gert, »Mary Wigman und Valeska Gert«. In: *Der Querschnitt,* Jg. 6, H. 5, 1926, S. 361f.

Fritz Böhme, »Mary Wigman: Der Weg«. In: *Deutsche Allgemeine Zeitung,* 13. 12. 1932

Sol Hurok und Ruth Goode, Impresario. A Memoir. New York 1946, S. 161

John Schikowski, »Der Fall Wigman«. In: *Vorwärts,* 14. 12. 1927

Mary Wigman, Deutsche Tanzkunst. Dresden 1935, S. 12f., S. 11

Die geistigen Grundlagen für Tanz im Nationalsozialistischen Staat, Richtlinien, hrsg. v. Kampfbund für Deutsche Kultur und dem Reichsverband Deutscher Turn-, Sport- und Gymnastiklehrer im NS-Lehrerbund. Sonderdruck der *Deutschen Kultur-Wacht.* (1933)

Mary Wigman, Die Sprache des Tanzes. Stuttgart 1963, S. 87

Begegnung

Edwin Kuntz, »Noch ein ›Szenisches Oratorium‹«. In: *Rhein-Neckar-Zeitung,* 21. 6. 1954

Willy Werner Göttig, »Tanztradition für Glucks ›Alkestis‹«. In: *Abendpost,* 28. 11. 1958

Mary Wigman, Die Sprache des Tanzes. Stuttgart 1963, S. 16

Werkverzeichnis

Diese Zusammenstellung basiert sowohl auf Angaben Mary Wigmans zu ihren Tanzwerken, als auch auf Rezensionen, Programmzetteln und ähnlichen Hinweisen.

In den persönlichen Aufzeichnungen tauchen allerdings auch sich widersprechende Jahreszahlen auf, die nur zum Teil korrigiert werden konnten. So bleibt eine Reihe von Uraufführungsdaten unklar. Eingetragen sind jeweils der bekannte Tag der Uraufführung, der aus den Aufzeichnungen erschlossene Zeitraum der Uraufführung bzw. das von Mary Wigman selbst genannte Jahr.

Aufgenommen sind nur die öffentlich aufgeführten Tanzwerke, schulinterne Arbeiten bleiben unberücksichtigt. Ebenfalls nicht berücksichtigt sind Tänze aus der Laban-Zeit, in denen Mary Wigman als Tänzerin, nicht als Choreographin mitwirkte.

Mehrere Tänze wurden von Mary Wigman nach einiger Zeit neu gestaltet und/oder mit einem neuen Titel versehen. Soweit solche Doppelbezeichnungen bzw. Variationen der gleichen Tänze bekannt sind, ist ihr Titel mit angeführt.

Bei Einzeltänzen, die nie als zusammenhängender Zyklus aufgeführt wurden, die aber als Teil eines Zyklus galten, ist der Titel des Zyklus zusätzlich angegeben. Ist der Zyklus zusammenhängend aufgeführt worden, steht sein Titel zusammenfassend über den Einzeltänzen, dahinter das Datum der ersten bekannten Aufführung des Zyklus.

Alle Solotänze von 1914–1942 wurden von Mary Wigman selbst, ab 1946 von ihren Schülerinnen getanzt.

Titel	Solo/ Gruppe	Datum	Komponist
Hexentanz I	S	11. 2. 1914	—
Lento	S	11. 2. 1914	—
Lento IV	S	28. 4. 1914	—
Lento V	S	28. 4. 1914	—
Bewegungsstudie	S	28. 4. 1914	—
Zweitanz I	G	28. 4. 1914	—
Zweitanz II	G	28. 4. 1914	—
Dreitanz	G	28. 4. 1914	—
Groteske II	G	28. 4. 1914	—
Also sprach Zarathustra	S	2. 1916	
Eroica	S	1916	
Valse triste	S	2. 1916	Sibelius
Zingara	S	2. 1916	Chaminade
Märchen	G	2. 1916	Raff
Die bildenden Künste			
Die Malerei	S	2. 1916	—
Die Plastik	S	2. 1916	—
Die Graphik	G	2. 1916	—
Ägyptisches Lied (Ägyptischer Tanz) (a. d. Zyklus Träume)	S	2. 1916	Scott
Die Musik	S	2. 1916	
Der Schmerz	S	1916	
Die Freude	S	1916	
Persisches Lied	S	1916/17	Arensky
Gollivogs Cakewalk	G	1916/17	Debussy
Schönberg-Studien	G	1916/17	Schönberg
Vier Tänze der Nacht	S+G	1916–18	
Tänze der Königin	S	1916–18	
Maskentänze		1916–18	
Der Tod	S	1916–18	
Die Qual	S	1916–18	
Der Wahn	S	1916–18	
Der Schrei	S	1916–18	
Präludium VIII	S	18. 6. 1917	Bach
Arie	S	18. 6. 1917	Bach
Gespenstertänze		18. 6. 1917	
Mexikanisches Zauberlied	S	18. 6. 1917	Rezitation
Satans Vergnügen (Satans Tochter)	S	18. 6. 1917	Rebikow
Totentanz I, 1. Version (Danse macabre)	G	18. 6. 1917	Saint-Saëns
Träume	S	18. 6. 1917	
Die Stille	S	18. 6. 1917	Laban
Dunkle Rhythmen	S	18. 6. 1917	—
Ägyptisches Lied	S	11. 2. 1916	Scott
Teufelswalzer	S	18. 6. 1917	Liszt

Titel	Solo/ Gruppe	Datum	Komponist
Ekstatische Tänze	S	10. 11. 1917	
Die Nonne (Gebet)	S	10. 11. 1917	
Der Tänzer unserer lieben Frau	S	10. 11. 1917	
Götzendienst	S	10. 11. 1917	
Opfer	S	10. 11. 1917	—
Der Derwisch	S	10. 11. 1917	
Tempeltanz	S	10. 11. 1917	—
Yaravi (a. d. Zyklus Tanzlieder)	S	20. 2. 1919	
Ungarische Tänze	S	20. 2. 1919	Brahms
in d-Moll	S	20. 2. 1919	Brahms
in F-Dur	S	20. 2. 1919	Brahms
in d-Moll	S	20. 2. 1919	Brahms
in A-Dur	S	20. 2. 1919	Brahms
Tanzlieder	S	31. 3. 1919	
Marche Orientale	S	31. 3. 1919	Granados
Yaravi	S	20. 2. 1919	
Scherzo	S	31. 3. 1919	(japan. Melodie)
Serenada	S	31. 3. 1919	
Schatten (a. d. Zyklus Tänze der Nacht)	S	31. 3. 1919	(indische Melodie)
Traum (a. d. Zyklus Tänze der Nacht)	S	31. 3. 1919	(japan. Melodie)
Walzer I	S	31. 3. 1919	Strauß
Der Ruf (a. d. Zyklus Tanzrhythmen I)	S	1919/20	
Slawische Tänze (Tanzsuite)	S	1. 1920	Dvořák
Auftakt	S	1. 1920	Dvořák
Spiel	S	1. 1920	Dvořák
Walzer II	S	1. 1920	Dvořák
Allegro con brio	S	1. 1920	Dvořák
Phantasie	S	1920	Saint-Saëns
Vision	S	1920	(Geräusch-rhythmik)
Der Spuk	S	1920	
Polonaise I	S	1920	Liszt
Vier Tänze nach orientalischen Motiven	S	1920	
Arabeske	S	1920	Granados
Der Schwung	S	1920	(Gong)
Das Zeichen	S	1920	—
Die Mitte	S	1920	Mraczek
L'Arlésienne (Tanzsuite)		14. 1. 1921	Bizet
Intermezzo	S	1920	Bizet

Titel	Solo/ Gruppe	Datum	Komponist
Menuett	S	1920	Bizet
Farandole	G	14. 1. 1921	Bizet
Totentanz I, 2. Version (Danse macabre) (a. d. Zyklus Tänze der Nacht)	G	14. 1. 1921	Saint-Saëns
Die Flucht (a. d. Zyklus Tänze der Nacht)	G	14. 1. 1921	
Tanzrhythmen I	S	1921	
Triste	S	1921	
Der Ruf	S	1919/20	
Suite im alten Stil	S	9. 1921	
Polonaise II	S	9. 1921	
Gavotte	S	9. 1921	
Sarabande	S	9. 1921	
Rigaudon	S	9. 1921	
Die Feier I		9. 1921	
Der Gruß	G	9. 1921	
Das Lied	S	9. 1921	
Weihe	S	9. 1921	
Der Bann	G	9. 1921	
Ausklang	G	9. 1921	
Serenade (a. d. Zyklus Spanische Suite)	S	9. 1921	trad.
Rondena (a. d. Zyklus Spanische Suite)	S	9. 1921	trad.
Die sieben Tänze des Lebens		14. 12. 1921	Pringsheim
Prolog und Vorspiel	G	14. 12. 1921	Pringsheim
Tanz der Sehnsucht	S	14. 12. 1921	Pringsheim
Tanz der Liebe	S	14. 12. 1921	Pringsheim
Tanz der Lust	G	14. 12. 1921	Pringsheim
Tanz des Leides	S	14. 12. 1921	—
Tanz des Dämon	S	14. 12. 1921	Pringsheim
Tanz des Todes	S	14. 12. 1921	—
Tanz des Lebens	G	14. 12. 1921	Pringsheim
Zwei Tänze des Schweigens	S	26. 4. 1922	—
Tanzrhythmen II	S	26. 4. 1922	
Schwertlied I	S	26. 4. 1922	oriental. Melodie
Klage I	S	26. 4. 1922	oriental. Melodie
Zamacueca	S	26. 4. 1922	
Silhouetten	G	1922	Arensky
Cancion (a. d. Zyklus Spanische Suite)	S	1922	Albeniz/ Granados
Allegro airoso (a. d. Zyklus Spanische Suite)	S	1922	Albeniz/ Granados

Titel	Solo/ Gruppe	Datum	Komponist
Malagueña (a. d. Zyklus Spanische Suite)	S	1922	trad.
Marsch	G	4. 7. 1922	Mussorgsky
Romanze	S	29. 9. 1922	Liszt
Groteske	G	29. 9. 1922	Grieg
Heroischer Marsch	G	29. 9. 1922	Liszt
Polonaise (a. d. Zyklus Suite »Bann«)	G	1922	
Russische Suite I (Tanzfolge nach russischen Liedern, Suite russischer Lieder)	S	1922	trad.
Der Schrei (a. d. Zyklus Feier I)	S	2. 1923	
Der Weg (a. d. Zyklus Feier I)	S	2. 1923	
Skizzen zu einem Tanzdrama		22. 4. 1923	Goetze
Kreis		22. 4. 1923	Goetze
Dreieck		22. 4. 1923	Goetze
Chaos		22. 4. 1923	Goetze
Aufruf (a. d. Zyklus Szenen aus einem Tanzdrama)	S	30. 6. 1923	Goetze
Wanderung (a. d. Zyklus Szenen aus einem Tanzdrama)	S	30. 6. 1923	Goetze
Rhapsodie (a. d. Zyklus Szenen aus einem Tanzdrama)	S	30. 6. 1923	Liszt
Seguidilla (a. d. Zyklus Spanische Suite)	S	21. 9. 1923	Albeniz/ Granados
Romanze II (a. d. Zyklus Spanische Suite)	S	21. 9. 1923	Albeniz/ Granados
Sechs Variationen über ein heroisches Bewegungsthema	S	21. 9. 1923	
Serenata (a. d. Zyklus Spanische Suite)	S	1923	Albeniz/ Granados
Szenen aus einem Tanzdrama		4. 1. 1924	Goetze
Aufruf	G	4. 1. 1924	Goetze
Wanderung	G	4. 1. 1924	Goetze
Kreis	G	22. 4. 1923	Goetze
Dreieck	G	22. 4. 1923	Goetze
Chaos	G	22. 4. 1923	Goetze
Wende	G	4. 1. 1924	Goetze
Vision	G	4. 1. 1924	Goetze
Begegnung	G	4. 1. 1924	Goetze
Gruß	G	4. 1. 1924	Goetze
Rhapsodie (Finale)	G	30. 6. 1923	Liszt
Appassionato	S	25. 10. 1924	Goetze
Tanzlied I	S	25. 10. 1924	

Titel	Solo/ Gruppe	Datum	Komponist
Tanzlied II	S	25. 10. 1924	
Die abendlichen Tänze (Drei Elegien)	S	25. 10. 1924	
Tanzrhythmus I (Studie)	S	25. 10. 1924	Bartók
Tanzrhythmus II (Studie)	S	25. 10. 1924	Kodály
Schlußtanz	S	25. 10. 1924	Liszt
alla marcia	S	25. 10. 1924	Liszt
all' improvisato	S	25. 10. 1924	Liszt
allegretto zingarese	S	25. 10. 1924	Liszt
Gesang (a. d. Zyklus Suite »Bann«)	G	1924/25	
Das Tanzmärchen	G	19. 1. 1925	Goetze
Polonaise III (a. d. Zyklus Spanische Suite)	S	1925	Albeniz/ Granados
Lied II (a. d. Zyklus Spanische Suite)	S	1925	Albeniz/ Granados
Zeremonielle Gestalt (Vision I) (a. d. Zyklus Visionen)	S	10. 1925	Goetze
Verhüllte Gestalt (Vision II) (a. d. Zyklus Visionen)	S	10. 1925	Goetze
Spukhafte Gestalt (Vision III) (a. d. Zyklus Visionen)	S	10. 1925	Goetze
Totentanz II	G	1. 1926	Goetze
Raumgesänge	G	1. 1926	Goetze
Feierlicher Auftakt	G	1. 1926	Goetze
Schwingende Reihe	G	1. 1926	Goetze
Der Strahl	G	1. 1926	Goetze
Rhythmus	G	1. 1926	Goetze
Russische Suite II (Tanzfolge nach russischen Liedern und Rhythmen)	G	1. 1926	trad.
Dunkler Zug	G	1. 1926	trad.
Der Block	G	1. 1926	trad.
Tanzlied	G	1. 1926	trad.
Variationen über ein rhythmisches Thema	G	1. 1926	trad.
Festliches Präludium	S	1. 10. 1926	Goetze
Hexentanz II (Vision IV)	S	1. 10. 1926	Goetze
Rhapsodischer Tanz	S	1. 10. 1926	Goetze
Monotonie I (a. d. Zyklus Die Feier II)	S	1. 10. 1926	Goetze
Monotonie II (Drehmonotonie) (a. d. Zyklus Die Feier II)	S	1. 10. 1926	Goetze
Die Feier II, 1. Version		2. 1927	Goetze
Der Tempel (4 Monotonien)	G	2. 1927	Goetze

Titel	Solo/ Gruppe	Datum	Komponist
Im Zeichen des Dunklen	G	2. 1927	Goetze
Polonaise III	G.	2. 1927	Goetze
Lied (Tanzlied)	S	2. 1927	Goetze
Rhapsodischer Text	G	2. 1927	Goetze
Tarantella	S	2. 1927	Goetze
Traumgestalt (Vision V) (a. d. Zyklus Visionen)	S	10. 1927	Goetze
Vier Tänze nach Balkanliedern	S	10. 1927	trad.
Fantasien über Gesänge	S	1927	
Helle Schwingungen	S	10. 1927	trad.
Rondena (In großem Schwung)	S	10. 1927	trad.
Habanera (Zart fließend)	S	10. 1927	trad.
Walzer III (Leicht spielend)	S	10. 1927	
Ballade I	S	10. 1928	
Die Feier II, 2. Version	G	4. 3. 1928	Goetze
Der Tempel (4 Monotonien)	G	2. 1927	Goetze
Im Zeichen des Dunklen	G	2. 1927	Goetze
Festlicher Ausklang (4 Tänze)	G	4. 3. 1928	Goetze
Chorische Bewegung (Drei Studien)	G	1928	
Feierliche Gestalt (Vision VI) (a. d. Zyklus Visionen)	S	12. 1928	Goetze
Gespenstische Gestalt (Erscheinung, Vision VII) (a. d. Zyklus Visionen)	S	12. 1928	Goetze
Raumgestalt (Vision VIII) (a. d. Zyklus Visionen)	S	12. 1928	Goetze
Schwingende Landschaft	S	7. 11. 1929	Hasting
Anruf	S	7. 11. 1929	Hasting
Seraphisches Lied	S	7. 11. 1929	Hasting
Gesicht der Nacht	S	7. 11. 1929	Hasting
Pastorale I	S	7. 11. 1929	Hasting
Festlicher Rhythmus	S	7. 11. 1929	Hasting
Sommerlicher Tanz	S	7. 11. 1929	Hasting
Sturmlied	S	7. 11. 1929	Hasting
Zigeunerweisen (Drei Tanzlieder)	S	7. 11. 1929	Hasting
Tanz des Leides (a. d. Zyklus Totenmal, Visionen)	S	24. 6. 1930	
Opfer	S	1. 11. 1931	Hasting
Schwertlied II	S	1. 11. 1931	Hasting
Tanz für die Sonne	S	1. 11. 1931	Hasting
Todesruf	S	1. 11. 1931	Hasting
Tanz für die Erde	S	1. 11. 1931	Hasting
Klage II	S	1. 11. 1931	Hasting

Titel	Solo/ Gruppe	Datum	Komponist
Tanz in den Tod	S	1. 11. 1931	Hasting
A la Polonaise (Polonaise IV)	S	1. 11. 1931	Hasting
Rondo	S	1. 11. 1931	Hasting
Der Weg	G	8. 12. 1932	Hasting
Hymnus I (Aufbruch)	G	8. 12. 1932	Hasting
Das Tor	G	8. 12. 1932	Hasting
Nachtgesang	S	8. 12. 1932	Hasting
Traumvögel	G	8. 12. 1932	Hasting
Schatten	G	8. 12. 1932	Hasting
Pastorale II	G	8. 12. 1932	Hasting
Intermezzo	G	8. 12. 1932	Hasting
Hymnus II (Rückkehr)	G	8. 12. 1932	Hasting
Abschied (Mütterlicher Tanz) (a. d. Zyklus Frauentänze)	S	28. 1. 1934	Hasting
Tanz der stillen Freude (a. d. Zyklus Frauentänze)	S	28. 1. 1934	Hasting
Frauentänze	G	11. 12. 1934	Hasting
Hochzeitliche Reigen (Drei Tänze)	G	11. 12. 1934	Hasting
Mütterlicher Tanz	S	28. 1. 1934	Hasting
Totenklage	G	11. 12. 1934	Hasting
Tanz der stillen Freude	S	28. 1. 1934	Hasting
Die Seherin	G	11. 12. 1934	Hasting
Hexentanz	G	11. 12. 1934	Hasting
Tanzgesänge	S+G	9. 11. 1935	Hasting
Lobgesang	G	9. 11. 1935	Hasting
Schicksalslied	S	9. 11. 1935	Hasting
Bittgang	G	9. 11. 1935	Hasting
Mondlied	G	9. 11. 1935	Hasting
Feuertanz	G	9. 11. 1935	Hasting
Huldigungstanz	G	9. 11. 1935	Hasting
Totenklage (Olympisches Festspiel)	G	1. 8. 1936	Egk
Herbstliche Tänze	S	4. 1. 1937	Hasting
Segen (Herbstliche Gestalt I)	S	4. 1. 1937	Hasting
Tanz der Erinnerung	S	4. 1. 1937	Hasting
Jagdlied	S	4. 1. 1937	Hasting
Tanz in der Stille	S	4. 1. 1937	Hasting
Windsbraut (Herbstliche Gestalt II)	S	4. 1. 1937	Hasting
Vier Tänze nach ungarischen Volksliedern	S	4. 1. 1937	trad.
Spiel	S	17. 11. 1937	Hasting
Ballade II	S	17. 11. 1937	Hasting
Der Ruf II	S	1938	Hasting
Zwiesprache	S	1938	Hasting
Tanz der lichten Königin (Minnelied)	S	9. 1. 1939	Hasting
Tanz der dunklen Königin	S	9. 1. 1939	Hasting

Titel	Solo/ Gruppe	Datum	Komponist
Danksagung	S	9. 1. 1939	Hasting
Tänze nach slawischen Liedern (Tänze nach polnischen Volksliedern)	S	1938/39	trad.
Freue dich, mein Herz	S	1942	
Sei stille, mein Herz	S	1942	
Tanz der Brunhild	S	15. 2. 1942	Montijn
Tanz der Niobe	S	15. 2. 1942	Montijn
Abschied und Dank	S	15. 2. 1942	Montijn
Aufschwung	S	16. 7. 1946	Schumann
Persisches Lied	S	16. 7. 1946	Bantock
Tanzlied	G	16. 7. 1946	(russ. Volkslied)
Mazurka	S	16. 7. 1946	Werzlav
Reigen	G	16. 7. 1946	Schubert
(Skizzen zu dem Thema)			
»Aus der Not der Zeit«	G	16. 7. 1946	
Auf der Flucht	G	16. 7. 1946	Link
Klage	G	16. 7. 1946	Weiske
Auch uns werden einst die Glocken wieder läuten	G	16. 7. 1946	Debussy
Walzer	G	16. 7. 1946	Strauß
Polonaise	G	29. 10. 1946	Bach
Auf der Suche (a. d. Zyklus Aus der Not der Zeit)	G	12. 10. 1947	Kessler
Kleine Suite	S	19. 12. 1948	Haydn
Pavane der jungen Königin	S	19. 12. 1948	trad.
Der Geist des Bösen	S	19. 12. 1948	Kessler
Meermädchen	S	19. 12. 1948	Kessler
Aschenbrödel	S	19. 12. 1948	Kessler
Marienlied	S	19. 12. 1948	trad.
Hirtenlied	S	19. 12. 1948	Göbel
Frühlingslied		19. 12. 1948	trad.
In liebendem Gedenken	G	19. 12. 1948	
Drei chorische Studien	G	22. 6. 1950	Kessler
Abendliches Lied		26. 11. 1950	Kessler
Minnegesang		26. 11. 1950	Kessler
Fremdes Mädchen		26. 11. 1950	Kessler
Polka und Reiterstückchen	G	26. 11. 1950	Kessler
Pastorale		26. 11. 1950	Kessler
Spiel		26. 11. 1950	Kessler
Straßenlied		26. 11. 1950	Kessler
Beschwingt	G	24. 1. 1952	Debussy
Weihetanz	G	24. 1. 1952	Debussy
Abschieds-Sarabande	G	24. 1. 1952	Honegger
Anklage (Chorische Studie I) (a. d. Zyklus Chorische Studien I) Die Heimatlosen	G	24. 1. 1952	Kessler

Titel	Solo/ Gruppe	Datum	Komponist
(Chorische Studie II) (a. d. Zyklus Chorische Studien I)	G	24. 1.1952	Kessler
Ekstatischer Rhythmus	G	24. 1.1952	Honegger
Rundtanz	G	24. 1.1952	Kessler
Chorische Studien II	G	11. 1.1953	
Die Seherin		11. 1.1953	Kessler
Der Tempel	S	11. 1.1953	Kessler
Tränen der Namenlosen		11. 1.1953	Link
Die Straße: Zwielicht, Dröhnende Schritte, Gefahr, Gespenstisches Dunkel, Weg	G	11. 1.1953	Kessler
Klage	G	11. 1.1953	Strawinsky
Mänadischer Rhythmus	G	11. 1.1953	Borris
Frühlingsweihe (Le Sacre du Printemps)	G	24. 9.1957	Strawinsky

Titel	Datum/Ort	
Inszenierungen:		
Ein Sommernachtstraum Schauspiel von W. Shakespeare	16. 6. 1921 Dresden	Choreographie zur Inszenierung von Berthold Viertel
Die Rose vom Liebesgarten Oper von H. Pfitzner	1. 10. 1922 Hannover	Choreographie zur Inszenierung von Hanns Niedecken-Gebhard
Totenmal Drama von Albert Talhoff	24. 6. 1930 München	Choreographie
Carmina Burana Szenische Kantate von C. Orff	6. 7. 1943 Leipzig	Choreographie und Inszenierung
Orpheus und Eurydike Oper von Chr. W. Gluck	22. 3. 1947 Leipzig	Choreographie und Inszenierung
Saul Oratorium von G. F. Händel	18. 6. 1954 Mannheim	Choreographie und Inszenierung
Catulli Carmina/Carmina Burana Szenische Kantaten von C. Orff	4. 7. 1955 Mannheim	Choreographie und Inszenierung
Alkestis Oper von Chr. W. Gluck	23. 11. 1958 Mannheim	Choreographie und Inszenierung
Orpheus und Eurydike Oper von Chr. W. Gluck	8. 10. 1961 Berlin	Choreographie zur Inszenierung von Gustav Rudolf Sellner
Filme:		
Der Tanz um die Tänzerin Spielfilm von F. Moeschlin	7. 12. 1919 Arosa	weibliche Hauptrolle (Film ist verschollen)
Wege zu Kraft und Schönheit Kulturfilm von Nicholas Kaufmann	16. 3. 1925 Berlin	Beitrag der Mary Wigman-Tanzgruppe mit einem Ausschnitt aus »Szenen aus einem Tanzdrama«, aufgenommen 1923
Mary Wigman tanzt: Schwingende Landschaft und Hexentanz	1930 New York	
Totenmal	1930 (?)	Ausschnitte der Choreographie
Abschied und Dank	1942 (?)	Archivfilm des Propagandaministeriums

Dank

Mein besonderer Dank gilt Frau Marlies Heinemann, Nichte Mary Wigmans, die mir Einblick in die privaten Sammlungen der Familie Wiegmann gewährte und die durch ihr liebenswürdiges Vertrauen die Entstehung dieses Buches maßgeblich gefördert hat. In gleichem Maße danken möchte ich Walter Huder und den Mitarbeiterinnen vom Archiv der Akademie der Künste, Hannelore Erlekamm, Dagmar Wünsche, und Ute Czieslik, die mir das umfangreiche Material des »Mary Wigman-Archivs« zugänglich gemacht und durch ihre Hilfsbereitschaft die Arbeit daran erleichtert haben. Ebenso danke ich Dirk Scheper, Sekretär der Abt. Darstellende Kunst der Akademie der Künste für seine Förderung und Harro Schweizer für sein Engagement bei der Verwirklichung des Buches.

Darüber hinaus gilt mein Dank allen, die mir in freundlicher Weise ihre Zeit geopfert und in langen Gesprächen ein Stück Vergangenheit lebendig gemacht haben; den Tänzerinnen und Schülerinnen von Mary Wigman in Dresden, Leipzig und Berlin: Gundel Eplinius, Hannover, Hanya Holm, New York, Corrie Hartong, Rotterdam, Hilde Klemm, Berlin, Yella Kuhnert-Schirmer, München, Else Lang, Köln, Pola Nirenska, Bethesda/Maryland, Drucilla Schwinghammer-Schroeder, Aalen, der Komponistin Aleida Montijn, Bad Homburg, Astri Dautzenberg, Fürstenfeldbruck, Isa Partsch-Bergson, Tucson/Arizona, Manja Chmièl, Hannover, Jutta Ludewig, Mainz, Susanne Linke, Essen, Katherine Inge Sehnert, Köln; den Tänzern der Wigman-Schule Dresden und Berlin: Georg Groke, Bad Honnef, Kurt Paudler, Freiburg, Helmut Fricke-Gottschild, Philadelphia, Gerhard Bohner, Berlin; und den Frauen, die mir mit Auskunft geholfen haben, Spuren zu finden: Ilse Bode, Steinhude, Liselott Diem, Köln, Nora Friedrich, Berlin, Martha Grein, München, Ruth Hofmann, Arosa, Dianne Howe, Carmichael/Kalifornien, Agnes Kluge, Brühl, Susan Manning, New York, Selma L. Odom, Toronto, Monika Walden, Köln.

Namenregister